Templum vbi sacrificant,
TEMIXTITAN
platea
Capita sacrificatoru,
Domus ad voluptat. D. Muteezuma
Templu vbi orant,

Die Azteken und ihre Vorläufer

Glanz und Untergang des ALTEN MEXIKO

VERLAG PHILIPP VON ZABERN · MAINZ AM RHEIN

Die Ausstellung wird veranstaltet von der Ausstellungsleitung Haus der Kunst München e.V. in Zusammenarbeit mit dem Roemer- und Pelizaeus-Museum in Hildesheim.

Haus der Kunst
6. 12. 1986 - 1. 3. 1987

Ausstellungsleitung Haus der Kunst München e.V.:
Prof. Erich Koch, Präsident,
Prof. Ludwig Scharl, Schriftführer,
Johannes Segieth, Schatzmeister

Andreas Bleeker, Peter Collien, Leo Cremer, Walter Grill, Helmut Kästl, Herbert Peters, Max Pfaller, Hannes Rosenow, Karin Welponer

Geschäftsführende Direktorin: Magdalena Huber-Ruppel

Ausstellungsgestaltung: Johannes Segieth

In Anschluß an München wird die Ausstellung gezeigt in:

Linz, Oberösterreichisches Landesmuseum, 3.4.-2.8.1987
Humlebæk, Dänemark, Louisiana Museum
Brüssel, Musées Royaux d'Art et d'Histoire / Koninklijke Musea voor Kunst en Geschiedenis

Konzeption: Eva und Arne Eggebrecht unter fachlicher Beratung von Ulf Bankmann

Katalog:
Herausgeber: Arne Eggebrecht

Redaktion: Manfred Gutgesell, Wolf-Günter Thieme

Objektbeschreibungen:

Ulf Bankmann	(U. B.)
Jérôme Bertrand	(J. Be.)
Elizabeth Boone	(E. Bo.)
Claudio Cavatrunci	(C. C.)
Berete Due	(B. D.)
Luisa Faldini	(L. Fa.)
Christian Feest	(Chr. Fe.)
Ariane Fradcourt	(A. Fr.)
Manfred Gutgesell	(M. G.)
Wolfgang Haberland	(W. H.)
Heidi King	(H. K.)
Anne-Françoise Martin	(A.-F. M.)
Sergio Purin	(S. P.)
Corinna Raddatz	(C. R.)
Wendy Schönfeld	(W. S.)
Immina von Schuler-Schömig	(I. v. S.)
Monika Tesch	(M. T.)
Muriel Tanter	(Mu. Ta.)
Wolf-Günter Thieme	(W. Th.)

Umschlaggestaltung:
Silvelie Hitzer (Graphik), Eberhard Thiem (Photos)

Buchgestaltung: Karl-Heinz Koch, Verlag Philipp von Zabern

Graphik: Manfred Herbst, S. 31, 34, 38, 39, 42, 44, 47, 51, 63, 66, 67, 69, 98, 104, 108, 137, 166, 196/197
Horst Schmelzer, S. 198/199, 200

Transporte: E. Hasenkamp, Köln/München

Lufttransporte: Lufthansa

Kurierdienst: DHL Worldwide Express, Niederlassung Hannover

Katalog-Handbuch: 574 Seiten mit 442 Farb- und 125 Schwarzweiß-Abbildungen

Umschlag vorne: Kat. Nr. 276

Umschlag hinten: Kat. Nr. 341

Vortitel: Plan von Tenochtitlan, der wahrscheinlich für Cortés zu Beginn des 16. Jh. angefertigt wurde. In der Mitte der Templo Mayor.

Frontispiz: Mexiko-Stadt, Nationalpalast, Ausschnitt aus einem Wandgemälde von Diego Rivera, Blick auf Tenochtitlán, das antike Mexiko-Stadt, und den Templo Mayor (rechts im Bild)

ISBN 3-8053-0908-2; ISBN 3-8053-0914-7 (Museumsausgabe)
Satz: Hagedornsatz, Berlin-Lankwitz
Lithos: Witzemann & Schmidt, Wiesbaden
Papier: Papierfabrik Scheufelen, Lenningen
Gesamtherstellung: Zaberndruck, Mainz am Rhein
Printed in Germany / Imprimé en Allemagne

Inhaltsverzeichnis

Leihgeber

Basel, Museum für Völkerkunde
Berlin, Staatliche Museen Preußischer Kulturbesitz, Museum für Völkerkunde
Berlin, Staatsbibliothek Preußischer Kulturbesitz
Bremen, Übersee-Museum
Brüssel, Musées Royaux d'Art et d'Histoire
Cambridge Mass., Peabody Museum of Archaeology and Ethnology, Harvard University
Florenz, Museo Archeologico
Florenz, Museo degli Argenti
Florenz, Museo di Mineralogia e Litologia
Florenz, Soprintendenza per i Beni Artistici e Storici delle Provincie di Firenze e Pistoia
Frankfurt a. M., Städtisches Museum für Völkerkunde
Freiburg im Breisgau, Städtische Museen Freiburg, Museum für Völkerkunde
Hamburg, Hamburgisches Museum für Völkerkunde
Köln, Stiftung Ludwig, Rautenstrauch-Joest-Museum
Kopenhagen, The National Museum of Denmark
Leiden, Rijksmuseum voor Volkenkunde
Mannheim, Völkerkundliche Sammlungen im Städtischen Reiß-Museum
Mexiko-Stadt, Instituto Nacional de Antropología e Historia
München, Schatzkammer der Residenz
München, Staatliches Museum für Völkerkunde
New York, N. Y., The Brooklyn Museum
New York, N. Y., The Metropolitan Museum of Art
New York, N. Y., Museum of the American Indian, Heye Foundation
Philadelphia, P A , Philadelphia Museum of Art
Princeton, N. J., Privatsammlung, The Art Museum, Princeton University
Rom, Museo Nazionale Preistorico ed Etnografico »L. Pigorini«
Turin, Museo Civico Numismatico-Etnologico-Orientale
Utica, N. Y., Munson-Williams-Proctor Institute
Washington D. C., Dumbarton Oaks Research Library and [Collection
Wien, Museum für Völkerkunde
Zürich, Museum Rietberg

Unter der Schirmherrschaft des Präsidenten der Vereinigten Mexikanischen Staaten, Miguel de la Madrid Hurtado

Dr. Richard von Weizsäcker Präsident der Bundesrepublik Deutschland

EHRENKOMITEE

Bernardo Sepúlveda Amor
Außenminister der Vereinigten Mexikanischen Staaten

Miguel González Avelar
Erziehungsminister der Vereinigten Mexikanischen Staaten

Ricardo Valero
Staatssekretär für Internationale Zusammenarbeit im Außenministerium

Martín Reyes Vayssade
Staatssekretär für Kultus im Erziehungsministerium

César Sepúlveda
Botschafter von Mexico in der Bundesrepublik Deutschland

Luz del Amo
Generaldirektorin für kulturelle Angelegenheiten im Außenministerium

Enrique Florescano M.
Generaldirektor des Instituts für Anthropologie und Geschichte

ORGANISATIONSKOMITEE

José Luis Martínez Hernández
Botschaftsrat für kulturelle Angelegenheiten der Mexikanischen Botschaft in der Bundesrepublik Deutschland

Daniel Leyva S.
Stellvertretender Direktor für kulturelle Öffentlichkeitsarbeit im Außenministerium

Miguel Angel Fernández
Museums- und Ausstellungsdirektor des Instituts für Anthropologie und Geschichte

Marina Gálvez y Fuentes
Leiterin der Ausstellungsabteilung im Außenministerium

Fredel Romano de Sacal
Leiter der Abteilung Öffentlichkeitsarbeit und internationale Beziehungen des Instituts für Anthropologie und Geschichte

Roberto Alarcón Cedillo
Leiter der Internationalen Ausstellungen in der Abteilung Museen und Ausstellungen des Instituts für Anthropologie und Geschichte

WISSENSCHAFTLICHES KOMITEE

Eduardo Matos Moctezuma
Leiter des Projekts Templo Mayor

Marcia Castro Leal
Direktorin des Nationalmuseums für Anthropologie und Geschichte, Mexiko-Stadt

Ruben Cabrera
Leiter des Projekts Teotihuacán

Felipe Solis
Generalkommissar der Ausstellung

Roberto Cuetara
Ausstellungsgestalter

Grußwort

Es war für den alten Kontinent Europa ein sensationelles Ereignis, als vor über 450 Jahren das erste Schiff mit den Goldschätzen der neu entdeckten Welt Mexikos in Sevilla eintraf. Albrecht Dürer, der die Schätze in Brüssel besichtigte, schrieb 1520: »Und ich habe aber all mein Lebtag nichts gesehen, das mein Herz so erfreut hat wie diese Dinge.«
Wer in unserer Zeit der unvorstellbar reichen Kultur der Azteken, die auf eine 2500jährige Geschichte zurückblicken kann, begegnet, der wird, wie einst der deutsche Maler, von ihrer Vollkommenheit und Schönheit gefangen genommen, ihren geheimnisvollen Rätseln nachgehen.
Doch mit der Entdeckung und Erforschung der Azteken ging ihre Kultur in einem Meer von Blut und Feuer unter. Ihre Entdecker waren eben nicht der lang erwartete und ersehnte Federschlangengott Quetzalcoatl, sondern rücksichtslose Eroberer. Geblieben sind uns Kostbarkeiten der aztekischen Kultur, deren Ursprünge Jahrtausende zurückreichen. Es war das Verdienst von Alexander von Humboldt, unserem Land im letzten Jahrhundert die kulturhistorische Bedeutung dieser Neuen Welt nahezubringen. Heute vermag der Besucher sich durch die Betrachtung der Ausstellung auch die Identität des mexikanischen Volkes der Gegenwart zu erschließen, das zu Recht und selbstbewußt seine Wurzeln in den eigenen präkolumbischen Kulturen erkennt.
Mit großer Freude habe ich zusammen mit dem Präsidenten der Vereinigten Mexikanischen Staaten, Miguel de la Madrid Hurtado, die Schirmherrschaft dieser großartigen Ausstellung übernommen, die ein schönes Zeugnis der deutsch-mexikanischen Freundschaft ist.

Richard v. Weizsäcker

Präsident der Bundesrepublik Deutschland

Grußwort

Die in der Bundesrepublik Deutschland erstmalig gezeigte Ausstellung ›Die Azteken und ihre Vorläufer‹ ist uns eine willkommene Gelegenheit, der deutschen Bevölkerung und ihrer Regierung unsere Anerkennung und Freundschaft zu bekunden.
Mexiko versteht den kulturellen Austausch als eine besonders wirkungsvolle und weitreichende Möglichkeit zur Verständigung zwischen den Völkern. In diesem Sinne ist das künstlerische Schaffen die höchste Ausdrucksform der menschlichen Kreativität, unabhängig von jeglichem wirtschaftlichen Entwicklungsstand. Durch die Kultur können die Nationen zeitlose Werte schaffen, um über die politischen Grenzen hinaus Bereitschaft und Zuneigung zu gewinnen. Dies beweisen die Beziehungen zwischen Mexiko und der Bundesrepublik Deutschland sowie eine feste und kreative internationale Zusammenarbeit.
Die hier gezeigte Sammlung stellt uns Kunstwerke aus dem Alten Mesoamerika vor, welche die komplexe Feinfühligkeit einer der bedeutendsten alten Zivilisationen widerspiegeln. Wir Mexikaner sind stolz auf das Erbe unserer Vorfahren, weil es uns reich macht und uns gegenüber anderen geprägt hat, und weil es ein Element der Annäherung an andere Kulturen darstellt.
Hier und heute ist es unser Wunsch, diesen Teil unserer nationalen Identität und unserer Geschichte der deutschen Bevölkerung vor Augen zu führen. Die Ausstellung eignet sich hervorragend dazu, das gegenseitige Verständnis und die Zusammenarbeit zwischen unseren beiden Ländern zusätzlich auszubauen.
Der Besucher der Ausstellung wird somit eine der kulturellen Komponenten erkennen können, die das dynamische Mexiko von heute ausmachen, in dessen Gesellschaft die Merkmale einer erfahrungsreichen Vergangenheit und die Möglichkeiten der modernen Zeit das neue Profil des Landes bestimmen.
Schließlich ist es mir ein Anliegen, allen Beteiligten, die sich mit großem Einsatz um das erfolgreiche Gelingen dieser Ausstellung bemüht haben, den Dank meiner Regierung auszusprechen.

Präsident der Vereinigten Mexikanischen Staaten

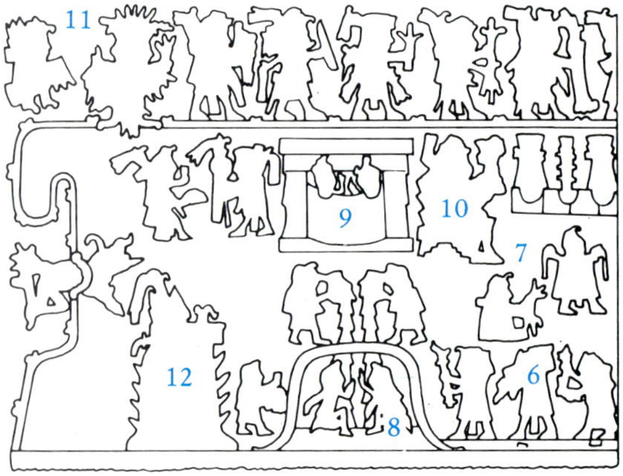

Dargestellt ist die Vermählung zwischen »Drei Feuerstein« und »Zwölf Wind«. Die Erzählung zeigt Schritt für Schritt das Geschehen. Es beginnt in der Ecke oben rechts und zeigt »Zwölf Wind« in einer Umfassung, die den Himmel darstellt (1). Er spricht dort mit zwei Schlangengottheiten. Dann steigt er herab (2) und schreitet mit drei Begleitern an einem Seil entlang, dem Zeichen für eine Reise. Am Fuß eines hohen Berges begrüßen vier Priester den Bräutigam mit Geschenken (3). Über den Priestern zeigen Fußspuren die Reise der Braut zur Hochzeit (4). Ein Priester trägt sie auf dem Rücken (5). Priester begleiten »Zwölf Wind« (6). Sie

tragen Fackeln, spielen auf Muscheln und verbrennen Weihrauch. Andere Priester halten Hochzeitsgeschenke bereit (7). Braut und Bräutigam werden in einer »Badezimmerzeremonie« miteinander verlobt (8) und schlüpfen anschließend unter die Decke des Hochzeitslagers (9). Die Zeremonie leitet ein Priester (10), der mit einem Vogel in der Hand vor drei Bündeln sitzt. Götter und Priester beobachten vom Himmel aus (11) die Hochzeit, ebenso ein Mann mit hohem Kopfputz (12), der auf einem Hügel sitzt.

(Siehe Kapitel »Schrift und Literatur«, S. 140ff.)

Grußwort

Die Ausstellung ›Die Azteken und ihre Vorläufer‹ setzt sich aus Objekten der teotihuakanischen, toltekischen und aztekischen Kultur zusammen und vermittelt nicht nur ein Bild von der Entwicklung der mesoamerikanischen Zivilisationen, sondern auch von den neuesten archäologischen Arbeiten in Teotihuacán, Tula und im Templo Mayor von Tenochtitlán. Sie alle zeugen davon, welch hohes Kunstempfinden schon damals erreicht wurde und lassen den Besucher den künstlerischen Ausdruck des Alten Mexiko erfahren. Weitab jeder Mystifizierung versucht die Ausstellung tief in die präspanische Geschichte vorzudringen. Dadurch gelangt man zu dem Verständnis, was wir als Volk darstellen, und wie wir unsere Zukunft als Nation gestalten können. Hieraus leitet sich die Notwendigkeit der Pflege und Erhaltung unseres Kulturgutes ab. Die hier ausgestellten Objekte lassen eine gemischte Gesellschaft erkennen, in der sich nicht nur die Oberschicht, sondern auch das einfache Volk schöpferisch betätigte. Schließlich bezeugen die Kunstwerke zwei Grundelemente der vorspanischen Kulturen, nämlich Leben und Tod, jene ambivalente Welt voller Widersprüche, die das Antlitz Mesoamerikas geprägt hat.

Dr. Enrique Florescano

Generaldirektor des Nationalen Instituts für Anthropologie und Geschichte

Vorwort

Mit der hier vorgestellten, bislang umfassendsten Azteken-Ausstellung, ließ sich ein Projekt realisieren, dessen mehr als fünfjährige Vorbereitungszeit dem Herausgeber des Katalogs und Initiator wiederholt größte Schwierigkeiten bereitete. Das Programm mußte, den Leihgebervorstellungen entsprechend, so variiert werden, daß eine vernünftige Reduktion mit einem immer noch optimalen Inhalt erreicht werden konnte.
Während der Arbeit daran wurde in aller Deutlichkeit offenbar, daß sich, anders als z.B. im Fall des Alten Ägypten, aus dem Alten Mexiko nur relativ wenig Originalobjekte erhalten haben und sich diese nicht auf einige Hauptstandorte konzentriert finden, sondern weitgestreut oftmals nur in Magazinen aufspüren lassen.
Unter diesen Umständen – und die lange Liste der Leihgeber beweist es – muß das Erreichte als ausgesprochener Glücksfall bezeichnet werden, eine Ausstellung, die auch dem Fachwissenschaftler zahlreiche Neuentdeckungen beschert.
Besonders verdient jedoch der Beitrag Mexikos hervorgehoben zu werden, das durch die Überlassung von 119 Leihgaben vor allem aus dem erst in jüngster Zeit, von 1978 bis 1982 archäologisch systematisch freigelegten Haupttempel, dem »Templo Mayor« in Mexiko-Stadt, den entscheidend neuen und gewichtigsten Beitrag geleistet hat. Somit lohnte es sich, diesmal speziell die Azteken zum Hauptthema zu machen und damit an die faszinierende, 1983 von H. B. Nicholson in der National Gallery of Art in Washington veranstaltete Ausstellung »The Art of Aztec Mexico – Treasures from Tenochtitlan« – deren Katalog uns übrigens in vieler Hinsicht ganz wesentlich geholfen hat – in größerer Breite anzuknüpfen.
Die Bedeutung der Sonderausstellung »Glanz und Untergang des Alten Mexiko – Die Azteken und ihre Vorläufer«, die in Hildesheim konzipiert wurde und von hier aus auch für die weiteren Stationen organisiert wird, unterstreicht nicht zuletzt die Tatsache, daß die Präsidenten der Vereinigten Mexikanischen Staaten und der Bundesrepublik Deutschland, die Herren Miguel de la Madrid Hurtado und Dr. Richard von Weizsäcker, gemeinsam die Schirmherrschaft übernommen haben.
Jedem der Leihgeber, die sich in großzügigster Weise zur Teilnahme an dem Projekt

bereiterklärt haben, sagen wir unseren Dank; erst durch ihre uneigennützige Mitarbeit konnte die Ausstellung jene Qualität gewinnen, die sie ohne Zweifel zu einem unwiederholbaren, herausragenden internationalen Kulturereignis werden läßt. Ganz besonders sei dem Präsidenten der Vereinigten Mexikanischen Staaten Herrn Miguel de la Madrid Hurtado und seiner Regierung gedankt sowie dem Instituto Nacional de Antropología e Historia (INA) mit seinem Generaldirektor Dr. Enrique Florescano, deren Beteiligung für die Großzügigkeit der übrigen Leihgeber Vorbild und Ansporn gewesen ist. Zu danken haben wir weiter der Deutschen Lufthansa AG, die analog zur diesjährigen Tübinger Picasso-Ausstellung auch für das Gelingen unserer Azteken-Ausstellung einen größeren Beitrag leistete; eine deutliche Entlastung bei den zwangsläufig hohen Fracht- und Kurierkosten ist die Folge. Schließlich gebührt Dank der Bundesluftwaffe, die zwischen Washington und Köln als besonders zuverlässiger Transporteur ebenfalls in Aktion trat.
So sind wir sicher, daß diese große gemeinsame Anstrengung ein Erfolg werden und die Kulturen des Alten Mexiko sehr viel näher an Europa heranführen wird; überall im heutigen Mexiko leben sie weiter als ein wesentlicher Bestandteil des historischen Erbes der Menschheit.

Arne Eggebrecht

Leitender Direktor des Roemer- und Pelizaeus-Museums

Erich Koch

Präsident der Ausstellungsleitung

Photonachweis

I. Einführende Kapitel

Arturo Braun, Mexiko-Stadt: 6, 12, 60, 63, 64, 81, 95, 153, 154, 158
Ursula Didoni, Lindenmuseum Stuttgart: 57 a.b
Arne Eggebrecht, Hildesheim: 1, 2, 5, 8, 10, 13, 14, 16, 23, 24, 29, 30, 44, 45, 46, 49, 50, 77, 78, 79, 87, 124, 144, 148, 157
Eva Eggebrecht, Hildesheim: 7, 9, 34, 35, 36, 37, 38, 39, 76, 125, 137, 149
A. M. Groß, München: 126
W. Haberland: S. 18
H. Patzelt, München: 136, 138, 145, 160
Hanns J. Prem, Göttingen: 80, 122
Rolf Schulte, Hildesheim: 3, 4, 32, 33, 41, 42, 47, 48, 119, 121, 143, 146, 147, 151
Bodo Schwalm, Förde: Frontispiz
Felipe Solis, Mexiko-Stadt: 120
Eberhard Thiem, Kaufbeuren: 17, 18, 20, 21, 22, 25, 26, 51, 65, 70, 71, 72, 73, 74, 75, 96, 139, 141, 150
Wolf-Günter Thieme, München: 134, 135
B. Trueblood, Mexiko-Stadt: 86, 88, 89, 90, 92, 93, 94, 97
E. Umberger, Washington: Zeichnungen 108–114.

II. Katalog

Arturo Braun, Mexiko-Stadt: 108, 116
Brooklyn-Museum, New York: 154
Elio Ciol, Casarsa: 114, 206, 210, 286, 292–295, 303, 328, 334, 336, 337
Dumbarton Oaks, Research Library and Collection, Washington, D.C.: 5
Justin Kerr, New York: 1, 3, 10, 11, 54, 156, 192, 216–218, 257, 261–267, 274, 354
Jürgen Liepe, Berlin: 4, 8, 12, 15–20, 22, 24–27, 29, 30, 31, 34–37, 39–41, 45–47, 49–53, 55, 57, 59, 61, 63, 64, 66, 67, 69, 70, 71, 73, 75–77, 79, 80, 81, 84, 86, 87, 89–97, 99, 101, 121, 122, 126, 143, 147, 148, 160, 161, 165–168, 173, 178/179, 186–188, 193, 198, 199, 201, 203–205, 207, 208, 221–223, 231, 233, 234, 240, 244 a.b, 255, 269, 270, 315
Metropolitan Museum of Art, New York: 152, 236, 251, 258–260
W.-Chr. von der Mülbe, Dachau: 352
Musées Royaux d'Art et d'Histoire, Brüssel: 85, 88, 232, 243 a–c, 268, 271, 272, 357
Museo Archeologico, Florenz: 355
Museo de Etnologia, Florenz: 356
Museo Nazionale Preistorico ed Etnografico »L. Pigorini«, Rom: 345
Museum of Art, Philadelphia: 42, 43, 200
Museum of the American Indian, New York: 212
Museum für Völkerkunde, Wien: 33a, 65, 128, 135, 136, 151, 189 191, 194 196, 254, 353
National Museum of Denmark, Kopenhagen: 245
Peabody Museum, Harvard University, Hillel Burger: 275
Princeton University Art Museum: 213
Eberhard Thiem, Kaufbeuren: 2, 6, 7, 9, 13, 14, 21, 23, 28, 32, 33 b.c., 38, 44, 48, 56, 58, 60, 62, 68, 72, 74, 82, 83, 98, 100, 102–107, 109–113, 115, 117–120, 123–125, 127 a.b, 129–134, 137–142, 144, 145, 146 a.b, 149 a.b, 150, 153, 155, 157–159 a.b, 162 a–c–164, 169–172, 174, 175, 176 a.b, 177, 180, 181 a.b, 182–185, 197, 202, 209, 211 a.b, 214 a–d, 215 a.b, 219 a.b, 220, 224–230, 235, 237, 238 a.b, 239, 241, 242, 246–250, 252, 253, 256, 273, 276–285, 287, 288 a.b, 289, 290/291, 296–302, 304–314, 316–333, 335, 338–344, 347 a.b, 348 a.b, 349–351.

Auch hab ich gesehen die dieng, die man dem könig auß dem neuen gulden land hat gebracht: ein gancz guldene sonnen, einer ganczen klaffter braith, deßgleichen ein gancz silbern mond, auch also groß, deßgleichen zwo kammern voll derselbigen rüstung, deßgleichen von allerley jhrer waffen, harnisch, geschucz, wunderbahrlich wahr, selczamer klaidung, pettgewandt und allerley wunderbahrlicher ding zu maniglichem brauch, das do viel schöner an zu sehen ist dan wunderding. Diese ding sind alle köstlich gewesen, das man sie beschäczt vmb hundert tausend gulden werth. Und ich hab aber all mein lebtag nichts gesehen, das mein hercz also erfreuet hat als diese ding. Dann ich hab darin gesehen wunderliche künstliche ding und hab mich verwundert der subtilen jngenia der menschen jn frembden landen.

Aus Albrecht Dürers Tagebuch seiner niederländischen Reise.
Dürer sah die ersten Geschenke des Cortéz an Karl V. am 27. August 1520 in Brüssel, wo sie der Kaiser nach seiner Krönung seinem Hofstaat und ausgesuchten Gästen zur Schau stellte.

Mexiko: Geographie und frühe Besiedlung

Wolfgang Haberland

Mexiko ist ein Land der Gegensätze, in dem fast alle Klimazonen und Vegetationen vorhanden sind. Von den schneebedeckten Gipfeln der bis 5500 m aufragenden Berge, bis zu den feuchtheißen Küstenzonen am Inneren Golf von Mexiko, von den Wüsten und Steppen im Norden und den verkarsteten Trockensavannen in Yucatán, bis zu den tropischen Regenwäldern an der Grenze zu Guatemala und den Kiefern- und Eichenwäldern im Süden. So unterschiedlich wie die Geographie ist auch die Geschichte seiner frühen Kulturen. Man kann diese Vielfalt nur begreifen, wenn man sich immer wieder die Unterschiede der Regionen, ihre Aufsplitterung und relative Isolation vor Augen führt. Dem Flickenteppich verschiedenster Kulturen entspricht eine zerrissene, aus vielen Einheiten zusammengesetzte Landschaft.

Mexiko ist ein Land zwischen Meeren und Kontinenten. Wie ein Trichter stößt es vom nordamerikanischen Kontinent, zu dem es geographisch größtenteils gehört, nach Südosten vor. Es ist im Südwesten vom Pazifischen Ozean begrenzt und im Nordosten von dem »Golf von Mexiko« genannten Teil des Atlantischen Ozeans. Im Norden 2070 km breit, verengt sich das Land im Isthmus von Tehuantepec auf fast ein Zehntel, ganze 215 km. Jenseits des Isthmus, der die geographische Grenze zu Mittelamerika bildet, verbreitert sich die Landmasse wieder, nicht zuletzt durch die nach Norden vorgelagerte Halbinsel Yucatán.

Mexikos südlichster Punkt, 14° 30′ nördlicher Breite, liegt noch außerhalb des inneren Tropengürtels. Er ist 3080 km von seinem nördlichsten Punkt, 32° 43′ nördlicher Breite, entfernt, der schon außerhalb des Wendekreises liegt. Diese Strecke entspricht etwa der Entfernung Stockholm – Gibraltar. Die Gesamtfläche Mexikos, 1972547 km^2, beträgt etwa das Achtfache der Bundesrepublik Deutschland.

Mexiko ist ein gebirgiges Land. Die relativ schmalen Küstenebenen sind am Golf von Mexiko breiter als an der pazifischen Seite. Sie werden im Inneren von Gebirgszügen begleitet (Sierra Madre Oriental, Sierra Madre Occidental), die die Fortsetzung der nordamerikanischen Rocky Mountains sind. Eine weitere wichtige Formation ist die Cordillera Neovolcánica, die von West nach Ost, von Tepic nahe der pazifischen Küste bis in die Gegend von Veracruz am Golf verläuft. Ihr gehören praktisch alle noch aktiven Vulkane Mexikos an.

Zwischen diesen sich kreuzenden Gebirgszügen und anderen, kleineren Formationen liegen Hochbecken. Während die meist großflächigen nördlichen Becken von wüstenhafter Trockenheit sind, geben sich die kleineren südlichen in Zentral-Mexiko feuchter und gelegentlich kühler. Damit waren und sind sie für eine menschliche Besiedlung besser geeignet. So verwundert es nicht, daß sich hier die Zentren mexikanischer Kulturentwicklung herausbildeten, wie auch in den breiten Tälern der weiter südlich gelegenen, meist in Ost-West-Richtung verlaufenden Gebirgszüge, z. B. das Tal von Oaxaca. Hochkulturen entstanden aber auch unter anderen geographischen Bedingungen, so die der Olmeken und Maya.

Mexikos Landschaft hat sich selbstverständlich stark verändert, seitdem die ersten Menschen diesen Raum betraten. Das geschah nicht nur durch die Einwirkungen des Menschen durch den die »Naturlandschaft« vielfach in eine »Kulturlandschaft« umgestaltet und dabei im Aussehen völlig verändert wurde, sondern auch Naturereignisse haben zu diesem Wandel beigetragen.

Wasser und Feuer hatten einen großen Einfluß. Das Wasser, weil es seit dem Ende der Eiszeit kontinuierlich um mindestens 100 m angestiegen ist und dabei große Teile der Küstenregionen, vor allem am Golf von Mexiko überschwemmte; das Feuer, weil es aus dem Erdinneren

Abb. 1 Yucatan, Landschaft mit Ruinen von Uxmal

Abb. 2 Oaxaca, Hochland bei Yagul

Abb. 5 Hochland ▷ auf dem Weg nach Malinalco

Abb. 3 Cacaxtla, Blick auf den Popocatepetl

Abb. 4 Blick auf den Ixtacciuatl

hervorbrach und neue Vulkane entstehen ließ, die durch große Aschenauswürfe ein neues Oberflächenbild schufen. Hinzu kommen die Klimaschwankungen, die nach dem Ende der Eiszeit gegen 8000 v. Chr. und später, unterschiedliche Vegetationsformen hervorriefen. Man kann von den heutigen Verhältnissen kaum auf die Lebensumstände und die Ernährungsmöglichkeiten früherer Bewohner Mexikos schließen, obwohl dieses häufig geschieht.

Man nimmt heute an, daß die ersten Menschengruppen um 40000 aus Asien über die damals noch trockene Beringstraße in die »Neue Welt« gelangten. Im Laufe der Jahrtausende, bis etwa 10000, sind immer neue Gruppen nach Amerika eingesickert. Größe und Anzahl der Gruppen lassen sich nicht mehr feststellen. Man kann aber davon ausgehen, daß es eine große Anzahl war, wenn man sich die körperlichen und kulturellen Unterschiede der einzelnen Indianervölker vor Augen hält.

Die Ausbreitung der frühen Einwanderer ist sehr langsam vor sich gegangen. Wie man aus Asien den jagdbaren Tieren über die Beringstraße nach Amerika gefolgt war, so folgte man ihnen auch weiter und suchte dabei Gegenden, in denen das Überleben und die Ernährung einfacher und mit weniger Arbeitsaufwand verbunden war. Diese frühen Einwanderer müssen auf dem Weg nach Südamerika vielleicht schon um 30000 durch das heutige Mexiko gezogen sein. Die ersten, wenn auch umstrittenen südamerikanischen Hinweise auf menschliche Anwesenheit datieren für Peru auf 20000 und für Nicaragua (El Bosque) sogar auf 30000. Auch aus Mexiko gibt es frühe Menschenfunde. Die ältesten stammen aus Tlapacoya im Hochtal von Mexiko. Zwei hier gefundene kleine Abschläge aus Obsidian werden um 22000 (± 4000 Jahre) datiert. Wohl nicht ganz so alt sind eine Feuerstelle am gleichen Ort (19750 ± 500 Jahre) und Funde aus dem Valsequillo genannten Gebiet im weiter südlich gelegenen mexikanischen Staat Puebla (19900). Sie werden sicherlich nicht die ältesten Funde bleiben. Ich bin überzeugt, daß archäologische Untersuchungen der kommenden Jahrzehnte diese Erkenntnisse ergänzen und erweitern werden.

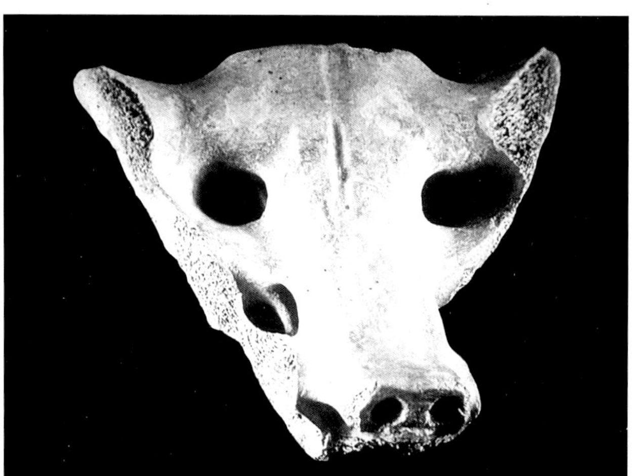

Sog. Skulptur von Tequixquiac, aus dem Wirbel eines eiszeitlichen Lamas geschnitzter Hundekopf.
Ältestes bekanntes »Kunstwerk« auf dem amerikanischen Doppelkontinent.

Das Hochtal von Mexiko

Wolfgang Haberland

Geographie und vorkeramische Zeit

Es verwundert nicht, daß die ältesten Zeugnisse menschlicher Anwesenheit aus dem Hochtal von Mexiko stammen. Hier liegt die heutige Hauptstadt mit ihren etwa 18 Millionen Einwohnern. Durch zahlreiche »Service-Leistungen«, wie Ausschachtungsarbeiten, Metro- und Leitungsbau, Straßenanlagen usw. wurde der Untergrund hier mehr als in anderen Landesteilen freigelegt, »durchwühlt«, und damit archäologische Gegenstände an das Tageslicht gefördert. Die Aufmerksamkeit der ausgezeichneten mexikanischen Archäologen hat in vielen Fällen wichtige Zusammenhänge festhalten können, die sonst unwiederbringlich zerstört worden wären.
Das Hochbecken von Mexiko ist ein ursprünglich abflußloses Becken. Die Entwässerung zur atlantischen Küste hin wurde in ihrer heutigen Form erst gegen Ende des vergangenen Jahrhunderts geschaffen. Das Hochtal liegt an seinen tiefsten Stellen 2240 m ü. M. Die Randgebirge dieser Senke sind zum größten Teil vulkanischen Ursprungs und Teile der Cordillera Neovolcánica sind mehrere hundert, oft sogar mehr als tausend Meter höher. Im Südosten befinden sich hier zwei der mächtigsten Vulkane Mexikos: der Popocatepetl (»stark rauchender Berg«) mit 5452 m und der Iztaccihuatl (»weiße Frau«) mit 5258 m Höhe. Im Westen, Süden und Osten bilden diese Gebirge Barrieren, die nur wenige Lücken aufweisen. Die wichtigsten von ihnen führen im Südosten über das Seitental von Amecameca in das Becken von Morelos und im Osten durch das Seitental von Teotihuacán nach Tlaxcala und Puebla. Im Westen gibt es Übergänge zum Valle de Toluca, die schwieriger als die beiden anderen sind. Im Norden ist das Gebirge dagegen relativ leicht zu übersteigen und bot daher kaum Schutz gegen feindliche Nomaden, wie die Geschichte immer wieder gezeigt hat.
Die Nord-Süd-Ausdehnung des Tales beträgt etwa 120 km, seine Breite (Ost-West) bis zu 70 km. Die damit rund 7000 km^2 große Fläche war bis zum Ende des 19. Jahrhunderts zu einem Siebentel von Wasser bedeckt und bildete eine untereinander verbundene Seenplatte. Die höher gelegenen Seen führten Süßwasser, der etwas niedriger gelegene Texcoco-See dagegen war salzig, besser wohl brackig. Der sehr niedrige Wasserstand mit vielen Untiefen, Sumpf- und Riedflächen sowie Inseln, machte ein Befahren ohne genaue Kenntnis schwierig. Trotzdem waren die Seen verkehrstechnisch gut erschlossen und wurden aus zahlreichen Becken gespeist, deren Wasser von den Randgebirgen kam oder aus einer Reihe von Quellen am oder im See bzw. auf den Inseln. Dadurch wurden die hohe Verdunstung und der geringe Regenfall ausgeglichen
Klimaschwankungen haben während und nach der Eiszeit das Vegetationsbild des Hochbeckens von Mexiko immer wieder verändert, auch ohne den Eingriff des Menschen, der durch seinen Raubbau an den Wäldern – auch schon in vorspanischer Zeit – das heutige Bild der kahlen Berghänge geprägt hat. Neuere Untersuchungen, vor allem im ehemaligen Seegrund, haben gezeigt, daß zwischen 31000 und 25000 ein kühles (Durchschnittstemperatur 20° C) und feuchtes (Regenmenge etwa 1500 mm pro Jahr) Klima im Hochtal herrschte. Es erlaubte, daß sich Tannen, Fichten, Eichen, Erlen, Pappeln und Sumpfzypressen ausbreiteten. Nach diesem Zeitraum nahm die Regenmenge konstant ab, bis sie zwischen 21000 und 12000 nur noch ein Drittel der ursprünglichen Menge betrug. Die Wärme sank gleichzeitig im Durchschnitt um zwei Grad ab. Danach wurde es wieder feuchter und wärmer. Erst ab 5000 waren die

Abb. 6 Ixtacciuatl und Popocatepetl

Abb. 7 Xochimilco, »Schwimmende Gärten«

Abb. 8 Hochplateau auf dem Weg von Jalapa nach Mexiko-Stadt

Abb. 9 Tal von Malinalco

Abb. 10 Xochicalco, im Vordergrund Ballspielplatz ▷

früheren Werte wieder erreicht, so daß sich nun erneut ein artenreicher Mischwald etablieren konnte. Auch später sind größere Schwankungen festzustellen, die einen einschneidenden Vegetationswandel bewirkten, so während einer längeren Trockenperiode zwischen 3500 und 2800.

Seit zweitausend Jahren soll das Klima im Becken von Mexiko unverändert geblieben sein. Heute liegt die Regenmenge in den niedrigeren Teilen zwischen 500 und 600 mm pro Jahr. Sie steigt mit der Höhe an, vor allem im Süden, wo sie die 1000 mm-Grenze bei etwa 2500 m überschreitet. Aus diesem Grunde ist hier die Bewässerung auch besonders gut. Ein weiterer Faktor, der für die menschliche Besiedlung des Hochtales eine bedeutende Rolle spielte, sie teilweise auch beeinträchtigte, war der Vulkanismus, vor allem Aschenausbrüche des Popocatepetl, aber auch die Aktivitäten anderer Vulkane. Die Popocatepetl-Ausbrüche von 21000 und 12500 waren von erheblicher Stärke und dürften die Vegetation und damit das Nahrungspotential des Hochtales erheblich beeinflußt haben, das sicherlich für Jahre, wahrscheinlich sogar für Jahrzehnte, unbewohnbar wurde. Zumindest die niedrigere Vegetation, wahrscheinlich auch ein Teil des Baumbestandes wurden vernichtet, und es waren weder Sammeln noch Jagen möglich.

Die Seen im Hochtal von Mexiko bildeten schon früh einen Anziehungspunkt für Tiere und Menschen. Das war auch ein Grund, warum gerade hier die frühesten archäologischen Funde gemacht wurden. Außer den beiden erwähnten Obsidian-Abschlägen fand man bei Tlapacoya am Nordufer des ehemaligen Chalco-Sees noch zahlreiche, wahrscheinlich zum Schneiden dienende Abschläge aus Andesit, die in die gleiche Zeit gehören. Während Andesit aus der Nähe stammt, muß der Obsidian, das natürliche, vulkanische Glas, das in der mexikanischen Kulturgeschichte eine so überragende Rolle spielt, hierher transportiert worden sein. Das weist auf ein größeres Schweifgebiet dieser Gruppe hin, die sich von Sammeln und Jagd, wahrscheinlich auch von Fischfang ernährte. An zwei anderen, etwas jüngeren Feuerstellen, von denen eine um 19750 datiert wurde, fand man Knochen verschiedener Jagdtiere.

Sicher früh ist auch der aus dem Wirbel eines eiszeitlichen Lamas geschnitzte Kopf eines hundeartigen Tieres. (s. S. 18). Schon das Material, das in »frischem« Zustand bearbeitet worden ist, weist auf einen eiszeitlichen Ursprung hin. Damit ist die berühmte »Skulptur von Tequixquiac« das älteste Kunstwerk auf dem amerikanischen Doppelkontinent, obwohl eine ganz exakte Datierung nicht möglich ist.

Während diese frühen Mexikaner noch keine Pfeile und Lanzen kannten, benutzte die zeitlich folgende Gruppe bereits diese Hilfsmittel zur Jagd. Die frühesten solcher Geräte in Nord- und Mittelamerika werden als »kannellierte Projektilspitzen« bezeichnet. Es sind aus Stein gefertigte Spitzen für Speere oder Lanzen, deren Hauptcharakteristikum eine flache Kerbe (»Kanal«) in Längsrichtung ist, durch die man die Spitze besser in den Schaft einlassen konnte. In Mexiko hat man diese Spitzen besonders im Norden gefunden. Sie wurden jedoch dort wie auch in Tlaxcala und außerhalb Mexikos meist als »Oberflächenfunde« entdeckt, d. h. sie konnten nicht in einen Fundzusammenhang eingebunden werden. Im eigentlichen Hochtal von Mexiko fehlen sie bisher. Man darf aber annehmen, daß es sich nur um eine Fundlücke handelt und man irgendwann auch hier auf diese zwischen 10000 und 8000 datierten Geräte stoßen wird, falls das Hochbecken damals nicht gerade unbesiedelt war.

Man hat im Hochtal von Mexiko eine ganze Reihe von Mammutresten ausgegraben, die mit bearbeiteten Steingeräten aus »importiertem« Obsidian zusammen gefunden wurden. Man kann annehmen, daß die Jäger, für die das Erlegen eines Mammuts sicherlich ein großer Glücksfall war (obwohl man sie fälschlicherweise immer wieder als »Großwildjäger« bezeichnet), ihre temporären Siedlungen innerhalb des Hochtales hatten. Hier standen ihnen genügend Ressourcen zur Verfügung, um in allen Jahreszeiten überleben zu können. Entdeckt werden konnten Lager aus dieser Zeit bisher nicht, zumal eine systematische Suche danach durch die dicke Überlagerung aus Sedimenten und Aschen kaum Erfolg bringen würde.

Diese Lager dürften sich nur wenig von jener Siedlung unterschieden haben, die man bei Zohapilco gefunden hat. Sie gehört in die zwischen 5500 und 3500 datierte Playa-Phase, so benannt, weil die Siedlung am Rande des damaligen Chalco-Sees lag. Man weiß, daß die Wirtschaft dieser Menschen stark vom See abhängig war: Fische, Schildkröten, Wasser- und Zugvögel bildeten einen großen Teil der Lebensgrundlage. Auch die Landjagd wurde betrieben, doch spielte sie nur eine untergeordnete Rolle. Im Bereich der pflanzlichen Nahrung nahmen Samen augenscheinlich eine überragende Stellung ein. Ob allerdings schon systematischer Anbau betrieben wurde, ist umstritten, unmöglich wäre es nicht, denn

Mais wurde im Tehuacán-Tal sicher schon gegen Ende der Coxcatlán-Phase angepflanzt. Wahrscheinlich gab es Kulturmais sogar schon in der El Riego-Phase (6500–4800) von Tehuacán, wie auch Amaranth, eine Kürbisart, Avocados und Chilipfeffer. Für die Coxcatlán-Phase glaubt man, dieser Liste neben Mais auch noch Moschuskürbis, die Gartenbohne sowie Zapotes und Flaschenkürbis hinzufügen zu können.

Sicherlich waren die Bewohner des Tehuacán-Tales nicht die einzigen »Mexikaner«, die den Schritt vom Sammeln zur Produktion von Nahrungsmitteln gemacht hatten. Viele Kulturpflanzen sind wahrscheinlich in anderen Gegenden Mesoamerikas entwickelt und von den »Tehuacanos« übernommen worden. Es ist durchaus möglich, daß die Menschen der Playa-Phase an dem gut bewässerten Seeufer des Chalco-Sees im Hochbecken von Mexiko, das letztlich nur rund 220 km von Tehuacán entfernt liegt und über fruchtbare Aschenböden verfügt, bereits Pflanzenanbau betrieben.

Die Gerätschaften, die der Playa-Phase zugeschrieben werden können, sind sehr einfach. Einige bestehen aus Basalt oder Obsidian, Rohmaterialien, die erst hierher gebracht werden mußten. Grob geschlagene Steinwerkzeuge verschiedener Formen und teilweise von beachtlicher Größe, die zu Holz- und Fellbearbeitung verwendet werden konnten, herrschen vor. Die Stößel und Handreiber, mit denen unter anderem die Samen von Gräsern zerkleinert wurden, waren meist am Seeufer aufgelesene Steine, die – außer durch ihre Verwendung als Werkzeug – keiner zusätzlichen Bearbeitung oder Veränderung unterlagen.

Die Playa-Phase endete durch eine Aschen-Eruption, die augenscheinlich die Menschen aus diesem Teil des Hochtales vertrieb. Erst tausend Jahre später, um 2500, ließen sich hier wieder Menschen nieder (Zohapilco-Phase), nun bereits mit Sicherheit Pflanzenzüchter, die Mais, Kürbisse und Chayote (eine Pflanze, bei der man sowohl Knollen als auch Sprossen und unreife Früchte essen kann) anbauten. Jagd auf Wasservögel, Schildkröten und Reptilien sowie Fischfang und das Sammeln wildwachsender Pflanzen waren weitere wichtige Quellen der Ernährung, wahrscheinlich sogar wichtiger als der Pflanzenbau selbst. Ihre Rundhütten bestanden aus einem Fundament aus Feldsteinen, über dem sich wahrscheinlich Wände aus Rohr und ein konisches Grasdach erhoben. Solche Hütten sollten im Hochbecken von Mexiko noch lange Zeit, besonders bei den ärmeren Bevölkerungsteilen, üblich bleiben. Die Gerätschaften aus Stein waren sorgfältiger als vorher geformt, vor allem die flachen Mahlsteine mit noch unregelmäßigen Umrissen, aber bearbeiteter Mahlfläche und die Handreiber, die nunmehr vorgeformt waren. Flache Schalen aus einem porösen Vulkangestein könnten zum Kochen bzw. zum Backen von Maisfladen (»tortilla«) benutzt worden sein. Feinere Druckretuschen wurden nun durchgehend bei Schabern, Bohrern und anderen einfachen Geräten verwandt.

In diese Zeit fällt auch der Beginn der Tonverarbeitung, und es entstanden Figuren, die zu direkten Vorläufern der bekannten Fruchtbarkeitsidole (Magna Mater) wurden. Ebenfalls in dieser Phase entstanden die frühesten einfachen Tongefäße, die nach ihrem Hauptfundort Tehuacán benannt werden.

Gleichzeitig ist im Hochtal von Mexiko auch die Tlalpan-Keramik anzusetzen, die man bei Ausgrabungen in Cuicuilco, einem Ort, von dem noch öfter die Rede sein wird, gefunden hat. Er liegt in der Nähe des Westufers des Xochimilco-Sees. Die Tlalpan-Keramik ist technisch sauber ausgeführt, gleichmäßig mit Sand gemagert, hart gebrannt und relativ dünnwandig. Die Oberfläche ist manchmal poliert, meist einfarbig und gelegentlich mit einer einfachen roten Bemalung auf hellbraunem Grund versehen.

Auch Figuren gehören zu diesem Komplex. Arme fehlen oder sind nur angedeutet (vgl. Kat. 17, 18), ein Hals ist nicht vorhanden, und der Leib ist teilweise vorgewölbt. Datiert wird Tlalpan um 2300. Es gibt jedoch einen Schönheitsfehler: die Scherben der Gefäße und die Figurenteile stammen aus dem Füllmaterial einer Pyramide, d.h. sie sind umgelagert worden. Dadurch sind sie mit anderem, nachweislich späterem Material zusammengeworfen worden. Ungestörte Fundschichten sind unbekannt, so daß eine genaue Zuordnung der einzelnen Scherben auf Schwierigkeiten stößt.

Tlatilco und die präklassiche Zeit

1911 begann Manuel Gamio seine Ausgrabungen bei Atzcapotzalco im Hochbecken von Mexiko. Die Grabung war in zweifacher Hinsicht bedeutend: Zum einen war es die erste stratigraphische Ausgrabung in Mesoamerika, durch die diese aus der Geologie stammende Methode dauerhaft in der amerikanischen Archäologie verankert werden konnte. Zum anderen fand er unterhalb der

Schichten, die er der aztekischen (nachklassischen) und der Teotihuacán-(klassischen) Zeit zuordnen konnte, Keramiken, deren Datierung bisher unklar gewesen war. Diese »Cultura de Montaña« mußte nach diesen neuen Befunden älter als Teotihuacán sein. Sie war im Hochbecken weit verbreitet, was ältere unsystematische Funde, vor allem bei Zacatenco, erkennen lassen.
Eine genauere Erforschung dieser frühen Kulturen wurde erst 1928–1932 durch George C. Vaillant durchgeführt. Er nannte diesen »Horizont« »archaisch«, da er richtig vermutete, daß auch schon vorher Menschen im Hochtal lebten. Heute werden diese »Kulturen« meist als »präklassisch« oder »formativ« bezeichnet. Zohapilco allerdings und – falls die Datierung zutreffend ist – Tlalpan werden einer noch früheren Zeitstufe zugeordnet, die man »Initial-Periode« nennt.
Aus ihr scheint sich zunächst die Keramik im Hochbecken entwickelt zu haben. Zwischen 1700 und 1500 wurde das Tlapacoya-Gebiet erneut besiedelt, nun von einer mehr oder weniger seßhaften Gruppe (den Nachfahren der Zohapilco-Leute?), die hauptsächlich Mais anbauten. Überträgt man die Ergebnisse der Untersuchungen im weiter südlich gelegenen, klimatisch günstigeren Tehuacán-Tal und seiner etwa zeitgleichen Frühen Ajalpán-Phase (1700–1400) dann wurde damals erst 35% der Nahrung durch Feldbau gewonnen, 34% durch Sammeln und 31% durch die Jagd. Dieses Verhältnis des Nahrungserwerbs war in der Nevada-Phase des Hochtales bestimmt noch ungünstiger, d.h. die Ergebnisse des Feldbaus dürften eine noch geringere Rolle für die Ernährung gespielt haben. Fischfang, der im Tehuacán-Tal kaum eine Rolle spielte, hat hier, am Rande der großen Seen, eine wichtige Bedeutung gehabt.
Neben Tongefäßen, die teilweise zweifarbig bemalt sind, wurden in der Nevada-Phase auch Tonfiguren hergestellt, die deutlich Weiterentwicklungen älterer Figuren sind, nun mit Armen und einem besser abgesetzten Kopf, aber noch ohne Hals. Alle sind, soweit man es feststellen kann, weiblich und dürften den gleichen Erdmutter-Typus repräsentieren.
Um oder kurz nach 1500 (späte Früh-Präklassische Periode) drangen neue Gruppen in den Südteil des Hochtales ein. Sie kamen aus dem südöstlich gelegenen Becken von Morelos. Selbstverständlich brachten sie eine andere Kultur mit, die jene des Hochtales nachhaltig beeinflußte: Die Keramik und der Stil der Tonfiguren, diese unumgänglichen Hilfsmittel der Archäologen für eine Feineinteilung der Kulturgeschichte, änderten sich. Die Figuren sind nun naturalistisch und zeigen Hals, Mund und alle Gliedmaßen.
Die Kulturelemente der »Morelos-Leute« waren nur zum Teil ihre eigenen Entwicklungen: Vieles hatten sie von der Kultur der Olmeken übernommen, die an der Golfküste von Süd-Veracruz und Nord-Tabasco beheimatet war. Von ihr wird noch später, in einem anderen Abschnitt, die Rede sein. Es genügt, zunächst darauf hinzuweisen, daß sie im östlichen Morelos eine »Faktorei«, eine Handelsstation an verkehrstechnisch günstiger Stelle, errichtet hatten. Chalcatzingo ist bisher der einzige Ort im Hochland von Zentral-Mexiko, an dem Felsreliefs im olmekischen Stil in größerem Umfang vorkommen, sicher ein Hinweis, daß hier Olmeken lebten. Von hier gingen ihre Handelsbeziehungen und ihre Einflüsse auch bis zum Hochtal von Mexiko und in den Westen, bis nach Guerrero.
Die »Morelos-Leute«, die neuen Einwanderer, müssen eigentlich ziemlich enttäuscht gewesen sein, als sie sich in dem neuen, sehr dünn besiedelten Land niedergelassen hatten. Hier in Mexiko lebten sie mindestens siebenhundert Meter höher als in ihrer Heimat, außerdem war es trockener als dort und auch kälter. Sie siedelten nur an den günstigsten, d.h. regenreichsten Stellen, im Süden und Südwesten des Beckens. Meist waren es kleine Weiler mit etwa hundert Bewohnern, die hier entstanden. Nur zwei der Siedlungen waren größer: Ayotla in der Umgebung von Tlapacoya, d.h. am Nordufer des Chalco-Sees, und Tlatilco westlich des Texcoco-Sees. Dieser Ort war gleichzeitig die nördlichste Siedlung im Hochtal während dieser Zeit.
Tlatilco gehört zu den bekanntesten Fundplätzen im Hochtal von Mexiko, obwohl oder vielleicht gerade weil er so viele Rätsel aufgibt. Entdeckt wurde Tlatilco bereits 1936, als Arbeiter bei der Lehmentnahme für die Ziegelherstellung auf Bestattungen mit vielen Beigaben, vor allem Gefäße und Figuren aus Ton, stießen. Diese Grabbeigaben bildeten eine wichtige, zusätzliche Einnahmequelle für die armen Arbeiter. Erst 1942 kam es zu kleineren Untersuchungen, denen weitere 1945–1950 und, mit Unterbrechungen, ab 1955 bis 1973 folgten. Neben stratigraphischen Untersuchungen in Abfallschichten hat man etwa 500 Gräber in verschiedenen Friedhöfen bergen können, sicherlich nur ein Bruchteil der ursprünglichen Belegung. Hier zeigt sich deutlich die Tragik der illegalen Ausgrabungen, mit denen der Archäologe gerade auch in Lateinamerika konfrontiert ist. In Tlatilco sind, wie an vielen anderen Orten, ein für

allemal die Möglichkeiten einer sinnvollen Auswertung zerstört worden, denn man weiß nicht, was fehlt und was illegal auf den »Markt« gekommen ist.
Ein anderes Beispiel: In keinem wissenschaftlich ausgegrabenen Grab ist ein unzweifelhafter »Import« aus dem olmekischen Kerngebiet befunden worden, z. B. Statuetten aus Stein oder die sog. »Miniaturjoche«, kleine gebogene Steinobjekte mit reicher Skulptur. Sie würden die Intensität der Beziehungen zum Kerngebiet an der Golfküste anzeigen, die für unser Verständnis der Vorgänge von großer Wichtigkeit ist. Es gibt heute in öffentlichen und privaten Sammlungen einige solcher Stücke, die angeblich aus Tlatilco stammen, aber wurden sie wirklich dort ausgegraben? Auf die Angaben der Grabräuber ist kein Verlaß, und es ist nicht einmal sicher, ob sie überhaupt aus dem Hochland stammen. Neue Funde kann man aus Tlatilco auch nicht mehr erwarten, da die Stadt unter einer Zementfabrik und einem Vorort der sich rapide ausbreitenden Hauptstadt verschwunden ist, bei deren Bau sicherlich die meisten Reste vernichtet worden sind. So können wir heute nur auf jene relativ wenigen wissenschaftlichen Ausgrabungen zurückgreifen, die dort getätigt wurden, und die bisher nur sehr bruchstückhaft veröffentlicht worden sind.
Was können wir trotzdem über Tlatilco aussagen? Es war ein Ort mit etwa 1 000 Einwohnern, die in rechteckigen Häusern mit Flechtwänden und einem Dach aus Gras oder Schilf lebten; öffentliche Bauten oder Pyramiden bzw. Plattformen fehlen. Feldbau war die Ernährungsgrundlage, doch dürften auch alle weiteren Nahrungsquellen wie Sammeln, Jagd und Fischfang ausgenutzt worden sein. Auf Lagerung von Überschüssen weisen glockenförmig in den Boden eingetiefte Vorratsgruben hin, die man später teilweise für den Müll benutzte.
Geschliffene Beilklingen kommen nun vor, die auf den Beginn von Rodungsarbeiten hindeuten können. Neu sind auch Projektilspitzen aus Obsidian mit kurzer Schäftungszunge. Jetzt wurden auch parallelseitige Klingen aus Obsidian angefertigt, die man durch indirekten Schlag oder durch Druck von einem Kernstein mit präparierter Plattform abspaltete. Die Reibsteine sind hervorragend gearbeitet, von ovaler oder rechteckiger Form, oft mit kleinen Füßen. Sie wurden ebenso wie die walzenförmigen Handreiber, die Mörser und Stößel aus dem überall anstehenden porösen Vulkangestein gefertigt.
Nach den Tonfiguren zu urteilen (Kat. Nr. 21/22), bestand die Kleidung aus Pflanzenfasern, doch sie war recht bescheiden. Die Frauen gingen nackt oder trugen (zu besonderen Anlässen?) »Miniröcke«, Männer einen Durchziehschurz aus einem breiten Gürtel und einem zwischen den Beinen durchgezogenen Stoffstreifen. Dieses Kleidungsstück sollte bis zur Eroberung durch die Spanier die männliche Hauptbekleidung in einem Lande bleiben, das die Hose nicht kannte.
Der Schmuck richtete sich nach dem Reichtum oder der sozialen Stellung. Die röhrenförmigen Pflöcke in den Ohrläppchen konnten aus Holz, Ton, Knochen oder Stein sein, bei den Ärmsten auch aus Rohr. Halskette und Gürtel sind bei den Figuren zwar nur angedeutet, doch aus den Gräbern wissen wir, daß sie aus Knochen oder Stein, manchmal sogar aus dem seltenen, importierten »Grünstein« (Jade, Jadeit u. ä.) bestanden. Zum Schmuck kann man auch die sehr variablen Frisuren der Frauen und die Körper- und Gesichtsbemalung rechnen, die anscheinend ebenfalls auf die Frauen beschränkt war. Endlich gehören auch die verschiedenen Feilungen der Schneidezähne, teilweise V-förmig, und die künstliche Abflachung des Schädels in diesem Zusammenhang. Eine Kopfdeformation wurde beim Kind gleich nach der Geburt durch die Befestigung eines Brettes vor der Stirn vorgenommen. Man kann diese Methode bei einigen »Mutter-und-Kind«-Figuren erkennen. Diese zeigen daneben auch, daß die Kleinkinder in Traggestelle eingebunden wurden, wie sie noch heute z. B. in Nord-Mexiko und dem Südwesten der USA üblich sind.
Daß man an ein Leben nach dem Tode glaubte, beweisen die Bestattungen, die meist in ausgestreckter Lage auf dem Rücken erfolgten und von reichen Beigaben begleitet sind. Die vielen Frauenfiguren, die auch in ihnen auftreten, werden als ein Hinweis auf den Kult einer Muttergöttin betrachtet, während man einige Männerfiguren mit maskenartigen Teilen vor dem Gesicht, Fellkleidung und anderen Paraphernalien gern als »Schamanen« bezeichnet. Wieweit das zutrifft, muß dahingestellt bleiben. Es könnten ebensogut Waldgeister, Götter oder Heroen sein. Auf jeden Fall kommt das männliche Element nunmehr auch zur Darstellung, doch ob dieses eine politische Organisation mit einem Anführer widerspiegelt, ist umstritten. Umstritten ist auch, ob man ein Ballspiel kannte und wenn ja, wie dieses gespielt wurde. Hinweise geben einzelne Figuren mit runden Objekten unter dem Arm (Kat. Nr. 20), bei denen es sich um Bälle aus Kautschuk handeln könnte, die aus dem olmekischen Kerngebiet an der Golfküste importiert wurden.
Bisher wurde Tlatilco so behandelt, als ob während der

350 Jahre seiner Blüte dort eine einheitliche, sich nicht verändernde Kultur bestanden hätte. Das ist jedoch nicht der Fall gewesen, wie vor allem die Keramik und die Tonfiguren ausweisen. Ohne auf die Einzelheiten einzugehen, muß man feststellen, daß es drei verschiedene »Phasen« gibt, die vor allem in Ayotla bei Tlapacoya festgestellt wurden und sich auch in den stratigraphischen Grabungen von Tlatilco finden. Schwierig gestaltete sich die Koordination der Grabinhalte mit den Phasen, da augenscheinlich viele Dinge nur oder zum größten Teil dem »Totenkult« dienten, d.h. fast nur in Gräbern vorkommen. Trotzdem ist auch hier eine Unterteilung in ältere und jüngere Bestattungen gelungen. Insgesamt gab es im Hochbecken von Mexiko während des Frühen Horizonts einen Trend, bei dem anfänglich die fremden Einflüsse von der Golfküste, gefiltert durch die Morelos-Vermittlung, sehr deutlich sind, allmählich sich immer mehr verwischen und endlich in einer Synthese mit einheimischen Ideen enden. Dieser Trend stellt sich wie folgt dar: Zu Beginn, während der Coapexco-Phase (1500–1400) sind die olmekischen Einflüsse sehr deutlich: dunkelfarbige und weiße Keramiken mit eingeritzten oder ausgeschnittenen Mustern, teilweise mit Motiven aus dem olmekischen Repertoir (Schlangen, Raubtierpfoten, stilisierte Gesichter von Mischwesen u.ä.); Wiegenstempelverzierung, Negativbemalung; unterschiedlich gebrannte Gefäße (Kat. Nr. 12/13). Einige Keramiken könnten von der Golfküste importiert worden sein, unter ihren Formen sind Schalen mit flachem Boden und schräger oder senkrechter Wandung und Ausgußschalen charakteristisch.
Die Figuren weisen massige Gesichter mit waagerechten oder leicht schrägen Augenschlitzen, einem vollen, in den Winkeln nach unten gebogenen Mund und allgemein »olmekischem« Aussehen auf (»Pilli-Typ«). Einzelne, zum Teil hohle »Baby-Face«-Figuren kommen vor, dürften aber Importe sein.
Während der letzten Phase, Manantial (1300–1150), sind diese Elemente »verarbeitet«, eigene Ideen sind hinzugekommen oder haben sie ersetzt: die unterschiedlich gebrannten Gefäße werden nun imitiert, indem man einen weißen Rand auf dunkle Gefäße malt. Flaschen und Gefäße mit Steigbügelausguß treten verstärkt auf, ebenso gerippte (Früchte nachahmende) und tierförmige Gefäße. Bei den Ritzungen ist eine Doppellinie mit einer Stufe besonders häufig.
In dieser Zeit tauchen Tonmasken zum ersten Mal auf (Kat. Nr. 23). Unter den Figuren dominieren die typischen »Tlatilco-Figuren« mit spitzovalen, sehr schräg gestellten Augen (Kat. Nr. 24). Daneben gibt es auch relativ große, hohle Figuren, die wahrscheinlich aus Morelos importiert wurden. Diese Verbindung scheint die ganze Zeit hindurch nicht abgerissen zu sein, wie Parallelentwicklungen andeuten.
Die abschließende Frage zum Frühen Horizont ist, welches Interesse die Olmeken am Hochbecken von Mexiko hatten, ein Interesse, das sich u.a. an importierten Tongefäßen mit »Kultmotiven«, an »Grünstein«, Spiegeln aus Hämatit und vielleicht kleinen Steinskulpturen und Kautschukbällen ablesen läßt. Was wurde als Gegenleistung geboten?
Die Lösung ergaben mineralogische Untersuchungen in San Lorenzo Tenochtitlán, einem der großen Olmeken-Zentren an der Golfküste. Es wurde festgestellt, daß ein Teil des dort gefundenen Obsidians aus Vorkommen bei Otumba, im Seitental von Teotihuacán, und bei Pachuca, im Nordosten des Tales, stammen, also aus dem Hochbecken geliefert wurden. Interessanterweise gibt es trotz intensiver Suche weder im Seitental von Teotihuacán noch in der Pachuca-Gegend für diese Zeit einen Hinweis auf eine Siedlung. Wir müssen also annehmen, daß die im südlichen Teil des Beckens lebenden Gruppen Expeditionen aussandten, um diesen Rohstoff zu beschaffen, nicht nur für ihren erheblichen Eigenbedarf, sondern auch für den Export.
Während des Frühen Horizonts hatte das Hochbecken von Mexiko an einem sich über weite Teile Mesoamerikas erstreckenden Handelsnetz teilgenommen, es war, wenn auch nur marginal, ein »Teil der Großen Welt« geworden. Nun, in der Mittel-Präklassischen Zeit (1150–640, auch Erste Zwischenperiode 1–4 genannt) fiel es in den Provinzialismus zurück. Alles wurde unspektakulär. Die Tongefäße hatten die reiche Ornamentik verloren. Ab 800 wurden die alten Motive durch kursive Muster ersetzt. Rot auf weißer Bemalung ist häufig. Die Tonfiguren wurden einfacher, roher und sind kaum mit den künstlerisch hochwertigen Statuetten der vorhergehenden Periode vergleichbar. Weibliche Figuren dominieren wieder mehr als zuvor, Schmuck und Bemalung sind bei den Figuren nur angedeutet, Haartracht bzw. Kopfschmuck bleiben allerdings weiter betont. Typisch sind Figuren mit einem spitzen Kinn und aufgesetzten Augen, in die meist zwei waagerecht nebeneinander stehende Einstiche gemacht wurden.
Dieser scheinbare kulturelle Rückgang steht im Gegensatz zu der Bevölkerungsentwicklung während dieser

Zeit. Konnte man für den Frühen Horizont nur 19 Siedlungen feststellen (von denen man, wie auch bei den folgenden, bisher nicht sagen kann, ob sie alle gleichzeitig bewohnt waren), so schwoll diese Zahl während der Mittel-Präklassischen Periode auf 75 an, davon einige mit 1 000 bis 2 000 Einwohnern. Ein alle anderen Siedlungen beherrschender, durch seine Größe herausragender Ort konnte bisher für diese Zeit im Tal nicht festgestellt werden. Man muß daher annehmen, daß die politische Organisation schwach entwickelt war. Die Siedlungen waren wieder auf den Südteil des Hochbeckens konzentriert, doch schob sich die Siedlungsgrenze weiter nach Norden vor. Vor allem die Texcoco-Gegend, an der Ostseite des gleichnamigen Sees, weist nun zahlreiche Dörfer auf. Ein erster Weiler findet sich im bisher menschenleeren Seitental von Teotihuacán. Insgesamt muß bereits ein gewisser Bevölkerungsdruck im Südteil des Hochtales vorhanden gewesen sein, der es erforderlich machte, ungünstigere Gegenden zu besiedeln.

Dieser Trend setzte sich in der Spät-Präklassischen Periode (640–225, auch Erste Zwischenperiode 5–7 genannt) fort. 154 Siedlungen können dieser Zeit zugeschrieben werden; das Teotihuacán-Tal weist nun zahlreiche, auch größere Orte auf. Zum ersten Mal lassen sich im Hochbecken öffentliche Bauten sicher ausmachen, nämlich Plattformen und bis zu 5 m hohe Pyramiden aus Erde und/oder luftgetrockneten Lehmziegeln (adobe). Diese Anlagen und die Größe einiger Fundplätze (bis 100 ha) legen es nahe, daß es eine politische Organisation gab, die das Hochland in 5 Einheiten gliederte; ob sie alle einer Zentralgewalt unterstanden, ist umstritten. Falls das der Fall war, dürfte Cuicuilco im Südwesten des Hochbeckens der Sitz der Verwaltung gewesen sein. Auf gesellschaftlichem Gebiet läßt sich aus einigen Ausgrabungen schließen, daß eine Spezialisierung auf bestimmte Handwerke begann, und daß auch in kleineren Orten Rangunterschiede üblich waren.

Die Siedlungen bestanden aus kleinen »Gehöften«, die von einer Adobemauer umgeben waren. Innerhalb dieser Umfriedung stand ein rechteckiges Haus mit lehmbeworfenen Flechtwänden und wahrscheinlich einem Satteldach aus Gras oder Schilf. Im Falle sozial höhergestellter Familien waren ein oder mehrere Anbauten vorhanden. Ferner umschloß die Mauer einen oder mehrere, vielleicht überdachte Arbeitsplätze, deren Boden genau wie jener der Häuser aus einem zerstampften, tepetate genannten Gestein bestand, sowie einem kleinen Garten. In die Arbeitsplätze waren glockenförmige Vorratsgruben

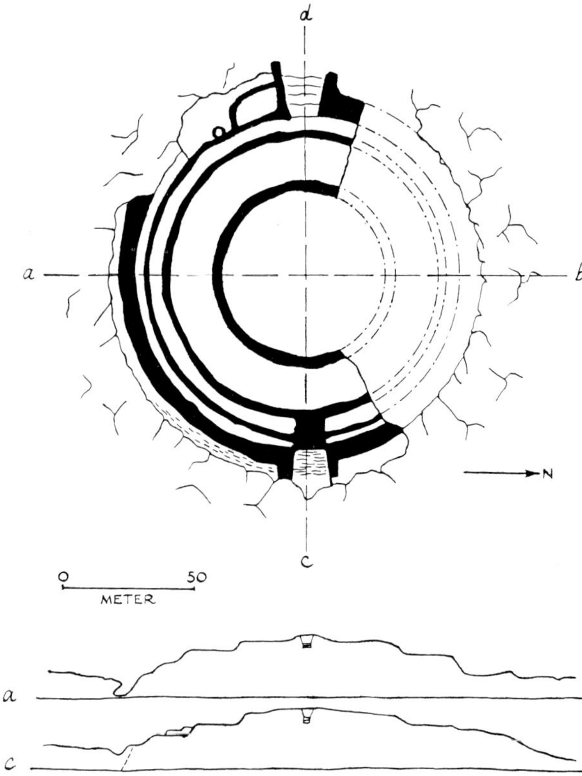

Abb. 11 Cuicuilco, Grundriß der »Rundpyramide«

eingelassen, wie wir sie schon in Tlatilco kennengelernt hatten. Bestattungen wurden ebenfalls an diesen Orten vorgenommen; Herdstellen fanden sich dagegen nur innerhalb der Arbeitsplätze. Mehrere solcher »Gehöfte« mit gemeinsamen Mauern bildeten Gruppen, die vielleicht von Sippen oder anderen sozialen Gemeinschaften bewohnt wurden.

Unter der Keramik tritt während dieser Zeit erstmalig eine dreifarbige Bemalung, rot und weiß auf hellbraunem Grund, auf, der Beginn einer Vielfarbigkeit (»Polychromie«). Flache Teller, becherförmige Gefäße mit hohem Standfuß sowie Schalen mit hohlen Füßen, teils »mammiform« (d.h. in Form einer weiblichen Brust), teils fast zylindrisch und durch Schwellungen gegliedert, sind Neuerungen auf diesem Gebiet. Hier scheinen wieder äußere Einflüsse (erneut aus Morelos?) am Werke gewesen zu sein. Neue Figurentypen, die sich vor allem durch die Art der Augen unterschieden, erscheinen ebenfalls.

◁ *Abb. 12 Blick in das Hochtal von Mexiko-Stadt*

Abb. 13 Cuicuilco, »Rundpyramide« mit erstarrter Lava

Abb. 14 Cuicuilco, Aufgang zur »Rundpyramide«

Sie bleiben jedoch weiter auf dem einfachen Niveau der vorhergehenden Periode.
Die Konzentration der politischen Macht scheint sich in der folgenden End-Präklassischen Periode weiter fortgesetzt zu haben. In dieser Einführung wird diese Periode auf die Zeit zwischen 225 v. Chr. und 50 n. Chr. (Erste Zwischenperiode 8–9) beschränkt, d.h. bis zum Beginn der Tzacualli-Phase (Erste Zwischenperiode 10, 50–150). Nach meiner Ansicht gehört Tzacualli in den klassischen Bereich, da in ihr schon die meisten jener Elemente vorgezeichnet werden, die für jene Periode in Teotihuacán charakteristisch sind.
Während der End-Präklassischen Periode wurden zwei Zentren zu dominierenden Faktoren im Hochbecken: Cuicuilco (Abb. 11–13, 14) westlich des Xochimilco-Sees und Teotihuacán im gleichnamigen Seitental östlich des Xaltocán-Sees. Daneben gab es eine Reihe kleinerer, oft relativ dicht beieinanderliegender, Gruppen bildender Zentren, die zusammen politische Einheiten gebildet haben könnten. Auffällig ist, daß diese Konzentrationen wie auch die Einzugsbereiche der Großzentren von Zonen umgeben sind, die keine oder nur eine geringe Besiedlung aufweisen.
Von den beiden genannten Zentren war Cuicuilco das ältere, dessen Anfänge bis in die Initial-Periode (Tlalpan-Keramik) zurückreichen könnten. Daß es damals die bedeutendere Stadt war, kann aus dem Bau von Zeremonialanlagen abgeleitet werden, die man dort errichtete. Zu ihnen gehört auch das bedeutendste Bauwerk dieser Zeit, eine vierstufige, steinverkleidete Rundpyramide von 20 m Höhe und 142 m Basisdurchmesser. Leider ist Cuicuilco bisher relativ wenig ausgegraben worden, da die Bodenverhältnisse hier denkbar ungünstig sind, und was ausgegraben wurde, kennt man meist nur aus Andeutungen. So wissen wir nicht, wieviele andere öffentliche Bauten es gab, oder welche Ausdehnung diese Stadt gehabt hat. Doch scheint die Stadtanlage schachbrettartig gegliedert gewesen zu sein, aber seit wann das der Fall war, ist wieder unbekannt.
Teotihuacán wurde vor allem während der zweiten Hälfte der Periode (Patlachique-Phase, 50 v. Chr. bis 50 n. Chr.) besiedelt. Am Ende dieser Zeit bedeckte die Stadt bereits eine Fläche von 6–8 km². Öffentliche Bauten sind aus dieser Zeit nicht bekannt, da sie anscheinend bei den späteren Umgestaltungen überbaut oder abgetragen wurden. Sicher ist dagegen, daß man damals hier wie in anderen Teilen des Hochbeckens mit dem Bau von Be- und Entwässerungskanälen begann, letztere sind die Vorläufer der später so berühmten »chinampas«. Damals waren die zwischen den Entwässerungskanälen gelegenen und durch den Aushub erhöhten Felder noch auf ein kleines, versumpftes Gebiet an Quellen nahe Teotihuacán beschränkt.
In der materiellen Kultur, vor allem bei der Keramik, sind die Unterschiede zur vorhergehenden Periode verhältnismäßig gering. Die meisten Tongefäße-Typen wurden in Form, Bemalung und Mustern weiterentwickelt, wenige neue Typen treten hinzu. Gleichzeitig kann man eine gewisse Regionalisierung der Keramik beobachten, bei der bestimmte Typen oder Formen ihren Schwerpunkt in diesem oder jenem Teil des Hochbeckens haben. Auch die Tonfiguren unterliegen einem Formenwandel, vor allem der Augen, und einer Regionalisierung, doch künstlerisch bleiben sie weiter einfach.
Faßt man zusammen, so erkennt man, daß die Präklassischen Perioden, die die Zeit von 1500 v. Chr. bis 50 n. Chr. überdecken, eine kontinuierliche Entwicklung widerspiegeln. An ihrem Anfang erfolgte ein Paukenschlag: Das Eindringen fremder Kulturelemente, wahrscheinlich auch fremder Menschen aus dem Südosten in das Hochbecken. Sie bewirkten die Einbindung des Hochtales in ein weitgespanntes Handelssystem. Wie weit die damit verbundenen Ideen, z. B. einer elitären Führungsschicht und einer wirtschaftlichen (und politischen?) Rangordnung innerhalb einer Gruppe nach dem Zusammenbruch des Handelsnetzes sich fortentwickelten, ist schwer zu sagen. Es scheint, daß sie zunächst nicht von Dauer gewesen sind, denn die Siedlungsstrukturen im Hochbecken nach 1150 v. Chr. deuten eher auf eine egalitäre Gesellschaft hin.
In den nächsten 1 200 Jahren wuchs die Bevölkerung des Hochbeckens von etwa 5 000 Menschen auf ca. 175 000 an. Vom Kerngebiet im Süden und Südosten des Tales ausgehend, das die ganze Zeit über Hauptsiedlungsgebiet blieb, wurde das gesamte Hochbecken mit Ausnahme der nördlich des Zumpango-Sees gelegenen Teile besetzt. Der Bevölkerungsdruck wurde so stark, daß man auch ungünstige Teile, wie das trockene Teotihuacán-Tal einbezog und in der End-Präklassischen Periode mit Be- und Entwässerung begann, um mehr Menschen ernähren zu können. Mit der Zunahme der Bevölkerung und der Ausweitung der Besiedlung nahm auch die politische Strukturierung zu. Um 50 n. Chr. teilten sich fünf politische Einheiten den Bereich des Hochbeckens auf, in dem zwei große Zentren zur Hauptmacht aufstiegen, Cuicuilco und Teotihuacán, jedes mit über 20 000 Bewohnern,

und sicherlich waren sie Rivalen um die Dominanz im Hochtal. Abrupte Ereignisse während des 1. nachchristlichen Jahrhunderts änderten dieses Bild; ihre Auswirkungen sollten über ganz Mesoamerika spürbar werden.

Teotihuacán und die Klassische Zeit

Gäbe es in Zentral-Mexico für diese Zeit Annalen, ähnlich denen im alten Orient, so würden sie wahrscheinlich für das 1. Jahrhundert nach Christus vermelden, daß sich die Herrscher von Cuicuilco und Teotihuacán offen oder versteckt bekämpften, und daß der erstere jedoch den Göttern nicht den nötigen Respekt zeigte. Darum wandten sie sich von ihm ab und straften ihn, indem sie seine Macht vernichteten, seine Ländereien unfruchtbar machten und seinem Gegner die Herrschaft über das Hochbecken von Mexiko übertrugen.

Wenn diese Annalen konkreter wären, würden sie berichtet haben, daß der Xitle, ein kleiner Vulkan in der Sierra de Ajusco (südwestliche Umrandung) in dieser Zeit ausbrach und die Umgebung Cuicuilcos mit Lava überdeckte. Die Stadt selbst scheint erst hundert Jahre später von anderer Lava überflutet worden zu sein, die heute als »Pedregal« alles verbirgt und nur die obersten Teile der großen Rundpyramide frei läßt. Das ist auch der Grund, warum wir so wenig über diese Stadt wissen; denn welcher Archäologe gräbt schon durch sechs oder acht Meter Lavagestein, ohne zu wissen, ob er darunter etwas finden wird?

Durch diese Katastrophe war die Macht Cuicuilcos gebrochen, und die Menschen mußten das dichtbesiedelte Land verlassen. Sie gründeten aber keine neue Stadt, wie man annehmen sollte, sondern zogen zum größten Teil in das rivalisierende Zentrum! Das ist ein Vorgang, den man kaum erklären kann, genau das Gegenteil dessen, was »normal« wäre. Die Athener wären 450 v. Chr. kaum nach Sparta übersiedelt, wenn ein Erdbeben ihre Stadt unbewohnbar gemacht hätte, noch die Römer 215 v. Chr. nach Karthago. Hier jedoch scheint ein solcher Vorgang vorzuliegen.

Ein Schlüssel für eine Erklärung mag in der Tatsache

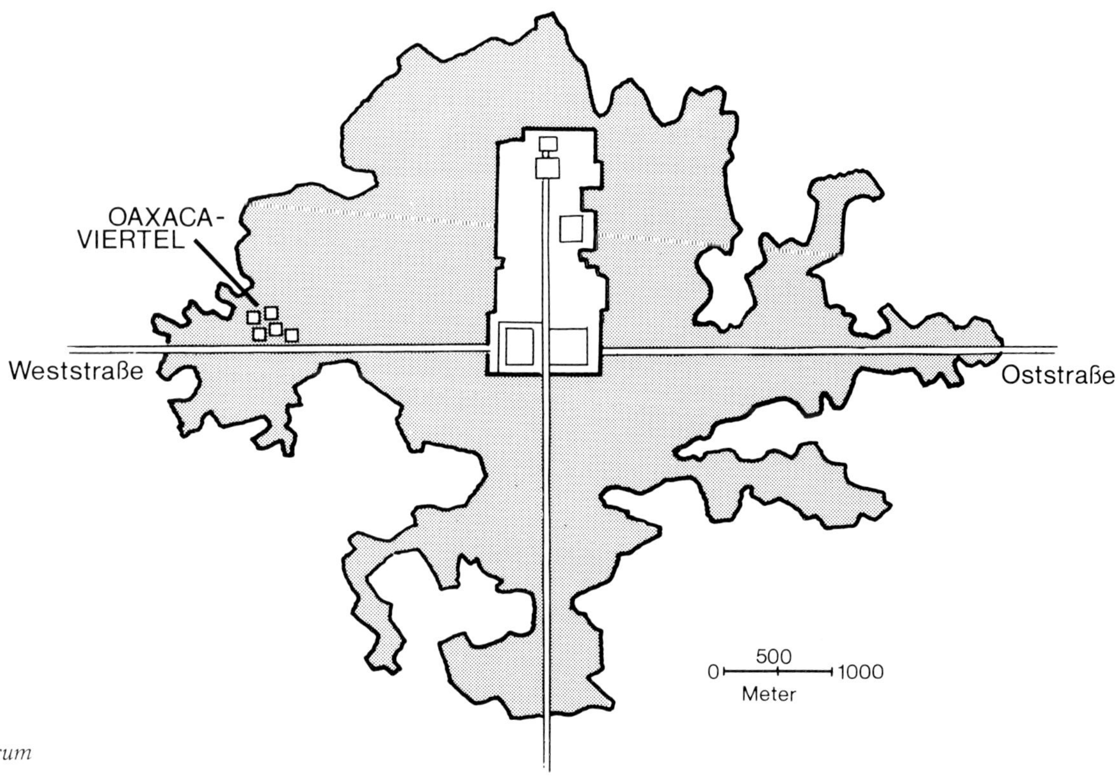

*Abb. 15
Teotihuacan,
Stadtgebiet mit
Zeremonial-Zentrum*

Abb. 16 Cuicuilco, Blick auf den Vulkan Xitle

Abb. 17 Teotihuacan, Wohnviertel mit Sonnen- und Mondpyramide

Abb. 18 Teotihuacan, »Straße der Toten« mit Mond- und Sonnenpyramide, Blick nach Süden ▷

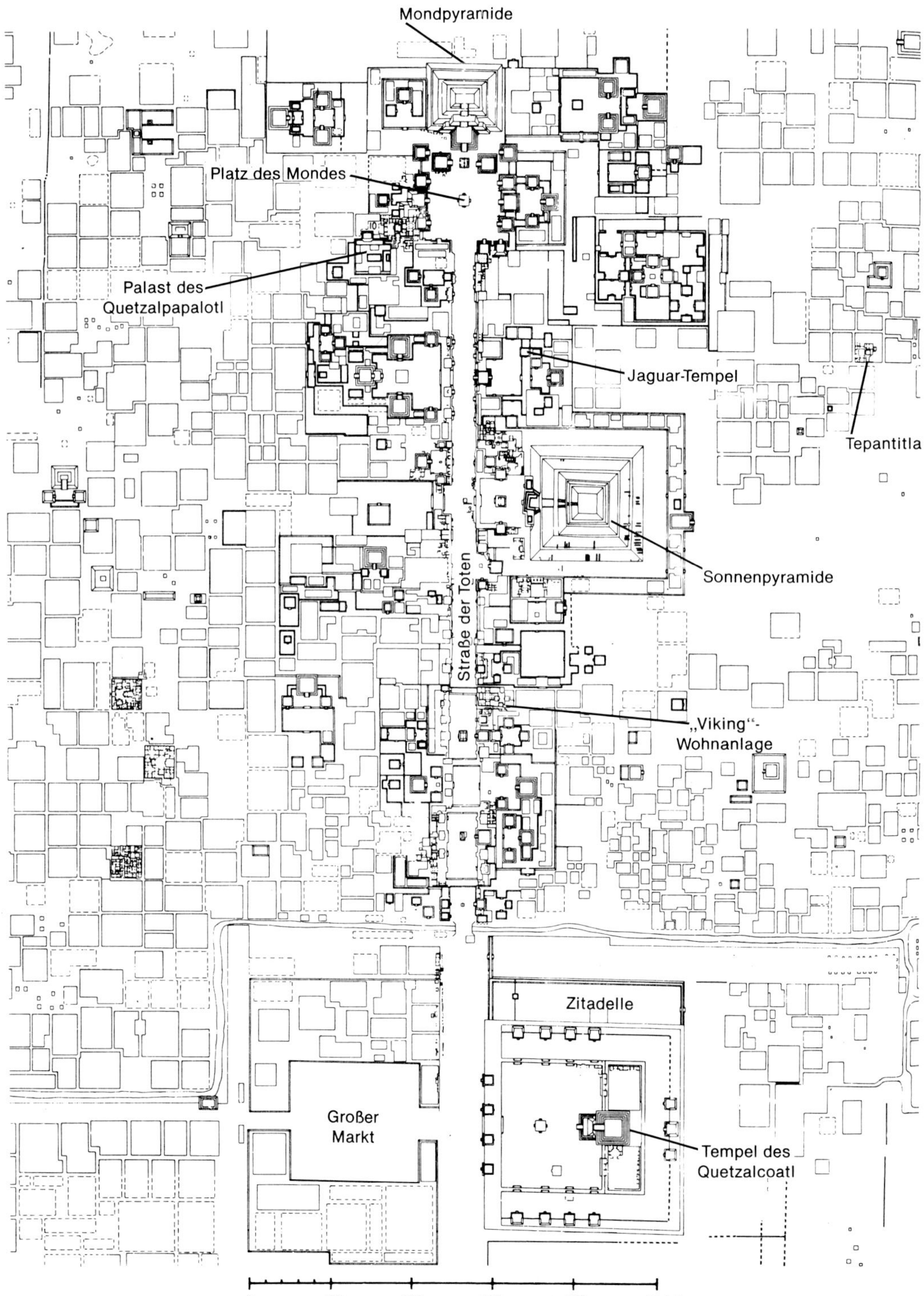

Abb. 19
Teotihuacan,
Zeremonial-Zentrum

liegen, daß nicht nur Cuicuilco und seine nähere und weitere Umgebung sich in diesem Jahrhundert entvölkerten, sondern auch viele andere Teile des Hochtales: südlich des Xochicalco-Chalco-Sees sank die Bevölkerung von etwa 25 000 Menschen auf weniger als 1 000, in der Ixtapalapa-Region von 9 000 auf weniger als 1 000, in der Texcoco-Gegend von 24 000 auf wiederum etwa 1 000 Bewohner. Das bedeutet, daß fast überall im Hochbecken von Mexiko ein Exodus einsetzte. Nur zwei Ausnahmen gibt es. Eine betrifft das Gebiet nördlich des Zumpango-Sees, das gerade jetzt besiedelt wurde, die andere, ungleich wichtigere, das Tal von Teotihuacán, besonders die dortige Stadt, wo es zu einer Bevölkerungsexplosion kam! Über 90 000 Menschen lebten nun hier, mehr als das Doppelte der vorhergehenden Bevölkerung. Dadurch hat sich die Gesamtbevölkerung des Hochtales kaum verringert.

Die radikale Verschiebung der Bevölkerung wird oft durch »Landflucht« erklärt, durch die Attraktion der Stadt Teotihuacán. Sicher hat das eine Rolle gespielt, aber so vollständig? Ich glaube, hier werden zu moderne Denkmodelle angewandt und man kann das Phänomen des plötzlichen Wandels der Besiedlungsstruktur nur durch Zwang erklären. Als Parallele bietet sich hier u. a. das »Babylonische Exil« des jüdischen Volkes an (587-538 v. Chr.), d. h. die Zwangsumsiedlung einer besiegten Bevölkerung, die man besser beaufsichtigen wollte.

Außerdem brauchte man Menschen! Teotihuacán muß in seinem Kern während des Tzacualli-Phase (50-150 n. Chr., Erste Zwischenperiode 10) eine riesige Baustelle gewesen sein. Wurde doch damals der systematische Grundplan für die Stadt entworfen und verwirklicht, einer Stadt, die sich nun schon auf 20 km² ausgedehnt und damit fast ihre spätere Maximalflächengröße erreicht hatte. Man glaubte, daß damals die Nord-Süd-Achse – die Abweichung von der Nordrichtung beträgt 15° 30′ – konstruiert wurde und vielleicht auch die sie im Zentrum kreuzende Ost-West-Achse. Vor allem wurde der nördliche Arm des Hauptstraßenkreuzes, der »Calle de los Muertos« (»Totenweg«) genannt wird, angelegt. Seine Breite betrug 50 bis 60 m, seine Länge vom Zentrum bis zur Mondpyramide 2,5 km. Da das Gelände nach Norden anstieg, gab es gelegentlich Treppenstufen oder Absätze. Zur selben Zeit wurden an den Seiten der »Totenstraße« niedrige Plattformen errichtet, die wahrscheinlich Tempel aus vergänglichem Material trugen (Abb. 15, 18–21).

Das größte Unternehmen dieser Zeit war jedoch die Errichtung der sog. »Sonnenpyramide« östlich des Totenweges über einer kleinen, aus der Patlachique-Zeit stammenden Plattform. Sie wurde, sieht man von der fünften Stufe und einigen kleinen Anbauten ab, in einem einzigen Arbeitsgang geschaffen, ist also nicht, wie fast alle anderen mexikanischen Pyramiden erst durch häufige Ummantelungen zu ihrer Größe angewachsen. Mit 65 m Höhe, einer Grundfläche von etwa 225 m² und einem Inhalt von etwa 1 100 000 m³ (etwa die Hälfte des Rauminhaltes der Cheopspyramide) gehört sie zu den größten Pyramiden im Hochbecken. Erbaut wurde sie aus luftgetrockneten Lehmziegeln (adobes), die außen mit Steinplatten verkleidet waren. Wie sie ursprünglich ausgesehen hat, wissen wir nicht, da eine um 1910 von Leopoldo Batres vorgenommene Rekonstruktuion falsch ist.

Auch die erste Version der sog. »Mondpyramide« am Nordende der Calle de los Muertos wurde damals gebaut. All dieses setzt eine straffe politische Organisation mit einem Herrscher an der Spitze voraus. Wo er damals in Teotihuacán lebte, wissen wir nicht, auch nicht, ob er in einem Palast aus adobe oder Stein wohnte oder nur in einem Haus mit lehmbeworfenen Flechtwänden, wie die anderen Bewohner der Stadt. Ein großer Teil von ihnen dürfte bei den Bauarbeiten beschäftigt gewesen sein, während ein anderer Teil durch intensiven Feldbau mit Be- und Entwässerung die Ernährung sicherte. Endlich gab es auch Spezialisten, vor allem jene, die den aus den Minen von Otumba und (später) vom Cerro de las Navajas bei Pachuca stammenden Obsidian zu Klingen und Geräten verarbeiteten. Diese waren bereits damals ein wichtiger Exportartikel.

Die Keramik war ein-, zwei- oder dreifarbig, teils eine Weiterentwicklung alter Formen und Muster, teils Neuerungen wie z. B. offene Gefäße mit steiler Wandung und leicht gerundetem Boden. Besonders charakteristisch für die Tzacualli-Phase sind negativ bemalte Gefäße mir kursiven Mustern. Die Tonfiguren waren abgeflacht, mit prognatem oder vogelähnlichem Gesicht und schräggestellten Augenschlitzen. Arme und Beine sind oft nur angedeutet, der Kopfschmuck dagegen betont. Sie wurden augenscheinlich schnell und ohne großen Aufwand geschaffen.

Diese Methode wurde auch in der folgenden Miccaotli-Phase (150–200 n. Chr., Erste Zwischenperiode 11) beibehalten. Figuren mit waagerechten Augenschlitzen, großer Kopfschleife, Rock und cape-artigem Umhang (Kat. 101) sind nun kennzeichnend. In der Keramik tritt

Abb. 20 Teotihuacan, im Vordergrund »Zitadelle«, »Straße der Toten« nach Norden

Abb. 21 Teotihuacan, Platz des Mondes

22

Abb. 22, 24 *Teotihuacan, Details der Pyramidenfassade des Quetzalcoatl: Tlaloc und die »Gefiederte Schlange«*

Abb. 23 *Teotihuacan, Beispiel für »talud« und »tablero«-Technik*

Abb. 25 *Teotihuacan, Wandmalerei*

Abb. 26 *Teotihuacan, Detail aus »Das Paradies des Regengottes« in Tepantitlan*

23

24 ▽

26 ▽

25

eine Fülle neuer Formen auf, u. a. die sog. »Blumenvasen« mit kleinem, gerundetem Körper, langem Hals und ausschweifender Mündung (Kat. 100) und Gefäße mit flachem Boden und senkrechter Wandung. Diese, ebenso wie Schalen (Kat. 102) und Vasen, sind teilweise mit drei kleinen konischen Füßen versehen, auch ringförmige Standfüße erscheinen nun im Repertoire. Feinlinige Ritzmuster und zweifarbige Bemalung waren Hauptverzierungsmethoden der oft glänzend polierten Gefäße. Eine sehr dünnwandige, orangefarbene Keramik in vielen Formen, oft plastisch zu Tieren (Kat. 111) oder Menschen ausgestaltet oder mit kursiven Ritzmustern verziert, wurde nach Teotihuacán in dieser und den nächsten Phasen importiert. Sie stammt wahrscheinlich aus der Nuiñe-Region in Nordwest-Oaxaca.

Die Bautätigkeit innerhalb des Zentrums verstärkte sich während der kurzen Miccaotli-Phase noch. Die Mondpyramide wurde überbaut, der Sonnenpyramide die oberste – fünfte – Stufe aufgesetzt. Vor allem wurde aber jener Komplex konstruiert, den man als »Ciudadela« (Festung) bezeichnet. Sie war das reiligiöse und politische Zentrum von Teotihuacán und Residenz seines Herrschers. Der am Schnittpunkt der Hauptachsen gelegene Komplex bildet ein von Plattformen begrenztes Quadrat von rd. 400 m Seitenlänge. Auf den Plattformen sind jeweils vier (im Osten nur drei) kleine zweistufige Pyramiden aufgesetzt, die früher Gebäude aus vergänglichem Material trugen. Im Innenraum errichtete man zur gleichen Zeit die (wahrscheinlich fünfstufige) »Quetzalcoatl-Pyramide«, genannt nach den auf ihr als Relief erscheinenden gefiederten Schlangen (aztekisch »quetzalcoatl«), die ein Teil des reichen Fassadenschmuckes sind. Ihre Köpfe ragen vollplastisch aus dem Baukörper und alternieren mit anderen Köpfen, die man als Abbilder des Regengottes Tlaloc ansieht, dem dieser Tempel wahrscheinlich geweiht war (Abb. 22, 25).

Alle Skulpturen, aber auch ihr Hintergrund, waren ursprünglich bemalt, was ihren Anblick gegenüber heute wesentlich veränderte. Miccaotli war die große Zeit der Steinskulpturen in Teotihuacán. Sie waren, wie die sog. »Wassergöttin«, teilweise von erheblicher Größe, wirken aber alle steif und blockartig. Für das Hochtal stellten sie eine Neuerung dar.

Neuerungen gab es auch in der Architektur: Jetzt schufen die Teotihuacán-Baumeister ihren typischen Stil, der für die nächsten fünfhundert Jahre gelten und von vielen imitiert werden sollte. Fast alle Fassaden wurden nun in »talud« (Böschung) und »tablero« (Tafel) gegliedert. Die ursprünglich senkrechte Wand löste man auf, indem man den unteren Teil (meist ein Drittel) nach innen abschrägte (»talud«), und den oberen, kastenförmigen Teil (»tablero«) mit senkrechter Wandung darüber vorspringen ließ (Abb. 23, 27). Die Innenfläche des tablero war meist vertieft und sah wie ein Bild mit Rahmen aus. Und ein Bild war es auch, denn die aus unregelmäßigen Steinen aufgeführte und mit Zement und Stuck überzogene Wand war in der Regel bemalt, entweder einfarbig oder (besonders im vertieften tablero-Teil) mit einfachen Mustern. Die Bilder können als Beginn der Wandmalerei in Teotihuacán angsehen werden. In der Miccaotli-Phase hatten die Stadtbewohner weiter wie seit Jahrtausenden in Häusern und Hütten aus vergänglichem Material gelebt. Das änderte sich in der Tlamimilolpa-Phase (200–400 n. Chr., Mittel-Horizont 1–2 oder Früh-Klassische Periode). Wenn auch die Gründe nicht ganz klar sind, so scheint es doch vor allem die zunehmende Bevölkerungsdichte gewesen zu sein, die zur Konstruktion der nun so typischen »Wohnanlagen« führte, in denen etwa 100 Menschen lebten (Abb. 17, 19, 28).

In ganz Teotihuacán, abseits der Hauptachsen, wurden nun Wohnanlagen errichtet. Alle waren, soweit man sie ausgegraben hat – das sind leider nur wenige –, unterein-

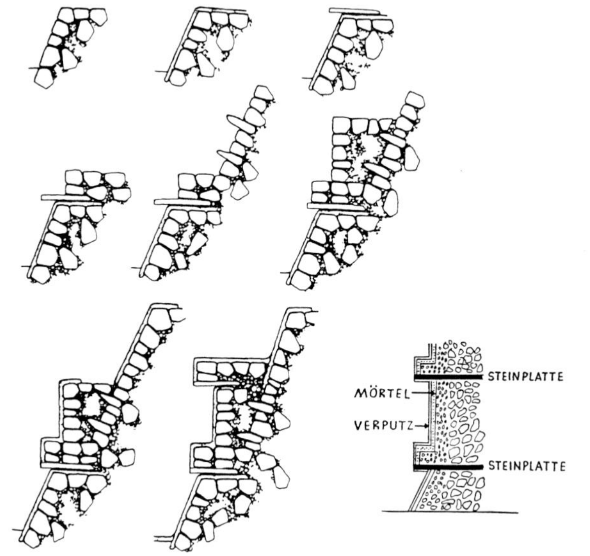

Abb. 27 Zeichnerische Darstellung von talud- und tablero-Konstruktionsphasen

ander verschieden, d.h. sie waren nicht nach einem Einheitsplan errichtet. Das schließt ein staatliches Bauprogramm, einen »sozialen Wohnungsbau«, weitgehend aus. Andererseits sind die Bauten einander sehr ähnlich und weisen alle bestimmte, wahrscheinlich für die Funktion nötige Elemente auf. Mindestens drei um einen Platz angeordnete Tempel auf niedriger Plattform, Innenhöfe und Lichtschächte, Gruppen von Räumen, die »Appartements« bilden, ein einziger, meist enger Eingang von der Straße und sonst glatte Außenwände sind charakteristisch. Alle Räume waren zum Inneren hin orientiert.

Die Steinkonstruktionen waren alle gleich. Ebenerdig, mit Flachdach, das nur von den pyramidenstumpfförmigen Tempeldächern überragt wurde und einer unterirdischen Kanalisation zur Ableitung und zum Auffangen des Regenwassers. Die Außenkanten des Daches waren mit flachen Aufsätzen aus Stein, Stuck oder Ton verziert (Kat. 117, 118), etwa wie die Zinnen einer Burg. Diese Verzierungen gibt es in sehr vielfältiger Form, d.h. jedes Gebäude scheint eine bestimmte Aufsatzform gehabt zu haben.

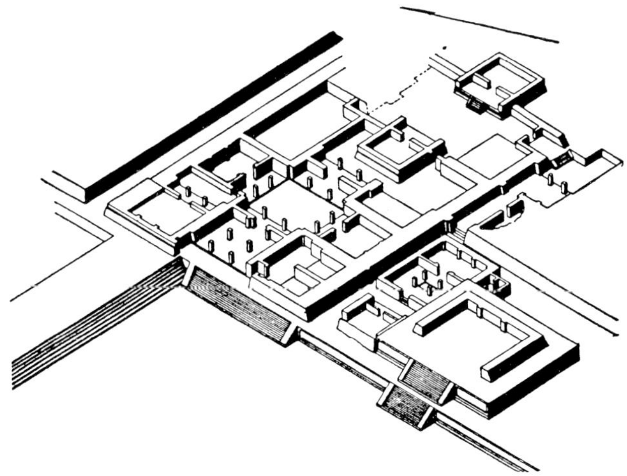

Abb. 28 Teotihuacan, »Viking«-Wohnanlage

Wer lebte in diesen Anlagen? Es dürften Gruppen miteinander verwandter Familien, Geschlechter (lineages) oder Sippen gewesen sein. Hinzu kommen vielleicht »Gefolgsleute«, Hilfskräfte und/oder Lehrlinge.

Gleichzeitig scheinen die Bewohner jeder Anlage eine Produktionsgemeinschaft gebildet zu haben,die ein bestimmtes Handwerk, z.B. Obsidian-Bearbeitung, ausübte. Es gibt Anzeichen dafür, daß benachbarte Wohnanlagen gleiche Handwerke betrieben und auch verwaltungsmäßig miteinander verbunden waren. Das bedeutet, daß es bereits in Teotihuacán »barrios« (Stadtteile) gab, die vielleicht schon nach dem calpulli-System organisiert waren, wie später in Tenochtitlán.

Zwischen den Vierteln bzw. Wohnanlagen gab es anscheinend wirtschaftliche und soziale Unterschiede. Die Räume der entlegeneren Gebäude waren kleiner, die Verhältnisse beengter als jene in der Nähe des Zentrums. Gerade dort gab es auch Anlagen, die man als »Paläste« bezeichnet (z.B. Zacuala, Quetzalpapalotl) und als Residenzen der Oberschicht ansieht.

Das Zentrum wurde auch in der Tlamimilolpa-Phase weiter ausgestaltet. Gegenüber der Ciudadela errichtete man einen riesigen Marktplatz, der bisher kaum untersucht wurde. Ob hier schon früher eine ähnliche Anlage bestanden hatte, läßt sich nicht mehr feststellen, da bei der Neugestaltung die alte Oberfläche schon damals völlig abgetragen wurde. Die Mondpyramide erhielt nun ihre endgültige Form, indem ihr, wie auch der Sonnen- und der Quetzalcoatl-Pyramide ein großer, gestufter Anbau vorgesetzt wurde. Diese drei Pyramiden blieben die einzigen in der nun etwa 22,5 km² großen Stadt, deren Einwohnerzahl um 400 n.Chr. mindestens 135000 Menschen, möglicherweise bis zu 200000 betrug.

Spätestens mit Beginn der späten Tlamimilolpa-Phase (300–400 n.Chr., Mittel-Horizont 2) war Teotihuacán eine Weltstadt geworden und blieb es für die nächsten 350 Jahre. Ihr Einfluß- oder Herrschaftsbereich – die Meinungen gehen hier stark auseinander – erstreckte sich bis in das Maya-Gebiet des Petén (Guatemala), wo Teotihuacán-Krieger oder -Gesandte auf Stelen (z.B. Tikal, Stela 31, datiert 445 n.Chr.) erscheinen, und wo Tongefäße (z.B. in Tikal) und Tonfiguren (z.B. in Becan) im Teotihuacán-Stil gefunden wurden. Kaminaljuyú im Hochland von Guatemala, heute weitgehend unter den Vororten der Hauptstadt Guatemala begraben, war ein Außenposten, in dem die Teotihuacán-Kultur in Architektur und Kunst und sicherlich auch in anderen Aspekten blühte. Die Golfregion stand unter dem Einfluß von Teotihuacán, das hier Städte (z.B. El Tajín) gründete. Elemente der Teotihuacán-Kultur gelangten bis an den Pazifischen Ozean und in den Südwesten der heutigen USA.

Dennoch waren nicht alle Gebiete Mexikos von Teotihuacán abhängig. So blieb Oaxaca politisch unabhängig, auch wenn es viele Elemente der Architektur (z. B. taludtablero) und der Kunst übernahm. Natürlich gab es auch Rückwirkungen aus diesen Regionen auf die Weltstadt, die sicher viele fremde Volksgruppen beherbergte. Wir wissen, daß in einem Stadtviertel Menschen aus Oaxaca lebten, zwar in den für Teotihuacán typischen Wohnanlagen, aber mit Gegenständen aus ihrer Heimat, ihre Toten haben sie in den für Oaxaca typischen Kammergräbern bestattet. Einflüsse von der Golfküste lassen sich in den Volutenmustern erkennen, die in die Kunst von Teotihuacán Eingang fanden, Beziehungen zu den Maya sind belegbar durch Jade-Anhänger, die nach ihrem Stil aus dem Mayagebiet stammen müssen.
Die Kunst erreichte in Teotihuacán während der späten Tlamimilolpa- und der auf sie folgenden Xolalpan-Phase (400–625 n. Chr., Mittel-Horizont 3–4 oder Spät-Klassische Periode) einen Höhepunkt in Können und Raffinesse, der für lange Zeit unübertroffen blieb. Malerei war das Hauptmedium. Öffentliche und »private« Gebäude (z. B. die Tempel der Wohnanlagen) waren al fresco ausgemalt (Kat. 121). Ein dunkles »Teotihuacán-Rot« war kennzeichnend, daneben wurden andere Rottöne, Gelb, Grün, Blau, Schwarz und Weiß verwendet.
Die Muster waren repetierend, reihen- oder rautenförmig, oder stellten ganze Szenen dar, wie das bekannte »Paradies des Regengottes« (Tlalocán) von Tepantitla. Unter den Motiven sind Menschen und Tiere hervorzuheben, bei den letzteren Jaguare, Kojoten, Hunde, Eulen, Adler sowie zahlreiche andere Vögel, Schmetterlinge und Schlangen. Viele von ihnen sind mythische Wesen, verfremdet oder aus Teilen verschiedener Tiere zusammengesetzt (Vogelfische, gefiederte Schlangen usw.). Menschen sind entweder als reich gekleidete Adoranten gemalt, die oft als Priester bezeichnet werden, oder man stellt sie als wenig bekleidete, manchmal auch nackte Menschen dar, die unterschiedliche Tätigkeiten ausüben (Abb. 25, 26).
Der Regengott Tlaloc, die Hauptgottheit von Teotihuacán, ist häufig auf Wandgemälden abgebildet. Auf ihn dürften auch die vielen Muscheln, Meeresschnecken, Seesterne und Wassersymbole in den Malereien hinweisen. Geometrische Motive wie Stufenmäander oder Kreise sowie glyphische Symbole und die seltenen Darstellungen von Tempeln und Pflanzen vervollständigen das bisher bekannte Repertoire. Malereien sind nur in Bruchstücken erhalten, nicht nur, weil vieles der Zeit zum Opfer gefallen und vieles noch nicht ausgegraben ist, sondern auch, weil häufig Raubgräber die Fresken zerstört oder ihre Bruchstücke in alle Winde zerstreut haben, ein unersetzlicher Verlust für die Forschung.
Malerei spielte auch bei den Tongefäßen eine bedeutende Rolle. Sie war, im Gegensatz zu den meisten anderen polychrom verzierten Keramiken des voreuropäischen Amerika nicht eingebrannt, sondern bediente sich der gleichen Technik wie die Wandmalerei: Die Gefäße waren mit einer dünnen Stuckschicht überzogen, auf der al fresco gemalt wurde (Kat. 122). Motive und Farben waren ähnlich, allerdings hatte das Rot keine so dominierende Stellung. Ritzungen und Ausschneiden des Hintergrundes (champlevé) (Kat. 105) waren weitere beliebte Verzierungsmethoden der Luxus- und Export-Keramik. Ihre Hauptformen waren ein breiter Zylinder mit drei hohlen oder brettförmigen Füßen und Deckel mit Knopf sowie eine bauchige »Vase« mit flachem Boden und ausschweifender Mündung. Gelegentlich wurden auch fremde Materialien in solche Luxusgefäße integriert, z. B. Muscheln und Schnecken oder Scheiben bunter Steine. Ähnliche Experimente führte man auch bei Wandgemälden durch: Im Quetzalpapalotl-Palast waren z. B. Glimmerscheiben Bestandteil des Mäandermusters (Abb. 29, 30).
Die gewöhnliche Keramik war einfarbig, meist in braunen Tönen, gelegentlich auch zweifarbig (rot auf hellbraun oder weiß). Verschiedene Schalen, offene Gefäße und Varianten der Olla waren die häufigsten Typen. Spezialformen waren Kochöfen mit drei nach oben gerichteten Spitzen, kleine massive Gefäße mit einer oder (später) zwei Vertiefungen (»candeleros« = Kerzenhalter), die als Räuchergefäße (Kat. 109) dienten sowie größere, sanduhrförmige Räuchergefäße. Diese Räuchergefäße wurden in der Xolalpan-Phase auf der Schauseite mit reich geschmückten Figuren ausgestaltet, indem man Einzelteile wie Kopf, Schmuck usw. anfügte (Kat. 115). Solche Teile stellte man in Formen aus gebranntem Ton her, eine Technik, die mit Beginn der Tlamimilolpa-Phase für die Figurenproduktion angewendet wurde. Es war ein technischer Fortschritt, dessen Ausmaße wir kaum ermessen können, vergleichbar etwa mit der Einführung der industriellen Massenprodukte des Industriezeitalters.
Nun war man plötzlich in der Lage, Figuren in großen Mengen und dadurch billig zu erzeugen. Zunächst stellte man allerdings nur Köpfe und Gliedmaßen in Formen her, schuf den Leib mit der Hand und setzte sie zu sehr

Abb. 29, 30 Teotihuacan, »Palast des Quetzalpapalotl«, Innenhof und Pfeilerrelief mit Einlagen

dünnen, bewegt agierenden, nackten Figuren zusammen. Bald jedoch, spätestens ab 300 n. Chr., waren es ganze Figuren von reich gekleideten Göttern und Menschen, die man so anfertigte, dazu Vögel, Muscheln und Schnekken oder jene Einzelteile, die als Ornamente an Tongefäßen und ähnlichen Gegenständen befestigt wurden. Eine Besonderheit bilden die »Gliederpuppen«, das waren Figuren mit beweglichen Armen und Beinen (Kat. 123). Welchem Zweck sie dienten, ist unbekannt. Die Idee dazu mag aus dem Süden gekommen sein, wo solche Figuren bereits seit der Mittel-Präklassischen Zeit in Guatemala und El Salvador bekannt sind.

Die Steinschneidekunst der Tlamimilolpa- und Xolalpan-Phasen zeigt ein uneinheitliches Bild. Große Skulpturen und reicher Fassadenschmuck wie in der Miccaotli-Phase fehlen, sieht man von Pfeilerreliefs an einigen Tempeln und Palästen ab. Die größten Steinskulpturen waren runde Räucherbecken, die auf dem Rücken eines hockenden Mannes ruhen (Kat. 112, 113). Da er immer alt dargestellt wird, glaubt man, in ihm Huehueteotl, den alten Feuergott, erkennen zu können. Stilistisch schließen sie sich ebenso wie einige andere Skulpturen in ihrer Blockhaftigkeit an ältere Vorbilder an.

Am besten bekannt sind die Masken aus hartem Stein (Serpentin, Aragonit, Metadiorit usw.) (Kat. 129), die vielleicht nie von lebenden Menschen getragen wurden, da ihnen Augenöffnungen fehlen. (Jedoch haben nachweislich getragene Holzmasken der Nordwestküste

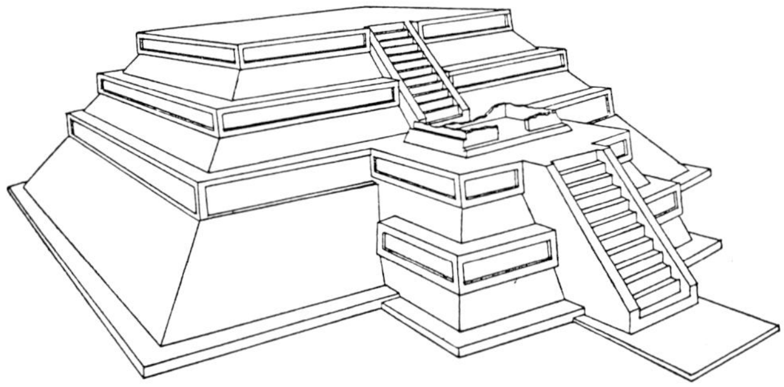

Abb. 31 Kaminaljuyu, Tempelplattform

Nordamerikas manchmal auch keine Augenlöcher!) Man glaubt, daß sie die Gesichter von Toten bedeckten, jedoch Beweise dafür fehlen, denn wissenschaftlich ausgegraben wurde bisher keine. Auch hier macht sich die »Arbeit« der Huaqueros (Raubgräber) wieder schmerzlich bemerkbar. Die Masken scheinen regelrecht standardisiert gewesen zu sein und wirken leblos, wenn auch einzelne Stücke große Lebenskraft ausstrahlen. Der Eindruck kann jedoch falsch sein, da meist alle »Zutaten« fehlen: Die Ausfüllung der Augen und des Mundes mit Muschelschale und Obsidian, der Stucküberzug, die Bemalung. Aus teilweise importiertem Grünstein wurden ferner flache, stehende Figuren gefertigt, die ihre Vorbilder möglicherweise in den Mezcala-Figuren Guerreros hatten.

Sicherlich hat es in Teotihuacán noch andere bedeutende Kunsthandwerke gegeben, deren Erzeugnisse aber verloren gegangen sind. Schnitzereien aus Holz oder Knochen, Federarbeiten, wie man sie auf den Wandgemälden erkennen kann, Weberei, die nun teilweise aus importierter Baumwolle bestand. Spinnwirtel aus Ton (ab 300 n. Chr.) weisen auf dieses Handwerk hin.

In diesen Berufen, ebenso wie bei der Bearbeitung von Obsidian, der Bautätigkeit, dem Handel sowie in Bürokratie, Priesterschaft und Militär war etwa ein Drittel der Bevölkerung beschäftigt. Der Rest widmete sich der Landwirtschaft und arbeitete auf den intensiv bearbeiteten Feldern in der näheren und weiteren Umgebung. Einige Bauern mögen auch zeitweise in entfernteren Weilern nahe der Anbaugebiete gelebt haben.

Seit der Tlamimilolpa-Phase kann man eine erneute Besiedlung des Hochbeckens feststellen, nun allerdings im Gegensatz zur »alten Zeit« mehr in der Nordhälfte. Besonders innerhalb eines Radius' von etwa 30 km um die Stadt wuchs die Bevölkerung an, von etwa 18000 Menschen um 100 n. Chr. auf mehr als 65000 um 400 n. Chr. Auch auf dem Lande lebte man kaum noch in Hütten, sondern errichtete Wohnanlagen aus Stein, die denen in Teotihuacán sehr ähnlich waren. Allem Anschein nach war es eine staatlich gelenkte Besiedlung mit dem Ziel, die Versorgung der Hauptstadt mit Lebensmitteln und Rohstoffen zu sichern. Darum gab es im Hochbecken auch kaum größere Siedlungen, sieht man von einer Reihe von kleinen Orten ab, die nördlich der Guadalupe-Berge lagen. Hier, auf der anderen Seeseite, führte man Bewässerungsbau in größerem Stile durch. Außerhalb des Hochtales wurden bisher leere Räume »kolonisiert«, z. B. der Norteil des Tales von Tula, wo die gleichnamige Stadt gegründet wurde.

Mit dem Aufstieg von Teotihuacán zur beherrschenden Macht in Mesoamerika sind eine Anzahl Probleme verbunden, die selten angeschnitten werden. Eines wurde schon ausführlicher besprochen; die Konzentration der Bevölkerung an diesem Ort unter weitgehender Entvölkerung des übrigen Hochtales. Dieses Zusammenströmen von Menschen muß eine ungeheure Wirkung gehabt haben. Bisher hatte das Hochbecken nur marginal, wenn überhaupt, an der allgemeinen Entwicklung Mexikos teilgenommen. Es war immer mehr oder weniger Hinterland gewesen, während andere Räume, z. B. Oaxaca oder das Mayagebiet, um nur einige zu nennen, kulturell weiter fortgeschritten waren. Nun kam es plötzlich zu einer Explosion der Ideen: schachbrettartige Stadtanlage, ein besonderer Architekturstil, Wohnanlagen aus Stein, Wandmalerei, Verwendung von Formen zur Massenproduktion usw. Es war ein echter »Quantensprung«.

Man hat zwar immer wieder versucht, Vorbilder für einzelne Erscheinungen zu finden (Schachbrettanlage aus Cuicuilco, Wohnanlagen der Mittel-Präklassischen Zeit, Steinmasken und -figuren aus Guerrero usw.), aber diese Einflüsse sind bisher nicht endgültig bewiesen. Sie erklären auch nicht das Zusammentreffen, die Gleichzeitigkeit. Vielleicht müssen wir hier das »Milieu« mit ins Spiel bringen, eine geistig anregende Umgebung, die diese Erfindungen (und es mögen viel mehr gewesen sein, als wir bisher wissen) und diese Experimentierfreudigkeit in Technik und Kunst erklärt, z. B. die Verwendung fremder Materialien bei Tonobjekten.

Das »Imperium« von Teotihuacán wirft eine ganze Reihe

von Fragen auf. Wie weit dehnte es sich aus? Welche Gebiete gehörten dazu? Reichte es bis Guatemala, d.h. weiter als das spätere Reich der Azteken? Diese letztgestellte Frage kann mit »ja« ebenso wie mit »nein« beantwortet werden. Man ist ziemlich sicher, daß Kaminaljuyù (Abb. 31) im Hochland von Guatemala eine Kolonie aus Teotihuacán besaß. Von hier kontrollierte man die Obsidianminen von El Chayal, den Kakaohandel von der Pazifikküste, den Jadehandel aus dem Motagua-Tal und die Verbindungen mit den Mayastaaten im Petén. Es war kein zusammenhängendes Territorium, das sich bis zum Hochbecken von Mexiko erstreckte, sondern nur eine Kette von Stützpunkten, von denen wir die meisten bisher nicht kennen. Ähnlich dürfte es auch in Veracruz gewesen sein: Stützpunkte, eventuell Garnisonen, Verbündete oder halbbotmäßige Staaten, aber kein Staatsterritorium, denn dieses erstreckte sich, soweit wir es überblicken können, nur auf das Hochtal und einige anschließende Gebiete, das östliche Morelos, Hidalgo, Tlaxcala und Teile von Puebla. Ob das dort gelegene, damals schon bedeutende Cholula unter der Herrschaft von Teotihuacán stand, ist umstritten, meines Erachtens aber möglich. Das Reich von Teotihuacán stellte also eine Mischung aus politischem und wirtschaftlichem Imperium dar, wahrscheinlich verbunden mit dem Versuch der Monopolisierung des Obsidianhandels durch Inbesitznahme der Minen. Das war darüber hinaus verbunden mit einer religiösen Untermauerung, die Teotihuacán zum »heiligen Ort«, zum Pilgerzentrum par excellence machte und so seine Macht noch stärkte.

Die letzte Frage ist die nach dem Untergang von Teotihuacán, nach der Auflösung seines Reiches. Beides ist zwar miteinander verknüpft, erfolgte aber nicht gleichzeitig, einer der wenigen sicheren Schlüsse in diesem Zusammenhang. Denn noch nachdem um 600 n.Chr. der Teotihuacán-Einfluß in Kaminaljuyú und unter den Maya verschwand, begann in der Stadt selbst die Metepec-Phase (625–725 n.Chr., Mittel-Horizont 5), in der die Kunst weiter blühte, z.B. Wandgemälde, neue Bauaktivitäten stattfanden. Selbst neue Außenposten wurden errichtet, z.B. in der Sierra de Querétaro, um hier Zinnober zu gewinnen bzw. den Handel damit zu kontrollieren. Und dennoch: Augenscheinlich fürchtete man eine Bedrohung von außen. Das kann man aus der Errichtung von Mauern auf den Plattformen der Ciudadela schließen, die so zu einer Festung wurde, und aus den häufig auftretenden Kriegerfiguren, die erst jetzt als Motive die Wandgemälde schmückten.

Aber woher kam diese Bedrohung und war sie erfolgreich? Man hat im Zentrum von Teotihuacán Brandschutt gefunden, der mit dem Ende der Metepec-Phase zusammenfällt, jedoch nicht in den Außenbezirken. Auch fehlen unbestattete Tote, und so wird häufig argumentiert, daß es keine Eroberung gegeben hätte, und daß das Feuer auf Rebellion oder gar Zufall zurückzuführen wäre. Ein stichhaltiges Argument ist das nicht, denn Invasoren konnten im Zentrum viel leichter Reichtümer erbeuten als in den ärmeren Außenbezirken. Und deren Bewohner, die auch später dort noch lebten, könnten die Toten nach dem Abzug der Fremden bestattet haben. Es besteht also kein Grund, eine Eroberung völlig abzulehnen, doch gibt es ebensowenig unwiderlegbare Beweise dafür.

Andere Gründe, die häufig genannt werden, sind: Unterbrechung der Handelsrouten und damit verbunden Verarmung und Abwanderung der Bevölkerung, vor allem der Spezialisten; Hungersnöte durch Klimaverschlechterung, Auslaugen der Böden durch Überbeanspruchung usw.; Rebellion der Stadtbewohner gegen immer größere Unterdrückung. Schlüssig kann man keine dieser Ursachen beweisen, von denen mehrere auch zusammengetroffen sein könnten. Oder war es einfach die Altersschwäche eines Reiches, das immerhin mehr als 500 Jahre bestanden hatte, länger als das römische Weltreich? Vielleicht war man satt und zufrieden geworden, zu »dekadent« um dem – direkten oder indirekten – Ansturm neuer Kräfte entgegenwirken zu können.

Auf jeden Fall gingen im 8. Jhdt. ein Reich und eine Stadt unter, die zu den großen der Weltgeschichte gehörten. Wie sehr ihr Ruhm nachklang, zeigt die Tatsache, daß noch die Azteken 600 Jahre später davon so beeindruckt waren, daß sie dem Ort jenen Namen gaben, den wir heute noch gebrauchen: Ort, an dem man zum Gott wird, Teotihuacán.

32

33

34

35

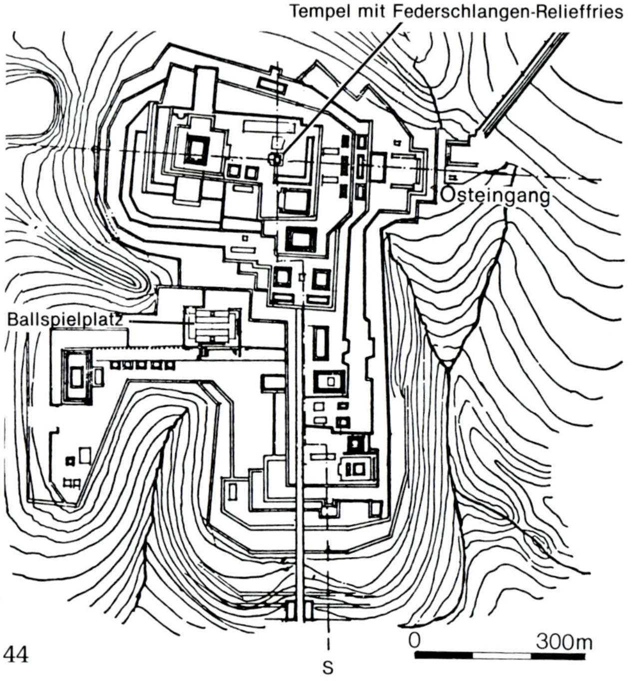

36

Abb. 32, 33 Cacaxtla, Wandmalerei und Architekturdetail

Abb. 34–36 Xochicalco, Sakralarchitektur und Plan des Zeremonialbezirks

Abb. 37–39 Xochicalco, »Quetzalcoatl-Pyramide« mit Federschlangenfries ▷

37

38 ▽

39 ▽

Tolteken, Chichimeken und die Nachklassische Zeit

Die dominierende Rolle des Hochbeckens von Mexiko war nach der Auflösung des Teotihuacán-Reiches vorerst ausgespielt. Die Bedeutung sank auf ein Mittelmaß zurück, obwohl Teotihuacán auch weiter die größte Siedlung im Hochbecken blieb. Die immerhin noch 25 000 Bewohner lebten überwiegend in den Außenbezirken der Stadt. Das Zentrum hingegen wurde nicht wieder aufgebaut. Die meisten Spezialisten hatten die Stadt verlassen und waren in jene neuen Zentren gezogen, die nun in Zentral-Mexiko maßgebend waren: Cholula und Cacaxtla in Puebla, Xochicalco in Morelos, Tula in Hidalgo.

Vor allem Cholula scheint während er Coyotlatelco-Periode (725–950 n. Chr., Zweite Zwischenperiode 1), mit der die Früh-Nachklassische Zeit beginnt, eine bedeutende Rolle gespielt zu haben. Das geht u. a. aus der Coyotlatelco-Keramik (rote, geometrische Muster auf hellbraunem Grund) hervor, die über ganz Zentral-Mexiko verbreitet war, und die in Cholula hergestellt worden sein soll. Leider wissen wir über den Ort trotz zahlreicher Ausgrabungen relativ wenig und kennen weder seine Ausdehnung noch seine Einwohnerzahl. Fest scheint zu stehen, daß während dieser Periode im Zentrum eine Akropolis mit Plätzen und Palästen errichtet wurde. Dank seiner günstigen Lage an einer der Haupthandelsrouten zwischen der Golfküste und dem Hochland sollte Cholula bis zur Eroberung blühen.

Noch weniger wissen wir über das erst vor wenigen Jahren entdeckte Cacaxtla, ebenfalls in Puebla gelegen. Es ist heute vor allem durch seine hervorragenden Wandgemälde bekannt, die stilistisch eine Mischung zwischen Zentral-Mexiko und dem Mayagebiet widerzuspiegeln scheinen. Nach allen bisherigen Kenntnissen hat dieser Ort das Ende der Coyotlatelco-Periode nicht überlebt (Abb. 32, 33).

Einen südlichen (Maya-)Einfluß meint man auch an dem berühmten Bauwerk von Xochicalco erkennen zu können. Die Wandung dieser niedrigen Pyramide ist in talud und tablero gegliedert, aber hier ist das Verhältnis zwischen den beiden gegenüber dem Teotihuacán Vorbild verändert. Der talud nimmt nun zwei Drittel ein. Der aus Andesitplatten zusammengesetzte Relieffries des talud zeigt als Hauptmotiv eine Federschlange, in deren Windungen Menschen sitzen, die von rebusartig umrahmten Schriftzeichen begleitet sind (Abb. 34–39).

Diese »Quetzalcoatl-Pyramide« war nur eines von vielen Bauwerken der auf einem isolierten Berg 130 m über dem Tal gelegenen, von Terrassen (oder Verteidigungsanlagen?) umgebenen Stadt. Neben weiteren Tempeln und Palästen hat man hier auch einen doppel-T-förmigen Ballspielplatz gefunden, eine Anlage, die man in Teotihuacán bisher noch nicht kannte, und die nun aber zum integralen Bestandteil jeder mexikanischen Stadt wurde. Ihr Vorbild stammte von der Golfküste, mit der man engen Kontakt hielt, wie Ballspiel-Paraphernalien (Joche, Hachas) im Tajín-Stil beweisen. Xochicalco war ein wichtiges Zentrum dieser Zeit, das die Staaten im südlichen Teil des Hochtales beherrscht haben könnte, vielleicht in Konkurrenz zu Cholula.

Im Norden des Hochbeckens machte sich dagegen der Einfluß von Tula bemerkbar, das die folgende Periode beherrschen sollte. Tula war die Hauptstadt jener sagenhaften Tolteken, von denen die Azteken den Spaniern Wunderdinge berichteten. Mit ihnen treten wir in eine protohistorische Zeit ein, aus der Ereignisse durch Mythen und Legenden bis in die Eroberungszeit hinein tradiert wurden. Leider sind diese Traditionen oft sehr widersprüchlich und lassen verschiedene Deutungen zu. Während des Mittel-Horizontes war Tula noch eine unbedeutende Siedlung, doch schon während der (örtlichen) Corral-Phase (800–950 n. Chr.) hatte sich die Stadt auf über 5 km² ausgedehnt und besaß ca. 10 000 Einwohner.

Diese Menschen, und die der vielen Dörfer seiner Umgebung, stammten aus verschiedenen Gegenden. Eine Gruppe, die nahua-sprechenden Tolteken, waren Einwanderer aus dem Norden, vor allem aus Zacatecas. In Tula trafen sie nicht nur auf geringe Gruppen Einheimischer, sondern auch auf andere Einwanderer, die Nonoalca, die eine sehr gemischte Gruppe bildeten. Einige von ihnen waren bestimmt Teotihuacanos, besonders Handwerker, die eine neue Heimat und neue Beschäftigung suchten. Viele Obsidianarbeiter mögen darunter gewesen sein, denn die Minen von Pachuca waren nicht weit. Andere Einwandergruppen sollen aus Veracruz, aus Oaxaca, ja, sogar aus dem Mayagebiet bzw. Randzonen gestammt haben. Die Gründe, warum sie nach Tula kamen, sind noch dunkler als jene der Tolteken. Sicher hat dabei die Auflösung des Teotihuacán-Reiches eine Rolle gespielt.

Zwischen beiden Gruppen, den Tolteken und den Nonoalca, scheint es während der ersten Hälfte des 10. Jahrhunderts zum Konflikt gekommen zu sein, der später in der Legende von der Vertreibung Quetzalcoatls durch seinen Gegenspieler Tezcatlipoca seinen Ausdruck gefunden hat. Sicher ist, daß in dieser Zeit eines der Zeremonialzentren, Tula Chico, zerstört und nie wieder aufgebaut wurde, obwohl es weiter mitten in der Stadt lag. Es könnte der Mittelpunkt der Nonoalca gewesen sein, deren Führerschaft unter dem legendären Quetzalcoatl Tula verließ, während die Toltekenfürsten die Alleinherrschaft übernahmen.

Tula erreichte während der Mazapan-Periode (950–1150 n. Chr., Zweite Zwischenperiode 2), seinen Höhepunkt und wurde zur Hauptstadt einer Großmacht. Das Reich von Tula dehnte sich über große Teile Zentral-Mexikos aus, war mehr nach dem Norden orientiert als Teotihuacán, möglicherweise aus alten Beziehungen zur Heimat, wahrscheinlicher aber, weil die westlichen und südlichen Routen durch starke Gegner versperrt waren. Vor allem Cholula (Abb. 40–42) hatte nichts von seiner Kraft eingebüßt und war Tula durchaus ebenbürtig.

Wie mächtig es war, zeigt der Bau der Großen Pyramide, die man während der Mazapan-Periode über älteren Bauten errichtete. Mit einer Grundfläche von 16 ha, einer Höhe von 62 m und einem Volumen von etwa 3 Mill. m^3 ist sie die größte Pyramide der Welt. In dieser Zeit entwickelte sich Cholula auch zu einem berühmten Wallfahrtszentrum und einem nicht weniger bekannten Töpfereizentrum, in dem nur eine vielfarbige Keramik im sog. »Mixteca-Puebla-Stil« gefertigt wurde (Kat. 138, 140), die man bis zur spanischen Eroberung herstellte und verhandelte.

Ergänzt wurden die von Tula politisch beherrschten Gebiete durch ein Handelsnetz, das sich weit nach Westen und Norden ausdehnte. Hier, in der alten Heimat, scheint man auch Garnisonen an wichtigen Knotenpunkten, wie z. B. in La Quemada (Zacatecas) errichtet zu haben, wo u. a. der Türkishandel mit dem Südwesten der heutigen USA kontrolliert wurde. Im Süden reichten die Handelsbeziehungen bis zu den Putun-Maya an der Laguna de Términos, jenem Volk von Seefahrern, das den ganzen Handel im südlichen Mesoamerika und darüber hinaus beherrschte. Sie sind damals stark »toltekisiert« worden und haben zusammen mit ihnen das zentral-yukatekische Chichen Itzá (Abb. 44–46) erobert, es zu einem »neuen Tula« umgestaltet und zur wichtigsten Macht unter den damaligen Mayastaaten werden lassen. Tula (Abb. 43, 47–51) bedeckte in der Tollan-Phase eine Fläche von etwa 14 km^2 und hatte etwa 35 000 Einwohner. Damit blieb es während seiner Glanzzeit zwar viel kleiner als Teotihuacán, dennoch war es damals die größte Stadt Mexikos. Anzeichen sprechen dafür, daß Tula schachbrettartig angelegt war und daß es, abgesehen von dem schon erwähnten Tula Chico, zwei Gruppen öffentlicher Gebäude gab: Tula Grande und El Corral. Letztere ist vor allem durch einen Rundtempel bemerkenswert, der auf Einflüsse von den Huaxteken im nördlichen Veracruz hinweist. Er stand, wie alle Tempel, auch jene, die über das Stadtgebiet verteilt waren, auf einer niedrigen Stufenpyramide. Ihre Wandungen sind in einen hohen talud und einen schmalen tablero gegliedert, eine in dieser Zeit übliche Abwandlung des Teotihuacán-Vorbildes. Die Tempelgebäude waren, mit der genannten Ausnahme, rechteckig aus Stein gebaut, ihre Dächer wurden manchmal von Pfeilern oder Säulen getragen.

Beides, Säulen und Pfeiler, waren wuchtige Bauelemente der toltekischen Architektur. Die Säulen waren aus einzelnen Trommeln aufgebaut und konnten die Form einer gefiederten Schlange haben, deren Kopf auf dem Erdbogen lag, während ihr aufgerichteter Schwanz den Dachbalken trug. Sie wurden vor allem zur architektonischen Gliederung des Eingangs benutzt. Manchmal hatten Säulen auch die Gestalt von Kriegern, wie im »Morgensterntempel«, dem bekanntesten Bauwerk Tulas.

Pfeiler, die es schon in Teotihuacán gegeben hatte, wurden nun zu ganzen Pfeilerhallen zusammengefügt,

Abb. 40 Cholula, Rekonstruktionszeichnung der Hauptpyramide

Abb. 41 Cholula, Die große Pyramide mit z. T. ausgegrabener und rekonstruierter Front

Abb. 42 Cholula, St. Maria de los Remedios auf der größten Pyramide der Welt

die als Versammlungshallen, vielleicht auch als Markthallen, dienten. Sie sind ein besonders charakteristisches Kennzeichen toltekischer Architektur. Ballspielplätze gehörten ebenfalls zu diesen Anlagen, z.B. gab es zwei von ihnen im Komplex von Tula Grande.
Die Wohnhäuser waren rechteckige Gebäude mit Flachdach und mehreren Räumen, entweder ebenerdig oder auf niedrigen Plattformen stehend. Mehrere von ihnen bildeten eine um einen Hof orientierte, nach außen bis auf einen engen, L-förmigen Eingang abgeschirmte Wohneinheit, in der eine Sippe gelebt haben dürfte. Die Wände bestanden im unteren Teil meist aus Stein, im oberen Teil aus adobe und waren, wie der Fußboden, nur in »besseren« Häusern mit Stuck verputzt. Rechteckige Vorratsgruben, Tonröhren zur Ableitung des Regenwassers in Reservoire und rechteckige Altäre in der Hofmitte sind weitere Kennzeichen dieser Anlagen.
Man glaubt, daß die Bewohner von Tula vor allem Handwerker waren, während die Bauern in den Dörfern der Umgebung lebten. Weitere Stadtbewohner gehörten zur Bürokratie, zur Priesterschaft und zum Militär. Letzteres dürfte gerade unter den Tolteken eine große Rolle gespielt haben, denn ihre Abbilder erscheinen immer wieder.
Das wichtigste Handwerk war die Obsidianbearbeitung, nicht nur für den Eigenbedarf der Stadt und ihrer Umgebung, sondern auch für den Export, denn auch in dieser Hinsicht »imitierte« man Teotihuacán, zumal die bedeutenden Minen von Pachuca in leicht erreichbarer Nähe lagen. Sie lieferten 80% des Obsidians und wurden mit Sicherheit von den Tolteken kontrolliert, ebenso die Minen von Zinapecuaro in Michoacán.
Hauptexportartikel waren zylindrische »Kernsteine« mit vielen Facetten, von denen sich die Endverbraucher selber ihre parallelseitigen Klingen abspalten konnten. Daneben stellte man auch Messerklingen und Speerspitzen, Schaber und Bohrer sowie Schmuck her.
Aus Travertin wurden Gefäße geschaffen, bei denen man das Innere aushöhlte. Eine Luxuskeramik aus eigener Produktion scheint in Tula zu fehlen. Den Bedarf deckte man durch Importe, z.B. aus der Huaxteca, aus Zentral-Veracruz und sogar aus dem östlichen Honduras. Wichtigste Importkeramik war die »Bleiglanzkeramik« (plumbate). An der Grenze zwischen Chiapas und Guatemala aus einem besonderen Ton hergestellt, durch den sie einen typischen, olivgrauen Glanz bekam, ist sie weit in Mesoamerika und darüber hinaus gehandelt worden. Ob die »Mazapan-Keramik« importiert (aus dem Hochtal von Mexiko?) oder in Tula selbst geschaffen wurde, ist umstritten. Kennzeichnend für sie sind schwarze Wellenmuster auf bräunlichem Grund, die mit einem Mehrfachpinsel aufgetragen worden sind.
Die einheimischen Tongefäße waren sonst sparsam verziert, oft nur mit roten Bändern oder weißen Linien auf braunem oder rotem Grund. Auch plastische Verzierungen kommen vor (Kat. 137). Krugformen sowie halbkugelige oder flachbodige Schalen sind für die Tollan-Zeit typisch. Die Schalen haben teilweise drei »Rasselfüße«, so genannt, da sie hohle Füße haben, in denen sich jeweils eine lose Tonkugel befindet, die beim Bewegen des Gefäßes ein Rasselgeräusch erzeugt. Diese Art war weit verbreitet, ihr Sinn ist jedoch unklar. Einige der Schalen weisen auf dem Innenboden tiefe, sich kreuzende Einschnitte auf. Diese »molcajetes« sollen als Reibschalen für Pfeffer etc. gedient haben, könnten aber ebensogut zum Backen von Maisfladen (tortillas) verwendet worden sein, wie es auch die großen flachen Teller (comales) wurden.
Weitere Spezialformen waren pfannenartige Räucherlöffel, kleine kugelige Räuchergefäße mit durchbrochener Wandung und hohlem Stiel. Tabakspfeifen (wieder eine Neuerung in Zentral-Mexiko, die auf die nördliche Herkunft der Tolteken hinweist) und große, sanduhrförmige Gefäße, die Räucherbecken oder Kochöfen sein können. Sie sind häufig plastisch mit Zapfen oder Tlaloc-Gesichtern verziert.
Die in Formen hergestellten Tonfiguren der Tolteken wirken im Vergleich zu früheren und späteren Figuren außerordentlich primitiv. Brettförmig, wenig gegliedert und mit einem flachen Relief versehen, erinnern sie an Lebkuchenfiguren (Kat. 133, 134). Wie die Bildnisse aus anderen Gegenden Zentral-Mexikos wurden sie oft dick mit Farbe überzogen und die Details ausgemalt.
Steinplastik spielte in Tula eine viel größere Rolle als in Teotihuacán. Die Fassaden der Pyramiden und Plattformen waren mit Reliefplatten verziert, ebenso Mauern und die jetzt erstmalig auftretenden Schädelgestelle aus Stein. Die Altäre in den Höfen der Wohngruppen und viele der Pfeiler waren ebenfalls reliefiert.
Die Motive sind repetierend, bilden Reihen oder Schachbrettmuster oder wiederholen sich auf den verschiedenen Seiten der Pfeiler. Dargestellt wurden meist Dinge, die mit Tod, Menschenopfer (die sich von jetzt an sicher nachweisen lassen) und Krieg zusammenhängen. Herzfressende Raubtiere, Schädel und Gebeine, Federschlangen und mythische bzw. göttliche Wesen sowie Krieger

Abb. 43 Tula, Plan des Zeremonialbezirks

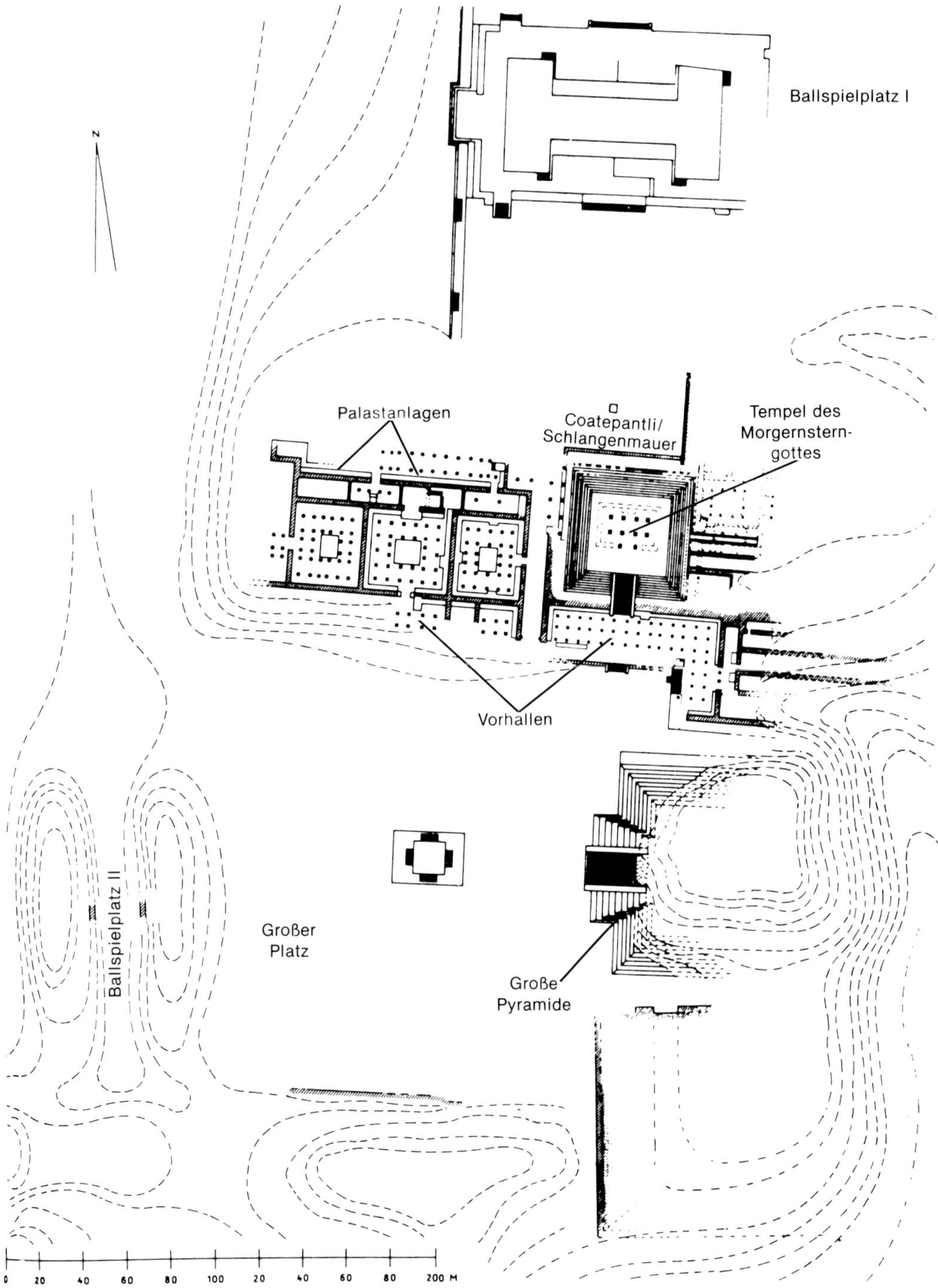

Abb. 44 Chichen Itza, Schlangensäulen des Kriegertempels

Abb. 45 Chichen Itza, »Chac Mool«

werden abgebildet. Vollplastisch waren die schon erwähnten Krieger- und Schlangensäulen, Krieger- und Jaguarfiguren, die auf den Tempelpyramiden als Basis für die Stangen von Papierfahnen dienten (»Bannerträger«) und kleinere Statuen mit erhobenen Armen, die als »Karyatiden« Altarplatten trugen und die sog. Chacmool. Das sind mit angewinkelten Beinen auf dem Rücken liegende Figuren, deren Ellenbogen den halb aufgerichteten Oberkörper stützen. Der Kopf ist zur Seite gedreht. Da sie mit den Händen auf dem Leib eine flache Schale halten, glaubt man, daß sie als Altäre verwendet wurden.

Trotz der Fülle der Steinplastik muß man feststellen, daß ihre Qualität sehr zu wünschen übrig läßt. Sie reichen meist weder technisch noch künstlerisch an die Skulpturen früherer oder späterer Zeiten sowie anderer Gegenden heran. Man hat den Eindruck, daß hier Klasse durch Masse ersetzt wurde. Der Eindruck mag zwar täuschen,

Abb. 46 Chichen Itza, Kriegertempel

da fast alle Skulpturen in sehr leuchtenden, oft grellen Farben bemalt waren, aber auch das kann ihren künstlerischen Wert nicht heben. Warum später die Azteken die Tolteken zu den großen Künstlern hochstilisierten, muß für den heutigen Betrachter unerklärlich bleiben.
In der Mitte des 12. Jahrhunderts wurde die Entwicklung jäh durch neue Invasionen aus dem Norden unterbrochen. Wahrscheinlich auf Grund von Klimaverschlechterung drangen nahua-sprechende Chichimeken-Gruppen, Nomaden oder marginale Feldbauern aus den nördlichen Steppen nach Süden vor. Vielleicht zogen sie auf jenen Handelswegen, die die Tolteken nach dem Norden vorgetrieben hatten und folgten den Spuren der »reichen Händler«, die begehrenswerte Güter zu ihnen gebracht hatten. Tula, weit nördlich der anderen Zentren gelegen, war ihr erstes Opfer. Gleich, ob man annimmt, daß diese Wanderer erst in Tula aufgenommen wurden und dann rebellierten, oder ob sie unmittelbar (allein

Abb. 48 Tula, Detail aus dem Schlangenfries vom sog. Tempel B

◁ *Abb. 47 Tula, Pfeiler mit Bildnis eines toltekischen Offiziers*

oder im Bunde mit den Huaxteken) die Stadt eroberten, 1170 n. Chr. war Tula zerstört. Seine Bewohner strömten wie einst die Teotihuacanos in andere Gegenden und gründeten neue Städte. Nach den historischen Quellen, die nun immer mehr an Bedeutung gewinnen, wurde 1227 Xochimilco von der gleichnamigen Gruppe gegründet und 1230 Atzcapotzalco von den Tepaneken erobert. 1240 errichteten die Chichimeken Tenayuca, 1260 wurde Texcoco von den Colhua gegründet, 1269 Amecameca von den Totolinpaneca usw.

Die gesamte Culhuacán-Tenayuca-Periode (1150–1350, Zweite Zwischenperiode 3) war eine Zeit andauernder Unruhen und Veränderungen sowie profunder Umwälzungen. Kämpfe und wechselnde Bündnisse zwischen den einzelnen Kleinstaaten, von denen um 1350 neun das Hochbecken beherrschten, scheinen an der Tagesordnung gewesen zu sein. Dabei war es weniger ein Kampf der Neuankömmlinge gegen die Einheimischen, wie man vermuten sollte, vielmehr bildeten diese meist gemeinsam »Staaten«, die so aus den verschiedenen Ethnien zusammengewürfelt waren. Der Chalca-Staat im Südosten des Hochbeckens bestand aus sieben verschiedenen Volksgruppen, der Acolhua-Staat nördlich davon sogar aus neun Einheiten.

Kulturell wissen wir über diese Zeit wenig, da sie weitgehend von der nachfolgenden Periode überdeckt wurde. Bestimmte Keramiktypen, vor allem eine orangebraune Keramik mit feinlinigen, sehr kursiven schwarzen Mustern (Aztec I und II) sowie verschiedene polychrome Typen sind charakteristisch für diese Zeit. Im Bereich des Bewässerungsbaus wird zum ersten Mal in größerem Umfange die chinampa-Methode angewendet. Sie sollte für die weitere Entwicklung von großer Bedeutung sein. Im Prinzip beruhte sie darauf, daß man zur Entwässerung durch die Sumpfgebiete breite Gräben oder Kanäle zog. Den ausgehobenen Schlammboden warf man auf das Gelände zwischen den Kanälen und erhöhte damit die Bodenoberfläche. Der reiche Schlamm und die dauernde Befeuchtung machten diese Anbaumethode, die man noch heute in Mexiko sehen kann, zur ertragreichsten in ganz Mesoamerika, denn man kann dadurch bis zu vier Ernten (zwei an Mais) erzielen. Durch ständiges Ausschöpfen der Kanäle wurden immer neuer Schlamm und auch Wasserpflanzen auf die Felder gebracht. Durch diese natürliche Düngung blieb die Fruchtbarkeit erhalten. Die äußerst arbeitsintensive Methode wurde zuerst in der Teotihuacán-Gegend in versumpften Quellgebieten ausgeübt, seit der Coyotlatelco-Periode auch am südlichen Ufer des Chalco-Sees, der nun, um 1350 n. Chr., von chinampas gesäumt war.

Abb. 50 Tula, Morgensterntempel, Pfeiler in Gestalt eines Adlerkriegers ▷

Abb. 51 Tula, Morgensterntempel mit Pfeilerhalle ▷▷

Abb. 49 Chichen Itza, Atlanten (vgl. Kat. 136)

Die Azteken

Einer der »Staaten«, unter denen das Hochtal von Mexiko zu Beginn des Späten Horizontes (1350–1521 n. Chr., auch Spät-Nachklassische Periode genannt) aufgeteilt war, war jener der Mexica, die wir heute »Azteken« nennen. Er bestand nur aus ein paar versumpften, rohrbestandenen Inseln im Texcoco-See, auf die die Reste der Mexica 1325 nach einer Niederlage durch die Colhua geflüchtet waren. Nach der Legende erfüllte sich hier das Gebot ihres Stammesgottes Huitzilopochtli, des Kolibri der Linken: Sie sollten sich an der Stelle endgültig niederlassen, an der sie einen Adler mit einer Schlange im Schnabel auf einem Feigenkaktus, welcher aus einem Stein wächst, sitzen sehen würden (Abb. 53). Dieses »Bild« bildet heute noch das mexikanische Staatswappen. Die Legende dazu ist aus dem »Schriftzeichen« für den Ort »Stadt des Tenoch« = Tenochtitlán, entstanden, das einen Stein (tetl) und darauf einen Feigenkaktus (nochtli) zeigt.

Die wahren Gründe, warum die bisher immer »herumgestoßenen« – oder sich wenigstens so fühlenden – Mexica auf diesen Inseln ihre Zuflucht suchten und fanden, waren viel realer: Die Inseln waren Niemandsland und lagen an der Grenze zwischen den beiden mächtigsten Staaten des Hochbeckens, jenem der Tepaneken (Hauptstadt Atzcapotzalco) und dem der Acolhua (Hauptstadt Texcoco) und auch an der Grenze zu den Colhua (Hauptstadt Colhuacán), gegen die man gerade wenig erfolgreich gekämpft hatte. Kein Bestimmter oder eben alle scheinen Besitzansprüche auf dieses Fleckchen Erde angemeldet zu haben. Notfalls konnte man, wie die Geschichte später zeigen sollte, den einen gegen den anderen ausspielen. Zudem bildeten die Inseln einen Schutz, so daß man Angriffe leicht abwehren konnte. Die Azteken waren aber durch den Kanuverkehr gleichzeitig in der Lage, an jedem beliebigen Punkt der Seenplatte militärisch eingreifen zu können. Man kann die Wahl vom politischen und militärischen Standpunkt aus fast als genial bezeichnen. Sie legte den Grundstein für die spätere Macht der Azteken.

Noch ein weiterer Vorteil bestand: Die versumpften Ufer eigneten sich ausgezeichnet für die Anlage von »chinampas«, eine Wasserbautechnik, die sich die Mexica inzwischen angeeignet hatten. Während ihrer zweihundertjährigen Wanderung (Abb. 52) wurden von ihnen viele Kulturelemente aufgenommen, die in ihrer ursprünglichen Heimat fremd gewesen waren. Diese lag im Nordwesten Mexikos, nach einer Legende auf einer Insel in einem See, doch ist dieses, wie viele andere Elemente der Wandersagen, eine spätere, auf die Lage von Tenochtitlán zurückgehende Erfindung. Denn die Wandersagen, so wie sie tradiert sind, stellen ein Werk später aztekischer »Propaganda« dar, die nach 1430 verbreitet wurde, als der damalige Herrscher Itzcoatl alle Bücher – die meisten wahrscheinlich nichtaztekischen Ursprungs – verbrennen und neue schreiben ließ, d. h. eine »Geschichtsbereinigung« vornahm.

Man glaubt, daß die Azteken 1111 n. Chr. ihre Heimat verließen, in der sie als »Chichimeken« gelebt hatten, nach ihren eigenen Angaben als »reine« Sammler und Jäger. Aber auch das dürfte Propaganda gewesen sein, um ihre immer betonte Härte zu unterstreichen. In kleinen Etappen zogen sie nach Südosten, immer wieder war die Wanderung durch kurze Aufenthalte unterbrochen, während derer man sich Vorräte für den Weitermarsch beschaffte.

Sieben Clane oder Sippen sollen es gewesen sei, die von sieben Priestern angeführt wurden, die sich als Sprachrohr des Stammesgottes Huitzilopochtlis betrachteten. Ihn führten sie, wahrscheinlich in Form eines »heiligen Bündels« (d. h. einer Umhüllung, in der sich magische Gegenstände befanden) mit und für ihn errichtete man bei jedem Aufenthalt einen »Tempel«, sicherlich nichts weiter als eine einfache Hütte.

1163 siedelten die Mexica in Coatepec, in der Nähe von Tula, dessen Ruinen sie bei ihrem weiteren Marsch streiften. Dann wanderten sie weiter über das Nordufer des Zumpango-Sees hinaus nach Tenayuca und von dort vertrieben, weiter nach Chapultepec, jenem Berg, der heute Teil von Mexico-Stadt ist. Zwanzig Jahre (1299–1319) blieben sie dort, ehe sie wieder vertrieben wurden und dann als Vasallen der Herrscher von Colhuacán in Tizapán lebten.

Die Opferung einer Colhua-Prinzessin, die eigentlich ihren Anführer (Tenoch?) heiraten sollte und die der erzürnte Vater rächte, führte zur Flucht der Azteken. Schließlich gelangten sie auf die Inseln im Texcoco-See, in ihr versprochenes Paradies, das allerdings zunächst nicht danach ausgesehen haben dürfte.

Glaubt man der aztekischen Geschichtsschreibung – und, wie gesagt, sie ist weitgehend eine Propaganda späterer Tage –, so fühlten sich die Azteken immer als das »auserwählte Volk Huitzilopochtlis« und dazu bestimmt, Großes zu erreichen und niemandem untertan zu sein. Auch wenn es Propaganda war: Es geht die unermeßliche

Abb. 52 Stationen aus der Wanderung der Azteken von ihrer mythischen Heimatinsel »Aztlan« bis zum Chapultepec, dem »Heuschreckenhügel« am Texcocosee, Codex Botturini

Abb. 53 Die Gründung von Tenochtitlan, Codex Mendoza, Oxford, Bodleian Library

Abb. 54 Nezahualcoyotl, 1402–1472, Herrscher von Texcoco, Codex Ixtililxochitl, Paris Bibl. Nat.

Abb. 55 Krieger im Jaguarfell, Codex Ixtililxochitl, Paris Bibl. Nat.

Abb. 56 Nezahualpilli, 1460–1515, Herrscher von Texcoco, Codex Ixtililxochitl, Paris Bibl. Nat.

Abb. 57 a, b, c ▷ Schilde in Federmosaikarbeit (a, b Stuttgart, Württembergisches Landesmuseum; c Wien, Museum für Völkerkunde). Drei der insgesamt vier erhaltenen aztekischen Prunkschilde

Arroganz aus ihr hervor, die die Mexica allen anderen Gruppen gegenüber, einschließlich der Spanier, zeigten. Vielleicht war es eine Reaktion auf die frühe Zeit, als sie für die im Hochbecken ansässigen Völker als »Barbaren« galten, bar jeder Kultur, in Fetzen und Felle gekleidet, die »Habenichtse«, die nur Unruhe stifteten und die man am liebsten zum Teufel wünschte.

Damals, 1350, standen sich im Hochbecken vor allem zwei Mächte gegenüber: Acolhua, deren in Texcoco residierender Herrscher sich, wie jener von Colhuacán, von den Toltekenfürsten ableitete, und die chichimekischen Tepaneken. Bei ihnen hatte 1345 mit Tezozomoc ein Herrscher den Thron in Atzcapotzalco bestiegen, der willensstark und sowohl politisch als auch militärisch ungewöhnlich begabt war. Er begann, das Hochtal von Mexico zu einigen, d. h. alle anderen Staaten zu unterwerfen.

Die Azteken, von denen 1337 ein Teil eine eigene Stadt auf einer Nachbarinsel, Tlatelolco, gegründet hatte, standen zwischen den Fronten. Zunächst scheinen sie sich mit ihren alten Feinden, den Colhua, verbündet zu haben, denn der erste »historische« Aztekenherrscher, Acamapichtli (1372–1391) stammte entweder von dort oder hatte eine Colhua-Prinzessin zur Mutter. Auch eine seiner Frauen stammte aus dieser Dynastie (Ehen von Vettern und Basen waren häufig). Beide legitimierten seine Herrschaft durch ihre Abstammung, denn die Nachkommen der Fürsten von Tula waren berechtigt, über Volk und Staat zu herrschen.

Wann sie unter die Oberhoheit der Tepaneken gelangten und auf welche Weise (Tlatelolco scheint sich schon früh mit ihnen verbündet zu haben), ist nicht klar. Acamapichtlis Sohn und Nachfolger Huitzilihuitl (1391–1415) heiratete allerdings bereits eine Enkelin Tezozomocs, des großen Fürsten der Chichimeken. Es mag diese Verbindung gewesen sein, die den Mexica eine privilegierte Stellung unter den Tepaneken-Vasallen gegeben hat – die aztekischen Chroniken selbst schreiben das allerdings der militärischen Stärke zu.

Zusammen mit oder im Auftrage von Tezozomoc führten die Mexica nun dauernd neue Kriege: 1378-80 z. B. eroberten sie das Xochimilca-Reich und vielleicht auch jenes der Chalca, 1418 waren sie so maßgeblich an der Unterwerfung des letzten »freien Staates«, Acolhua, beteiligt, daß sie von dort Tribut erhielten.

1426 starb Tezozomoc und sein Nachfolger Maxtla (1426–30) hegte augenscheinlich nicht die gleiche Vorliebe für die Mexica wie sein Vater. Auf jeden Fall soll er deren Herrscher Chimalpopoca (1415–26) ermordet und versucht haben, die militärische Macht der Azteken zu reduzieren, denn sie waren ihm inzwischen zu mächtig geworden. Das führte natürlich zum Bruch. Der neue Herrscher, Itzcoatl (1426–40), ein Onkel des Ermordeten, verbündete sich mit dem abgesetzten Herrscher der Acolhua, Netzahualcoyotl (1418–72), der in den Bergen einen Guerillakrieg gegen die Tepaneken (und die Azteken?) geführt hatte, sowie mit anderen unzufriedenen Gruppen.

1430 eroberten die Verbündeten die Tepaneken-Hauptstadt Atzcapotzalco. Die Sieger, Itzcoatl und Netzahualcoyotl (Abb. 54, 58), gründeten zusammen mit dem Herrscher der Tepanekenstadt Tlacopán (hatte dieser rechtzeitig die Seiten gewechselt?) einen Dreibund, das eigentliche politische »Führungsorgan« des »aztekischen Reiches«. Jedem der beiden Hauptverbündeten gehörten, wenigstens theoretisch, zwei Fünftel der Beute, während sich Tlacopán als »Junior-Partner« mit einem Fünftel zufrieden geben mußte.

Das Tepanekenreich war zwar besiegt, aber seine Teile fielen nicht automatisch den Gewinnern zu, denn jeder der ehemals unterjochten Staaten versuchte nun, seine alte Selbständigkeit wiederzuerlangen und mußte erst in langwierigen Kämpfen (jene gegen die Chalca dauerten zwanzig Jahre!) erneut unterworfen werden. Diese Aufgabe wurde erst unter Itzcoatls Neffen und Nachfolger, Moctezuma (I.) Ilhuicamina (1440–68) beendet.

Er war es auch, der die Grenzen des Herrschaftsgebietes über das Hochtal hinaus ausdehnte, indem er die Totonaken und Huaxteken der Golfküste unterwarf, ebenso besiegte er die Mixteken von Coixtlahuaca und die Bewohner vom Morelos. Sein Enkel Axayacatl (1468–81) war weniger erfolgreich. Zwar besiegte er das benachbarte Tlatelolco mit seinem wichtigen Zentralmarkt und gliederte es der Hauptstadt Tenochtitlán ein (1473), und er eroberte auch das Tal von Toluca, ein Feldzug gegen die Tarasken im Westen endete jedoch 1478 mit einer Katastrophe, in deren Gefolge weite Gebiete verlorengingen.

Auch sein Bruder Tizoc (1481–86) war ein schwacher Herrscher. Die auf dem nach ihm benannten und von ihm in Auftrag gegebenen Opferstein aufgezeichneten Eroberungen sind jene seiner Vorgänger, nicht seine eigenen! Allem Anschein nach wurde er vergiftet.

Abb. 58 Genealogie des aztekischen Herrscherhauses ▷

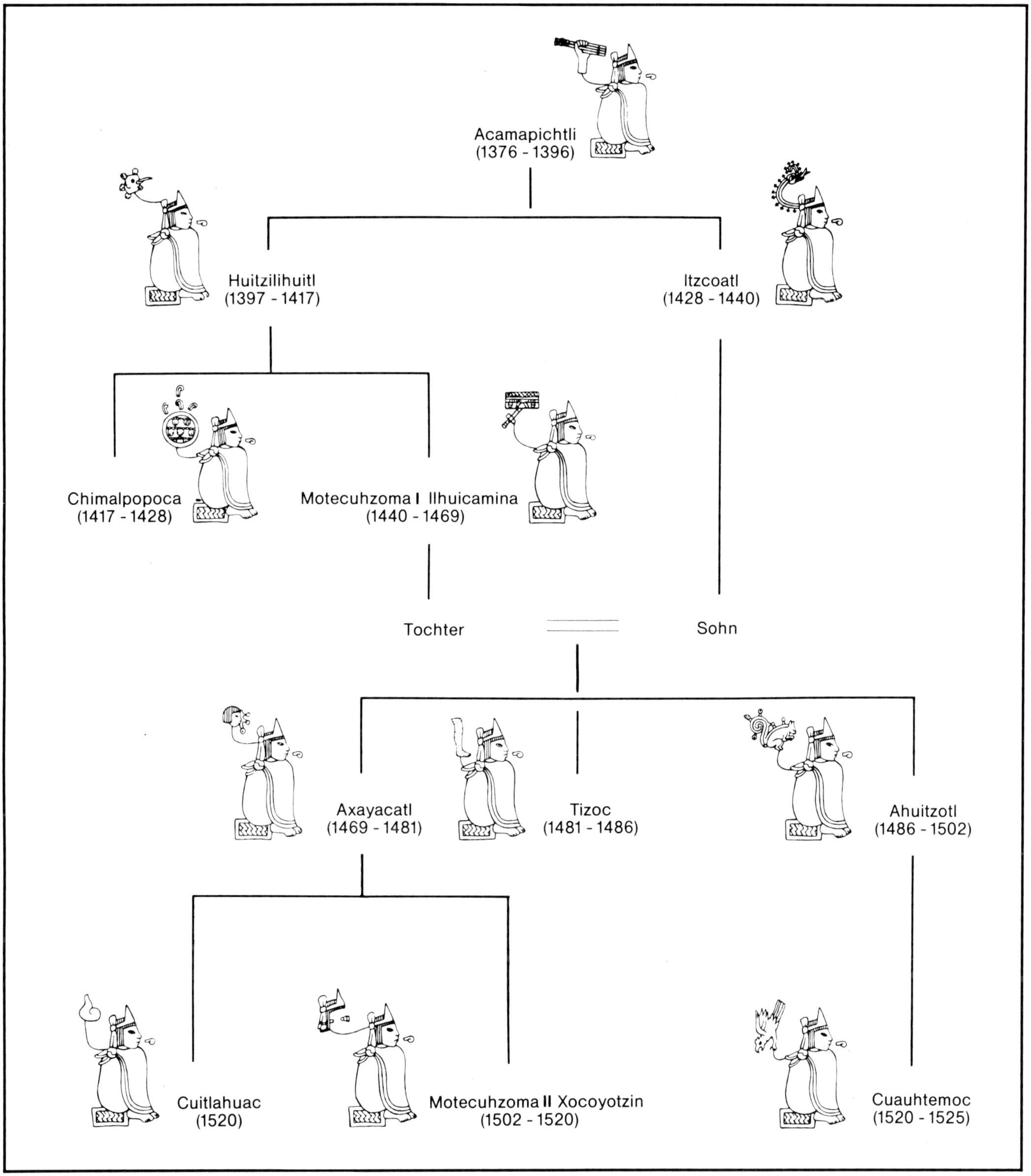
Acamapichtli
(1376 - 1396)
Huitzilihuitl
(1397 - 1417)
Itzcoatl
(1428 - 1440)
Chimalpopoca
(1417 - 1428)
Motecuhzoma I Ilhuicamina
(1440 - 1469)
Tochter
Sohn
Axayacatl
(1469 - 1481)
Tizoc
(1481 - 1486)
Ahuitzotl
(1486 - 1502)
Cuitlahuac
(1520)
Motecuhzoma II Xocoyotzin
(1502 - 1520)
Cuauhtemoc
(1520 - 1525)

Von ganz anderer Natur war der dritte der Brüder, Ahuitzotl (1486–1502), denn ihm gelang es, nach seinem Großvater Moctezuma Ilhuicamina, das größte Reich zu schaffen, das die Azteken bisher hatten. Nicht nur brachte er die verlorenen Gebiete wieder unter seine Herrschaft (z. B. Toluca und die Huaxteken), sondern er dehnte es auch in zahllosen siegreichen Feldzügen aus. Weite Küstenstreifen in Guerrero und Oaxaca wurden unterworfen, das Tal von Oaxaca und der Isthmus von Tehuantepec eingegliedert, und sogar die rohstoffreiche Provinz Soconusco an der guatemaltekischen Grenze und Teile von Süd-Veracruz gehörten von nun an zum aztekischen Herrschaftsbereich.

Auf Ahuitzotl folgte sein Neffe Moctezuma (II.) Xocoyotzin (1502–20), ein Sohn des Axayacatl. Er ist eine der am meisten mißverstandenen und verleumdeten Figuren der Weltgeschichte geworden. Moctezuma II. hatte nur das Unglück, daß seine Chronisten zur feindlichen Partei gehörten und ihn für die Missetaten und Fehler anderer verantwortlich machten.

Moctezuma Xocoyotzin war weder der Trottel noch der religiöse Fanatiker, als der er immer hingestellt wird, sondern ein Realist mit großem diplomatischen und militärischen Geschick. War er doch, als er mit 34 Jahren den Thron bestieg, Befehlshaber einer der aztekischen Armeen, mit der er für seinen Onkel bedeutende Eroberungen in Oaxaca gemacht hatte. Diese Politik setzte er auch nach der Thronbesteigung fort. Die endgültige Umwandlung des »Dreibundes«, der zumindest dem Namen nach noch existierte, in ein rein »aztekisches« Reich unter der Führung von Tenochtitlán war ein anderer Programmpunkt seiner Politik, die von der Ankunft der Spanier 1519 unterbrochen wurde. Seine und die weitere Geschichte der Mexica ist Thema eines anderen Kapitels.

1519 dehnte sich das »aztekische Reich« vom Pazifischen Ozean bis zum Golf von Mexico aus und reichte von der (heutigen) guatemaltekischen Grenze im Süden bis zur Nordgrenze des heutigen Staates San Luis Potosí. Es umfaßte somit rund 200000 km² und war von 5–6 Millionen Menschen bewohnt. Doch ein einheitliches, durchgehendes Gebiet war es nicht. Es schloß, ganz abgesehen von der fehlenden Verbindung nach Soconusco, eine Reihe größerer und kleinerer Staaten aus, von denen der bekannteste jener der Tlaxcalteken und des mit ihm verbündeten Huexotzingo in Puebla war. Sie waren ständige Unruheherde, denn das Beispiel ihrer Unabhängigkeit von den Azteken stachelte die angrenzenden unterworfenen Gruppen immer wieder zur Rebellion an.

Dieses Territorium war in 38 (Steuer-)Provinzen unterteilt, an deren Spitze Gouverneure standen. Das waren oft ehemalige Herrscher oder Angehörige des alten Herrscherhauses, die man so in das System integrierte. Auch auf der darunterliegenden Stufe der Verwaltungshierarchie der Stadt- und Ortsvorsteher hatte man meist die alten Funktionäre im Amt belassen, denen, wie auch den Gouverneuren, aztekische Beamte zur Seite gestellt wurden.

Gouverneure und Ortsvorsteher waren u. a. für das Eintreiben der Steuern verantwortlich, die einem Landstrich nach der Eroberung auferlegt worden waren (bei Rebellion verdoppelten sich die Abgaben). Umfang und Art der Abgaben an das Reich, zu denen noch solche für die Provinz- und Ortsverwaltung, die Tempel usw. kamen, richteten sich nach verschiedenen Kriterien, wie z. B. Größe und Bevölkerungsdichte, Bodenbeschaffenheit, aber auch der Entfernung zur Hauptstadt.

Es war ja wenig sinnvoll, z. B. Massen an Lebensmitteln von entfernten Provinzen zur Hauptstadt bringen zu lassen, denn die Träger, mögen sie auch noch so schlecht ernährt werden, würden einen beträchtlichen Teil der Last verzehren. Nach Berechnungen verbrauchten sie bei einem Weg von 150 km etwa 46% ihrer Last. Daher waren die der Hauptstadt am nächsten gelegenen Provinzen vor allem Lieferanten von Nahrungsmitteln wie Mais und Bohnen, die lange haltbar waren. Entferntere Provinzen lieferten dagegen vornehmlich Luxusgüter von geringerem Gewicht aber großem Wert. Oaxaca war eine Ausnahme: dort wurden größere Mengen an Lebensmitteln eingetrieben, die man offensichtlich für die Versorgung der dort befindlichen Armeen brauchte.

Wir wissen über dieses System recht gut Bescheid, da Tributlisten in kolonialen Kopien erhalten sind. Sie verzeichnen sowohl die Provinzen mit den jeweiligen Orten als auch Art und Menge der Gegenstände während eines Tributzeitraumes, dessen Länge umstritten ist: waren es 80 Tage, ein halbes Jahr oder verschiedene Zeiträume für verschiedene Materialien?

Wenn wir einen halbjährlichen Tribut als wahrscheinlich ansehen, dann lieferte z. B. die Provinz Soconusco jährlich an Tenochtitlán folgende Güter ab: 4 Ketten aus großen Jadeperlen, 8000 Bündel Federn tropischer Vögel, 320 Vogelbälge, 4 große Lippenpflöcke aus Bernstein mit Goldfassung, 4 große Bernsteinstücke, 80 Jaguarfelle, 400 Lasten Kakao und 1600 Trinkschalen aus Kalebassen-

schalen. Die relativ nahe gelegene Provinz Toluca lieferte dagegen im gleichen Zeitraum 1800 Schulterdecken aus Baumwolle, 7200 aus Agavenfaser, 2 reiche und 20 einfache Kriegerausrüstungen, einschließlich der Schilde und etwa 2400 t Lebensmittel. Andere Provinzen lieferten Muscheln und Kupfer, Holz oder Papier, lebende Adler oder Honig, um nur einige Dinge zu nennen.
Wie weit darüber hinaus die Provinzen auch Truppen stellen mußten, ist nicht bekannt, doch diese und ähnliche Leistungen (Träger, Boten usw.) dürften nicht unerheblich gewesen sein. Dienstleistungen für die Hauptstadt dagegen scheinen nur nahegelegenen Provinzen auferlegt worden zu sein.
Mit dem Reich war auch die Hauptstadt gewachsen. 1519 bedeckte Tenochtitlán eine Fläche zwischen 12 und 15 km² und hatte damals etwa 235000 Einwohner, rechnet man die »Vorstädte«, z.B. an den Dammköpfen, hinzu, waren es gar mehr als 400000. Damit war sie die größte Stadt des vorkolumbischen Amerika, und nur wenige Städte der Alten Welt waren größer (z.B. London und Peking; Rom hatte damals nur knapp 100000 Bewohner, Hamburg sogar weniger als 50000) als die Hauptstadt der Azteken. Es war eine Weltstadt, auf deren Straßen und Plätzen es von Menschen der unterschiedlichsten Herkunft wimmelte, für die »Aztekisch« bald zur lingua franca wurde.
Das macht auf eine Frage aufmerksam: Wir sprechen und schreiben immer von einer »aztekischen Kultur«, einer »aztekischen Kunst« usw. Gab es das wirklich? Diese Kultur wird immer an Hand Tenochtitláns dargestellt, aber nur die wenigsten seiner Bewohner waren geborene Mexica. Selbst bei größtem Bevölkerungszuwachs hätte die kleine Gruppe, die um 1290 in das Hochbecken gekommen war (es sind kaum mehr als 1000 Menschen gewesen), niemals diese Zahlen erreichen können.
Schon bei der Gründung der Stadt 1325 war es eine »gemischte« Gruppe gewesen, von der sicherlich nicht mehr als 50% »Azteken« waren. Seitdem waren zahlreiche Zuwanderer in die Stadt geströmt, teils freiwillig, oft aber unter Zwang. Man hatte Handwerker umgesiedelt, um bestimmte Künste und Handwerke in der Stadt zu haben und nicht auf Importe angewiesen zu sein. Eventuell wollte man diese Erzeugnisse sogar monopolisieren. Die Federn verarbeitenden Künstler stammten aus Amantla, die Goldschmiede waren ebenso Mixteken wie die Buchmaler, die aus der mixtekischen Stadt Tlailotlaca stammten.
Einer der Gründe für den Krieg, den Moctezuma Ilhuicamina gegen die Chalca führte, war, daß sie seine Forderung nach Architekten und Steinmetzen für den Bau des Templo Mayor abgelehnt hatten. Als sie besiegt waren, wurden die benötigten Spezialisten einfach umgesiedelt.
Alle diese Menschen brachten ihre eigene Kultur, ihre eigenen Sitten und Anschauungen mit. Sie bildeten oft eigene Verbände (calpulli) und verehrten ihre eigenen Götter. Daß sie sich dabei gegenseitig beeinflußten, dürfte außer Frage stehen. So entstand eine allgemeine mesoamerikanische Kultur, mit starken zentral-mexikanischen Elementen. Eine Verschmelzung der verschiedensten »Kulturen« hatte es vorher noch nicht gegeben. Sie war nicht nur auf Tenochtitlán beschränkt, sondern breitete sich auch in andere Reichsteile aus, vor allem in den Städten, die natürlich die Hauptstadt nachahmen wollten. Nur die Ankunft der Spanier hat eine weitergehende Integration verhindert.
Von den Mexica selbst stammte in dieser Kultur wenig, vielleicht nur der Kult des Huitzilopochtli, denn auch fremde Götter und ihre Kulte wurden ebenso übernommen wie politische Einrichtungen und die Verwaltung. Die Art der Besteuerung der Provinzen ging auf das Vorbild der Tepaneken zurück, und es ist zu vermuten, daß bereits in Teotihuacán ganz ähnliche Verhältnisse geherrscht hatten. Wenn wir also von einer »aztekischen Kultur« sprechen, so ist es nur ein Name, ein Schlagwort. Korrekter wäre es, von einer »mexikanischen Kultur« oder der »Kultur von Tenochtitlán« zu sprechen, die so aztekisch war wie die hellenistische Kultur makedonisch.
Tenochtitlán war eine faszinierende Stadt, schachbrettartig angelegt, Venedig nicht unähnlich, da von zahlreichen Kanälen durchzogen, entweder abwechselnd mit Straßen oder Seite an Seite mit ihnen. Es gab Brücken und Plätze, Tempel und Paläste, Wasserleitungen und sogar Gärten. Kein Wunder, daß viele Spanier von dieser Stadt bezaubert waren, was Bernal Díaz del Castillo, der beste Augenzeuge dieser Zeit, zum Ausdruck brachte, als er den Blick beschrieb, den er von der Spitze der Pyramide von Tlatelolco auf die Stadt hatte: »Und von dort sahen wir die drei Dammstraßen, die nach Mexiko führten; diejenige von Iztapalapa, auf der wir vor drei Tagen hereingekommen waren; die von Taxuba, auf der wir in der Nacht unserer großen Niederlage die Stadt eilends verlassen sollten, als Cuedlavaca (= Cuitlahuac), der neue Herrscher, uns aus der Stadt warf, wie wir später berichten werden; und die von Tepeaquilla. Und wir sahen das Süßwasser, das von Chapultepec kam, von wo

die Stadt versorgt wurde; und in den genannten Dammstraßen (sahen wir) die Brücken, die an verschiedenen Stellen gebaut waren, dort wo das Seewasser von einem Teil (des Sees) zum anderen hin und her fließt. Und wir sahen auf jenem großen See eine große Anzahl von Einbäumen, einige, die mit Lebensmitteln kamen und andere, die mit Lasten und Handelsgütern wegfuhren; und wir sahen bei jedem Haus dieser großen Stadt und allen anderen Städten, die man im Wasser errichtet hatte, daß man nicht ohne eine Zugbrücke, wie sie sie aus Holz zimmerten oder ohne einen Einbaum von einem Hause zum anderen gelangen konnte; und wir sahen in jenen Städten Pyramiden und Tempel nach Art von Türmen und Festungen, und alle waren weiß getüncht, was Bewunderung erregte, und die Häuser mit Terrassen (sahen wir) und in den Dammstraßen andere Türmchen und Tempel wie Festungen. Und nachdem wir alles wohl betrachtet und das Gesehene bedacht hatten, wandten wir unsern Blick wieder auf den großen Platz und die Menge der Menschen, die es dort gab, einige als Käufer, andere als Verkäufer; allein das Gemurmel und das Summen der Stimmen und Wörter von dort tönte mehr als eine legua (ca. 5,5 km); und es gab unter uns Soldaten, die in vielen Gegenden der Welt gewesen waren, in Konstantinopel, in ganz Italien und in Rom, und sie sagten, daß sie (dort) keinen Platz von dieser Regelmäßigkeit und Ordnung gesehen hätten noch einen von dieser Größe, der so voller Menschen gewesen sei ...«

Die Wasserleitung, die Bernal Díaz erwähnt, ist unter Moctezuma Ilhuicamina konstruiert worden. Die Bauaufsicht hatte jedoch der Acolhua-Herrscher Netzahualcoyotl, der beste Ingenieur seiner Zeit. Sie kam von den Quellen am Chapultepec und hatte eine Länge von 4,8 km. Sie bestand aus zwei mannshohen Röhren und wurde aus Stein und Zement errichtet. Während die eine benutzt wurde, konnte die andere gereinigt werden!

Netzahualcoyotl überwachte auch den Bau eines 14 km langen, östlich der Hauptstadt gelegenen Deiches, den man nach der Flutkatastrophe von 1446 zum Schutze Tenochtitláns errichtete. Er war, wie die Dammstraße, die die Stadt nach Süden, Westen und Norden mit dem Festland verbanden, aus Stein und Erde zwischen zwei Pfahlreihen konstruiert worden. Ob der Deich allerdings »Schleusen« für den Kanuverkehr hatte, ist nicht bekannt. In den Straßendämmen mit einer Kronenbreite von etwa 5 m, gab es solche Durchlässe, über die hölzerne Brücken führten, die bei Gefahr abgebrochen werden konnten.

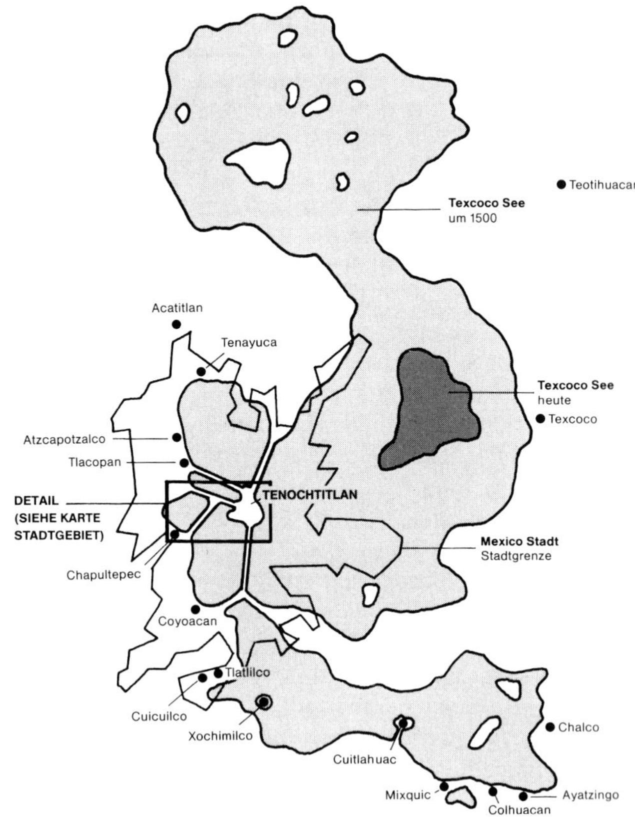

Abb. 59 a Texcoco-See mit Tenochtitlán (zum angegebenen Ausschnitt siehe Abb. 59 b), vgl. auch Abb. 153 (S. 180/181)

Die Dammstraßen gingen in die Hauptachsen der Stadt über, die sich, zusammen mit einer von Osten kommenden Hauptstraße hin am heutigen Zócalo trafen. Hier lag das Zentrum der Stadt mit dem Haupttempelbezirk, einem Geviert von etwa 440 m Seitenlänge, das von einer Mauer umgeben war, zu deren Füßen Schlangen oder Schlangenköpfe vollplastisch abgebildet waren. Innerhalb dieser von vier Eingängen zu den Hauptstraßen hin unterbrochenen Mauer sollen 78 Tempel gestanden haben, darunter als wichtigster der dem Huitzilopochtli und dem Regengott Tlaloc gewidmete Haupttempel (Templo Mayor), der in den letzten Jahren eingehender untersucht wurde.

Auch andere Götter hatten hier ihre Tempel, so der Kriegsgott Tezcatlipoca, der Sonnengott Tonatiuh, die Erdgöttin Cihuacoatl und der Windgott Quetzalcoatl Ehecatl, dessen Tempel und Pyramide als einziger rund

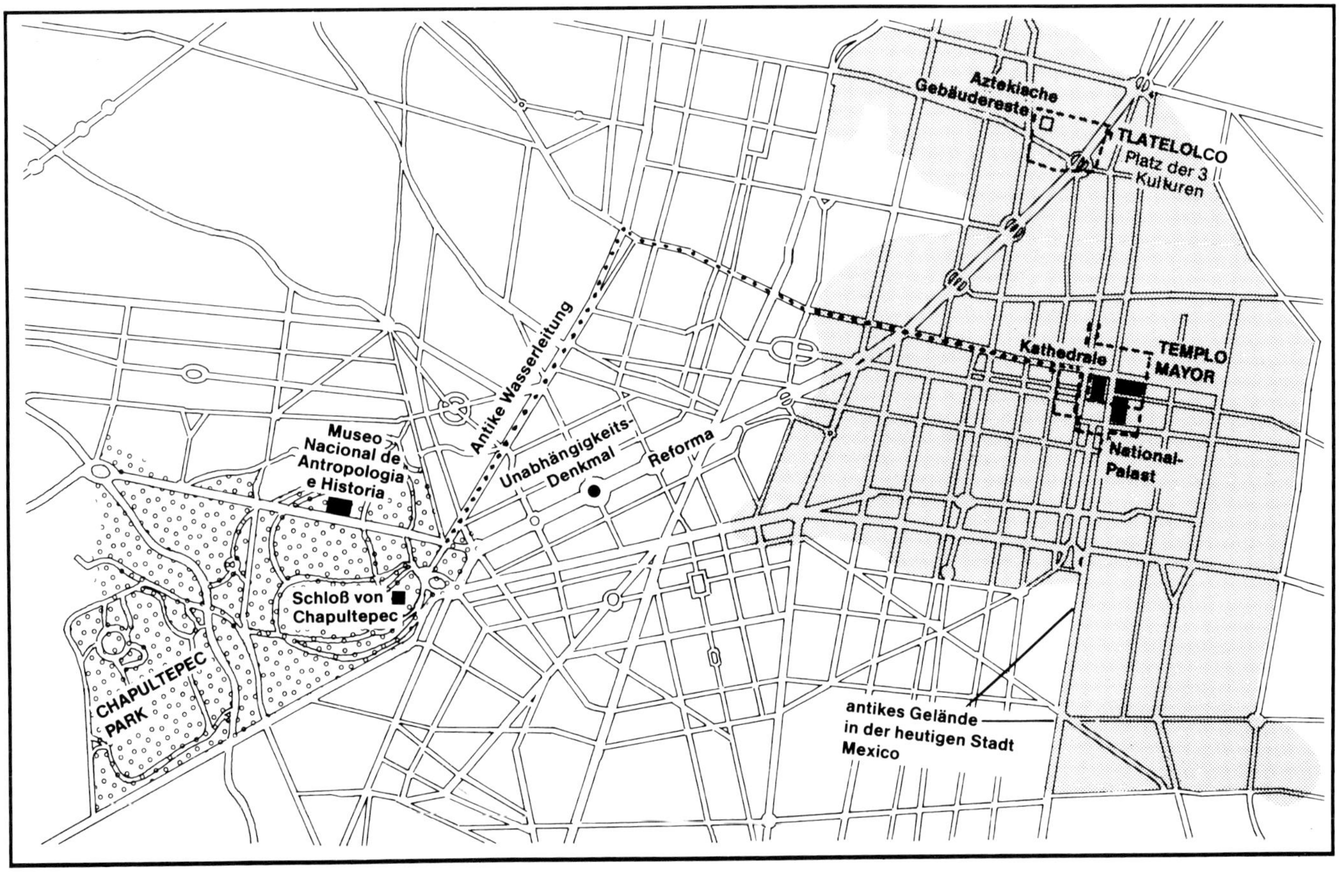

Abb. 59 b Das heutige Zentrum von Mexico-Stadt mit den beiden Haupttempeln »Templo Mayor« und dem Tempel von Tlatelolco

und nicht eckig angelegt waren. Sie erhoben sich in mehreren abgeschrägten Stufen bis zur abgeflachten Spitze, auf der das kleine, einräumige Tempelgebäude mit einem großen Eingang stand, zu dem eine breite, steile Treppe hinaufführte. Das hohe Dach der Tempel war bunt bemalt und mit plastischen Ornamenten versehen. Ein Eindruck, wie die aztekische Tempel ausgesehen haben, geben die kleinen »Modelle« aus Ton, die wahrscheinlich auf Hausaltären standen (Kat. 166–169).
Alle Pyramiden wurden, wie auch der Templo Mayor, im Laufe der Geschichte Tenochtitláns immer wieder um- und überbaut; ja, man scheint zu gewissen Zeiten die ganze Anlage von Grund auf umgestaltet zu haben. Der Haupttempel allerdings hat stets an der gleichen Stelle gestanden. Der »heilige Bezirk« beinhaltete nicht nur den Tempel, sondern auch viele »Nebengebäude« und Anlagen, wie Priesterwohnungen und -schulen, Adelsschulen, Magazine, zwei Ballspielplätze, Opferplätze der verschiedensten Art, Gestelle für die Schädel der Geopferten, Wasserbassins usw. Zahlreiche Skulpturen schmückten die Tempelkomplexe, teils an Gebäuden angebracht, teils freistehend mit bestimmten Funktionen, wie die großen Opferblutschalen, Räuchergefäße und Symbolsteine, von denen der sog. »Sonnenstein« am berühmtesten ist. Berücksichtigt man, daß Tempel, Pyramiden, Nebengebäude und wahrscheinlich auch die meisten Skulpturen in leuchtenden Farben, gelegentlich sogar szenisch, bemalt waren, so muß der gesamte Bezirk einen überwältigenden Eindruck geboten haben.
Nicht minder eindrucksvoll war die Palastanlage des Herrschers, die südlich an den Tempelbezirk anschloß. Sie bedeckte etwa 2,4 ha und bestand aus zahlreichen

Abb. 60 Rekonstruierte Ansicht des Zentrums von Tlatelolco, Mus. National

Gebäuden, darunter dem zweistöckigen Hauptgebäude, in dem Moctezuma Xocoyotzin residierte und seine Staatsgeschäfte abwickelte.
Darüber hinaus gab es »private« Tempel, Häuser für Angehörige, Bedienstete und Gäste, Häuser in denen Raubtiere, Vögel, Raubvögel und menschliche Mißbildungen wie Bucklige, Zwerge, Albinos usw. gehalten wurden, Vorratshäuser, botanische und zoologische Gärten, kurz, es war eine Luxusresidenz, die ihresgleichen in Europa suchte. Ob diese ganze Anlage von Moctezuma Xocoyotzin errichtet wurde oder von einem seiner Vorfahren übernommen worden war, ist unsicher. Fest steht allerdings, daß nahe dem Haupttempelbezirk zumindest ein Palast seines Vaters Axayacatl existierte, denn dieser wurde den Spaniern als Unterkunft zugewiesen.
Tempel und Paläste wurden augenscheinlich auf der alten, zuerst besiedelten Insel errichtet, die einen mehr oder weniger sicheren Baugrund aufwies und auch vor den immer wiederkehrenden Überschwemmungen geschützt war. Die meisten anderen Gebäude wurden auf Schwemmland errichtet, auf alten, aufgeschütteten chinampa-Böden.
Die Häuser der einfachen Bürger bestanden wie die Paläste aus Stein oder adobe. Sie trugen das für Zentral-Mexiko typische Flachdach, das auch als Aufenthaltsort diente. Nur in den äußersten Randbezirken der Stadt können noch Hütten mit geflochtenen Wänden, Lehmbe-

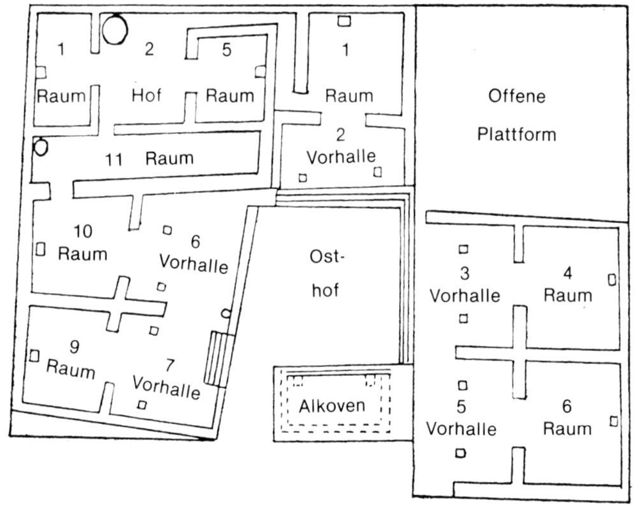

Abb. 61 Grundriß eines Hauskomplexes

wurf und Gras- oder Rohrdach vermutet werden. Jedes verheiratete Paar lebte in einem Haus mit einem oder zwei Räumen. Mehrere solcher Häuser bildeten zusammen ein sog. »Gehöft«, das von einer Mauer oder einem dichten Rohrzaun umgeben war und direkt an der Straße lag. Das Zentrum bildete ein Hof, auf den die Eingänge der Einzelhäuser ausgerichtet waren.
Außerhalb des eigentlichen Stadtzenturms schlossen sich, nach »hinten«, chinampa-Gärten an, die bis zu einem Kanal reichten, durch den sie bewässert wurden. Die Erträge waren augenscheinlich so bemessen, daß die Bewohner eines Gehöftes, eine Großfamilie (ein Ehepaar mit den Kindern und Enkeln), sich davon ernähren, aber keine großen Überschüsse erzielen konnten. Wie es im Zentrum und in den Handwerkerquartieren aussah, wissen wir leider nicht, denn die heutige 18-Millionen-Stadt hat praktisch alles zugedeckt, was nicht im Laufe der Zeit im Seeboden versunken war.
Die Hauptachsen teilten Tenochtitlán in vier Stadtviertel, hinzu kam Tlatelolco als eigene Einheit. Jedes Viertel hatte einen vom Herrscher ernannten Gouverneur (tecutli), der in einem huehuecalli (»Haus der Alten«) genannten Palast residierte. Zudem hatte jedes Viertel einen eigenen Tempelbezirk und einen eigenen Markt. Die Aufgaben der einzelnen Verwaltungseinheiten waren nicht genau definiert, denn der Herrscher oder ein von ihm beauftragter hoher Beamter scheinen die Befehle und Aufträge täglich direkt an die Vorsteher der nächstkleineren Einheit gegeben zu haben.
Diese Einheiten, tlaxillacalli (etwa »Stadtteil«) waren augenscheinlich gewachsene Elemente; 1519 soll es in Tenochtitlán etwa 80 gegeben haben. Auch sie hatten ein Zentrum mit Tempel, der allerdings nicht auf einer hohen Pyramide, sondern auf einer niedrigen Plattform stand. Er diente auch als Versammlungsort, angeschlossen waren ein Markt und eine Schule (telpochcalli).
Bewohnt wurde ein Stadtteil von einer sozialen Einheit, dem calpulli. Ursprünglich könnte es eine Großsippe, ein Geschlecht oder Clan gewesen sein, doch im Laufe der Zeit hatte sich dieses verwischt. Die Zugehörigkeit zum calpulli erbte man von seinen Eltern, die gewöhnlich beide aus dem gleichen calpulli stammten, da man Ehen innerhalb dieser zwischen 1500 und 2500 Mitgliedern umfassenden Gruppe bevorzugte. 1519 waren die calpulli zu Wohngemeinschaften geworden, die einen gemeinsamen Landbesitz hatten. Theoretisch sollte dieser in Zeitabständen immer neu, je nach Familiengröße, verteilt werden; praktisch jedoch erbte, zumindest in der Stadt, ein Sohn oder anderer naher Verwandter das Nutzungsrecht, zumal sich das Land, wie wir gesehen haben, in Form von chinampas hinter dem Wohngehöft der Familie befand.
Bei Vernachlässigung des Landes oder langer Abwesenheit – ausgenommen war der Kriegsdienst – wurde dem calpulli-Mitglied das Recht auf die Landnutzung entzogen. Geleitet wurden diese Einheiten, welche die sozialen Basisgruppen für Tenochtitlán und damit für die »aztekische« Gesellschaft bildeten, von einem gewählten und vom Herrscher bestätigten Anführer. Dieser sorgte auch für den Schulbesuch, die Reinigung der öffentlichen Gebäude, den Arbeitsdienst für Herrscher und Tempel, und er war anscheinend auch der Anführer der calpulli-Einheit im Kriege.
Wenige calpulli der Hauptstadt waren jedoch reine »Ackerbürger«-Gemeinschaften, höchstens jene am Rande der Stadt. Dagegen wurden viele von Handwerkergruppen bewohnt, und man schätzt, daß kein Einwohner von Tenochtitlán selbst Bauer gewesen ist und Nahrungsmittelüberschüsse produziert hat. Diese sind ausschließlich von den entfernteren, eher bäuerlichen Gemeinden hergestellt worden, vor allem von den Bewohnern der Orte am Rande der südlichen Seen, die praktisch mit chinampas bedeckt waren.
Die Ernten wurden mit großen Einbäumen über die Seen und Kanäle zu den Märkten der Stadt gebracht. Dabei benötigte ein Zwei-Mann-Kanu von den chinampas im

Chalco- und Xochimilco-See etwa 1½ Tage und konnte dabei 2500 kg Mais oder andere Lebensmittel transportieren, eine sehr arbeits- und kostengünstige Versorgung. Die Masse der Bürger in Tenochtitlán war handwerklich tätig (auch bei Eigenversorgung durch die »Haus-chinampas«), denn der Bedarf der Bevölkerung an Gebrauchsgütern war groß. Zudem hatte sich das Bild im Laufe der Zeiten geändert. Früher hatten die Familien ihr Arbeitsgerät und Dinge des täglichen Bedarfs selbst hergestellt. Die Frauen hatten gewebt, geflochten und getöpfert, die Männer Geräte aus Holz, Knochen und Stein hergestellt, kurz, entsprechend der alten, weit verbreiteten Arbeitsteilung, bei der jeder Objekte, die in der Familie benötigt wurden, herstellte.

Das änderte sich jetzt grundsätzlich: Viele, wenn nicht alle Güter wurden von »Spezialisten« angefertigt. Das lag nicht so sehr an der Größe der Stadt, obwohl dieses auch eine Rolle gespielt haben mag, sondern vielmehr an der Tatsache, daß die Rohstoffe auf den Inseln nicht oder nur in geringen Mengen vorhanden waren und auch nicht individuell beschafft werden konnten. Man mußte sie vom Festland, manchmal aus weit entfernten Gegenden holen. Das war natürlich nicht für jeden möglich, außerdem hätte die Materialbeschaffung einfach zu viel Zeit beansprucht. Daher spezialisierte man sich und es entstanden zahlreiche »Berufe«, die es vorher so nicht gegeben hatte.

Töpfer stellten jetzt auch einfache, kaum oder gar nicht verzierte Gefäße her, die man alle Tage benutzte: solche mit feinlinigen schwarzen Mustern auf orangebraunem Grund sind erhalten, andere sind entweder kursiv-geometrisch (»Aztec III«, Kat. 229, 231) oder mit pflanzlichen und/oder tierischen Motiven (»Aztec IV«, Kat. 233–234) dekoriert. Andere Gefäße wie Teller, Schalen, Becher usw. in Dunkelbraun oder Rot waren glänzend poliert, letztere gelegentlich auch mit schwarzen oder weißen Mustern bemalt (Kat. 235).

Wohl stärker spezialisierte Töpfer/innen schufen aus Ton Tabakspfeifen (Kat. 222–223) oder Okarinas (Kat. 178–179), Spinnwirtel (Kat. 221) oder Stempel (Kat. 202) oder die kleinen, mit zwei Henkeln versehenen Holzkohleöfen (Kat. 173), die zum Warmhalten der Speisen dienten. Spezialisten stellten in Formen Götterfiguren, gelegentlich auch Tempelmodelle und andere Objekte her, die entweder flach, dabei jedoch viel plastischer als jene der Tolteken (Kat. 227) waren oder die rund und hohl waren, oft mit Rasselkugeln im Inneren (Kat. 166–168).

Andere Spezialisten, wohl Frauen, webten auf dem »Rückengurtwebstuhl«, dem in Lateinamerika weit verbreiteten Gerät, Stoffe aus Agaven- oder Yuccafasern, seltener aus importierter Baumwolle. Muster wurden eingewebt, mit Stempeln aufgedruckt oder gestickt. Flechterinnen stellten Matten, Körbe und Kästen her, Steinmetze meißelten die Quader für Bauten, aber auch Mahlsteine (metaten) und Handreiber (manos), Mörser und Stößel, Glättsteine für die Stukkateure und Klopfer für jene, die aus der Rinde des Ficus oder Agavenfasern Papier erzeugten.

Andere schliffen und durchbohrten Steinperlen oder schlugen aus Feuerstein oder Obsidian Messer und Speerspitzen. Aus Obsidian wurden auch Ohr- (Kat. 259–261) und Lippenpflöcke (Kat. 246) geschliffen oder Klingen für die gefürchteten Schwerter (eigentlich schwertförmige Keulen) abgespalten. Sie wurden in jene Holzgriffe eingelassen, die von anderen Handwerkern ebenso geschnitzt wurden, wie eine Unzahl anderer Geräte aus Holz oder Knochen. Es gab auch noch Lederarbeiter, Sandalenmacher, Spiegelschleifer (Kat. 256), Bootsbauer, Netzknüpfer, Maler und eine Fülle anderer Handwerker in Tenochtitlán.

Sie alle, auch die »Ackerbürger«, waren Mitglieder der breiten Schicht der macehual, der Bürger, die in calpulli organisiert waren. Die Steuern der Städter bestanden aus Handwerksprodukten, die der Bauern aus Erzeugnissen der Felder. Beides mußte an den Staat abgeliefert werden. Darüber hinaus waren sie zu öffentlichen Arbeiten und zum Kriegsdienst verpflichtet. Nach Aussagen spanischer Chronisten war ihr Leben mehr als bescheiden, doch steht diese Behauptung im Gegensatz zu sonst festgestellten Tatsachen. Aus der Klasse der macehual konnte man sowohl auf- als auch absteigen, d.h. die komplizierte aztekische Sozialschichtung war durchlässig, nicht starr oder kastenähnlich und bot jedermann Möglichkeiten, sein Los zu verbessern, aber auch zu verschlechtern. So konnte man in die Klasse der mayeque (oder tlalmaitl), »Landarbeiter« oder »Pächter« absteigen, falls man z.B. sein vom calpulli zugeteiltes Land nicht oder nur ungenügend bearbeitete. Die meisten mayeque dürften jedoch Neuankömmlinge ohne besondere Fähigkeiten gewesen sein, die keine Bindungen an ein calpulli hatte. Da die mayeque keinem calpulli angehörten, hatten sie auch kein Bodennutzungsrecht. Die meisten lebten auf dem Lande, wo sie als Pächter oder Landarbeiter auf den Gütern des Adels arbeiteten. Sie hatten einen Teil der Ernte an die Herren abzuliefern,

Abb. 62 Szene aus dem täglichen Leben, Codex Mendoza, Oxford, Bodleian Library

brauchten aber keine weiteren Staatssteuern zu entrichten. Zum Wehrdienst waren sie allerdings wie alle Mexica oder Tenochca verpflichtet. In der Stadt verrichteten sie vor allem Arbeiten in den Residenzen des Adels; viele waren aber auch als Maurer, Tiefbauarbeiter, Salzsieder, Köhler usw. tätig, wahrscheinlich selbständig gegen Rechnung oder im Auftrage anderer.

Auf noch tieferer Stufe in der Sozialhierarchie standen die Sklaven (tlacotin), deren Status jedoch nicht mit dem der Sklaven der Antike zu vergleichen ist. Das Töten eines Sklaven war Mord und wurde als solcher geahndet, es sei denn, der Sklave hätte eine todeswürdige Tat begangen. Sklaven konnten zwar verkauft werden, aber anscheinend nur in seltenen Fällen gegen ihren eigenen Willen. Das ist allerdings nicht ganz sicher, denn die Chronisten interessierten sich für solche Feinheiten der unteren Schichten nicht.

Niemand konnte als Sklave geboren werden, d.h. Kinder von Sklaven waren frei, ein grundsätzlicher Unterschied zu den Gepflogenheiten der »Alten Welt«. Wenn es aber keine »geborenen« Sklaven gab, woher rekrutierten sie sich dann? Die Masse scheint aus Menschen bestanden zu haben, die sich selbst und/oder ihre Angehörigen aus Not in die Sklaverei verkauften. Es wird berichtet, daß z.B. während der großen Hungersnot von 1450–1454 viele Eltern ihre Kinder in die Sklaverei gaben. Damit erreichten sie zwei Dinge gleichzeitig: Die Kinder waren gerettet, denn der Besitzer war, unter Androhung von Strafe,

verpflichtet, sie ausreichend zu ernähren, unterzubringen und zu kleiden, und die eigene Familie bekam etwas zu essen.
Bei den damals niedrigeren Preisen für Sklaven sollen für ein Mädchen 400, für einen Jungen 500 Maiskolben bezahlt worden sein, was die Familie wenigstens einige Zeit über Wasser hielt. Andere Wege in die Sklaverei bildeten Spielschulden oder Strafen, z. B. wurde ein Dieb Sklave des Bestohlenen. Viele Sklaven in Tenochtitlán dürften darüber hinaus aus fremden Gegenden gestammt haben und von Sklavenhändlern importiert worden sein, die unter den Kaufleuten die höchste Position einnahmen und besonders reich gewesen sein sollen. Vor allem in Atzcapotzalco und Itsocan sollen große Sklavenmärkte bestanden haben, die vorwiegend aus fremden Gegenden beschickt wurden. Kriegsgefangene dagegen wurden meist »Opfersklaven«, d. h. sie waren als Menschenopfer für die verschiedenen Götter bestimmt, von denen noch die Rede sein wird.
Da im Zusammenhang mit den Sklaven das aztekische Recht angesprochen wurde, ist hier vielleicht die Stelle, noch weiter auf dieses weite und nur teilweise erforschte Gebiet einzugehen. Grundsätzlich kann man sagen, daß das Recht, das sicher im Hochtal eine lange Tradition hatte, zwei Gesichter zeigte. Es war, für unsere Begriffe, auf der einen Seite drakonisch in seinen Strafen, andererseits vernünftig. Es war diesseitig ausgerichtet, d. h. die Strafen erfolgten ausschließlich in diesem Leben, da eine Bestrafung durch die Götter im Jenseits nicht vorgesehen war. Man konnte durch ein sündiges Leben nicht in eine Hölle kommen, da sich der jeweilige Aufenthaltsort des Toten nach der Art des Todes, nicht aber nach der Art des geführten Lebens richtete.
Die dem Recht zugrundeliegenden Prinzipien waren die Sicherung der gesellschaftlichen Ordnung und der ihr unterliegenden Ideologie sowie die Wiedergutmachung angerichteten Schadens. In die letztgenannte Kategorie gehörte die Verurteilung eines Diebes zum Sklaven des Bestohlenen zu werden, also die Ersetzung eines erlittenen Schadens durch die Arbeitskraft des Diebes. Wollte der neue Besitzer ihn nicht behalten, so konnte er ihn für den Wert des Gestohlenen verkaufen. Durch diese und ähnliche Rechtsprechungen erübrigte sich auch das Gefängnis bzw. die Gefängnisstrafe, die im alten Mexiko unbekannt war.
Bei Mord wurde entweder die Todesstrafe ausgesprochen oder der Mörder wurde der Witwe oder anderen nahen Verwandten des Ermordeten als Sklave übergeben. In diesem Falle konnte er sich nicht freikaufen, was sonst durchaus möglich war. Todesstrafen wurden für viele Delikte verhängt. Wenn jemand beim Ehebruch vom Ehemann in flagranti erwischt wurde, wurden beide Partner zu Tode gesteinigt. Ungetreue Beamte wurden mit dem Tode bestraft (!), ebenso Kindesentführer. Den Tod erlitt auch, wer Kleidung oder Schmuck, beides auch Merkmale einer bestimmten Klassenzugehörigkeit, trug, die ihm in seiner sozialen Stellung nicht zustanden. Dadurch wollte man das System der Schichten sichern, auf dem das Funktionieren des Reiches beruhte.
Interessant ist, daß es bei Strafen auch Klassenunterschiede gab. Bei Trunkenheit, die man als ein Grundübel, eine Ursache für Unruhe und schlechtes Benehmen ansah, wurde ein Priester oder Adliger mit dem Tode bestraft, sozial tiefer stehende Personen bekamen beim ersten Male nur die Haare geschoren, und ihr Haus wurde eingerissen. Erst wenn sie zum zweiten Male ertappt wurden, verurteilte man auch sie zum Tode. Dieses Gesetz galt nicht, wenn man über sechzig Jahre alt war: dann durfte man sich betrinken!
Die Urteile wurden in verschiedenen Instanzen ausgesprochen, und die einfacheren Vergehen durch den calpulli-Vorsteher abgeurteilt, schwere Verbrechen dagegen durch Richter, die aus den Reihen des Adels stammten. Sie könnten in den Stadtvierteln residiert haben. War ein Adliger eines Verbrechens angeklagt oder handelte es sich um ein besonders schweres Vergehen, so wurde der Fall vor dem obersten Gericht verhandelt, dem 13 erfahrene Richter im Range eines tecutli (siehe unten) vorstanden und das in der Herrscherresidenz tagte. Gegen das Urteil konnte nur noch beim Cihuacoatl, dem Hauptratgeber des Herrschers, Berufung eingelegt werden.
Endlich sollte man hier noch erwähnen, daß es z. B. auf den Großmärkten spezialisierte Richter gab, die durch ihre Polizei Maße und Gewichte überprüfen ließen. Außerdem gab es eine Militärgerichtsbarkeit, und auch die Fernhandelskaufleute hatten ihre eigenen Gesetze und Richter.
Kehren wir nun wieder zur Betrachtung der Klassen in der aztekischen Gesellschaft zurück. Herausgehoben aus der Masse der macehual war eine Klasse von Handwerkern, die Luxusgüter für den Hof, den Adel und wahrscheinlich auch für den Export herstellte. Zu diesen Kunsthandwerkern (tolteccatl) gehörten die Gold- und Silberschmiede, die Hersteller von Federarbeiten (Schilde, Umhänge usw.), die Bearbeiter von kostbaren

(Halbedel-)Steinen, die Hersteller von Mosaiken aus Steinen und Muschelschale, die Buchmaler sowie wahrscheinlich auch jene Steinmetze, die die Figuren und Reliefs für Tempel und öffentliche Gebäude schufen. Wie weit Kunsttöpfer, Kunstschnitzer, Kunstweber usw. auch in diese Kategorie gehörten, ist unbekannt.

Jede Gruppe der Kunsthandwerker war in einem eigenen calpulli zusammengeschlossen, bewohnte in der Stadt eigene tlaxillacalli und bildete so eine Gemeinschaft, die den Zünften des mittelalterlichen Europa nicht unähnlich war. Da man gewöhnlich innerhalb des eigenen calpulli heiratete und der Sohn dem Vater im Beruf folgte, war es eine mehr oder weniger geschlossene Gesellschaft. Als außenstehender darin aufgenommen zu werden, war außerordentlich schwer, wenn nicht gar unmöglich.

Diese Abgeschlossenheit wurde noch dadurch verstärkt, daß viele der tolteccatl-Gruppen ursprünglich aus Ausländern bestanden, die noch ihre eigene Sprache untereinander gesprochen haben dürften und auf jeden Fall ihre heimischen Götter verehrten. Die Schneider kostbarer Steine z.B., die vor allem aus Xochimilco stammten, beteten vier Götter an, darunter den sonst kaum bekannten Naualpilli. Die Kunsthandwerker waren u.a. dadurch aus der Masse der Bürger herausgehoben, daß sie keinen Kriegsdienst leisten mußten und ihre Steuern in Form von Erzeugnissen ihrer Kunst ablieferten. Die Frage, ob auch die einfachen Handwerker Zünfte und eigene calpulli bildeten, ist bis heute nicht geklärt.

Die oberste Schicht der aztekischen Gesellschaft, sieht man vom Herrscher ab, wurde vom Adel (pipiltin, Einzahl: pilli) gebildet. Zu ihm gehörten zuerst alle, die ihre Abkunft, von der väterlichen oder mütterlichen Seite, auf den ersten »historischen« Herrscher der Mexica, Acamapichtli, zurückführen konnten. Daneben scheint es in der Zeit vor 1500 auch die Möglichkeit gegeben zu haben, durch Erfolge auf dem Schlachtfeld aus der Klasse der macehual in den Adel aufzusteigen.

Da der Adel im Gegensatz zu den niederen Schichten polygam leben durfte, nahm seine Zahl rapide zu. Aus diesem Grunde führte Moctezuma Xocoyotzin Einschränkungen ein. Unter seiner Regierung wurde als pilli nur anerkannt, wer von beiden Elternteilen her vom Adel abstammte. Dadurch wurde ein weiteres Anwachsen dieser Klasse verhindert.

Die Aufgaben des Adels lagen hauptsächlich in der Verwaltung, vor allem der entfernteren Provinzen, wo Adelige als Gouverneure oder Steuereinnehmer, aber auch als Offiziere in der Armee, als Richter, als Lehrer an den Adelsschulen oder als Priester eingesetzt wurden. Auch hier war der Besuch des calmecac, der »Adelsschule«, in der neben militärischem Training auch Politik, Recht, Religion, Astrologie und Kenntnisse der Bilderschrift vermittelt wurden, Pflicht.

Adlige gehörten anscheinend keinem bestimmten calpulli an, obwohl einige von ihnen in einem tlaxillacalli lebten. Sie bildeten aber, wenn man so will, ihre eigenen calpulli bzw. Einheiten, die jeweils einen Palast (teccalli), meist ein kostbar ausgestattetes zweistöckiges Gebäude mit Nebengebäuden, bewohnten. Ihren Lebensunterhalt bestritten sie aus den Erträgen ihrer von mayeques bearbeiteten Landgüter auf dem Festland. Das waren meist Teile der eroberten Gebiete, die den Unterworfenen abgenommen und an die Sieger verteilt worden waren. Dieser Grundbesitz wurde in der Familie vererbt. Außerdem partizipierte der Adel an den Tributen bzw. Steuern, die er in Form von Geschenken von den Herrschern erhielt. Die Pilli waren mit zahlreichen Privilegien ausgestattet, von denen einige bereits erwähnt wurden. So durften nur sie in zweistöckigen Häusern wohnen, und ihre Kinder waren berechtigt, die Adelsschulen (calmecac) zu besuchen.

Auch innerhalb des Adels gab es Klassenunterschiede, die aber weniger auf Geburt als auf Erfolg beruhten. Diese sehr kleine Oberschicht, die tecutli, hatte die höchsten militärischen und politischen Ämter inne, und aus ihren Reihen rekrutierten sich die höchsten Richter. Um in diesen Rang aufzusteigen, genügte es nicht, Sohn eines tecutli zu sein und die Adelsschule besucht zu haben, sondern man mußte auch seinen Mut und seine Stärke im Kriege beweisen. Tecutli waren – das geht aus den Quellen hervor – die Herren, die Besitzer eines teccalli und damit Oberhaupt der darin lebenden Adelssippe.

Der ranghöchste tecutli war, wenn man so will, der Herrscher selbst, der u.a. auch den Titel tlacatecutli (Menschenherr) führte. Sein wichtigster Titel war jedoch der eines tlatoani (der, der spricht), den wir hier auch benutzen wollen, denn die europäischen Ausdrücke wie »König« oder »Kaiser« sind mit zu vielen Assoziationen belastet, die hier nicht greifen.

Die tlatoani der Mexica stammten alle aus einer Familie, doch folgte, wie auch in anderen Herrscherfamilien Mexikos, nicht oder nur selten der Sohn auf den Vater. Vielmehr wählte man unter den Brüdern, Söhnen, Neffen und Enkeln des verstorbenen Herrschers denjenigen aus, den man für den Fähigsten hielt. Das »Wahlmännergre-

mium« bestand aus den höchsten tecutli, den Vorstehern der calpulli, hohen Priestern und den Mitgliedern des Kriegsrates, den tequina. Sie wählten den »Rat der Vier«, aus dem zumeist der nächste Herrscher hervorging.
War die Wahl getroffen, so mußte sie noch von den Herrschern von Texcoco und Tlacopán, d. h. den anderen Mitgliedern des »Dreibundes« bestätigt werden, denn erst dann war sie rechtsgültig und die Inthronisation konnte vorbereitet werden. Sie nahm lange Zeit in Anspruch – u. a. mußte der Neugewählte einen Eroberungsfeldzug führen – und war mit vielen Zeremonien verbunden. Sie hier alle zu beschreiben, würde den Rahmen dieser Übersicht sprengen.
Zu dem »Rat der Vier«, dessen Mitglieder der Herrscherfamilie entstammten und der das höchste Konsultationsgremium für den Herrscher bildete, gehörte auch der cihuacoatl (Schlangenfrau), der als Stellvertreter des tlatoani fungierte und manchmal als »Wesir« bezeichnet wird. Zur Zeit der Eroberung war diese Stellung mehr die eines obersten Verwaltungsbeamten, der die täglichen Geschäfte, den »Kleinkram« erledigte, während sich der tlatoani auf die großen Linien der Politik konzentrierte. Das war nicht immer so. Der erste Inhaber dieses Amtes, Tlacaelel, ein Halbbruder des Moctezuma Ilhuicamina, hatte eine hervorragende Stellung inne gehabt, ja, diese wahrscheinlich sogar für sich geschaffen. Er soll es gewesen sein, der seinen Onkel Itzcoatl zum Bruch mit den Tepaneken überredete, er soll die Philosophie, die der aztekischen Eroberung zu Grunde lag, formuliert haben, und er soll Huitzilopochtli und seinen Kult zur Staatsreligion erhoben haben. Aus dieser Zeit könnte auch das Recht stammen, daß außer dem tlatoani nur noch der cihuacoatl im Palast des Herrschers Sandalen tragen durfte, während alle anderen, selbst die höchsten Adligen, barfuß gehen mußten (Abb. 54, 56).
1519 war der Rat des Cihuacoatl (vielleicht ein Nachkomme von Tlacaelel) genauso wenig gefragt wie jener des »Rates der Vier« oder anderer Gremien. Moctezuma Xocoyotzin war ein absoluter Herrscher, willensstark und wenig beeinflußbar. Er regierte nicht mit Hilfe der verschiedenen Organe, sondern leitete die Staatsgeschäfte autoritär, was allerdings nicht allein auf ihn zurückzugehen scheint, sondern sich im Laufe der Jahre entwickelt haben wird. Daß Moctezuma Xocoyotzin einen Hang zur absoluten Herrschaft hatte, der seiner Natur entgegen kam, läßt sich kaum leugnen.
Der tlatoani war von einer glänzenden Hofhaltung umgeben, die jener in Europa nicht nachstand und bei den Spaniern Bewunderung, aber auch Neid hervorrief. Über den Tagesablauf des Herrschers und die exotischen Reichtümer schrieben die Spanier ebenso, wie über seine Vorliebe für die Blumen – augenscheinlich ein allgemeiner Wesenszug unter den zentral-mexikanischen Herrschern – und für Tanz und Musik. Über das Leben im Palast schrieb Hernando Cortéz u. a. an Karl V. in seinem zweiten Brief:
»Die Art, wie ihm gedient wurde, war so, daß jeden Tag bei Morgengrauen sechshundert Adlige und wichtige Personen sich in seinem (Moctezuma Xocoyotzin's) Haus befanden, von denen einige herumsaßen und andere in einigen der Hallen und Korridore umhergingen, die es dort gab, und dort blieben sie, wobei sie sich unterhielten und die Zeit verbrachten, ohne daß sie dort eintraten, wo sich seine Person befand. Und ihre Diener und Gefolgsleute füllten zwei oder drei große Höfe und die Straße, die sehr breit war. Und alle blieben ohne wegzugehen den ganzen Tag bis zur Nacht. Und zu der Zeit, in der man dem besagten Moctezuma (Xocoyotzin) Essen auftrug, bringt man allen diesen (feinen) Herren ebenfalls soviel wie seiner Person, und auch ihren Dienern und Leuten gibt man ihre Rationen. Jeden Tag ist die Essens- und Getränkeausgabe für jeden offen, der essen oder trinken möchte. Die Art, wie man ihm (Moctzuma Xocoyotzin) zu essen gibt, ist, daß drei- oder vierhundert Jünglinge mit zahllosen Gerichten kommen, denn jedes Mal, wenn er mittags oder abends ißt, bringen sie ihm alle Arten von Speisen, von Fleisch wie von Fisch, und Früchte und Gemüse, alles was es in diesem Lande gibt. Und da das Land (Klima) kalt ist, stellen sie unter jeden Teller und jede Schale mit Speise ein Stövchen mit glühender (Holz-)Kohle, damit sie nicht kalt werden. Und sie stellen alle Speisen zusammen in einen großen Saal, in dem er ißt, den sie fast ganz füllen; dieser ist sehr schön mit Matten ausgelegt und sehr sauber, und er sitzt auf einem sehr gut gemachten kleinen Lederkissen. Während er dort ißt, wird er von fünf oder sechs alten Herren abgelenkt (unterhalten?), denen er von jedem gibt, was er ißt. Und es steht einer der Diener herum, der die Gerichte auf- und abträgt und andere, die weiter entfernt stehen, um das bittet, was für die Bedienung notwendig ist. Und zu Beginn und am Ende des Mittags- und Abendmahles geben sie ihm Wasser für seine Hände und (auch) ein Handtuch, mit dem er sich, wenn er sich einmal damit gereinigt hat, nie wieder reinigt, noch bringen sie die Teller und Schüsseln, in denen einmal die Speisen waren, wieder, sondern immer neue, und so machen sie es auch

mit den Stövchen. Er kleidet sich viermal täglich in verschiedene Kleider, alle neu, und er kleidet sich nie wieder in ihnen. . .«

Aus den Angaben zu den Klassen, vor allem zum Adel, ist ersichtlich, daß die Position des Kriegers auch in der sozialen Stellung der Azteken eine überragende Rolle spielte. Es gab eine allgemeine Wehrpflicht, zumindest für die Bewohner von Tenochtitlán, wahrscheinlich aber auch für die meisten anderen Bewohner des Hochtals von Mexiko. Nach Beendigung der Schule (telpochcalli oder calmecac) mußten die jungen Leute eine Anzahl von Jahren bei der Armee verbringen. Gewöhnlich konnte oder wollte ein junger Krieger erst das Heer verlassen, nachdem er einen Gefangenen gemacht hatte und so bewiesen hatte, daß er ein Mann war. Ein pilli, der keine Gefangenen gemacht hatte, verlor seine Stellung und seine Privilegien.

Gekämpft wurde in Abteilungen von 400 Mann, die meist aus dem gleichen calpulli stammten. Diese Kontingente waren unterteilt in Zwanziger-Gruppen, aber auch größere Einheiten, die z. B. aus dem Stadtviertel ausgehoben wurden, existierten. Alle Einheiten wurden von erfahrenen Kriegern angeführt, die auch bis in die höheren Ränge »Bürgerliche« sein konnten. Unter den obersten Kommandeuren sollen sogar einzelne Ränge etwa der des tlacateccatl (Führer der Menschen), solchen Kriegern vorbehalten gewesen sein, die von macehual abstammten.

Einfache Soldaten trugen gewöhnlich eine ärmellose Jacke aus gesteppter Baumwolle, die man durch Tränken in Salzwasser gehärtet und dadurch gegen Pfeilschüsse gesichert hatte. Angriffswaffen waren schwertartige Holzkeulen, in deren Schmalseiten Obsidianklingen eingelassen worden waren. Sie waren so scharf, daß, wie die Spanier berichteten, ein kräftiger Krieger mit einem Schlag einen Pferdekopf abtrennen konnte. Daneben benutzte man Lanzen und Wurfspeere mit Spitzen aus Feuerstein oder Obsidian. Speere wurden mit dem Wurfbrett (atlatl) geschleudert. Fernwaffen wie Pfeil und Bogen wurden nicht verwendet und galten als Waffen »barbarischer« Gruppen. Sie hätten auch der mexikanischen Kampfmethode widersprochen, denn man wollte im Kampf möglichst nicht töten, sondern den Gegner gefangennehmen, damit er als Opferspeise den Göttern geopfert werden konnte. Die Schlachten spielten sich meist als Nah- und Einzelkämpfe ab, so daß die Spanier einen großen Vorteil erlangten, weil sie sich nicht an diese Regeln hielten.

Die Offiziere waren auf den Schlachtfeldern leicht an ihrer kostbaren Ausrüstung zu erkennen. Der Zweck dieses auffälligen Schmucks war, den Feinden zu zeigen, wie berühmt man war, um sie zum Kampf anzulocken, damit man selber weitere Gefangene machen und erneuten Ruhm erwerben konnte. Vergleiche mit europäischen Rittern des Mittelalters sind hier nicht ganz abwegig.

Die »Offiziere« trugen Schilde aus Flechtwerk, die mit Leder überzogen und mit Federmosaiken bedeckt waren. Die Kleidung umschloß Leib, Arme und Beine eng, und der reiche Federschmuck (Abb. 55, 57, 68) bot, schuppenförmig übereinandergelegt, auch einen gewissen Schutz. Die hohen und höchsten Offiziere trugen noch »Helme« und/oder Kopfschmuck, oft in Form von Tier- oder Götterköpfen sowie leichte, am Rücken befestigte Rohrgestelle in phantastischen Formen, die den Kopf des Trägers weit überragten. Mit leuchtender Feder bedeckt, hatten sie auch die Funktion von Standarten, die sowohl den eigenen Kriegern als auch dem Gegner anzeigten, wo sich der oder die Befehlshaber befanden.

Es gab militärische Vereinigungen, in die man eintreten konnte, nachdem man den Rang eines tequiua erreicht, d. h. vier Gefangene gemacht hatte. Adlige traten in die Adler- oder Jaguarorden ein, die besondere Häuser im Haupttempelbezirk unterhielten und denen der Felsentempel von Malinalco als Heiligtum diente. Mitglieder dieser Orden trugen im Kampf eine Kleidung, die die Gestalt des Wappentieres imitierte, einschließlich einer Helmmaske, zwischen deren Kiefer der Kopf des Kriegers heraussah (Abb. 55).

Tequiua aus dem Bürgerstand konnten Mitglieder des quachic- oder des otomí-Ordens werden, die beide als sehr kriegerisch, aber auch als wenig diszipliniert galten. Bei dem otomí-Orden verpflichteten sich die paarweise kämpfenden Mitglieder, nie vor dem Feinde zurückzuweichen. Dieses Gelübde erinnert stark an jene späteren Militärgesellschaften der Prärieindianer Nordamerikas. Unabhängig von ihrer Herkunft bildeten alle tequiua den »Kriegsrat«, der sich in einem bestimmten Raume des Palastes traf und mit dem Herrscher über militärische Angelegenheiten beriet.

Die zahlreichen Klassen und ihre Untergliederungen fanden in Kleidung und Schmuck ihren sichtbaren Ausdruck. Man konnte an der Zurschaustellung von Statussymbolen erkennen, welcher Klasse ein Mensch angehörte und welchen Rang er im Militär oder der Verwaltung einnahm. Es gab eine regelrechte Kleiderordnung, deren älteste bereits von Moctezuma Ilhuicamina erlassen worden war. Glaubt man den spanischen Chronisten, so hat sie wenig genützt, da jedermann versuchte, sie zu umgehen, obwohl auf die Benutzung von Symbolen eines höheren Ranges die Todesstrafe stand.

Die »Grundkleidung« war bei allen gleich. Frauen waren mit einem Wickelrock, d. h. einer um die Hüften gewundenen, festgesteckten oder geknoteten Stoffbahn und einem huipil, einem ärmellosen Hemd gekleidet. Die Männer trugen einen Durchziehschurz, das waren ein oder zwei lange, schmale Stoffbahnen, die um die Hüften gewunden und zwischen den Beinen durchgesteckt, vorne verknotet waren. Darüber trug man einen dreieckigen, an der rechten Seite geknoteten Hüftschurz und einen deckenförmigen, auf der rechten Schulter geknoteten Umhang (tilmatli). Diese Kleidung wurde von arm und reich, hoch und niedrig gleichermaßen getragen, nur die Sklaven mögen eine Ausnahme gebildet haben. Hinzu kamen die genannten militärischen Kleidungsstücke und solche, die wie der dreieckige ponchoartige Überwurf der Frauen (quechquemitl) nur bei religiösen Anlässen getragen wurden.

Der Unterschied zu den einfachen täglich getragenen Kleidungsstücken lag im Material, Ausführung und Verzierung, manchmal aber auch in der Art, wie man das Kleidungsstück trug. Nur der tlatoani und die höchsten Würdenträger durften z. B. ihren Umhang vor der Brust knoten. Die Bürger und die einfachen Leute durften nur Kleidung aus Agave- oder Yuccafasern tragen, da die importierte Baumwolle dem Adel und den ausgezeichneten Kriegern vorbehalten war. Die tilmatli der macehual durften nur bis zum Knie reichen, während jene der pilli und die der hohen Offiziere gleich welcher Herkunft knöchellang waren. Eine Ausnahme von dieser Regel war den alten Kriegern gestattet, die Beinwunden erlitten hatten, denn ihr Umhang durfte die Wunden bedecken. Noch wichtiger waren augenscheinlich Muster und Federschmuck. An den Ornamenten des tilmatli konnte man z. B. erkennen, ob jemand im Kriege ein, zwei, drei, vier oder mehr Gefangene gemacht hatte. Aber auch für andere Taten gab es besonders verzierte Kleidungsstücke, die oft feierlich vom tlatoani verliehen wurden. Federn bzw. Federschmuck sowie Goldschmuck war nur den höheren Schichten bzw. besonders hervorragenden Kriegern vorbehalten. Die Lippenpflöcke (Kat. 246, 250, 251, 254) waren ebenfalls ein Zeichen hohen Ranges. Allein der tlatoani war berechtigt, einen Nasenpflock aus Türkis zu tragen und ein dreieckiges Diadem aus Gold mit Türkismosaik und dazu noch zahlreiche andere Schmuckstücke.

Oben wurde ausgeführt, daß Federn und Goldschmuck nur dem Adel und höheren Militärrängen vorbehalten waren; von dieser Regel gab es jedoch eine Ausnahme. Eine ganze Klasse, die ebenfalls das Recht auf diese Statussymbole besaß, waren die Fernhandelskaufleute, die pochteca. Diese Berufsgruppe, die man bis weit in die Geschichte zurückverfolgen kann, hatte ihre beruflichen Ahnen sehr wahrscheinlich bereits unter den Olmeken, also vor fast dreitausend Jahren.

Die pochteca lebten im besonderen tlaxillacalli, vor allem in Tlatelolco, dem Haupthandelszentrum des alten Mexiko. Ursprünglich von der Golfküste stammend, war der Schutzpatron der Kaufleute der langnasige Gott Yacatecutli, dem sie auch ihre Tempel weihten und den sie vor den Reisen anriefen. Organisiert waren die pochteca in Gilden, zu denen man nur durch Geburt Zugang hatte. Genau wie die Kunsthandwerker waren sie vom Kriegsdienst befreit, und ihre Abgaben bestanden aus einem Teil jener Güter, die sie aus fernen Landen mitbrachten.

Bei ihren Reisen waren sie von Sklaven als Trägern begleitet. Die Unternehmen waren oft lang und gefährlich, denn sie zogen über die Grenzen des Reiches hinaus und kamen dabei zu Völkern, mit denen die Mexika noch nie in Berührung gekommen waren. Da sie begehrte Tauschobjekte mit sich führten, waren sie häufigen Angriffen und Überfällen ausgesetzt, denen sie sich bewaffnet widersetzten. Überfälle auf Kaufleute waren ein häufiger Kriegsgrund, und manchmal wurden sie vielleicht von den Azteken selbst provoziert. Die pochteca arbeiteten auch als Spione, erkundeten das Land jenseits der Grenzen und spionierten sein Potential und die Macht seiner Fürsten aus, um darüber dem tlatoani in Tenochtitlán zu berichten.

Es wird erzählt, daß eine Gruppe von pochteca an der pazifischen Seite des Isthmus von Tehuantepec von Feinden (vier Jahre lang?) belagert wurde und diese schließlich vernichtend schlug. Ihre Beute an Kriegsausrüstungen und die Standarte der Feinde legten sie nach ihrer Rückkehr dem tlatoani Ahuitzotl zu Füßen. Daraufhin soll er ihnen das Privileg gegeben haben, bei Festen innerhalb der Gilden kostbare Stoffe, Federn und Gold zu tragen.

Um keinen Neid zu erzeugen, trugen die Kaufleute auf der Straße und unterwegs nur ärmliche, geflickte Umhänge. Aus dem gleichen Grunde betraten sie Tenochtitlán nach Abschluß einer erfolgreichen Reise nur nachts und brachten ihre neuen Waren vorerst sicher in Häusern von Verwandten unter.

Ihre meist hochwertigen Handelswaren boten die pochteca auf den Märkten feil, die auch von Kleinhändlern mit Produkten aus der Stadt und von Händlern mit Waren von entfernteren, spezialisierten Produktionsstätten besucht wurden, z. B. mit den hochpolierten, vielfarbigen Keramiken des berühmten Töpferzentrums Cholula (Kat. 170, 237–242). Der größte dieser Märkte wurde in Tlatelolco abgehalten, genau an der Stelle, wo sich heute die »Plaza de las tres culturas« (Abb. 63, 64) befindet, die aber nur einen kleinen Teil des ehemaligen Geländes einnimmt. Er bot den Europäern 1519 eines der eindrucksvollsten Bilder der »Neuen Welt« und versetzte sie in Staunen.

Es gibt keine bessere Schilderung dieses Markts als jene, die Bernal Díaz del Castillo verfaßt hat:

»Und so gingen wir zum Tatelulco inmitten der vielen Kaziken, die uns Moctezuma (Xocoyotzin) als Begleiter mitgegeben hatte. Und auf diesem großen Platz angelangt, staunten wir ob der Menge Menschen und Güter, die dort waren, und ob der großen Ordnung und Gesetzlichkeit, die dort herrschten, denn solches hatten wir noch nicht gesehen. Die Herren vom Hof, die mit uns waren, zeigten uns alles; alle Waren standen je nach ihrer Art gesondert und hatten ihren angewiesenen und angezeigten Platz. Beginnen wir mit den Händlern von Gold, Silber, Edelsteinen, Federn, Decken und bestrickten Sachen. Andere boten als Ware indianische Sklaven und Sklavinnen an, und davon brachten sie so viele auf diesen Platz zum Verkauf wie die Portugiesen Neger von Guinea; sie hatten ihre Sklaven an lange Stangen angebunden, mit Ketten um den Hals, um ihre Flucht zu verhindern, aber andere ließen sie frei herumgehen. Dann sahen wir Händler von gröberer Kleidung, Baumwolle und Dinge aus gedrehtem Zwirn, Verkäufer von Erdnüssen und Kakaobohnen. Und in dieser Weise standen da alle Kaufwaren Neuspaniens so geordnet, wie es beim Jahrmarkt in meiner Heimat Medina del Campo üblich ist, wo jede Straße ihre besonderen Waren hat; genauso ging es auf diesem Platz zu. Da waren welche, die verkauften Decken aus Agavefasern, Seile und cotoras, das sind die Schuhe, die sie tragen und die sie aus dem gleichen Baume (richtiger: Pflanze) machen, und sehr süße gekochte Wurzeln und andere Süßigkeiten, die sie aus dem gleichen Baume machen (der Agave), alles war in einem Teil des Platzes an dem angezeigten Orte; und Felle von Tigern (Jaguaren), Löwen (Pumas) und Fischottern, und von Schakalen (Coyoten) und anderen Tieren, Dachsen und Wildkatzen, diese gegerbt, und andere ungegerbt, befanden sich in einem anderen Teile, und andere Dinge und Waren.

Laßt uns weiter gehen, und sprechen wir von denen, die frijoles (schwarze Bohnen) verkaufen und chia (Salvia) und andere Gemüse und Kräuter in einem anderen Teil. Gehen wir zu jenen, die Hühner (?, Hühner gab es im alten Mexiko nicht), Truthühner, Kaninchen, Hasen, Hirsche, Wildenten und kleine Hunde und andere Dinge dieser Art verkauften, in ihrem Teil des Platzes. Sprechen wir von den Fruchtverkäufern, von denen, die gekochte Dinge verkauften, von Mehlkuchen und Kaldaunen, auch auf ihrem Platz. Wohl jede Art von Tonwaren, hergestellt in tausend verschiedenen Arten, bis zu riesigen Töpfen und kleinen Gefäßen, sie standen für sich; und auch jene, die Honig verkauften und Sirup und andere Näschereien, die sie wie Marzipan machen. Dann die, die Holz verkauften, Bretter, Wiegen und Balken und Blöcke und Bänke, alles für sich. Gehen wir zu denen, die Brennholz verkauften, ocote und andere Dinge dieser Art. Denen, die mehr hören wollen, denen sage ich, mit Verlaub, daß sie viele Kanus voll menschlicher Ausscheidungen verkaufen, die sie in den Kanälen nahe dem Platz haben, und diese dienen dazu, Salz zu machen oder Felle zu gerben, denn sie sagen, ohne dieses würden sie nicht gut. Nun, ich glaube zu wissen, daß einige Herren darüber lachen werden; aber ich sage, so ist es; und ich sage noch dazu, daß sie die Sitte hatten, an allen Wegen Dinge aus Rohr oder Stroh oder Gras zu haben, damit sie nicht von denen, die vorübergingen, gesehen würden; und dorthin zogen sie sich zurück, wenn sie sich entleeren mußten, damit jener Kot nicht verloren ginge. Aber warum verschwende ich so viele Worte über das, was auf jenem großen Platz verkauft wurde, denn es könnte noch lange fortdauern, wollte ich alle Kleinigkeiten aufzählen, daß sie Papier dort verkauften, welches sie in diesem Lande amal nennen, und einige Schilfröhrchen mit Wohlgerüchen des Liquidambar, voll von Tabak und anderen gelben Salben und diesen Dingen; und sie verkauften viel Cochenille unter den Torbogen, die es in diesem großen Platz gab. Es gab viele Kräuterhändler und Waren anderer Art; und sie hatten dort ihre Häuser, in denen sie zu Gericht saßen, drei Richter und andere wie Amtsbüttel, die die Waren betrachteten. Vergessen habe ich das Salz und jene, welche Messer aus Feuerstein machten, und wie sie sie

Abb. 63 Mexico-Stadt, Museo Nacional de Antropología e Historia: Modell des Gemüsemarktes von Tlatelolco

Abb. 64 Mexico-Stadt, Museo Nacional de Antropología e Historia: Modell des Töpfermarktes von Tlatelolco

herstellen und aus dem gleichen Stein. Dann Fischer und andere, die einige kleine Brötchen verkauften, die sie aus etwas wie Schlamm machen, den sie in jenem großen See ernten, den sie gerinnen lassen, und sie machen Brote aus ihm, die eine Art Käsegeschmack haben; und sie verkaufen Beile aus Messing (gab es in Mexiko voreuropäisch nicht, vielleicht eine Kupferlegierung) und Kupfer und Zinn, und Kürbisschalen, und einige sehr bemalte Holzgefäße.

Ich wünschte, die Aufzählung all der Dinge, die sie dort verkauften, beendet zu haben, denn es gab so viele verschiedene Dinge, daß, damit wir alles sehen und erfragen konnten in dem großen Platz, der so voll Menschen war und umgeben von Torbögen, wir in zwei Tagen nicht alles gesehen hätten. Und wir gingen zum großen cu (Pyramide), und als wir nahe seinen großen Höfen gingen, und bevor wir den gleichen Platz verließen, waren dort viele andere Händler, die, wie man uns sagte, jene waren, die Gold in Körnern zum Verkauf brachten, so wie man es aus Bergwerken holt. Das Gold war in dünnen Kielen der Gänse dieses Landes gefüllt, und sie waren so durchsichtig, daß man das Gold von außen sehen konnte; und auf Grund der Länge und der Dicke der Kiele konnten sie unter sich berechnen, wieviele Decken oder Schalen aus Kakao sie wert waren, oder welche Sklaven oder andere Dinge sie dafür eintauschen wollten.«

Über viele Aspekte des aztekischen Lebens wissen wir aus einer Reihe verschiedenartiger Quellen recht gut Bescheid: Aus den Berichten der Eroberer, unter ihnen auch Hernando Cortéz; aus den historischen Beschreibungen, die die ersten Mönche verfaßten, um Hinweise für erfolgreiche Missionsarbeit zu bekommen, unter ihnen das berühmte Werk, das Fray Bernardino de Sahagun von seinen (indianischen) Schülern zusammenstellen ließ; und letztlich die voreuropäischen Handschriften, bzw. ihre frühkolonialen Kopien und Kompilationen. Ihnen, der Schrift und dem Kalender unter allgemein-mexikanischen Aspekten ist ein eigenes Kapitel gewidmet.

Viele der indianischen Bücher behandeln die religiösen Anschauungen in Tenochtitlán in allen ihren Nuancen. Gerade die zeitgenössischen europäischen Berichte gehen dabei vor allem sehr stark auf die Menschenopfer ein, die nachweislich stattgefunden haben und Entsetzen und Abscheu bei den Spaniern hervorriefen (Warum eigentlich? Waren die damals üblichen Hexen- und Ketzerverbrennungen etwas anderes?). Gerade dieser Aspekt der aztekischen Religion ist bis auf die heutigen Tage besonders im Gedächtnis haften geblieben. Immer wieder wird man darauf angesprochen, immer wieder gibt er zu den wildesten Vermutungen Anlaß. So ist im Zusammenhang mit dem rituellen Kannibalismus behauptet worden, daß dadurch ein Mangel an Fett und tierischem Protein ausgeglichen worden wäre, obwohl daran kein Mangel herrschte, wie Skelettuntersuchungen zeigen.

Die Eroberer und frühen Chronisten haben über Hekatomben geopferter Menschen bei einzelnen Gelegenheiten berichtet. So kann man lesen, daß bei der Inthronisation des tlatoani Ahuizotl in vier Tagen 80400 Menschen getötet wurden, bei der Einweihung des Templo Mayor unter dem gleichen Herrscher 20000 usw. Diese Zahlen sind zweifellos weit übertrieben; wahrscheinlich muß man bei beiden (und ähnlichen) Zahlen zwei Nullen abziehen, wenn nicht sogar mehr. Dafür gibt es eine ganze Anzahl Gründe. Der wichtigste ist der, daß man so ganze Landstriche entvölkert und das Wachstum der Bevölkerung sehr stark beschnitten hätte. Die Opfer waren ja Kriegsgefangene, junge ledige Männer, die für das Bevölkerungspotential ausfielen. Es ist argumentiert worden, daß gerade die Bevölkerungsreduzierung der Sinn der Opfer gewesen wäre, daß man auf diese Art das Bevölkerungswachstum kontrollieren und besonders rebellische Gruppen reduzieren wollte. Das hätte aber gleichzeitig die Steuereinnahmen des aztekischen Reichs stark verringert, denn diese richteten sich vor allem nach der Zahl der Haushalte der macehual, die die Masse der Krieger stellten. Sie waren die einzigen, die wirklich Steuern zahlen mußten, während alle anderen Gruppen mehr oder weniger davon befreit waren. Da man möglichst viele Tribute haben wollte und für bestimmte Produkte (z. B. Baumwolle, Kakao, Metall usw.) sogar darauf angewiesen war, hätte man sich durch zu zahlreiche Menschenopfer ins eigene Fleisch geschnitten. Die Mexica waren viel zu vernünftig und zu habgierig, um solche Methoden anzuwenden.

Ein anderes Argument gegen die hohen Zahlen von Opfern betrifft ihre Beschaffung. Es waren meistens Kriegsgefangene. Aber wie viele konnte eine aztekische Armee im Höchstfalle gefangen nehmen, vor allem bei den in ihren Kämpfen angewandten Methoden? Meiner Meinung nach wären tausend schon eine sehr hohe Zahl.

Ein drittes Argument betrifft die Möglichkeit, so viele Menschen überhaupt zu opfern. Es ist eigentlich eine recht einfache Rechnung, die jedoch meinen Kenntnissen nach noch niemand aufgemacht hat: Nimmt man an, daß

Abb. 65 Das heutige Stadtzentrum von Tlatelolco mit den aztekischen Ruinen und der Kirche San Francisco, erbaut aus den Steinen der antiken Stätte

man alle zwei Minuten jemanden opfern konnte – das »Herzausreißen«, die üblichste Methode, brauchte zwar nicht so viel Zeit, aber es waren auch gewisse Vorbereitungen nötig –, so konnte man pro Stunde 30 Opfer vornehmen. War man von Sonnenaufgang bis Sonnenuntergang, d.h. 12 Stunden, tätig (und dabei mußten die Priester sich schon ablösen, um nicht vor physischer Erschöpfung zusammenzubrechen), dann waren es 360 Menschen pro Tag. Selbst wenn wir annehmen, daß man nur eine Minute brauchte – und das wäre schon reine »Fließbandarbeit« gewesen –, käme man nur auf 720 pro Tag, bei vier Tagen nur auf 2160. Man müßte dann, bei 80400 Geopferten annehmen, daß mindestens 37 Priestergruppen (pro zu Opferndem brauchte man fünf Priester) gleichzeitig tätig waren. Ich halte das für unmöglich, ebenso, daß pro Minute 28 Menschen geopfert wurden, eine Zahl, die sich ergibt, wenn man die 80400 Opfer auf vier 12-Stunden-Tage verteilt.

Schließlich ein letztes Argument: Die Schädel der Geopferten wurden auf den »Schädelgestellen« (tzompantli) aufbewahrt, wobei man die Schläfen der Schädel durchbohrte und diese so auf waagerechte Stangen steckte. Wie viele konnte man so unterbringen? Die spanischen Eroberer wollen zwar ausgerechnet haben, daß auf dem tzompantli am Fuße des Templo Mayor 136000 Schädel befestigt waren, aber auch diese Zahl muß sehr bezweifelt werden. Sie würden aneinandergelegt, eine Strecke von über 27 km ergeben!

Fazit: Alle Angaben über Menschenopfer sind maßlos übertrieben. Sie waren eine geschickte Propaganda der Europäer gegen die Mexica, die bis heute immer wieder verbreitet wird. Man kann so das schlechte Gewissen über die Vernichtung dieser blühenden Kultur beruhigen!

Zweifellos gab es im aztekischen Reich, besonders in Tenochtitlán, Menschenopfer, das soll gar nicht geleugnet werden. Sieht man von den Festen, den Einweihungen von Tempeln und Skulpturen, den Inthronisationen usw. ab, dann wurde mindestens ein Mensch jeden Morgen bei Sonnaufgang geopfert.

Nur durch menschliche Herzen und menschliches Blut konnte, nach Ansicht der Mexica, die Sonne genügend Kraft bekommen, ihren Weg über den Himmel und durch die Unterwelt zu nehmen, und den Fortbestand der Welt zu sichern.

Als die gegenwärtige Welt, die »Fünfte Sonne«, geschaffen worden war und Menschen sie bevölkerten, wurde sie nur durch Feuer erleuchtet. Die in Teotihuacán versammelten Götter beschlossen daher, Sonne und Mond zu erschaffen, indem zwei von ihnen freiwillig in das Feuer sprangen: Nanauatzin, ein buckliger und syphilitischer Gott war der erste und erhob sich als Sonne am Himmel; Tecuciztecatl, der immer wieder gezögert hatte, wurde zum Mond. Aber sie bewegten sich nicht und verbrannten die Pflanzen und die Erde.

Da opferten sich die anderen Götter selbst und setzten auf diese Art die Sonne in Bewegung. Damit sie sich dann weiter bewegen konnte, mußte man sie regelmäßig mit ihrer Nahrung, eben Blut und Herzen, versorgen. Die Nacht verbrachte die Sonne im Totenreich Mictlán, der neunten, tiefsten Unterwelt. Hier magerte sie zum Skelett, zum kraftlosen Toten ab und schien nur noch trübe. Ihre Kraft reichte gerade bis zum Horizont im Osten, wo man am Morgen schwache Sonnenstrahlen sah, ein Zeichen ihrer Kraftlosigkeit. Das Opfer an menschlichem Blut und menschlichen Herzen versetzte sie in die Lage, erneut zum Himmel aufzusteigen, die Menschen zu erwärmen und die Pflanzen wachsen zu lassen. Ohne dieses Opfer wäre die Welt dem Untergang nahe, doch die Menschen waren verpflichtet, sie zu erhalten.

Die bei dieser Gelegenheit und im Kult vieler Götter, z.B. des Huitzilopochtli und des Tezcatlipoca, übliche Art des Opfers war das Ausreißen des Herzens bei lebendigem Leibe. Das hört sich zwar grausam an, war aber sicherlich schneller als die damals in Europa üblichen Tötungsmethoden des Verbrennens, Erdrosselns, Räderns, Vierteilens usw.

Das Opfer wurde von vier Priestern an Armen und Beinen gepackt und so rücklings über einen Stein gelegt, daß der Rücken gebogen und die Rippen vorgewölbt waren. Ein fünfter Priester öffnete durch einen raschen Schnitt mit dem rasiermesserscharfen Obsidiandolch den Brustkorb unterhalb der Rippen und riß das Herz heraus, das der Sonne entgegengehalten wurde. Das Blut fing man in einer Schale aus Stein (quauhxicalli, »Adlerschale«; Kat. 211) auf und hielt es ebenfalls zur Sonne empor, oder beschmierte damit die Steinfigur des Gottes, zu dessen Ehre das Opfer vollbracht worden war.

Einige Gottheiten forderten bei den Festen besondere Opfer: Menschenopfer für den Regengott Tlaloc bestanden meist aus Kindern, die ertränkt wurden. Weinten sie vorher stark, war dies ein gutes Omen, denn ihre Tränen bedeuteten jenen Regen, den man von Tlaloc erbat.

Opfer für Xipe Totec wurden mit Pfeilen erschossen oder in Gladiatorenkämpfen getötet, bei denen das Opfer an einen Stein gebunden war und mit Holzwaffen gegen

einen voll ausgerüsteten Krieger kämpfen mußte. Auch in diesen Fällen wurde das Herz hinterher herausgerissen.
Menschenopfer fanden auch bei vielen der achtzehn monatlichen Feste des Sonnenjahres statt. Hier verkörperten die Opfer den zu ehrenden Gott und wurden vorher als dieser Gott verehrt. Bei diesen Gelegenheiten sind vereinzelt auch Frauen geopfert worden, z. B. für die Göttin Toci, eine Erscheinungsform der Erdgöttin Teteoinnan, während des Ochpaniztli-Festes im September.
Bei allem, was über Menschenopfer gesagt wurde, darf man nicht vergessen, daß es nach aztekischer Vorstellung das »höchste Opfer«, das »größte Opfer« war. Eine Masse der Opfer bestand aus Blumen und Früchten, tamales und anderen Speisen, aus Tieren wie Wachteln und Hunden und vor allem aus dem eigenen Blut. Dafür stach man sich mit Dornen oder feinen Obsidiansplittern in Oberarme, Zunge oder Genitalien, ließ etwas Blut auf ein Stück Papier tropfen und verbrannte dieses in den großen tönernen oder steinernen Räucherbecken (Kat. 171, 172), die auf den Pyramiden vor den Tempelgebäuden standen. Auch das in tönernen Räucherlöffeln (Kat. 170) verbrannte Kopalharz und dessen Rauch bildeten ein den Göttern angenehmes Opfer.
Für uns ist es unverständlich, daß man sich regelrecht darum riß, auf dem Opferstein zu sterben, daß hochrangige Gefangene, berühmte Krieger ehrenvolle Posten ausschlugen und darauf bestanden, geopfert zu werden. Alte Krieger, so wird berichtet, meldeten sich sogar freiwillig als Opfer.
Diese Einstellung hängt eng mit dem aztekischen Jenseitsglauben zusammen. Gefallene Krieger und Geopferte kamen in das Paradies des Sonnengottes, das Tonatihilhuiac, im Osten. Von dort begleiteten sie unter Tanz und Gesang vier Jahre lang die Sonne täglich bis zum Zenit, um danach als Kolibris oder Schmetterlinge auf die Erde zurückzukehren.
Auch die im Kindbett gestorbenen Frauen kamen in dieses Paradies, denn die Geburt wurde mit dem Kampf der Männer gleichgesetzt. Ihr Haus mit dem gleichen Namen stand jedoch im Westen, und dorthin trugen sie die Sonne vom Zenit in einer federgeschmückten Sänfte. Nachts waren diese Frauengeister (Cihuateotl, Kat. 218) sehr gefürchtet, denn sie erschreckten an Straßenkreuzungen die Wanderer und stahlen Kinder.
Im Westen übergaben sie die Sonne den Bewohnern des Mictlán, der Totenwelt, auf der untersten, neunten Stufe der Unterwelten. Das war eine trübe, graue Welt, ein

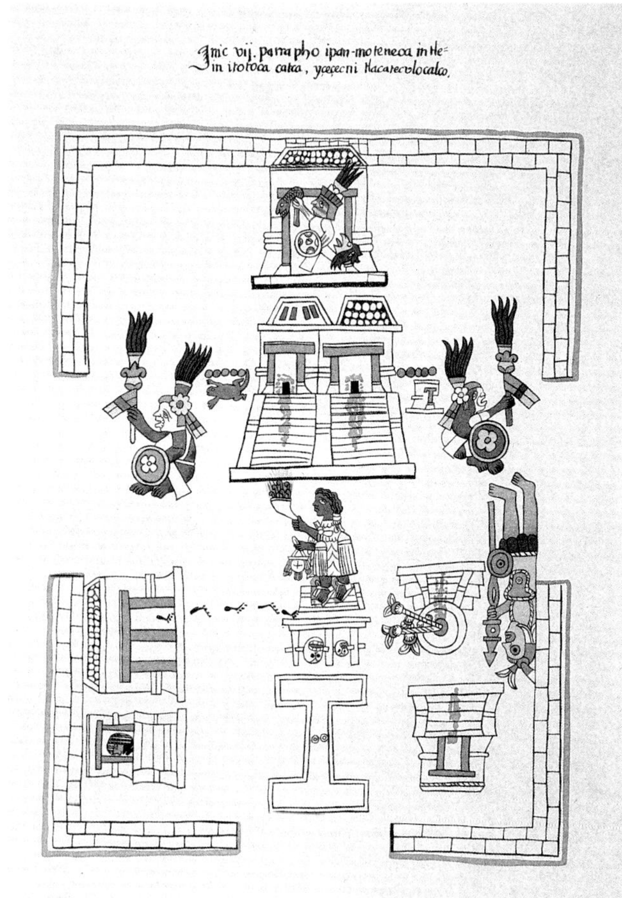

Abb. 66 Heiliger Bezirk des Templo Mayor, Codices matritenses Sahagun, Madrid

dunkles, nicht begehrenswertes Nichts. Man erreichte sie am Ende einer vierjährigen Reise, nachdem man viele Gefahren überstanden hatte. Diese neunte Unterwelt war das am wenigsten wünschenswerte Jenseits, in das diejenigen kamen, die die anderen Paradiese nicht erreichten.
Das erstrebenswerteste aztekische »Jenseits« war das Tlalocán, das Paradies des Regengottes, das auf den Spitzen der Berge lag. Man stellte es sich als ein wahres Schlaraffenland vor, in dem es jedem gut ging. Hierher kamen die Ertrunkenen, die vom Blitz Erschlagenen und jene, die an bestimmten Krankheiten wie Syphilis oder

Abb. 67 Neufeuerzeremonie, Codex Borbonicus, Paris, Bibl. Ass. Nat.

Wassersucht gestorben waren. Es war also Schicksal, nicht eigenes Verdienst durch ein exemplarisches Leben, ob man im Schlaraffenland oder in der trüben Unterwelt endete. Kein Wunder, daß die Mexica der Zukunft fatalistisch gegenübergestanden haben.
Fatalistisch blickte man auch dem Ende des 52jährigen Zyklus' entgegen, dem xiuhmolpilli, wenn die gleichen Daten des Sonnen- und des Ritualkalenders wieder aufeinandertrafen und die Welt untergehen konnte. Am Tage vor dieser »Jahrhundertwende« wurden alle Feuer gelöscht, alle Küchengeräte zerschlagen, alle Häuser und Tempel peinlichst genau gesäubert und oft auch neu bemalt.
Die Nacht verbrachten die Menschen auf dem flachen Dach der Häuser und warteten, daß auf dem bei Tenochtitlán gelegenen Berg Uixachtlán auf der offenen Brust eines Geopferten von den höchsten Priestern das neue Feuer gebohrt und mit Fackeln zu den Tempeln und in die Häuser gebracht wurde. Wenn die ersten Sonnenstrahlen wieder erschienen, wußte man, daß die Welt weiter existieren würde und nicht, wie befürchtet, durch ein großes Erdbeben zerstört werden würde. Man war wieder für die nächsten 52 Jahre gerettet. Das Schriftzeichen für einen solchen 52jährigen Zyklus war ein Bündel aus 52 Rohren, das man auch in Stein nachbildete (Kat. 185) und u.a. am Templo Mayor gefunden hat.
Die aztekische Religion ist deshalb so kompliziert, weil sie aus vielen unterschiedlichen Quellen zusammengewachsen war und in ihrer uns bekannten Form erst mit der Ausdehnung des Reiches erwuchs. Jede neu unterworfene Gruppe steuerte ihre Vorstellungen und ihre eigenen Gottheiten bei. Man beließ den fremden Völkern ihre angestammten religiösen Anschauungen und zwang ihnen nur den Kult des Huitzilopochtli auf. Die Azteken selbst übernahmen viel und brachten die Gottheiten und ihre Bilder zum Haupttempelbezirk von Tenochtitlán. Dort galten sie symbolisch als Untergebene, als Gefangene des Huitzilopochtli, so wie ihre Völker Untertanen der Mexica geworden waren. Dadurch kam im Laufe der Jahre eine Fülle von Gottheiten zusammen, die in keinem theologischen Zusammenhang standen.
Es gab keinen geordneten Götterhimmel wie in Ägypten oder Griechenland. Zudem bestanden unter der Priesterschaft augenscheinlich unterschiedliche »Schulen«, die ganz verschiedene Anschauungen vertraten, die sich in den frühen spanischen Berichten niederschlagen. Zwischen diesen priesterlichen Anschauungen, den Ansichten des Mexica-Adels und dem Volksglauben bestanden große Unterschiede. Statuen bestimmter Gottheiten wurden fast nur aus Stein oder Ton hergestellt, andere erscheinen ausschließlich in den Büchern (Codices). Das bedeutet meines Erachtens, daß es Götter gab, die überwiegend vom »Volk« verehrt wurden und andere (jene aus Stein) dagegen in Tempeln und/oder Palästen standen, während wieder anderen nur priesterliches Interesse entgegengebracht wurde (das sind diejenigen, die nur in den Codices vorkommen).
Aus diesen Gründen haben bisher alle Versuche scheitern müssen, die vielen Gottheiten – in einer modernen, unvollständigen Liste sind 130 aufgeführt – in eine Systematik zu bringen, eine allgemeingültige »aztekische‹ Mythologie zu entwerfen.
Es gibt allerdings Aspekte, die allen Gottheiten gemeinsam sind. Dazu gehört, daß fast alle anthropomorph, d.h. menschengestaltig waren. Man stellte sie sich unsichtbar vor, und jeder Gott besaß bestimmte, für ihn – und seine Gruppe – typische Abzeichen. Alle Götter trugen auch einen ›Kalendernamen«, ihnen war somit sowohl im Sonnen- als auch im Ritualjahr ein bestimmter Tag »heilig«. Die Götter waren darüber hinaus Schutzpatrone

bestimmter Berufe, Orte, calpulli usw. und vielen war ein Tier zugeordnet – häufig Vögel –, in dessen Gestalt sie auftreten konnten. Diese Tiere konnten auch Phantasieprodukte sein, z. B. »Federschlange« (Abb. 69a.b) oder »Feuerschlange«.
Es ist selbstverständlich, daß im Rahmen einer solchen Abhandlung nicht alle Götter oder auch nur ein Bruchteil ihrer Zahl besprochen werden können. Wir werden uns daher auf einige der bedeutendsten von ihnen und einige ihrer Aspekte, Funktionen usw. beschränken müssen.
Wichtigster Gott für die Mexica war Huitzilopochtli, ihr ursprünglicher Stammesgott und Schutzpatron der Gruppe. Er wurde allen besiegten Völkern aufgezwungen. Er war auch der junge, erfolgreiche Krieger und die junge, siegreiche Sonne. Daß sein Kult jung war, geht daraus hervor, daß er als »Bildwerk« weder in Stein noch in Ton bisher identifiziert werden konnte, daß man also annehmen kann, daß er nur sehr wenig oder überhaupt nicht dargestellt worden ist.
Der Legende nach war Huitzilopochtli der Sohn der Erdgöttin Coatlicue. Sie hatte schon vierhundert Söhne, die Centzon Huitznauhua, die die Steine symbolisierten – vierhundert bedeutet in diesem Zusammenhang unzählig – und eine Tochter, die Mondgöttin Coyolxauhqui (Kat. 275). Coatlicue hatte Keuschheit geschworen, doch als sie einen Tempel reinigte, drang eine Feder in sie ein, und sie wurde schwanger. Ihre Kinder waren erzürnt und beschlossen, ihre Mutter und das ungeborene Kind zu töten. Als sie sich ihr nahten, sprang Huitzilopochtli voll bewaffnet aus ihrem Leib, in der Hand trug er die »Feuerschlange«, seine Hauptwaffe und sein Symbol. Er tötete die Brüder und zerstückelte die Schwester; deren Bildnis hat man vor kurzer Zeit als Reliefplatte am Fuße des Templo Mayor gefunden. Es ist eines der eindrucksvollsten Reliefbilder der aztekischen Zeit. Auch von der Mutter Coatlicue (»die mit dem Schlangenrock«) gibt es ein eindrucksvolles Bild. Die 2,56 m hohe Steinstatue wurde im August 1790 auf dem Gelände des Haupttempelbezirkes gefunden und bildet heute eine der Hauptattraktionen des Museo Nacional de Antropología in Mexiko-Stadt. Ihr Kopf besteht hier aus zwei gegenständigen Schlangenköpfen, die gleichzeitig in der aztekischen Symbolsprache zwei Blutströme bedeuten, die aus dem abgeschlagenen Haupt kommen. Ihr Rock ist aus Schlangenleibern geflochten, den Gürtel ziert ein menschlicher Schädel, ihre Halskette besteht aus Herzen und Händen, Hände und Füße der Göttin sind krallenbewehrt. Sie ist der grausige, bedrohende Aspekt der Erde, die unheimliche Unterwelt, vielleicht auch die vernichtende Erde, was in einem erdbebenreichen Gebiet naheliegt.
Coatlicue war eine der zahlreichen Erdgöttinnen des aztekischen Pantheon. Es waren vielschichtige Göttinnen, welche die verschiedensten Aspekte der Erde und der Fruchtbarkeit widerspiegelten. Ein typisches Beispiel ist Xochiquetzal (»Blumenvogel«), eine jugendliche Erdgöttin, die Blumen, fleischlichen Genuß und Begehren, Feste und Freuden symbolisierte. Sie war aber auch die Göttin der Schwangerschaft und der Geburt, dadurch die junge Kriegerin, denn Geburt und Krieg wurden gleichgesetzt. Darüber hinaus galt sie als Schutzpatronin der Weberinnen, eine wahrhaft umfassende Zuständigkeit. Sie muß besonders beim einfachen Volk sehr beliebt gewesen sein, denn sie ist sehr häufig in Ton geformt worden und hat oft ein oder zwei Kinder im Arm (Kat. 227).
Wie viele Göttinnen besaß sie einen männlichen Gegenpart, Xochipilli (»Blumenprinz«), einer aus der großen Reihe der Maisgottheiten, zu der Xochiquetzal letztlich auch gehörte. Häufiger ist allerdings die wichtigere Maisgöttin Chicomecoatl (»Sieben Schlange«, ein Kalendername) dargestellt (Kat. 146). Xochipilli (Kat. 180) galt als der junge Gott des sprießenden Maises, dem Hauptnahrungsmittel des alten Mexiko. Wie sein Gegenpart Xochiquetzal war er aber auch ein Gott der Freude, der Lust und der Feste. In diesen Aspekten wurde er jedoch von Macuilxochitl (»Fünf Blume«) noch übertroffen. Dieser war vor allem auch ein Gott des Tanzes und des Gesanges, dem der Affe zugeordnet war und ihn oft vertrat (Kat. 191–193). Affen wurden daher zum Symbol der »sündigen Lust«.
Der wichtigste Gott neben Huitzilopochtli war der Regengott Tlaloc, denn sein Tempel stand zusammen mit jenem Huitzilopochtlis auf der Hauptpyramide von Tenochtitlán. Er war ein uralter Gott, der sich, nach seinen charakteristischen Merkmalen zu schließen (Ringe um die Augen, Voluten aus den Mundwinkeln, Kat. 145), bis weit in die Vergangenheit, vielleicht bis in die olmekische Zeit zurückverfolgen läßt. Er war der Hauptgott in Teotihuacán. Darum war er neben dem Sonnengott Tonatiuh die einzige Gottheit mit einem eigenen Paradies, denn der Todesgott Mictlantecutli (Kat. 216) war zwar Herr, aber nicht Besitzer der tiefsten Unterwelt. Der Tlaloc-Kult war augenscheinlich bei allen Bevölkerungsschichten beliebt, denn seine Abbilder aus Stein oder Ton sind sehr häufig.
Die Steinbildnisse seiner Frau, Schwester oder Mutter –

die Meinungen gehen hier auseinander –, Chalchiuhtlicue »die mit dem Grünsteinrock« (Kat. 152, 153), sind dagegen häufig, Tonfiguren aber sehr selten. Als Göttin des (fließenden) Wassers mag sie besonders von den chinampa-Bauern verehrt worden sein, die ihre Abbilder in den calpulli-Tempeln aufgestellt hatten.
War Tlaloc die Hauptgottheit von Teotihuacán, so war Tezcatlipoca (»der rauchende Spiegel«, benannt nach dem Spiegel, der einen seiner Füße ersetzte) wahrscheinlich jener der Tolteken gewesen. Sein Tempel stand an prominenter Stelle neben dem Haupttempel von Tenochtitlán. In der aztekischen Gedankenwelt war er ein Gott von höchster Kraft und wurde als allgegenwärtiger und allmächtiger Schöpfergott verehrt. Als Urzauberer konnte er sich in den Jaguar verwandeln (Kat. 144), außerdem war er auch Krieger und als solcher Huitzilopochtli ähnlich, doch waren seine Waffen eher zauberischer Art. Auffallend ist, daß er zwar in alten Codices oft abgebildet und in den Berichten häufig geschildert wird, daß aber Figuren, die ihn darstellen, bisher völlig fehlen, ein schwer erklärbarer Widerspruch.
Wie viele andere Hauptgötter trat Tezcatlipoca in vier auf die Himmelsrichtungen bezogenen »Varianten« auf, die sich in den »Richtungsfarben« unterschieden: Osten = gelb, Süden = weiß, Westen = blaugrün, Norden = rot. Der nördliche, rote Tezcatlipoca wurde mit dem Gott Xipe Totec (»Unser Herr, der Geschundene«) gleichgesetzt, einem Gott der Fruchtbarkeit und der Felder, dem Schutzpatron der Goldschmiede. An seinem Fest im März (Tlacaxipehualiztli, »das Schinden von Menschen«) wurde den Opfern nach dem Tode die Haut abgezogen und diese vollständig oder zu Masken verarbeitet von Priestern getragen. So bekleidet wird auch der Gott selbst dargestellt. Seine Beliebtheit geht aus den zahlreichen Tonfiguren (seit der Tlamimilolpa- Phase von Teotihuacán) und den meist sehr gut ausgestalteten Steinfiguren (Kat. 212, 213) hervor.
Tezcatlipoca galt als einer der Schöpfer der gegenwärtigen Welt, der andere war Quetzalcoatl (»Federschlange«), wohl die widersprüchlichste Gestalt des aztekischen Götterhimmels. Zusammen mit Tezcatlipoca beseitigte er die Flut, die die »Vierte Sonne« zerstört hatte und hob den Himmel wieder empor. Aus Asche und dem Blut der Götter schuf er die ersten Menschen und brachte ihnen Mais und andere Feldfrüchte, die er den Tlatoques, den kleinen Regengöttern, gestohlen hatte (Kat. 162, 164, 165, 166).
Er wurde auch als Windgott Quetzelcoatl-Ehecatl (Kat. 163, 165) verehrt, dessen Figuren ihn mit lang vorgeschobenem Mund zeigen. Auf der Brust trägt er eine durchgeschnittene Meeresschnecke und auf dem Kopf einen spitzen Hut, wie ihn die Huaxteken trugen. Das deutet darauf hin, daß Ehecatl einmal von dort kam und erst später mit Quetzalcoatl verschmolzen wurde. Er wird auch als Tlahuizcalpantecutli (»Herr der Dämmerung«), als Gott des Planeten Venus, verehrt.
Nachdem er durch die Machenschaften Tezcatlipocas aus Tula vertrieben worden war – hier ist er Gegner und nicht Mitarbeiter –, verbrannte sich Quetzalcoatl an den Ufern des Golfes von Mexiko, sein Herz stieg zum Himmel auf und wurde zur Venus. Zur Zeit der Eroberung galt Quetzalcoatl zudem noch als Schöpfer des Kalenders, als Erfinder der schönen Künste und war Patron der Adelsschulen und der Priester – wahrhaft gigantische Aufgaben, die sich nur schwer vereinigen lassen.
Angeblich verabscheute er blutige Opfer, doch wie vereinbart sich das mit seiner Eigenschaft als Patron der Priester? Da er nur Weihrauch, Blumen und Früchte als Opfer annahm, galt Quetzalcoatl den Spaniern, vor allem den Mönchen, als ein Ansatz für christliche Bekehrungsversuche. Sie haben zwar viel über ihn geforscht und berichtet, jedoch glaube ich, daß vieles von dem, was Quetzalcoatl in den Quellen zugeschrieben wird, bereits die christliche Beeinflussung der indianischen Gewährsleute widerspiegelt, und daß seine Rolle innerhalb der aztekischen Religion weit übertrieben wurde.

Nachbarn und Vorläufer

Wolfgang Haberland

Selbstverständlich stand das Hochtal von Mexiko nicht in einem luftleeren Raum, das dürfte aus den vorhergehenden Ausführungen deutlich geworden sein. Es war zwar seit mindestens 200 n. Chr. das kulturelle Zentrum dieser Welt, aber auch danach war es Einflüssen ausgesetzt, die seine Kulturen veränderten. Um ein vollständiges Bild zu bekommen, müßte man eigentlich alle Gebiete Mesoamerikas ausführlich behandeln, was aber in diesem Rahmen weder möglich noch beabsichtigt ist. So werden im folgenden nur drei Kulturregionen (Golfküste, Oaxaca, West-Mexiko) kurz skizziert; hinzu kommt ein Abriß der olmekischen Kultur, der das Hochbecken in seiner Frühzeit so viel verdankte.

Olmeken

Über kaum eine der präkolumbischen Kulturen ist während der letzten dreißig Jahre mehr geschrieben worden, als über jene der Olmeken, die sich selbst mit Sicherheit nicht so nannten. Diese Veröffentlichungen und Spekulationen stehen in einem schroffen Gegensatz zu den bisherigen Ausgrabungen. Nur eines der großen olmekischen Zentren, San Lorenzo, ist bis jetzt untersucht und veröffentlicht worden. Ein zweites, bekannteres Zentrum, La Venta, hat zwar viele Grabungen gesehen, die aber unsystematisch waren und mangelhaft veröffentlicht sind, so daß man nur wenig damit anfangen kann. Andere Zentren im Kernland der Olmeken in den Tiefebenen der südlichen Küste des Golfes von Mexiko sind bisher kaum wissenschaftlich erforscht. So gibt diese Kultur, die oft als »Mutterkultur« aller mesoamerikanischen Entwicklungen bezeichnet wird, trotz allem, was über sie geschrieben wurde, mehr Rätsel auf als Fragen, die beantwortet werden können.

Woher kamen die Olmeken? Die ältesten Keramiken in San Lorenzo stammen aus der Zeit zwischen 2000 und 1550 v. Chr. Ihrem Aussehen nach gehören sie zu einer Gruppe, die an der pazifischen Küste von Chiapas und Guatemala beheimatet war. Die Datierung dieser frühen Keramik ist unsicher. Wie die Zusammenhänge zu deuten sind, ob es Wanderungen von Menschen oder Austausch von Ideen von der pazifischen zur Golfküste waren, läßt sich bisher nicht feststellen. Auf jeden Fall können die frühen Phasen noch nicht als olmekisch betrachtet werden, da alle Merkmale dieser Kultur noch fehlen.

Die typischen Merkmale erscheinen erst um 1500 v. Chr. in San Lorenzo. In dieser Zeit begann man, die Hochfläche umzugestalten und die ersten Steinskulpturen anzufertigen. Die Keramik zeigt, daß um 1550 v. Chr. eine neue Gruppe erschien, die zusammen mit den bereits Anwesenden die Olmeken bildete, deren Kultur in den beiden San-Lorenzo-Phasen (1450–1150 v. Chr.) ihren ersten Höhepunkt erreichte.

In San Lorenzo selbst wurde das Plateau völlig umgebaut und künstliche »Rippen« angefügt. Man erbaute einen Zeremonialplatz mit Erdpyramiden im Norden und Süden auf zwei langgestreckten Plattformen im Osten und Westen und legte ferner eine Reihe künstlicher Seen und eine Drainagelinie von 170 m Länge aus Stein an. Die trogförmigen Unterteile waren mit Asphalt abgedichtet. Darüber befanden sich abnehmbare flache Oberteile und an einem Ende ein figürlich gestalteter Austritt.

Zahlreiche Steinskulpturen wurden jetzt geschaffen, darunter die riesigen Portraitköpfe, von denen weiter unten noch die Rede sein wird. Hohle und volle Tonfiguren im olmekischen Stil, differenziert gebrannte Keramiken und Tongefäße mit ausgekratzten Mustern (Kat. 12, 13) sind kennzeichnend. Unter den Motiven der meist flachbodigen Schalen mit steilen Wänden

Abb. 68 Krieger in prächtigen Kostümen, Codex Mendoza, Oxford, Bodleian Library

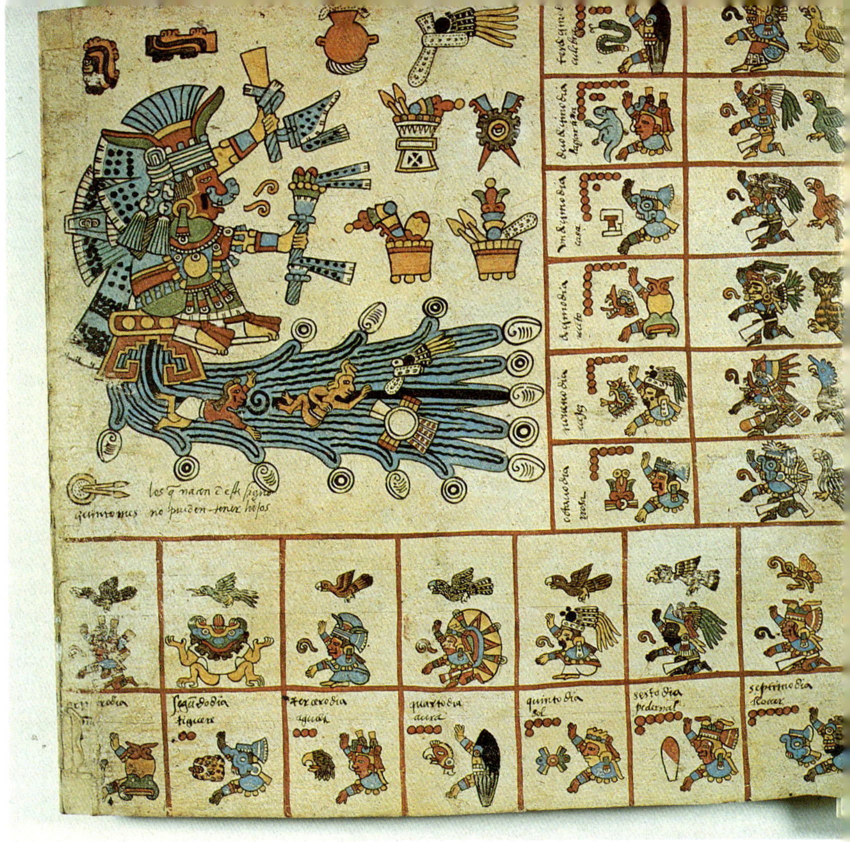

Abb. 69 2 Wochenabschnitte von je 13 Tagen des Ritualkalenders, der 260 Tage umfaßte (s. S. 126ff.)
a) Fünfte Woche »1 Rohr« unter der Ägide der Wassergöttin Chalchiuhtlicue, aus der ein breiter Wasserstrom hervorquillt, der Menschen, Waffen und Kopfschmuck mit sich fortreißt
b) Sechste Woche »1 Tod« unter der Ägide des Sonnengottes Tonatiuh (rechts) und des Mondgottes Metzli. Unten links Beutetiere in Schlinge und Falle, Kaktusstaude als Zeichen der Wildnis

Abb. 70 Villahermosa, Archäologischer Park, Olmekischer Kolossalkopf

herrschen Raubtierpfoten, Andreaskreuze und »flammende Augenbrauen« vor. Keramik und Figuren sind weit in Mesoamerika verbreitet und deuten zusammen mit Importen nach San Lorenzo auf ein umfassendes Handelsnetz hin.

Das Ende der San-Lorenzo-Kultur kam plötzlich und radikal. Um 1150 v. Chr. hörte jegliche Bautätigkeit auf, alle Steinskulpturen wurden verstümmelt und in langen Reihen auf dem Plateau »begraben«. Augenscheinlich wurden dieser und andere Orte erobert und zerstört. Auch in La Venta wurden die Steinskulpturen zerstört, hier aber, im Gegensatz zu San Lorenzo, erholte sich die Kultur wieder, und jetzt wurde ein Zentrum errichtet, das im Prinzip dem Zeremonialplatz von San Lorenzo glich. Man baute eine 32,3 m hohe Pyramide aus Erde und farbigem Ton, ihr Grundriß war rechteckig mit abgerundeten Ecken und ihre Seiten waren gerippt. Sie sieht wie ein nicht ganz runder Napfkuchen aus. Ihr Volumen beträgt 99 100 m^2. Bis zur Errichtung der Sonnenpyramide von Teotihuacan, fast tausend Jahre später, blieb sie die größte Pyramide Mesoamerikas.

Die verstümmelten Steinskulpturen wurden an anderer Stelle wieder aufgerichtet und neue hinzugefügt, die sich stilistisch und thematisch kaum von den älteren unterscheiden. Das Wandrelief spielte eine größere Rolle in der Kunst dieser Kultur. Die Keramik war einfacher geworden. Die Tonfiguren sind stilistisch nicht mehr so »olmekisch«, denn ihre Augen haben große Pupillen. Auch Statuetten und andere Schnitzereien aus grünen Steinen treten erst jetzt in Erscheinung. Sie und andere Objekte, z. B. aus Eisenverbindungen, machen ab etwa 1000 v. Chr. deutlich, daß erneut ein bedeutendes Handelsnetz aufgebaut worden war. San Lorenzo war zu dieser Zeit völlig bedeutungslos und zeitweise unbesiedelt.

Um 475 v. Chr. wurde La Venta aus noch unbekannten Gründen aufgegeben, und damit endete die olmekische Kultur. Olmekische Einflüsse finden sich später noch an der Golfküste und besonders an der pazifischen Küste im Grenzgebiet von Mexiko und Guatemala. Von hier aus sind starke Impulse in das Mayagebiet gegangen, das vorher kaum olmekische Einflüsse aufwies.

Einige Probleme im Zusammenhang mit den Olmeken betreffen die Steinskulpturen, für die diese Kultur berühmt ist. Sie treten ab 1550 v. Chr. unvermittelt auf, sind bereits perfekt dreidimensional gestaltet und haben keine erkennbaren Vorformen. Wie es dazu kam, gibt Anlaß zu vielen Spekulationen. So hat man z. B. vermutet, daß die Olmeken zunächst Kleinskulpturen herstellten und allmählich immer größere Werke in Angriff nahmen. Heute weiß man, daß die kleineren Figuren viel später zu datieren sind als die Großskulpturen.

Der Stil einiger Steinfiguren hat Anlaß gegeben, außeramerikanische Einwanderer anzunehmen: Phönizier, Ägypter, afrikanische Gruppen, wenn nicht gar Außerirdische sollen die Schöpfer der olmekischen Monumentalplastik gewesen sein. Vor allem an den bis zu 2,85 m hohen Köpfen, die man heute für idealisierte Herrscherportraits hält, glaubt man, »afrikanische« Typen erkennen zu können. Was geschrieben wurde, ist meist

Unsinn. Eine Lösung erscheint mir besser und einleuchtender: Der Stil resultiert einfach aus Arbeitsersparnis! Betrachtet man z. B. die Köpfe von der Seite, so ergeben Kopfschmuck, Nasenspitze, Lippen und Kinn eine leicht gebogene Linie, die die ursprüngliche Oberfläche des Rohlings zeichnet. Unter den Motiven auf den Großskulpturen tritt eine Gestalt auf, die oft als »Werjaguar« bezeichnet wird. Wahrscheinlich aus der Vereinigung einer Frau mit einem Jaguar hervorgegangen, zeigt sie in der Frühzeit meist einen tierischen, später oft einen menschlichen Körper mit einem Gesicht, in dem sich Züge beider Teile vereinigen. Besonders charakteristisch ist die Mundpartie mit breiter, waagerechter Oberlippe, herabhängenden Mundwinkeln und zwei aus dem Oberkiefer kommenden Hauern (Kat. 5).

Ein »gespaltener Schädel« ist ebenfalls häufig. Diese Figur könnte den olmekischen Regengott darstellen, die Urform aller mexikanischen Regengötter. Ob noch weitere Vorformen späterer Gottheiten dargestellt sind, wie einige Forscher glauben, ist sehr umstritten. Wen die stehenden (Kat. 6) oder hockenden Figuren (Kat. 7) in idealisierter Menschengestalt oder die als Kettenteile gedachten Masken (Kat. 4, 9) zeigen, entzieht sich unserer Kenntnis.

Die letzte hier zu behandelnde Frage betrifft die politische Organisation und Ausbreitung der Olmeken. Wie wir gesehen haben, gab es in der olmekischen Kulturentwicklung zwei Höhepunkte: 1450–1150 und 1000–475 v. Chr. In beiden Fällen deuten alle Anzeichen auf eine straffe politische Organisation hin, denn ohne sie wäre die Schaffung der großen Anlagen und der Transport der großen Steinblöcke, der bis zu 1000 Menschen erfordert haben könnte, nicht möglich gewesen. Das bedeutet, daß wir hier den ältesten Staat auf mexikanischem Boden vor uns haben, dessen Hauptstadt später La Venta wurde.

In beiden Epochen scheint das eigentliche Staatsgebiet auf das Tiefland von Süd-Veracruz und West-Tabasco beschränkt gewesen zu sein. Es war von einer breiten Einflußzone umgeben, die durch intensiven Handel an das Kernland gebunden war. Er lieferte vor allem Rohstoffe, wie Obsidian, den man aus dem Hochtal von Mexiko, aus Pachuca, aus Guatemala sowie dem näheren Guadelupe Victoria holte. Serpentin und Schiefer beschaffte man sich vom Isthmus von Tehuantepec, Jade und verwandte Gesteine aus dem Motagua-Tal in Guatemala, Eisenverbindungen aus Oaxaca und Chiapas.

Man gründete Handelsstationen an strategisch wichtigen Punkten, in denen echte Olmeken lebten, die typische Großskulpturen, Felsreliefs und polychrome Wandmalereien schufen. Von diesen Stationen könnten olmekische Händler ausgezogen sein, um, vergleichbar den späteren pochteca der Azteken, die begehrten Güter zu erwerben. Als Gegenleistung wurden Prestigeobjekte geboten, wie Keramiken, Ton- und Steinfiguren, Geräte aus Grünstein, Spiegel usw. Möglicherweise war der Kakao ein weiteres Tauschmittel, das man von der pazifischen Küstenregion von Chiapas und Guatemala holte. Vielleicht waren es sogar die Olmeken, die diese aus Südamerika stammende Pflanze von Costa Rica aus nach Mesoamerika brachten und so zu ihrer Verbreitung beitrugen. Andere Tauschmittel könnten Kautschuk und Textilien aus Baumwolle gewesen sein.

Bleibt noch abschließend anzumerken, daß es viele geistige Leistungen gab, die man den Olmeken zuschreibt, so die erste Benutzung von Eisen zur Feststellung der Himmelsrichtungen, die Erstellung eines Kalenders, eventuell auch die ersten mesoamerikanischen Schriftzeichen bzw. die Grundlage dazu.

Golfküste: Remojadas, El Tajín und die Totonaken

Die mexikanische Küste entlang des Golfes von Mexiko, vor allem im Bereiche des Staates Veracruz, gehört zu den reichsten archäologischen Zonen der Republik, gleichzeitig aber auch zu jenen, die nur wenig bekannt sind. Systematische wissenschaftliche Ausgrabungen sind selten und noch seltener sind klare Veröffentlichungen darüber.

Nach dem Ende der olmekischen Kultur existierte im Süden eine Reihe von Zentren weiter, u. a. Tres Zapotes und Cerro de las Mesas. Ihre Steinskulpturen, vor allem freistehende monolithische Steinpfeiler, zeigen jenen „epi-olmekischen Stil“, dessen Schwerpunkt im pazifischen Grenzgebiet von Guatemala und Mexiko lag. Auf der Stelle C von Tres Zapotes ist eines der bisher ältesten Daten in der von den Maya benutzten Zeitrechnungsmethode aufgezeichnet: 31 v. Chr. Spätere Einflüsse aus dem Mayagebiet, aus Teotihuacán und von den Tolteken weisen darauf hin, daß das bis 1100 n. Chr. besiedelte Tres Zapotes ein wichtiger Durchgangspunkt für den Verkehr zwischen dem Hochbecken von Mexiko und dem Mayagebiet war.

Eine ganz andere Entwicklung trat mit Beginn der End-

Abb. 71 Villahermosa, Archäologischer Park, »Altar« aus La Venta

Abb. 72 Tajin, Teil des Zeremonialkomplexes

Abb. 75 Monte Alban, Zeremonialzentrum, Luftaufnahme von Norden nach Süden ▷

Abb. 73 Tajin, »Nischenpyramide«

Abb. 74 Monte Alban, Blick vom Tempel C nach Westen

Präklassischen Periode ab 225 v. Chr. in Zentral-Veracruz ein. Zu dieser Zeit begann die Remojadas-Kultur. Es gibt Tausende von Ton-Figuren, leider sind aber die wenigsten wissenschaftlich ausgegraben worden. Die frühesten sind bis auf gelegentliche Tupfer in schwarzer Asphaltfarbe unbemalt, was für die ganze Tradition charakteristisch ist, ebenso die »pastillaje-Technik«, d. h. die Anbringung der Details wie Schmuck, Kleidung usw. aus handgefertigten Tonteilen. Werden diese frühen Figuren sitzend dargestellt, so sind Arme und Beine dünn, ungegliedert, letztere übereinandergeschlagen (Kat. 27). Stehen sie, dann sind Arme und Beine oft stummelartig (Kat. 25).

Die handgeformten Figuren bestimmen – mit Abweichungen – auch das Bild der folgenden Phasen. In der Ober-Remojadas I-Phase (200–600 n. Chr.) wird der Einfluß aus Teotihuacán, an Figuren mit capeartigem Umhang deutlich, die jene der Miccaotli-Phase ähnlich sind. Während dieser Phase führte man die Idee der Tonformen zur Herstellung von Figuren und Figurenteilen ein, wahrscheinlich auch aus Teotihuacán. Zunächst wurden mit dieser Technik nur Köpfe für kleinere Figuren geschaffen, bald aber tauchen große, hohle Figuren auf, deren Kopf, Körper und Gliedmaßen — oft einzeln — formgepreßt sind, während Kleidung und Schmuck weiter in pastillaje-Technik angefügt wurden. Die frühen Hohlfiguren haben oft einen überdimensionierten Kopf und eine steife Haltung (Kat. 28, 29). Später (600–900 n. Chr.) werden dann die Proportionen der Figuren und ihre Haltung natürlicher (Kat. 31, 32, 45). Daß man die Formentechnik perfekt beherrschte, zeigen neben großen, hohlen Tierfiguren auch die reliefgeschmückten Schalen (Kat. 46). Formen verwendete man auch für die Herstellung der Figuren der in Süd-Veracruz beheimateten Nopiloa-Kultur (600–900 n. Chr.), die man als »Lachende Gesichter« bezeichnet (Kat. 44). Man nimmt an, daß sie bei Kulthandlungen, vielleicht bei Tänzen, verwendet wurden, zumal viele von ihnen als Okarina gestaltet sind. Gefunden wurden sie wie die großen Hohlfiguren der Remojadas-Tradition rituell zerbrochen in den Gräbern oder Opferdepots, ein Umstand, der nicht immer ihre richtige Zusammensetzung gewährleistet.

Aus Veracruz stammen noch andere hohle Tonfiguren, die starke Maya-Bezüge aufweisen. Wichtiger sind die kleinen Tierfiguren mit durchbohrten Fußenden. Die Löcher dienten zur Aufnahme hölzerner Achsen, an denen formgepreßte Räder befestigt waren. Diese bis in das Hochbecken von Mexiko verhandelten »Rädertiere« strafen die immer wieder verbreitete Behauptung Lügen, die Mexikaner hätten das Rad nicht gekannt. Aus Mangel an geeigneten Zugtieren wurde es nie praktisch verwendet. Die Funktion dieser »Rädertiere« ist unbekannt.

Teotihuacán übte während seiner Blütezeit einen starken Einfluß auf die Kulturen der Golfküste aus. Um 200 n. Chr. wurde El Tajín (Abb. 72, 73) gegründet, heute eine Ruinenstätte in Nord-Veracruz, die damals ein bescheidener Handelsstützpunkt von Teotihuacán war. Gegen 600 n. Chr. scheint sich El Tajín befreit und eine eigene Kultur entwickelt zu haben, deren Anfänge unklar sind. El Tajín war im Vergleich zu Teotihuacán klein und bedeckte nur etwa 5 km². Die Gebäude waren um Höfe geordnet, teilweise auf den gestuften Hängen der benachbarten Hügel. Diese Anlage entspricht jener der Maya, auf die auch die Verwendung des »Falschen Gewölbes« bei den Palästen hinweist. Hier ist nichts von Zentralmexiko zu spüren, wohl aber bei den Fassaden, die in einer Art modifiziertem »talud-tablero«-Stil gegliedert sind. Das kommt besonders an dem bekanntesten Bauwerk des Ortes, der sog. »Nischenpyramide« zum Ausdruck, einem 18 m hohen Bauwerk, bei dem der tablero der sechs Stufen in insgesamt 365 Nischen aufgelöst ist. Ob diese Zahl mit den Tagen des Sonnenjahres zusammenhängt oder ob sich in den Nischen Figuren befanden, ist noch ungeklärt.

El Tajín war ein Zentrum des Ballspiels (ulama). Nicht weniger als elf Ballspielplätze gab es hier, I-förmig, mit senkrechten Wänden, die teilweise mit Reliefplatten im typischen Tajín-Stil verziert sind. Für ihn sind vor allem Voluten, ein wild wucherndes, stilisiertes Rankenwerk von eleganter Schönheit charakteristisch. In diesen sind steif wirkende Figuren und Szenen (Abb. 76) komponiert, die Krieg, Ballspiel und Menschenopfer zum Thema haben.

Um 950 n. Chr. ging El Tajín unter, was mit dem Vordringen der Tolteken nach Veracruz zusammenhängen könnte, die in den Ausläufern der Sierra Madre Oriental Stützpunkte errichteten. Pfeilerhallen, Steinskulpturen toltekischen Stils, Mazapán-Keramik und andere Funde beweisen, daß in diesen Orten Menschen aus Tula, eben Tolteken, gelebt haben.

Die Tolteken tauchten erst spät in Zentral-Veracruz auf. Wahrscheinlich waren sie aus ihrer Heimat in der Sierra Madre Oriental im Grenzgebiet Puebla-Veracruz durch das Vordringen anderer Nahua-Völker vertrieben worden. Tajín scheint jedoch starke Einflüsse auf ihre

Abb. 76 Tajin, Relief am großen Ballspielplatz

Kultur gehabt zu haben, wie die stilisierten Volutenmotive ihrer Keramik (Kat. 48) beweist. Diese, nach zwei Fundorten »Tres Picos« (Kat. 51, 52) und «Isla de Sacrificios« (Kat. 48–50, 53) genannte Keramik unterscheidet sich durch ihren Stil und ihre stumpfen Farben (meist Brauntöne) von allen anderen Tongefäßen Mexikos, auch wenn einige der Motive »aztekische« Einflüsse verdeutlichen (z.B. die Götterköpfe in Kat. 49, 50).
Polychrome Gefäße der Totonaken weisen so starke Bindungen zu Cholula auf, daß man oft nicht unterscheiden kann, ob sie Importe oder Imitationen sind (Kat. 55–57). Die Bauten ihrer Hauptstadt Cempoala (bei Veracruz), die um 80000 Einwohner gehabt haben soll, sind stilistisch stark von den Azteken beeinflußt, die 1463 die Totonaken unterwarfen. Eine Besonderheit dieser Stadt waren die unterirdischen Wasserleitungen, die nach Aussagen der Spanier Wasser in jedes Haus brachten.

Oaxaca: Zapoteken und Mixteken

Etwa 380 km südöstlich des Hochtals von México liegt inmitten einer zerklüfteten Gebirgsmasse in 1500 m Meereshöhe das rund 1200 km² große Tal von Oaxaca. Die Böden der Täler sind fruchtbar, der Regenfall allerdings relativ gering, doch kann durch einfache Methoden bewässert werden, wodurch die Ernährung einer relativ großen Zahl von Menschen möglich ist.
Heute ist die Region von Oaxaca das archäologisch am besten erforschte Gebiet Mexikos. Die ältesten Funde datieren kurz nach 10000 v.Chr. Feste Siedlungen mit einem umfriedeten »Zeremonialplatz« sind ab 5500 v.Chr. nachweisbar, wurden aber nicht dauernd bewohnt.
Damals gab es im Tal von Oaxaca schon 15 kleine Dörfer, meist mit etwa zehn Hütten, deren Wände aus Rohr oder dünnen Stämmen bestanden und mit Lehm beworfen waren, Herde und Vorratsgruben lagen außerhalb der Behausungen. Man baute Mais, Bohnen, Kürbisse, Avocados und Chilipfeffer an. Dabei benutzte man – wie noch heute – eine einfache Schöpfbewässerungsmethode.
Ein Ort war größer als die anderen, San José Mogote. Er ist auch der einzige Ort, der ein öffentliches Gebäude hatte. Es war weiß gekalkt und mit einer kleinen, altarähnlichen Plattform an einer Seite versehen und kann als Tempel oder Sitz eines Dorfältesten interpretiert werden.
San José Mogote wuchs während der folgenden San José-Phase (1450–1050 v.Chr.) schneller als alle anderen Siedlungen oder die Gesamtbevölkerung des Etla-Tales. Der Ort hatte nun ein aus Stein und adobe errichtetes Gebäude, an dem Reliefdarstellungen (Jaguarkopf und Raubvogel) gefunden wurden, die bisher ältesten Steinplastiken in Oaxaca. Zudem verfügte er über Verbindungen zu den Olmeken, denn in einigen besseren Häusern und Gräbern – erste Anzeichen sozialen Unterschiedes – fanden sich Importe von der Golfküste.
Während der folgenden Guadalupe-Phase (1050–

Abb. 77 Mitla, Steinornamente im Palast der Säulen

Abb. 78 Mitla, Steinornamente im Palast der Säulen

Abb. 79 Yagul, Reste von Bauwerken aus der Übergangszeit von Zapoteken zu Mixteken

Abb. 80 Ixtlan del Rio

Abb. 81 Patzcuaro-See

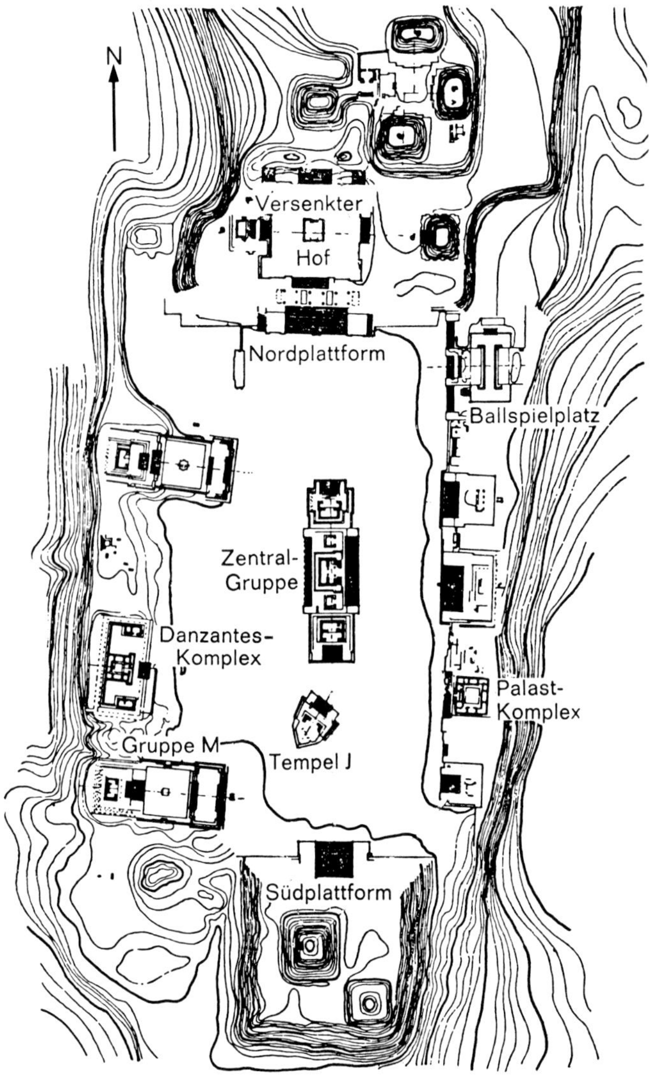

Abb. 82 Monte Alban, Kultzentrum

800 v. Chr.) blieb San José Mogote der Hauptort, mit einer steigenden Anzahl Bauten, auf Plattformen. Einige andere Orte hatten ein oder zwei solcher Gebäude, die Masse der Dörfer, jetzt etwa 40, aber keine. Bemerkenswert ist, daß in dieser Zeit erstmalig eine graue Keramik geschaffen wurde, wie sie bis zur Eroberung für das Tal von Oaxaca typisch blieb.

Es scheint, als wenn sich während der Rosario-Phase (800–600 v. Chr.) mindestens drei Siedlungsgruppen herausbildeten, die kleinen »Fürstentümern« entsprochen haben könnten. San José Mogote blieb die bedeutenste Siedlung. Eine Reliefplatte aus Stein diente als Eingangsschwelle eines bedeutenden Gebäudes. Diese zeigt die nackte, verkrümmte Gestalt eines anscheinend geopferten Menschen, augenscheinlich ein Siegeszeichen, denn Nacktheit bedeutete in Mesoamerika immer Gefangenschaft. Thema und Stil entsprechen jenen der »Danzantes« der nachfolgenden Zeit, und es sind glyphenartige Zeichen vorhanden, die den Beginn einer Rebusschrift zeigen. Beides und auch die graue Keramik zeigen Kontinuitäten auf, die bis in die historische Zeit reichen.

Man kann schon jetzt, in der Rosario-Phase, von Zapoteken sprechen, einer der ganz wenigen Fälle in der amerikanischen Archäologie, bei dem eine ethnische Zuordnung als gesichert gelten kann. Da auch vorher bislang keine auffallenden Brüche der Abfolge entdeckt werden konnten, mag man vielleicht bereits ab Tierras Largas von Zapoteken reden.

Die Danzantes-Figur von San José Mogote deutet auf kriegerische Auseinandersetzungen hin, weniger wohl innerhalb des Tales selbst als mit Gruppen von außerhalb. War doch das Tal von Oaxaca bei weitem die größte und fruchtbarste Gegend des zerrissenen Gebirgslandes in mehr als 100 km Umkreis. Die Gruppierungen könnten auf solche äußeren Bedrohungen zurückgehen. Man versuchte, durch Staatenbildung ein größeres Verteidigungspotential zu erreichen. Das scheint aber nicht ausreichend gewesen zu sein und daher erfolgte eine Föderation der politischen Einheiten im Tal von Oaxaca. Als Verwaltungszentrum gründete man eine neue Siedlung auf neutralem Boden, Monte Albán (Abb. 74, 75, 82). Auf einem Hügel 500 m über dem Talboden gelegen, war der Platz für bäuerliche Siedlungen ungeeignet, denn Felder lagen weit entfernt, zudem gab es kaum Wasser. Als Verwaltungszentrum war der Ort dagegen ausgezeichnet geeignet, da man weite Teile der Täler überblicken, mit ihnen leicht Verbindung halten und den Ort problemlos verteidigen konnte.

Zu Beginn bestand der Ort aus drei getrennten Stadtteilen mit Häusern aus adobe, wie sie nun im ganzen Tal errichtet wurden. Nach 425 v. Chr. wurde der ganze Hügel und sogar einige benachbarte Erhebungen bebaut, da die Einwohnerzahl langsam auf 17000 (225 v. Chr.) gewachsen war. Ein großer Marktplatz wie in Teotihuacán fehlte, ebenso die Handwerkerquartiere. Die Herstellung von Gütern verteilte sich auf ausgewählte kleine Orte; eine Arbeitsteilung, wie sie heute noch in Oaxaca existiert. Hier war somit ein ganz anderes System als im Hochtal von Mexiko entstanden, wo Handwerker fast ausschließlich in der Hauptstadt lebten. Man kann fast von einem Staatsmonopol versus ›freie Unternehmer‹ reden, was interessante Unterschiede der mesoamerikanischen Wirtschaftsformen erkennen läßt.

Bei aller Besiedlung blieb der höchste Punkt des Monte Albán von Wohnbauten frei. Hier errichtete man um einen großen Platz öffentliche Gebäude, von denen noch zwei erhalten sind. Alle anderen sind den massiven Umbauten späterer Tage zum Opfer gefallen. Eine dieser Anlagen ist die sog. »Danzantes-Gallerie«, so benannt nach den 320 in sie eingemauerten, mit Reliefs nackter, geopferter Gefangener geschmückter Steinplatten. Die meisten sind allerdings nicht mehr an Ort und Stelle, sondern in jüngeren Bauten verarbeitet. Hier wollte man wohl fremden Besuchern die Erfolge der Föderation vorführen.

Danzantes wurden auch noch später geschaffen und aufgestellt, bald jedoch durch Platten und durch Stelen ersetzt, die Eroberung wiedergeben. Man führte nicht mehr Krieg gegen Häuptlinge wenig organisierter Gruppen, sondern gegen Städte und Staaten. Ein Ort bei Cuicatlán, 100 km nordöstlich von Monte Albán, war in dieser Zeit ein zapotekischer Militärposten.

Die Bautätigkeit nahm weiter zu. Der in der vorhergehenden Periode begonnene Verteidigungswall der Stadt wurde fertiggestellt, und man begann, die Hügelspitze, den heutigen Hauptplatz, einzuebnen und dort einzelne Bauwerke zu errichten.

Die Macht der in Monte Albán Regierenden manifestiert sich auch in den Grabkammern (Abb. 83), die nun an Stelle einfacher Steinkisten traten. Mit einem Treppeneingang, manchmal einem Vorraum versehen, wurden sie unterirdisch aus großen Steinen errichtet, innen mit Stuck verputzt, gelegentlich ausgemalt und mit einer Steinplatte verschlossen. In ihnen bestattete man die Toten der Oberschicht mit zahllosen Beigaben, darunter figürlich gestalteten Räuchergefäßen.

Daß der neue Wohlstand nicht nur Monte Albán zugute kam, läßt sich an anderen Orten erkennen, wie dem im Tlacolula-Tal gelegenen Dainzú mit seiner massiven Pyramide, deren unterste Stufe mit Reliefplatten geschmückt ist. Hier wurden jedoch nicht Geopferte abgebildet, sondern Ballspieler mit Helmen, die an jene des American Football erinnern. Der Ball war kleiner als

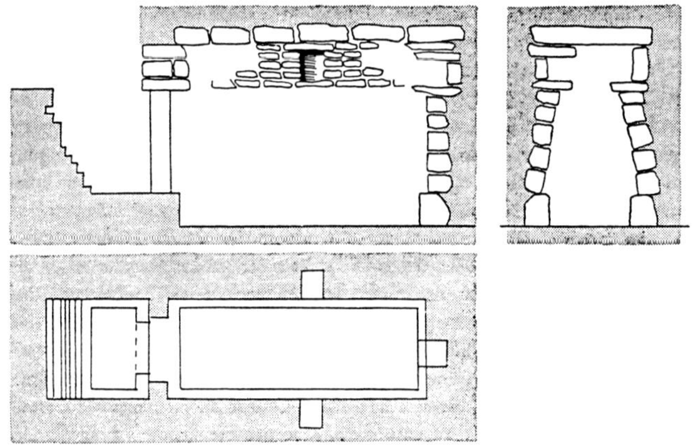

Abb. 83 Monte Albán, Grab 93

beim klassischen ulama-Spiel und die Regeln anders, denn er wird von den Spielern in den Händen gehalten, was bei ulama unmöglich gewesen wäre.

Monte Albán III-A (300–550 n. Chr.) sah eine Reduzierung des Staatsgebietes auf das Tal von Oaxaca, was sicherlich auf einen massiven Druck aus Teotihuacán zurückzuführen ist. In der engeren Heimat konnte man ihm jedoch widerstehen und so blieb die Region eine selbständige politische Einheit. Es gab mit Teotihuacán diplomatische Verhandlungen, die auf Steinreliefs am Fuße der neuen Südplattform verewigt wurden. Auf der Gegenseite sei an das »Oaxaca-Viertel« in Teotihuacán erinnert, das vielleicht nicht nur Händler, sondern auch Diplomaten beherbergte.

Generell hatten die Fassaden in Monte Albán ihr eigenes Gesicht. Die einzelnen Stufen bestanden aus zwei senkrechten Flächen, dazwischen befand sich eine dritte mit einem Neigungswinkel von etwa 45°. In den Proportionen waren alle drei etwa gleich. Die oberste Fläche war durch mehrere stufenförmige Vertiefungen, die nach unten offen sind, gegliedert. Diese Bauform gab dem Hauptplatz, der nun und in der folgenden Periode radikal umgestaltet wurde, ein neues Gesicht (Abb. 74, 75).

Eine weitere Neuerung dieser Zeit war die Einführung von Tonformen. Gab die meist graue Keramik schon vorher den Eindruck einer Massenproduktion, so ist das nun eine Tatsache. Auch anspruchsvollere Keramik wie die anthropomorphen (menschenförmigen) Räuchergefäße sind nun Massenprodukte. Den zylindrischen oder sanduhrförmigen Grundgefäßen wurden Gesichter, Arme, Beine, Kleidung und Schmuck angefügt, die fast ausschließlich aus Formen stammen. Sie konnten zwar in vielen Varianten kombiniert werden, wirken aber doch, stereotyp und leblos. Bisher glaubte man, daß viele der Räuchergefäße Götter darstellen. Bei einzelnen Typen, wie dem Regen- und Blitzgott Cocijo (Kat. 63), einem späten Nachfahren des olmekischen Werjaguar, ist das auch so. In anderen Fällen meint man dagegen heute, daß es sich eher um Ahnenbilder handelt, die in der zapotekischen Religion eine größere Rolle spielten als die sog. Götter.

Monte Albán erreichte 550–800 n. Chr. seinen Höhepunkt. Es hatte nun etwa 25 000 Bewohner. Auch die Nordplattform erhielt ein neues Gesicht und wurde zur Residenz der herrschenden Familie umgebaut mit Hallen, deren Säulen teils aus Bruchsteinen mit Stucküberzug bestanden, teils monolithisch waren. Man konnte diese Residenz mit ihrem vertieften Platz, Privattempeln und öffentlichen Gebäuden nur über einen sehr verschlungenen Pfad erreichen. Augenscheinlich waren diese Bezirke für den gewöhnlichen Sterblichen nicht zugänglich! Das deuten auch die Hauptstraßen von Monte Albán an, die man in weitem Bogen um diesen Bezirk herumführte. Das alles gibt den Eindruck einer autoritären Herrschaft, einer in sich geschlossenen Gruppe, die sich von den anderen abkapseln wollte.

Das mag ihren Untergang herbeigeführt haben, denn Monte Albán verlor 800–1000 n. Chr. seine Macht. Es wurde zwar nicht ganz verlassen – 4 000 Menschen sollen hier weitergelebt haben –, aber seine Größe war dahin, es war nur noch eines der vielen Zentren, die nun im Tal von Oaxaca aufblühten (z. B. Jalieza, Lambityeco, Mitla, Yagul) (Abb. 77–79). Anscheinend gab es keinen einheitlichen Staat mehr, nur eine Reihe von Fürstentümern, die sich gegeneinander abkapselten, wie siedlungsleere Streifen zwischen ihnen beweisen. Das erklärt den Erfolg der Mixteken, denn statt mit einem großen Reich hatten sie es nun mit vielen kleinen Territorien zu tun, die sie zudem gegeneinander ausspielen und nacheinander besiegen konnten.

Die Mixteken waren in den Gebirgstälern des nordwestlichen sowie an der pazifischen Küste des westlichen Oaxaca beheimatet. Ihre Entwicklung ist archäologisch noch wenig erfaßt. Um so mehr sagen die Genealogien der einzelnen Herrschergeschlechter aus, die in Büchern aufgezeichnet sind.

Die Mixteken waren in zahlreichen kleinen Fürstentümern organisiert, die sich häufig befehdeten. Kulturelle Einflüsse von den Zapoteken wie auch aus Teotihuacán stehen neben eigenen Schöpfungen, wie der dünnwandigen Orange-Keramik, die man an beide verhandelte. Ab etwa 900 n. Chr. rückten einzelne mixtekische Gruppen von Norden in das Tal von Oaxaca ein. Da die kleinen Territorialstaaten ihnen nur wenig Widerstand entgegen stellen konnten, drangen die Mixteken, vor allem ab 1000 n. Chr. immer weiter vor. Wie weit sie kamen, ist unsicher, da sich die Berichte widersprechen. Oft lebten Zapoteken und Mixteken zusammen an einem Ort und die Fürstenfamilien beider Gruppen heirateten untereinander.

Fürstengräber, von denen glücklicherweise einige ungeplündert von Wissenschaftlern gefunden wurden (z. B. Monte Albán, Grab 7; Zaachila, Gräber 1 und 2) bergen eine Menge künstlerisch hochwertigen Materials (337 Objekte allein in Grab 7 von Monte Albán) aus den Werkstätten der Mixteken. Da sind die vielfarbigen Keramiken zu nennen, in leuchtenden Farben, hochglänzend poliert, so daß sie wie lackiert aussehen, was sie jedoch nicht sind (Kat. 237, 238). Die Mixteken waren auch Meister der Steinmosaike. Vor allem Türkis, aber auch andere Steine und farbige Muscheln wurden auf hölzerne, knöcherne oder steinerne Unterlagen, die teilweise plastisch geschnitzt waren, zu farbigen Bildern zusammengefügt (Kat. 268–272). Viele, wenn nicht sogar alle sog. »aztekischenMosaike« dürften von Mixteken geschaffen sein, denn nach der teilweisen Eroberung zwischen 1486 und 1506 mußten nicht nur diese Kunstwerke als Tribut geliefert werden, vielmehr wurden Mosaikkünstler ebenso wie Buchmaler nach Tenochtitlán umgesiedelt.

Noch eine andere Berufsgruppe der Mixteken trat die weite Wanderung zum Tal von Mexiko an: Die Goldschmiede. Sie waren wahre Meister auf ihrem Gebiet, obwohl die Kenntnis der Metallverarbeitung nicht vor 900 n. Chr. aus dem Süden (Panamá, Kolumbien, Ecuador) zu ihnen gekommen war. Gearbeitet wurde meist mit dem »Guß in der verlorenen Form«, doch auch Aushämmern oder das Überziehen von anderem Material mit Goldblech (Kat. 347, 348) war bekannt.

Für den Guß fertigte man zunächst ein Wachsmodell an, das mit Ton umgeben wurde. Nach dem Brennen der Form und dem Ausschmelzen des Wachses wurde Gold hineingegossen und später, nach dem Erkalten, die Form zerbrochen. Dadurch gab es nie zwei identische Exemplare.

Mixtekische Goldarbeiten (Kat. 262–267) – die sich von

den aztekischen nicht unterscheiden lassen, da sie letztlich aus der gleichen Hand stammen – gehören zu den schönsten ihrer Art und bestechen durch die ausgewogene Technik, die Feinheit der Ausführung und die Eleganz der Formen. Sie waren in ganz Mexiko begehrte Objekte. Die Spanier allerdings hatten nur Augen für den Geldwert und schmolzen fast alles ein, was ihnen unter die Finger kam. So ist verhältnismäßig wenig von dieser großen Kunst erhalten.
Die Zapoteken erlebten im 15. Jahrhundert. ein gewisses Comeback und eroberten von den Mixteken, die vielleicht zu sehr mit den vordringenden Azteken beschäftigt waren, Teile des Tals von Oaxaca zurück. Angeblich war Zaachila die politische und Mitla mit seinen steinmosaikgeschmückten Palästen die religiöse Hauptstadt, beide standen allerdings seit 1519 unter der Oberherrschaft der Azteken.

West-Mexiko: Chupicuaro, Mezcala und die Tarasken

War Oaxaca das archäologisch am besten erforschte Gebiet Mexikos, so ist West-Mexiko jenes, über das man am wenigsten weiß. In diesem Gebiet haben die Huaqueros, die wilden Ausgräber, die meisten Verwüstungen angerichtet. Durch ihre Hände gingen z. B. die zahllosen hohlen Tonfiguren (man schätzt für die Etzatlán-Gegend von Jalisco etwa 10000 geplünderte Figuren!), die heute viele öffentliche und private Sammlungen zieren. Wissenschaftlich ausgegraben sind weniger als hundert!
Was man aus West-Mexiko kennt und einordnen kann, sind meist wenig zusammenhängende Bruchstücke, die aus diesem oder jenem Grund eingehender untersucht worden sind. Einige von ihnen sollen hier kurz vorgestellt werden. In West-Mexiko wurden schon früh Tongefäße angefertigt. Die um 3000 v. Chr. datierte Pox-Keramik gehört zu den ältesten Zeugnissen mesoamerikanischer Töpferei.
Wie gesagt, kennen wir immer nur Bruchstücke der Kulturgeschichte West-Mexikos, die dann oft rätselhaft wirken. Ein schönes Beispiel dafür ist der Capacha-Komplex von der Colima-Küste, datiert zwischen 1650 und 1600 v. Chr.
Hier wurden in Gräbern eine schwarz bis dunkelrot polierte, mit breiten Dellen verzierte Keramik gefunden, die durch einige ihrer Formen völlig aus dem Rahmen fällt. Neben tecomates treten krugartige Formen auf, die in der Mitte des Gefäßkörpers eine Einschnürung aufweisen, die vielleicht zur Befestigung einer Schnur dienten. Ihre Vorformen könnten die auch noch heute vielfach verwendeten Wasserflaschen aus Kalebassenschale gewesen sein. Woher die rundlichen Gefäße mit Steigbügelausguß stammen, deren Mündung die Form eines kleinen Gefäßes haben oder die Doppelgefäße, bei denen die beiden übereinander stehenden Körper durch drei hohle Beine miteinander verbunden sind, ist ein Rätsel.
Mit Capacha soll auch jene Keramik verwandt sein, die in Grabkammern mit Treppeneingang bei El Opeño (Michoacán) gefunden wurde. Da man einzelne Gräber mehrfach benutzt hatte, ist die zeitliche Einordnung sehr umstritten. Die Keramik und die Figuren scheinen Verbindungen zu Tlatilco zu haben, was zeitlich möglich ist. Zudem soll eine olmekische Steinfigur in einem allerdings geplünderten Grab gelegen haben.
Beziehungen zu Tlatilco und dem Hochbecken von Mexiko meint man auch in Chupicuaro (Michoacán) erkennen zu können, einer der am besten untersuchten und veröffentlichten Kultur West-Mexikos. Sie basiert auf mehreren Grabfeldern mit 390 oft reich ausgestatteten Bestattungen. Die Keramik ist während der ersten Phase oft vielfarbig bemalt, wobei rot, dunkelbraun und cremefarben eine besondere Rolle spielen. Die Ornamente sind meist geometrisch und erinnern vielfach an textile Muster (Kat. 92–96), von denen sie abstammen könnten. Daß Weberei, wahrscheinlich mit Baumwolle, betrieben wurde, weisen Webgeräte aus Knochen und Spinnwirtel aus Ton aus.
Die Formen der Gefäße sind außerordentlich vielfältig und schließen so ausgefallene Typen wie Ringgefäße (Kat. 95), Nierenschalen, offene Gefäße mit mehreren Abteilungen und Teller mit hohem Standfuß ein. Aus allem spricht eine ausgesprochene Freude am Experimentieren mit Formen und Mustern, gepaart mit großem handwerklichem Können. Das kommt auch in den Tonfiguren zum Ausdruck, die entweder hohl und polychrom wie die Tongefäße bemalt, oder flach, kleiner und mit »pastillaje«-Technik ornamentiert sind.
Die Figuren der zweiten Phase zeichnen sich durch sehr schräg gestellte Augen aus, was zunächst dazu führte, sie – in Anlehnung an die Tlatilco-Figuren – für die älteren zu halten. Die Keramik dieser Zeit ist meist einfacher, oft nur schwarz oder rot auf cremefarbenem Untergrund gemalt, mit kleinen an Vogelköpfe erinnernden Füßen

usw. Es scheint fast, als wäre der Schwung der ersten Phase hier verloren gegangen, auch wenn gelegentlich ausgefallene Formen auftauchen.

Schmuck (z. B. Halsketten aus Muschelperlen, spulenförmige Ohrpflöcke aus Ton), Obsidiangeräte (u. a. Speerspitzen), Musikinstrumente (Rasseln, Schraper, Okarina etc.) und viele andere Objekte sind außerdem in den Gräbern gefunden worden. Sie geben einen kleinen Einblick in die Kultur dieser Menschen, deren Siedlungen man bisher noch nicht entdeckt hat.

Auch die großen, hohlen Tonfiguren, die vor allem in Colima, Nayarit und Jalisco gefunden wurden, stammen aus Schachtgräbern, in denen manchmal bis zu zwanzig Figuren sogar in verschiedenen Stilen vorkommen sollen. Ein senkrechter, bis zu 7 m langer Schacht führt in den Boden. An seinem Ende schließen sich eine oder mehrere Grabkammern an. Aber damit sind auch unsere Kenntnisse mehr oder weniger erschöpft, denn wissenschaftlich sind bisher nur wenige Gräber ausgewertet worden und von den dazugehörigen Siedlungen fehlt bislang jede Spur.

Die Figuren aus Nayarit bilden eine Ausnahme. Neben den großen, hohlen Einzelfiguren und Paaren gibt es Szenen mit kleineren, vollen Figuren, die den größeren ähnlich sind (Kat. 81). Hier kann man Häuser sehen (Kat. 84) mit lehmbeworfenen Flechtwänden, einem hohen, steilen Dach und rechteckigem Grundriß. Sie sind meist an einer oder zwei Seiten offen. Es gibt auch Häuser mit Anbauten, zweistöckige Bauten und solche auf Plattformen, doch selbst diese scheinen zu Wohnzwekken gedient zu haben, wie die Handlungen der Figuren ausweisen.

Die Häuser sind oft an drei, seltener an allen vier Seiten eines Platzes angeordnet, auf dem gelegentlich eine mehrstufige Rundpyramide ohne Tempel steht.

Zu den vielen Szenen, die dargestellt werden, gehören ein Ballspiel auf besonderen Plätzen, der Fliegerpfahl, bei dem sich Menschen an Seilen von einem hohen, sich drehenden Pfahl stürzen, Tänze, Bestattungen, das Durchbohren der Wangen, augenscheinlich eine wichtige Zeremonie und anderes mehr. Auch häusliche Szenen kommen vor. Man kann aus diesen Szenen sehr viel über das Leben in Nayarit aussagen. Allerdings muß man dabei vorsichtig sein, da viele der Gruppen zerbrochen gefunden und geschickt ergänzt wurden. Daher kann nicht immer Garantie für die Korrektheit der Szenen, die bis zu 70 Figuren enthalten können, gegeben werden.

Bei allen Unterschieden zwischen den verschiedenen hohlen Großfiguren aus Ton muß man doch annehmen, daß sie kulturell zusammengehören und eine gemeinsame Wurzel haben. Wo sie lag, und wann sie anzusetzen ist, wissen wir bisher nicht, selbst die Datierung der einzelnen Stile ist sehr umstritten.

Unsicher ist auch, welche Bedeutung die Figuren hatten. Da man sie bisher ausschließlich in Gräbern gefunden hat, muß man annehmen, daß sie dem Totenkult dienten. Aber in welcher Eigenschaft? Waren es Ahnen? Warum dann aber die vielen Tätigkeiten wie das Tragen von Tongefäßen mit Hilfe des Stirnbandes (Kat. 82) oder das Mahlen von Mais? Waren es Diener für das Jenseits, Ersatz für nicht geopferte Sklaven? Aber dann scheinen die Gebrechen und Krankheiten, die gelegentlich wiedergegeben sind, fehl am Platze. Was wir auch für Ideen haben mögen, sie scheinen nie ganz zuzutreffen, immer gibt es Gegenbeweise.

Zur Grabausstattung gehörten neben den Menschenfiguren eine Vielzahl von Tierplastiken, die besonders unter den aus Colima stammenden vertreten sind. Am häufigsten sind meist Figuren der dickbäuchigen haarlosen Hunde gefunden worden (Kat. 90, 91). Nach einer Überlieferung brauchte der Tote einen Hund, der ihn über einen unterirdischen Strom in die Unterwelt brachte. Es ist aber auch möglich, daß diese realistischen Figuren als Ersatz für richtige Hunde dienten, als Nahrung bei der Reise in das Totenreich, denn Hunde waren in ganz Mesoamerika ein wichtiges und beliebtes Nahrungsmittel.

Einen ganz anderen Stil repräsentierten die Steinskulpturen, die vom oberen Rio Balsas in Guerrero stammen. Waren die Tonfiguren naturalistisch, so sind diese aus einer Fülle verschiedener Gesteinsarten geschaffenen Statuen äußerst stilisiert und geometrisiert. Dargestellt sind stehende oder hockende Menschen ohne Geschlechtsmerkmale. Die Plastik wird nur durch wenige Einschnitte gestaltet und ist oft poliert; es sind »abstrakte Kunstwerke« ersten Ranges. Ihre Bedeutung, ebenso wie die der dem gleichen Stil angehörenden Masken, flachen Tempelmodelle und Ballspielplätze (Kat. 97), alle ebenfalls aus Stein, ist unklar.

Man kennt keine weiteren Daten für diese Kultur, denn die Steinskulpturen stammen praktisch ausnahmslos aus den Händen von huaqueros. Selbst die Datierung ist umstritten und sehr unsicher. Auf Grund einiger stilistischer Merkmale glaubt man, sie mit der Blütezeit von Teotihuacán gleichsetzen zu können.

Auch die Tarasken, das historische Volk Michoacán's,

geben zahlreiche Rätsel auf. Ihr Reich umfaßte Michoacán und die umliegenden Gebiete, und noch heute gibt es Tarasken. Ihre Hauptstadt Tzintzuntzan lag am Patzcuaro-See (Abb. 81), doch ist nicht viel erhalten. Sie müssen militärisch stark gewesen sein, denn der Versuch des Aztekenherrschers Axayacatl, sie 1478 zu unterwerfen, endete mit einer vernichtenden Niederlage der Mexica. Woher kamen die Tarasken, wann begann ihr Reich? Das sind Fragen, die bis heute kaum beantwortet werden können. Ihre Sprache hilft auch nicht weiter, denn keine andere Sprache in Amerika ist mit ihr verwandt. Die Züge der taraskischen Kultur unterscheiden diese von allen anderen mexikanischen Gruppen. Das erkennt man u. a. an der Kleidung. Die Männer trugen als einzige Indianer Mesoamerikas keinen Durchziehschurz; zur Männerkleidung gehörte ein hemdartiges, bis zum Knie reichendes, ärmelloses Gewand, das sonst nur von Frauen getragen wurde. Die Frauen gingen »oben ohne«, was schockierend für die Mesoamerikaner gewesen sein dürfte.
Ihre Tempelpyramiden sind aus Lehmziegeln und -mörtel errichtet und manchmal mit Steinplatten verkleidet. Ihr Grundriß besteht aus einem länglichen Rechteck, an das in der Mitte ein runder Teil angebaut wurde. Tongefäße waren einfarbig oder negativ bemalt (Batik-Technik), eine Verzierungsart, die es sonst in Mesoamerika schon lange nicht mehr gab. Unter den Formen sind sog. »Teekannen« bemerkenswert, mit einem Henkel über der oberen Öffnung und einer leicht gebogenen Ausgußtülle. Tabakspfeifen aus Ton, oft verziert und manchmal mit einem gedrehten Stiel waren ein anderes Kennzeichen der taraskischen Töpferei. Steinskulpturen waren vorhanden, aber nicht häufig. Kojoten (Kat. 98) oder sitzende Menschengestalten wurden in einem abstrahierenden Stil als Bänke oder Altäre verwendet.
Berühmt waren die Tarasken jedoch vor allem durch ihre Metallarbeiten. Kupfer, das in Michoacán häufig ist und noch in der gegenwärtigen Volkskunst eine Rolle spielt, wurde von ihnen zu Schellen (Kat. 58, 59), Armreifen, Broschen, Pinzetten (zum Ausreißen der Barthaare), Nadeln, Beilklingen und vielen anderen Dingen verarbeitet. Daneben verwendete man Gold, Silber und Zinn, vielleicht auch Blei, stellte Tumbaga (Gold-Kupfer-Legierung) und Bronze her.
Fest steht jedoch, daß die Tarasken nicht die ersten waren, die in West-Mexiko Metall verarbeiteten. Die zwischen 900 und 1200 n. Chr. datierte Amapa-Kultur an der Küste des nördlichen Nayarit kannte schon die Metallverarbeitung, einschließlich der Schmelzprozesse. Ob die Amapa die Vorfahren der Tarasken waren, oder wann und wie die Tarasken die Metallverarbeitung von ihnen erlernten, ist nur eine der zahllosen noch offenen Fragen, die sich nicht nur bei den Tarasken oder in West-Mexiko, sondern überhaupt in ganz Mesoamerika der Archäologie stellt. Ihre Lösungen harren noch den Forschungen zukünftiger Archäologengenerationen.

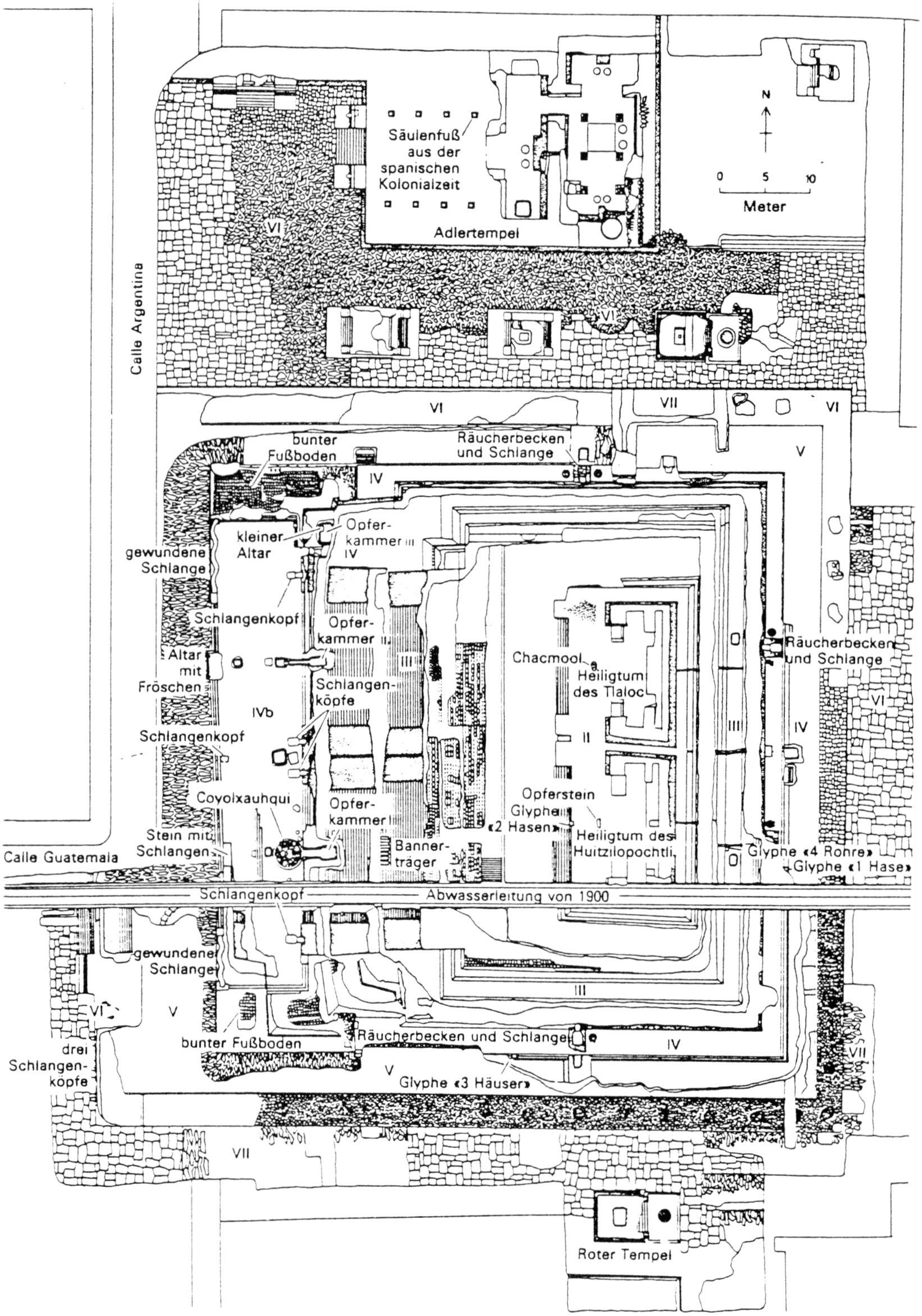

Abb. 84 Mexico-Stadt, Grundriß des Templo Mayor

Der Templo Mayor

Eduardo Matos Moctezuma

Die Grabung am Zocalo von Mexiko-Stadt

In der Nacht vom 21. Februar 1978 fanden die Arbeiter der mexikanischen Elektrizitätsgesellschaft im Herzen der Stadt einen riesigen Steinblock mit einem Durchmesser von 3,25 m. Im Relief war eine nackte Frau ohne Kopf und mit vom Rumpf getrennten Armen und Beinen dargestellt. Zweifellos handelte es sich um Coyolxauhqui, die Mondgöttin und Schwester des Huitzilopochtli, der sie der Sage zufolge in einem beispiellosen Kampf auf dem Hügel von Coatepec getötet hatte.
Diese Entdeckung stand am Anfang der Ausgrabung des Großen Tempels.
Unser Projekt verlief in drei Phasen. Die erste bestand darin, das ganze vorhandene Dokumentationsmaterial zusammenzutragen und sowohl historische Quellen als auch Berichte über bereits durchgeführte archäologische Arbeiten am Ort oder in der Umgebung hinzuzuziehen. Auf der Grundlage dieser Informationen war es möglich, die großen Linien zu definieren, nach denen die Arbeiten ablaufen sollten.
Die zweite Phase betraf die Suche nach Daten und die Ausgrabungen selbst, die am 20. März 1978 begannen und im November 1982 abgeschlossen wurden. Man teilte die Anlage in Quadrate mit einer Seitenlänge von zwei Metern. Jede Seite wurde von Ost nach West mit einem Buchstaben und von Nord nach Süd mit einer Zahl bezeichnet. Die Anlage wurde ebenfalls in drei Abschnitte aufgeteilt, wobei jeder einem Archäologen und seinen Helfern übertragen wurde. Vor Ort wurde eine Restaurierungswerkstatt errichtet, und wir profitierten von der Zusammenarbeit mit Biologen, Chemikern, Geologen und anderen Spezialisten. Darüber hinaus verfügten wir über Fotolaboratorien, eine Zeichenabteilung und eine Abteilung, die das ausgegrabene Material überprüfte.

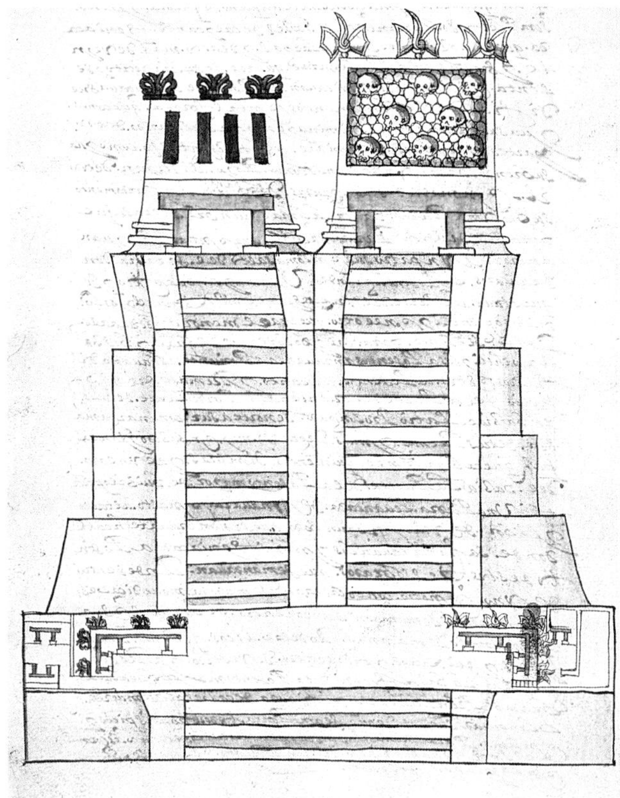

Abb. 85 Doppeltempel des Tlaloc und Huitzilopochtli, Texcoco, Codex Ixtililxochitl, Paris Bibl. Nat.

In der dritten Phase wurden die in der vorhergehenden Phase zusammengetragenen Funde untersucht und analysiert.
Ich werde nun die Ergebnisse von nahezu fünf Jahren Ausgrabungsarbeit sowie die wichtigsten Forschungstä-

◁ *Abb. 86 Mexico-Stadt, Reliefbildnis der Coyolxauhqui*

◁ *Abb. 87 Mexico-Stadt, Templo Mayor, Bannerträger oder »Centzonhuiznahua«*

◁ *Abb. 88 Mexico-Stadt, Templo Mayor, Schlangenskulptur als Symbol für den Coatepec, den mythischen Geburts- und Kampfplatz des Huitzilopochtli*

Abb. 89 Mexico-Stadt, Templo Mayor, Chac-Mool im ältesten Tempel

Abb. 90 Mexico-Stadt, Opferdepot am Templo Mayor

tigkeiten, die zur Zeit betrieben werden, zusammenfassen.

Baustruktur. Bis vor kurzem stammten die Hauptinformationsquellen über die architektonischen Merkmale des Großen Tempels aus den Berichten der Geschichtsschreiber des 16. Jahrhunderts. Dank den Ausgrabungen liegt nun der Tempel vor unseren Augen, und wir stellen fest, daß die Beschreibungen der Chronisten in der Tat äußerst korrekt waren. Die Archäologie hat es sogar ermöglicht, sehr frühe Bauepochen zu erkennen, die den letzten Generationen der Mexikaner selbst nicht bekannt waren.

Die Hauptfassade des Tempels war gegen Westen gerichtet. Er ruhte auf einer ausgedehnten Plattform mit einem großen Unterbau aus vier übereinandergeordneten Stufen und zwei Treppen, die zur höheren Ebene führten, wo sich die beiden Heiligtümer befanden. Das auf der Südseite war dem Kriegsgott Huitzilopochtli, und das auf der Nordseite Tlaloc, dem Gott des Wassers, des Regens und der Fruchtbarkeit geweiht.

Aus mannigfaltigen Gründen wurde der Tempel ständig erweitert. Einerseits litt die Stadt Tenochtitlán an Überschwemmungen, die eine Anhebung der Fundamente bei allen Gebäuden notwendig machte. Andererseits erfahren wir aus historischen Quellen, daß einige Herrscher die Errichtung eines Tempels auf dem bereits bestehen-

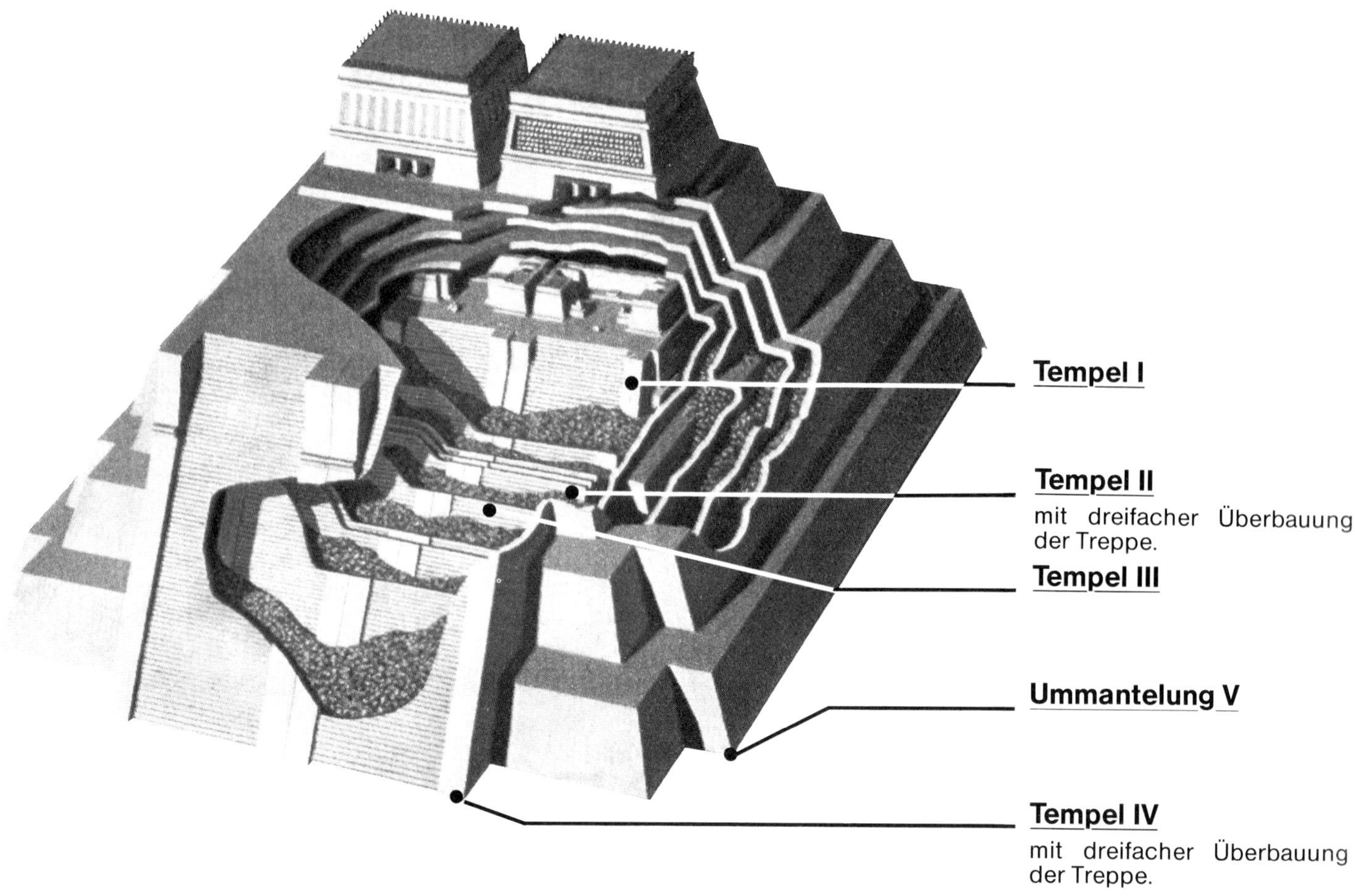

Abb. 91 Mexico-Stadt, Templo Mayor, verschiedene Bauphasen in vereinfachter Darstellung

den befahlen, so daß die verschiedenen Bauepochen übereinanderliegen.
Wir wissen, daß der Tempel mindestens sieben Vergrößerungen an allen vier Seiten erfahren hat, während die Hauptfassade nur deren vier unterzogen wurde. Wir geben nachfolgend einen Überblick über diese verschiedenen Bauepochen, mit Ausnahme der ersten, die derart stark zerstört war, daß jeder Beschreibungsversuch sinnlos gewesen wäre.
II. Epoche – Der obere Teil dieses Gebäudes ist sehr gut erhalten. Wir sehen die Überreste der beiden steinernen Heiligtümer, in denen noch ein Teil des Stucks (Gemisch aus Sand und Kalk) vorhanden ist, der sie bedeckte. Gegenüber dem Eingang des Huitzilopochtli-Heiligtums befindet sich der Opferstein. Auf der obersten Stufe und in der Achse dieses Steines erscheint der Kopf einer Figur und darauf eine Glyphe, eine geschnittene Steinskulptur, mit zwei Hasen, die mit dem Jahr 1390 übereinstimmt.
Im Innern des Heiligtums gibt es eine Art Sims, der von Nord nach Süd verläuft und in dessen Mitte sich ein kleiner Altar befindet, auf dem ein Bild der Gottheit seinen Platz gefunden haben muß. Auf der Seite des Tlaloc-Heiligtums (Nordseite) befindet sich ein Chacmool, eine farbige Steinskulptur, die den Götterboten darstellt, dessen Aufgabe es war, die Opfergaben in das Innere des Heiligtums zu tragen. Die Pfeiler am Eingang zum Heiligtum schmücken noch Wandmalereien: schwarze und weiße Kreise (vermutlich die Augen des Gottes) auf waagerechten, blau und rot angemalten Bändern; über ihnen senkrechte, abwechselnd schwarze und weiße Bänder. Im Innern befindet sich der Sims, auf dem das Bild des Gottes gestanden haben muß. Diese Bauepoche ist größtenteils vor 1428 anzusetzen, dem Jahr, als sich die Mexikaner aus der Knechtschaft von Azcapotzalco befreit haben.
III. Epoche – Aus dieser Epoche stammen die gutgearbeiteten Freitreppen, und die Verblendungen der verschiedenen Stufen des Unterbaus stehen immer noch senkrecht. Auf der Freitreppe im Teil des Tempels, der Huitzilopochtli geweiht, war, fand man acht Figuren von Bannerträgern in ruhender Stellung. Die Statuen schmückten wahrscheinlich früher das Gebäude. Sie wurden zu Beginn der nachfolgenden Bauperiode zusammengetragen und auf den Stufen der Freitreppe – wo man sie auch entdeckt hat – feierlich angeordnet. In die hintere Wand der Plattform, auf der Huitzilopochtli-Seite, ist die Glyphe »4 Schilfrohr« eingehauen, die mit dem Jahr 1431 übereinstimmt.
IV. Epoche – Die dieser Epoche zugeschriebenen Elemente sind besonders dekorativ. Räucherbecken und Schlangenköpfe schmücken die vier Seiten der Plattform. Die auf der Seite des Tlaloc angebrachten Räucherbecken zeigen das Gesicht dieses Gottes, während die auf der Huitzilopochtli-Seite mit einem Knoten verziert sind, dem Symbol dieser Gottheit. Am Fuße dieser Räucherbecken und Schlangen haben wir mehrere Opfergaben entdeckt.
In die Epoche IV b fällt die Erweiterung der Hauptfassade (im Westen), die ebenfalls einen großen Formenreichtum aufweist. Es handelt sich um die ausgedehnte Plattform, auf der der Große Tempel ruht. An den beiden Enden der Freitreppe, die von ihr umsäumt werden, erscheinen riesige, gewundene Schlangenkörper mit gewaltigen Köpfen, auf denen noch Reste von Malereien sichtbar sind. Die Stufen, die zu der Plattform führen, werden nur von einem kleinen, von zwei Fröschen flankierten Altar unterbrochen. Dieser Altar befindet sich in der Achse der Treppe, die zum oberen Teil des Tlaloc geweihten Tempels führt.
In der Mitte der Plattform, auf der Huitzilopochtli-Seite, gegenüber der Freitreppe, die zu seinem Heiligtum führte, befindet sich ein Stein, dessen Verzierungen in Schlangenform in die erste Stufe der Plattform übergehen. Der Unterbau, der aus den Überresten der beiden zum oberen Teil führenden Freitreppen gebildet wird, ist mit vier Schlangenköpfen versehen; jeweils einer befindet sich an seinen Enden, und die beiden anderen verdeutlichen in der Mitte die Verbindung zwischen den zwei Tempelhälften. In der Mitte der Plattform auf der Huitzilopochtli-Seite thront die monumentale Skulptur der Coyolxauhqui.
Wir nehmen an, daß die IV. Epoche weitgehend mit der Herrschaft von Moctezuma I. übereinstimmt, da die Glyphe »1 Hase« aus dem Jahr 1454 in den hinteren Teil der Plattform auf der Seite des Huitzilopochtli-Heiligtums eingemeißelt ist. Unter der Regierung von Axayacatl sind vermutlich Coyolxauhqui und die Schlangen hinzugefügt worden. Die Glyphe »3 Haus« an der Südseite des Gebäudes stammt aus dem Jahre 1469, dem Jahr des Regierungsantritts von Axayacatl.
V. Epoche – Aus dieser Epoche sind nur die von Stuck besetzte Plattform und ein Teil des Steinfußbodens des Raumes, in dem Kulthandlungen vollzogen wurden, wiedergefunden worden.
VI. Epoche – Es handelt sich um die vorletzte Periode, und ihre Überreste werden von einem Teil der großen

Abb. 92
Mexico-Stadt, Ansicht des Zocalo mit Photomontage des Templo Mayor

Plattform gebildet. An der westlichen Hauptfassade steht eine mit drei Schlangenköpfen verzierte Mauer.

VII. Epoche – Diese Epoche entspricht dem letzten Bauabschnitt des Großen Tempels, so wie ihn die Spanier vorgefunden haben. Nur ein Teil des Steinfußbodens in der Kultstätte und einige Spuren an der Stelle, wo sich der Tempel erhob, sind erhalten geblieben. Auf der Nordseite dagegen läßt sich noch ein Teil der Plattform ausmachen.

Ausgrabungsarbeiten von nahezu fünf Jahren brachten ungefähr 7000 Gegenstände ans Tageslicht. Diese Opfergaben wurden an drei verschiedenen Orten aufgefunden: In Kisten aus Stein, deren Außenwände und Böden Spuren von Stuck aufweisen, in tragbaren Steinbehältern mit Deckeln aus Stein oder direkt in der Masse von Erde und Steinen, die eine Bauperiode zuschüttete.

Allgemein läßt sich sagen, daß die Anordnung der Gegenstände nicht zufällig geschah, sondern einer wohldurchdachten Absicht entsprach. Der Platz, den sie einnehmen, ist mit einer Symbolik behaftet, die entziffert werden muß. Anders ausgedrückt: Die Gegenstände und ihre Anordnung sprechen eine Sprache. So können bei bestimmten Opfergaben einige Gegenstände einen niedrigeren Rang einnehmen, während sie bei anderen immer im Vordergrund stehen.

Die Gegenstände sind sorgfältig ausgerichtet. Sowohl die Opfergaben an der Hauptfassade als auch die im hinteren Teil des Tempels sind auf die untergehende Sonne gerichtet. Im Gegensatz dazu stehen die im mittleren Teil des Gebäudes aufgestellten Opfergaben an der Süd- und Nordfassade in derselben Richtung.

Eine Anordnung findet man bei zwei Opfergaben. Die erste auf der Seite der Hauptfassade zwischen den beiden Schlangenköpfen, die für die Verbindung der Tempel von Tlaloc und Huitzilopochtli stehen, und die zweite im hinteren Teil, wo die beiden Gebäude zusammentreffen. Diese zwei in Urnen angeordneten Opfergaben enthalten sehr ähnliche Gegenstände und sind gleich ausgerichtet.

Einige der zusammengetragenen Stücke sind rein mexikanischen Ursprungs, andere kommen aus eroberten Gebieten.

Zu den ersten zählen Statuen von Greisen in Sitzhaltung, die nur mit einem »maxtlatl« oder einem Lendenschurz bekleidet sind und eine Haartracht mit zwei Höckern tragen. Man nimmt an, daß sie Xiuhtecutli darstellen. Daneben gibt es Abbilder des Gottes Tlaloc, der teils in »tezontle« (vulkanisches Gestein) eingehauen ist, zusammengerollte Schlangen, Schlangenköpfe und -schwänze aus Obsidian, steinerne Räucherbecken und natürlich die wunderschönen Darstellungen von Muscheln. Sie zählen übrigens nicht zu den Opfergaben, ebenso nicht die Figur der Göttin Coyolxauhqui und die Schlangenköpfe an der Tempelfassade.

Die interessantesten Objekte aus den eroberten Gebieten erscheinen in viel größerer Zahl unter den Opfergaben der IV. Epoche (um das Jahr 1454). Erwähnt seien eine Reihe von Masken und Figürchen jeder Art und Größe im Mezcala-Stil (aus dem heutigen Guerrero stammend). Aus dem Gebiet von Puebla kommen Objekte aus Alabaster, wie Hirschköpfe, Pfeiler und sitzende Gottheiten. Zwei hübsche Graburnen in orangefarbener Keramik mit Deckel stammen aus der Golfregion. Sie enthielten verbrannte Knochenreste und kleine Gegenstände.

Von der Golfküste und dem Pazifischen Ozean kommen eine große Vielzahl von Schnecken und Muscheln, von Fischen, von Sägefischschnauzen und Korallen. Ebenso finden sich Jaguare und Krokodile aus dem Gebiet von Veracruz oder Tabasco. Andere Gegenstände können mit Sicherheit viel früheren Kulturen als den Azteken zugeschrieben werden. So zum Beispiel die Masken im Teotihuacan-Stil, die auf das 5. Jahrhundert zurückgehen, oder eine Olmeken-Maske aus dem Gebiet Oaxaca, das älteste entdeckte Stück (800 v. Chr.).

Man kann sagen, daß die Mehrheit der Gegenstände den Gott Tlaloc oder mit ihm in Verbindung gebrachte Symbole wiedergeben. Andere stehen im Zusammenhang mit Huitzilopochtli, einem Gott, der nur symbolisch dargestellt wird: Räucherbecken mit einem Knoten, Schädel von Enthaupteten und mit Zähnen und Augen von Seemuscheln verzierte »Tecpatl« (Opfermesser, Kat. 290–295). Im allgemeinen sind Gegenstände aus der Kriegsbeute vergleichbar. All dies bestätigt unsere These, wonach die Mexikaner ein Volk von Bauern und Kriegern waren, die von der Landwirtschaft und den Tributzahlungen abhingen.

Wirtschaft und Ideologie

Die Ausgrabungen am Templo Mayor in Mexiko-Stadt haben uns umfangreiches archäologisches Material erbracht, das zusammen mit den ethno-historischen Erkenntnissen unser Wissen über den Großen Tempel in Mexiko-Tenochtitlan wesentlich erweitert – jenen heiligen Ort, der einst das Schicksal der Mexica und ihrer Untertanen bestimmte. Das Projekt, das im Mai 1978

begonnen wurde, sollte auf ganz spezielle Fragen Antwort geben, die sich nur in der Verknüpfung archäologischer und historischer Daten finden lassen. Nur mit dieser Methode läßt sich der Große Tempel erklären.
Es muß allerdings darauf hingewiesen werden, daß die Untersuchungen noch längst nicht abgeschlossen sind, und daß vieles getan werden muß, bevor die hier dargelegten Erkenntnisse im eigentlichsten Sinne »bewiesen« werden können. Die hier vorliegende Zusammenfassung konzentriert sich auf eine Gruppe von Phänomen des Templo Mayor, die sich in zwei generelle Kategorien einteilen lassen: »Erscheinungsbild« und »Wesen«. Unter Erscheinungsbild wird das Äußere eines Objektes und dessen Veränderung verstanden, wohingegen das Wesen eines Objektes die beständigere Eigenschaft der beiden Kategorien darstellt, gleichsam seine innere Erscheinungsweise oder auch den Prozeß, der das Phänomen bewirkt hat und sich in ihm manifestiert. Deshalb sollte sich die Wissenschaft auch nicht allein dem Äußeren zuwenden, sondern vor allem den Hintergründen, die sie hervorbringen.
Vier Phänomene sollen hier analysiert werden:

1. Der Mythos der Geburt des Huitzilopochtli und sein Kampf gegen Coyolxauhqui, der in bezug auf den Tempel wie auch auf den Gott selbst eine wichtige Rolle spielt.
2. Die Tatsache, daß beide, Tlaloc und Huitzilopochtli, über den Templo Mayor herrschen und die dadurch gegebene Dualität, die auch in der Architektur des Tempels zum Ausdruck kommt.
3. Die monatlich im Tempel veranstalteten Feste und Rituale.
4. Die Opfer, die im Tempel dargebracht wurden.

Eine Analyse dieser Phänomene erlaubt uns folgende Aussagen: Der Templo Mayor in Tenochtitlan war der Ort, in dem sich die gesamte Macht der Mexica konzentrierte, und dies sowohl tatsächlich als auch symbolisch. Des Weiteren: Die Anwesenheit Tlalocs und Huitzilopochtlis in Doppelheiligtümern spiegelt innerhalb des ideologisch-religiösen Rahmens nichts anderes wieder, als die ökonomische Basis des Staates mit ihren zwei Hauptfaktoren – Landwirtschaft und Krieg. Mithin spiegelt auch das ganze archäologische Umfeld des Templo Mayor – so die Opfer, Statuen, Rituale etc. – die ökonomische, politische und religiöse Kontrolle, die Tenochtitlan über seine eigenen Einwohner und andere Bevölkerungsgruppen ausübte.
Mit Phänomen oder »Erscheinungsbild« ist zunächst die physische, also körperliche Anwesenheit Tlalocs und Huitzilopochtlis im Templo Mayor gemeint mit den ihnen jeweils zuzuordnenden Symbolen und Elementen, wie den mit bestimmten Festen verbundenen Ritualen und besonderen Charakteristika etc., also schlechthin alles, was sich an religiösem Kontext zwischen deren Priestern und Gläubigen abspielt. Die Idee oder das »Wesen« zeigt sich dagegen nicht direkt, ist aber dennoch die Basis des gesamten Prozesses, nämlich die geistige Anwesenheit der beiden Götter im Großen Tempel. Da ist erstens Tlaloc, der Gott des Wassers und Regens, eine wichtige Gottheit für Völker wie das der Mexica, deren wirtschaftliche Grundlage, wie auch die ganz Tenochtitlans, die Landwirtschaft bildete. An zweiter Stelle steht Huitzilopochtli der Stammes-Sonnen-Kriegs-Gott und Gott der Herrschaft über andere Völker – eine Herrschaft, die Tribute forderte, die in Form von Mais, Bohnen, Kakao, Decken, Federn, Kunstgegenständen und seltenen Materialien wie Pelzen, Steinen, Kalk, etc. zu liefern waren. Nur in diesen beiden Gottheiten also wird die wirtschaftliche Basis Tenochtitlans manifest.

Die Geburt Huitzilopochtlis

Wir wissen aus verschiedenen ethno-historischen Quellen, die die Wanderung der Mexica erwähnen, wie der Gott Huitzilopochtli, als sich die Mexica Coatepec bei Tula näherten, voll bewaffnet aus dem Leib der Coatlicue geboren wurde und mit seiner Schwester Coyolxauhqui und seinen Brüdern kämpfte.
Heute nimmt man an, daß sich dieser Mythos auf eine wahre Begebenheit zurückführen läßt. Und in der Tat ist eine solche Überlegung nicht abwegig, wenn man bedenkt, daß auch andere Personen der Geschichte wie Ce Acatl Topiltzin Quetzalcoatl oder auch der ägyptische Osiris später zu Gottheiten avancierten. Und so geschah es wohl auch im Falle Huitzilopochtlis, dessen Geschichte zum Mythos und damit in den Bereich des Heiligen einbezogen wird: Was in mythischen Zeiten geschah, hält das Ritual fest.
Daß gerade dieser Mythos untrennbar mit dem Templo Mayor verbunden ist, wird am Bauwerk selbst deutlich. besonders an der für Huitzilopochtli bestimmten Südseite läßt der Fund einer großen Reliefplatte mit dem Bildnis der zerstückelten Coyolxauhqui die Beziehung zum oben genannten Mythos hervortreten. Daß sie darüber hinaus

gerade am Fuß der Treppe, die zu dem Heiligtum führt, in dem Huitzilopochtli triumphierend residiert, entdeckt wurde, vertieft die Symbolik.

Andere wichtige Elemente, die möglicherweise den Mythos betreffen, sind: Die Schlangenköpfe, die sich an den Enden der neben der Treppe verlaufenden Balustraden befinden und die südlichen und östlichen Fassaden der Pyramide schmücken, dann die Reihe der hervorkragenden Blöcke, die anscheinend nichts Besonderes repräsentieren, die jedoch an den verschiedensten Stellen der Pyramidenbasis gefunden wurden, und schließlich die acht männlichen Statuen, die an eine einer bestimmten Bauphase zugehörigen Treppe angelehnt aufgefunden wurden. Diese acht Statuen hatten sich wahrscheinlich ursprünglich an verschiedenen Stellen des Tempels befunden, waren dann aber zusammengebracht und vergraben worden, als die entsprechende Bauphase überdeckt wurde. Analysiert man diesen Befund, so ergibt sich eine enge Beziehung zwischen einzelnen Elementen des Mythos und solchen des architektonischen Ensembles. Die Plazierung der beiden den Kampf bestreitenden Götter erfolgte entsprechend dem mythischen Geschehen: Coyolxauhqui liegt geschlagen am Fuße des Tempelhügels; Huitzilopochtli triumphiert auf dem Gipfel. Die Schlangenköpfe sagen aus, wo die Geburt und der Kampf stattfanden: Auf dem »Coatepec«, dem »Schlangenhügel«. Die hervorkragenden schmucklosen Blöcke wiederum könnten dazu gedient haben, den Eindruck eines Hügels noch zu verstärken. Von den acht männlichen Statuen, die teilweise an die 2 m hoch sind, könnten mindestens sechs sogenannte »Standarten-Träger« sein. Alle acht zusammen könnten aber ebenso gut Centzonhuiznahua verkörpern, die Feinde des Huitzilopochtli.

Dies ergibt sich auch aus dem Hinweis Alvarado Tezozomocs in seiner »Cronica Mexicana«, wo er sagt »Und die anderen, die Tzohiutznahua, die aus Stein gemacht waren, ausgestattet mit Schilden, waren rund um den Tempel gruppiert«. Diese Statuen tragen den »Maxtlatl« genannten Schurz und ein spezielles Diadem. Bei einigen der Statuen fand sich ein Loch in der Brust, das mit Stuck oder Steinen bedeckt war. Überdies wurden bei einer der Figuren Grünsteine in dieser Höhlung gefunden und einer weiteren war zusätzlich ein kleines Köpfchen aus dem gleichen Material beigegeben worden. Damit bestätigt sich die Überlieferung des Bartholomé de las Casas, der berichtet, daß in die Brust indianischer Kultbilder ein wertvoller Stein gelegt wurde, der das Herz verkörperte,

Abb. 93 Mexico-Stadt, Die Coyolxauhqui am Templo Mayor

ganz so, wie sie dies auch bei ihren sonstigen Toten zu tun gewohnt waren.

Durch den Mythos wurde aus einem internen politischen Kampf der Mexica eine Schlacht kosmischen Ausmaßes, der Kampf zweier Götter. Coyolxauhqui ist nicht nur die geschlagene Göttin, sondern repräsentiert auch die besiegte Partei im Stammeskrieg. Gefangene, deren Bestimmung die Opferung im Großen Tempel war, mußten an der Coyolxauhqui vorbei und machten damit nur um so sinnfälliger, daß sie dem triumphierenden Huitzilopochtli geopfert wurden. Auf diese Weise erreichten die Mexica zweierlei: Auf der einen Seite wurden die Geburt und der Sieg Huitzilopochtlis auf dem »Schlangenhügel« durch jedes Menschenopfer im Templo Mayor erneut Wirklichkeit, und das Blut (das Wertvollste überhaupt) garantierte das Weiterbestehen der Sonne und des Universums; andererseits wurde aber auch eine wirtschaftspolitische Aussage gemacht; denn Coyolxauhqui auf der Gegenseite repräsentierte den geschlagenen Feind, der seinen Tribut zollen mußte, hier symbolisiert durch dessen Opferung.

Mittels dieses Rituals wurde das Opfer nicht nur einem wichtigen Stammesgott dargebracht sondern gleichzeitig das wirtschaftliche und religiöse Überleben der Mexica gesichert. In dem auf das Überleben ausgerichteten ideologischen Gebäude verschmolzen wirtschaftliche und mythische Aspekte, die den Ritualhandlungen den eigentlichen Sinn gaben. Die Ritualhandlungen hatten also einen ganz entscheidenden Anteil an den substantiellen Wirkungskräften des Templo Mayor.

Abb. 94 Mexico-Stadt, Templo Mayor, Bemalter Tlaloc

Tlaloc und Huitzilopochtli

Auch die zweite Gruppe der Phänomene unterliegt dem Prinzip der Dualität: dies gilt sowohl für die Zweiheit der Götter im oberen Bereich des Tempels wie für einige architektonische Besonderheiten. Ein Teil der Quellen aus dem 16. Jh. beschreibt sowohl den Tempel wie die beiden Götter. So erzählt uns Sahagún über Tlaloc:

1. Der Gott, der Tlaloc Tlamacazqui genannt wurde, war der Gott des Regens.
2. Sie sagen, er habe ihnen Wasser zum Bewässern der Erde, zum Anbau von Kräutern, Bäumen, Früchten und von Lebensmitteln gegeben; er habe auch Hagel, Donner, Blitze, Stürme und Gefahren hinab auf die Flüsse und das Meer gesandt. Sein Name Tlaloc Tlamacazqui bedeutete, daß er im Erdparadies lebte und den Menschen die zum körperlichen Leben notwendige Nahrung gab.

In seiner Beschreibung Huitzilopochtlis heißt es beim gleichen Chronisten:

1. Dieser Gott, den sie Huitzilopochtli nannten, war ein zweiter Herkules, draufgängerisch, stark und kriegerisch. Ein Zerstörer der Städte, ein Schlächter der Menschen.
2. Im Krieg trat er auf wie loderndes Feuer von den Feinden gefürchtet.
3. Wegen seiner Stärke und Gewandtheit wurde er von den Mexica gefürchtet.

Im Bericht Bernarl Diaz del Castillos wird der Große Tempel folgendermaßen beschrieben:

»Auf jedem Altar befanden sich zwei Figuren, die wie Giganten mit großen und sehr dicken Körpern wirkten. Der rechte der beiden, so sagten sie, war Huichilobos, ihr Kriegsgott.«

Er fügt hinzu: »An der höchsten Stelle war noch eine kunstvoll aus Holz gemachte Höhlung und eine weitere Figur, halb Mensch, halb Aligator. Der Körper war angefüllt mit allen Samen der Welt, und sie sagten, er wäre der Gott der Felder und Früchte.« Im Anhang II seines zweiten Buches beschreibt auch Sahagún den Tempel.

»Der Hauptturm befand sich in der Mitte. Er war zugleich der größte und gehörte Huitzilopochtli oder Tlacauepan Cuexctozin. Er war in der Mitte geteilt, es schien so, als ob es zwei wären. An seiner Spitze befanden sich zwei Altäre, die von großen Dächern überdeckt wurden und darüber Aufbauten mit verschiedenen Zeichen und Emblemen. Im ersten und bedeutendsten [Tempel] befand sich die Statue Huitzilopochtlis den man auch Ilhuicatlxoxouhqui nannte. Im zweiten das Bildnis des Gottes Tlaloc. Vor jedem der beiden befand sich ein runder Stein, den sie »Techactl« nannten und auf dem sie die dazu Bestimmten zu Ehren des jeweiligen Gottes opferten. Von diesem Stein ausgehend zog sich ein

Abb. 95 Mexico-Stadt, Museo Nacional de Antropología e Historia: Templo Mayor, Modell des Zeremonialbezirks

Strom von Blut bis zum Fuß [der Pyramide] hin. Ebensolches war auch auf den anderen Türmen zu sehen. Diese Türme zeigten nach Westen und [die Indianer] bestiegen sie über schmale, gerade Stufen.«

Auf der Seite Huitzilopochtlis fanden wir an der oberen Seite und vor dem Eingang des Heiligtums tatsächlich den Opferstein, augenscheinlichstes Symbol der Macht der Mexica und gleichzeitig des Opfers der Kriegsgefangenen. Es ist ein sehr einfacher, schwarzer »Tezontle«-Stein, dessen Maße mit denen aus Sahagúns Beschreibung übereinstimmen. Sahagún erwähnt einen weiteren Opferstein in Zusammenhang mit dem Fest des Tlacaxipehualxtli:

»Nachdem die Opfer den Stein erreicht hatten, der etwa drei Hände hoch und etwa zwei breit war, wurden sie auf den Rücken gelegt.«

Tatsächlich hatte der Stein, der in situ gefunden wurde, eine Größe von 50 × 45 cm. Er befand sich 2 m von den Stufen entfernt und war fest in der oberen Plattform verankert.

Durán beschreibt die Position des Steins genauso, indem er sagt:

»Vor den Kulträumen der Götter befand sich ein vierzig Fuß messender Hof, geglättet und geweißt und in der Mitte desselben vor den beiden Räumen ein spitzer grüner Stein, etwa hüfthoch, so daß sich ein Mensch

niederbeugen mußte, wenn er auf dem Stein liegend geopfert wurde.»
Vor dem Eingang des Heiligtums von Tlaloc fanden wir fast an derselben Stelle, an der sich der Stein vor dem Heiligtum Huitzilopochtlis befand, einen bemalten Chacmool, was die Rolle der Chacmool-Figuren als Vermittlern zwischen Priestern und Göttern bestätigt. Beide Elemente – der Opferstein und die Chacmool-Figur – zeigen die Dualität des Tempels. Einerseits auf den Krieg bezogen, andererseits die Funktion als göttlicher Kurier.
Unsere Untersuchungen der beiden Heiligtümer ergab, daß der Eingang zum Heiligtum des Tlaloc von zwei breiten Pfeilern flankiert wird. Die nach außen weisenden Seiten dieser Pfeiler sind mit weißen Tlaloc-Augen auf schwarzem Untergrund bemalt. Darunter befinden sich drei horizontale (rot bzw. blau bemalte) und mehrere schwarz-weiße vertikale Streifen. Die nach innen zeigenden Seiten sind mit stehenden Figuren bemalt, die eine gelbe Körperfarbe, blaue und rote Arm- und Fußreife sowie eine schwarze Halskette und Brustplatte besitzen. Ihr linker Arm ist nach vorne gestreckt, und sie hält einen Stab oder eine Lanze in der Hand. An der Rückwand der beiden Heiligtümer fanden wir eine Bank, auf der sich das Götterbildnis, von zwei Wänden flankiert, befunden hatte. In der Kultkammer des Huitzilopochtli waren in der Mitte der Bank und in einer Reihe mit dem heiligen Stein die Reste eines kleinen Altars erhalten, auf dem die Statue des Gottes gestanden hatte. Durán sagt bezüglich des Idols im Tempel Huitzilopochtlis, daß dieses Idol angezogen und geschmückt grundsätzlich auf einem hohen Altar in einer kleinen Kammer gestanden habe. Unsere Ausgrabungen förderten außerdem kleine Holzstücke zu Tage, die wahrscheinlich schmückende Teile der Pfeiler beider Heiligtümer waren. Chronisten wie Diaz del Castillo und Cortés sahen diese reich geschmückten Holzstücke im Inneren der Heiligtümer. Ich sollte hier betonen, daß die beim Projekt Templo Mayor gefundenen Tempel zu einer der ersten Bauphasen gehören, also in die Zeit Huitzilihuitls, Chimalpopocas oder Itzcoatls, d.h. in die Epoche vor 1428, als die Mexica die Vorherrschaft Atzcapotzalcos noch nicht abgeschüttelt hatten. Zu diesem Schluß brachte uns z.B. ein Vergleich der Größe der späteren Gebäude und auch die Tatsache, daß dies die älteste gefundene Phase ist. Auf diesem Gebäude waren nicht weniger als 10 weitere Phasen errichtet worden, die alle vier Seiten bedeckten und es gab noch einmal 5 weitere Bauphasen, die nur der Erweiterung der Fassade dienten. Der Tempel, den wir ausgegraben haben, ist an vier Seiten erhalten und stellt den bisher ältesten entdeckten Baubestand dar. Die Malereien an den Wänden des Heiligtums wurden auf Lehm oder, jedoch seltener, auf Stuck aufgetragen. Dies läßt vermuten, daß die Technik der Wandmalerei noch nicht sehr weit entwickelt war. Der Opferstein aus Tezontle (Coramit) könnte bedeuten, daß sich die Mexica noch unter der Herrschaft der Tepaneken befanden, denn dieser Stein war leicht im Hochtal von Mexiko zu finden; Chronisten wie Durán überliefern, daß der Opferstein (der letzten Bauphase) grün war, woraus ich schließe, daß er aus dem Staat Guerrero kam, aus dem dieses Material stammt.
Das Füllmaterial, das diesen frühen Tempel bedeckte, war sehr viel umfangreicher, als in späteren Phasen. Das könnte bedeuten, daß die Mexica beschlossen, einen größeren über dem kleinen Tempel zu errichten, als sie von der Herrschaft Azcapotzalcos frei waren und es scheint, daß die Mexica nun auch die Mittel hatten, dies durchzuführen: Daß sie genug Untertanen hatten, um es zu bewerkstelligen und Tezontle und Lehm für die Füllung herbeizubringen, und daß sie zu anderen wichtigen Baumaterialien Zugang hatten.
Ich habe schon die wirtschaftliche Dualität erwähnt, die das Nebeneinander von Tlaloc und Huitzilopochtli im Großen Tempel bedeutet, aber sie ist auch mit der politischen Macht der Mexica verbunden. Der Große Tempel ist mit zwei Eingangstreppen zum oberen Teil ausgestattet, wo sich die Heiligtümer der beiden Götter befinden. Dieses architektonische Element ist seit dem 13. Jh. in Zentralmexiko (in Tenayuca) benutzt worden und es kann später in verschiedenen Mexica-Tempeln (in Teopanzolco, Sta. Cecilia, Tlatelolco und Tenochtitlan) beobachtet werden. Ich glaube, daß das Konzept von Doppeltreppen und -tempeln aus dem Machtkampf resultiert, der sich in klassenbetonten Gesellschaften abspielt. In Teotihuacan, das von einigen Gelehrten als eine theokratische Gesellschaft bezeichnet wird, befand sich die Macht in der Hand der Priester, denen das Militär unterstand. Bei den Mexica endete der Kampf um die absolute Kontrolle zwischen Priestern und Militärs mit einer Verschmelzung beider Gruppen und der tlatoani der Mexica war beides: Der Oberste Priester und Führer der Armee. Die politische Allianz von Priestern und Militär ist durch das Nebeneinander von Tlaloc und Huitzilopochtli im Großen Tempel ausgedrückt und in der Einzelfigur des tlatoani vereinigt.

Rituale des Templo Mayor

Bei der Analyse der Rituale, die im Großen Tempel stattfanden, ist es nötig, zuerst die Bedeutung des Rituals für den Mythos zu beschreiben und dann zu beobachten, in welcher Form der Vollzug der Rituale die Mythen lebendig erhielt. Wie ich schon sagte, gibt es drei wichtige Aspekte in der Ausbildung von Mythen:

1. Mythen sind ein Teil des magisch-religiösen Erscheinungsbildes, reflektieren außerdem die soziologisch-ökonomische Struktur und andere Phänomene wie Kunst und Gesetz.
2. Mythen versuchen Fragen zu beantworten, die der Mensch immer hatte. Sie basieren auf magischen Vorgängen, die es erlauben, Erklärungen zu finden, und sie erschaffen übernatürliche Wesen, die dem Menschen bei seiner Suche helfen. So werden Mythen zu Antworten.
3. Wenn Mythen erst einmal von Menschen erschaffen worden sind, müssen sie kontinuierlich praktiziert werden, so daß das soziale Verhalten und die Rituale zu einer Inszenierung des Geschehens in mythischen Zeiten werden.

So haben Rituale immer die Bedeutung einer Wiederholung des ursprünglichen Mythos, der wie Eliade sagt, in zwei Bereiche geteilt erscheint, einen heiligen und einen profanen. Eliade sagt dazu: »Der religiöse Mensch lebt in zwei Bereichen, von denen der wichtigere, der sakrale, als zyklisch erscheint, d.h. umkehrbar und wiederholbar. Der sakrale Bereich ist eine Art ewiger mythischer Gegenwart, die periodisch durch Riten wiederhergestellt wird.«
In Zusammenhang mit dem Großen Tempel haben wir beides:
Die Riten und den Mythos, der sie hervorbrachte. Ich habe den Großen Tempel als eine Stätte der Wiederherstellung des heiligen Hügels von Coatepec und der lebendigen Gegenwart der Geburt und des Kampfes Huitzilopochtlis charakterisiert. Nun können wir die verschiedenen Rituale, die hier vollzogen wurden, betrachten und sehen, wie das Opfer innerhalb des Rituals immer wichtiger wurde.
Von den 18 monatlichen Festen sind mindestens 7 den Göttern des Regens und Wassers oder den Gottheiten des Mais, etc. gewidmet. Mindestens 6 weitere sind dem Huitzilopochtli oder dem Krieg bestimmt. Die Feste für das Wasser oder die Fruchtbarkeit und deren Gottheiten betreffend sind folgende:

Abb. 96 Mexico-Stadt, Tempelbezirk, Tzompantli (Schädelgerüst)

1. Atlcahualo-Tlaloques oder Chalchiuhtlicue
2. Tozoztontli-Tlaloc
3. Uey Tozoztli-Centeotl
3. Etzalcualiztli-Regengötter
4. Tecuilhuitontli-Uixtocihuatl (Schwester der Tlaloques)
6. Uey Tetuilhuitl-Xilonen
7. Atemoztli-Regengötter

die Huitzilopochtli gewidmeten Feste sind:
1. Tlacaxetehualiztli-Xipe (Opfer für Huitzilopochtli)
2. Tlaxochimaco
3. Ochpaniztli-Toci (Opfer für Huitzilopochtli)
4. Panquetzaliztli-Huitzilopochtli
5. Quecholli-Mixcoatl
6. Toxcatl-Tezcatlipoca und Huitzilopochtli

Die Interpretation der Pyramide des Großen Tempels als ein Hügel ist vereinbar mit Tlalocs Tempel auf dem Gipfel, denn verschiedene Opfer zu Ehren des Regengottes (z.B. während der Monate Atlacahualo und Tozoztontli) fanden auf einem Hügel statt. Ebenso interessant ist die regelmäßige Opferung einer Frau, die Uixtocihuatl, eine ältere Schwester des Tlaloque verkörperte. Bei anderen Festen wurde das in der Regel weibliche Opfer bemalt und bei dem Opferritual geköpft; dies war der Fall mit der Darstellerin der Xilonen .

Ich erwähne diese Enthauptung speziell, weil wir bei unseren Ausgrabungen ein großes Relief fanden, das mit Elementen des Regengottes, Schlangen, fließendem Wasser und der Darstellung einer Frau mit entblößten Brüsten, die auf einer anderen Figur sitzt, versehen ist. Beide Figuren haben die Gesichtszüge Tlalocs. Die weibliche hat außerdem Totenköpfe als Ornamente an die Beine gebunden und trägt Schädel und gekreuzte Knochen auf dem Rock. Dieses Relief könnte eine solche Enthauptung darstellen.

Für den Huitzilopochtli-Tempel ist die aussagekräftigste und wichtigste Zeremonie das »Panquetzaliztli«. Die Beschreibungen des Festes von Tezozomoc und Sahagún deuten darauf hin, daß das Panquetzaliztli die Aufführung des Mythos vom Kampf des Huitzilopochtli ist.

Die bedeutendsten Teile der Zeremonie sind:

1. Die Sklaven, die geopfert werden sollen, tragen Decken und »Huipiles«, die im »Calpulco« niedergelegt werden müssen. Das »Calpulco« ist eine Reminiszenz an die Mexica-Wanderung, bevor sie Coatepec erreichten.
2. Vier Gefangene werden auf dem Ballspielplatz (nach Tezozomoc) und an anderen Plätzen geopfert.
3. Zwischen zwei Gruppen von Sklaven wird ein Gefecht ausgetragen, eine Gruppe steht für die Huitznahua, denen von Leuten aus der Nachbarschaft geholfen wird.
4. Die Opfer gehen einmal um den Tempel herum, ebenso wie die Huitznahua, die von Huitzilopochtli um den Hügel von Coatepec gejagt werden.
5. Die Herabkunft der Xiuhcoatl, der Feuerschlange, wird mit Fackeln, dem Kopf und Schwanz einer Papierschlange imitiert. Rote Federn, die Feuer darstellen, ragen aus dem Rachen der Schlange hervor.
6. Nachdem die Sklaven getötet waren, wurden ihre Körper die Stufen des Tempels heruntergeworfen, ebenso wie der Gott die Coyolxauhqui vom Gipfel des Hügels herunterwarf und sie zerschmetterte.

Ich glaube, daß das Herabwerfen der getöteten Opfer sich auf die mythische Handlung Huitzilopochtlis gegen Coyolxauhqui bezieht und es ist möglich, daß die Zerstückelung der Leichname nach dem Fall eine Verkörperung dieses Mythos darstellt. Noch ein anderes Ritual, das im Großen Tempel stattfand, nahm Bezug auf den Mythos des Huitzilopochtli. Beim Fest »Toxcatl«, das Tezcatlipoca gewidmet war, wurde ein Teigbildnis des Huitzilopochtli gemacht, und es wurde dann, nach Sahagún, im Tempel Huitznahuac aufgestellt. »Im Tempel, der Huitznahuac genannt wurde, legten sie es auf eine Plattform, in deren Holz Schlangen geschnitzt waren. Die Köpfe der Schlangen lagen an den vier Seiten, einer der anderen gegenüber, so daß sich die Schwänze und Köpfe an den vier Ecken befanden. Das Innere des Bildnisses bestand aus Mesquite-Stöcken und auf diese wurde solange Teig aufgebracht bis sich der Körper eines Menschen herausformte. Sie taten dies in dem Haus, in dem normalerweise das Bild des Huitzilopochtli aufbewahrt wurde. Nachdem es fertig war, bekleideten sie das Teig-Bildnis mit den Kleidern Huitzilopochtlis«.

Sahagún schreibt, daß das Bild mit einem Tuch bedeckt war, das das Bild einer zerstückelten Figur zeigte (Coyolxauhqui?): »Um die Füße legten sie aus Tzoalli gemachte Knochen. Darüber breiteten sie einen Mantel, der mit Knochen und menschlichen Körperteilen verziert war. Dieser Mantel hieß Tlacuacuallo«.

In beiden Heiligtümern waren Menschenopfer das Mittel, um den Göttern deren eigenes Opfer bei der Erschaffung und Erhaltung der Menschheit in mythischer Vorzeit zu entgelten. Im Opferritual wiederholte sich der Tod der Gottheiten, die um den Preis ihres Lebens die Weltschöpfung garantierten. Im Falle des Panquetzaliztli-Rituals wiederholte sich ständig der Kampf zwischen Huitzilopochtli und Coyolxauhqui, der mit dem Triumph der Sonne und damit des Lebens endete.

Die Heiligtümer beider Götter auf der Spitze des Doppelhügels haben wichtige mythologische Aspekte und zeigt

Abb. 97 Mexico-Stadt, Opferdepot am Templo Mayor

das Bedürfnis der Mexica nach Wasser und Sonne. Nicht umsonst sind Tlaloc und den Göttern des Mais bzw. Wassers die meisten Feste gewidmet. Man bedenke, daß Fruchtbarkeit entscheidend für das Bauernvolk war. Die Prominenz Huitzilopochtlis ist ebenfalls verständlich, denn er ist der Krieger und Sonnengott.

Die Opfer am Templo Mayor

Zum Schluß seien noch kurz die Opferdepots erwähnt. Bis September 1979 hatten wir innerhalb der verschiedenen Bauphasen etwa 30 solcher Kammern, davon allein 15 vor der Hauptfassade, ausgegraben. In der Nähe des Schlangenkopfes an der Südseite wurden zwei Opferdepots entdeckt. Zwei Räucherbecken bezeichneten die Mitte der Tempelpyramide und an der rückwärtigen (Ost) Seite kamen die Opferdepots 21 und 8 – auf die Mittelachsen der Heiligtümer des Tlaloc und des Huitzilopochtli bezogen – zutage, während 17 und 20 an der Nahtstelle dieser beiden Heiligtümer lagen.
In der Regel geben die Objekte, die sich innerhalb der Depots befinden, beträchtliche archäologische Informationen. Annähernd 80% des Materials dieser 30 Opfergaben kommen aus den Regionen die Tenochtitlan beherrschte. Es sind Stücke von der Golfküste, Schlangenhäute, Seemuscheln, Krokodilköpfe, Fisch- und Jaguarteile, Korallen, etc. Von den Mixtekenkammern = Hausidole und Keramik und eine Vielzahl von Objekten aus dem Staat Guerrero, Figuren im Mezcala-Stil und Masken. In der Kammer 2, in der sich nur Objekte aus Guerrero befanden, fanden sich Masken mit Schrift auf der Rückseite. Das führt mich zu der Annahme, daß diese Masken aus tributpflichtigen Städten kamen, und daß die Schrift eine Art Quittung ist. Eine nähere Untersuchung dieser Masken wird folgen.
Es gibt einige Opferdepots, die ihres speziellen Inhalts wegen interessant sind. Opferdepot 7 auf der Südseite, birgt nur Meeres- oder Küstenobjekte und Schlangenhäute, alle nach Süden ausgerichtet. Opferdepot 18 und 19, die an der Westfassade an der Verbindung der beiden Tempel gefunden wurden, beinhalten Steinkisten, in denen sich 13 Statuen aus Guerrero befanden. Sie waren ebenfalls alle nach Süden ausgerichtet. Opferdepot 30, in der hinteren Fassade unterhalb der Stelle gefunden, wo die Tempel aneinanderstoßen, birgt eine Teotihuacan-Maske und das älteste Objekt der Ausgrabung, eine olmekische Maske. Beide in Verbindung mit Mexica-Objekten aus den o. g. Gebieten.
Opferdepots 10 und 14 an der Hauptfassade am Fuß der Treppe zum Tempel Huitzilopochtlis gefunden, sind Begräbnisurnen. Es sind zwei orangefarbene Tongefäße, in denen sich die Reste von Leichenbrand und anderen Stücken fanden. Beide Gefäße haben reich geschmückte Vorderseiten, die vielleicht Quetzalcoatl oder Xiuhtecutli (Opfer 10) und Tezcatlipoca (Opfer 14) darstellen. Sollten sie sich vielleicht auf den Mythos einer kosmischen Schlacht dieser beiden Götter beziehen? Jeder der beiden ist mit einem Atlatl gerüstet und trägt eine Handvoll Pfeile. Es gibt mehrere Deutungsmöglichkeiten und weitere Studien sind noch nötig.
Im Ganzen gesehen sind fast alle Objekte dem Tlaloc und Huitzilopochtli geweiht. Meerestiere, Statuen und Gefäße mit dem Bild des Wassergottes gibt es in großer Menge. Es sind auch einige Totenschädel, mit Messern aus Feuerstein in Mund und Nase und Muschel-Einlagen in den Augen gefunden worden. Das Vorhandensein des Tecpatl, der Waffe Huitzilopochtlis, deutet klar auf diesen Gott und Opfer hin. Unsere Ausgrabungen förderten keinen einzigen intakten Skelettfund zutage, nur Schädel von Enthaupteten, vielleicht in Verbindung mit der Enthauptung Coyolxauhquis. Ich möchte aber noch einmal nachdrücklich betonen, daß die Opferdepots noch einiger Studien bedürfen.
Zusammenfassend läßt sich sagen, daß

1. die vier Themen, die hier angesprochen wurden, zeigen, daß der große Tempel eine Manifestation von Geburt und Triumph des Huitzilopochtli ist, und
2. Menschenopfer zur Darstellung dieses mythologischen Ereignisses nötig waren.

Der Tempel drückt die bäuerlichen Bedürfnisse der Mexica nach Wasser und Sonne aus, und er reflektiert deutlich die wirtschaftliche und politische Macht, die Tenochtitlan über andere Regionen ausübte. Er ist ein Platz des Ruhms für die Mexica und der Schande für jene, die unterworfen waren.

Kultur und Religion der Azteken

I. DIE HAUPTGOTTHEITEN

Viola König

Als die Spanier Mexiko eroberten, fanden sie bei den Azteken eine polytheistische Religion vor, die sich besonders kraß von ihrer eigenen christlichen unterschied. Daß Teile der führenden Schicht, Priester, Herrscher, Literaten, sich teilweise von der Verehrung vieler Götter abwandten und sich verstärkt monotheistischen Ideen wie dem Glauben an ›Tloque Nahuaque‹ dem »Allgegenwärtigen« bzw. Ipalnemoami »der, durch den man lebt« zuwendeten, war für die Spanier zunächst nicht erkennbar. Die monotheistischen Ideen wurden vor allem in den Liedern und Gedichten der Elite ausgedrückt – beeinflußten aber nicht die offizielle Religion. Auf die monotheistischen Vorstellungen wird noch an anderer Stelle (s. Kap. Schrift und Literatur, S. 140) eingegangen. In diesem Kapitel soll versucht werden, die vielen aztekischen Götter und ihre vielfältigen Eigenschaften und Attribute zu beschreiben.

Die vielgestaltigen Götter und der mexikanische Dualismus

Obwohl es tatsächlich eine große Anzahl verschiedener Gottheiten gab, die sich durch die Aufnahme weiterer Götter aus älteren oder neu eroberten Kulturen ständig erhöhte, muß berücksichtigt werden, daß die einzelnen Gottheiten mehrere verschiedene, oft gegensätzliche Aspekte in sich vereinigten. Da dieses in den Abbildungen durch verschiedene Attribute, Farben und Kleidungsstücke ausgedrückt wurde, entsteht der Eindruck, es handelte sich um unterschiedliche Gottheiten. Umgekehrt waren durchaus mehrere Götter für denselben Bereich zuständig, z.B. stehen Xochipilli, Macuilxóchitl und Xochiquetzal für Blumen, Schönheit, Liebe, die beiden erstgenannten auch für Spiel und Tanz.

Schon lange Zeit vor dem Erscheinen der Azteken war im Alten Mexiko das dualistische Prinzip vorherrschend. Hell–dunkel, Frau–Mann, oben–unten, Sonne–Mond, Tag–Nacht etc. waren die auftretenden Gegensätze. Das schlägt sich auch in den Götternamen nieder, so hieß z.B. das göttliche Schöpferpaar Ometecuhtli »2-Herr« und Omecíhuatl »2-Frau«. Sie hatten 4 Kinder, von denen alle anderen Götter abstammen und letztlich auch die Welt und die Menschen. Diese vier Götterkinder waren der rote Tezcatlipoca, der schwarze Tezcatlipoca, der der eigentliche Tezcatlipoca ist (d.i. ›der rauchende Spiegel‹); Quetzalcoatl (gefiederte Schlange), der Gott des Windes und des Lebens und der blaue Tezcatlipoca, der mit Huizilopochtli gleichgesetzt wurde.

Die Zahl 4 hatte eine entscheidende Bedeutung innerhalb der aztekischen Religion. Die vier Götter symbolisierten die vier Himmelsrichtungen; wobei das Zentrum als eine fünfte Himmelsrichtung hinzukam. Die Zahl 4 spielt auch im aztekischen Kalender eine wichtige Rolle.

Huitzilopochtli

Der für die Azteken wichtigste Gott war Huitzilopochtli. Er wird als aztekischer »Stammesgott« bezeichnet und symbolisierte die Sonne. Man stellte sich ihn als jungen Krieger, der von der Erdgöttin Coatlicue jeden Morgen geboren wird, aber jeden Abend stirbt und in der Erde verschwindet. Als Krieger muß er täglich seine Brüder, die Sterne und seine Schwester, den Mond, besiegen. Um den alltäglichen Kampf zu bestehen, mußte Huitzilopochtli von den Menschen ausreichend ernährt werden, was ausschließlich mit chalchiuatl, »köstlicher Flüssigkeit« d.h. Menschenblut, möglich war.

Abb. 98 Huitzilopochtli, Codex Borbonicus

Die Darstellungen zeigen üppigen Federkopfschmuck, Waffen, Schilde mit Federmosaiken und Edelsteinen, Goldschmuck und natürlich einer prächtigen Kriegertracht.

Die Schöpfergottheiten Quetzalcoatl und Tezcatlipoca

Während Quetzalcoatl die Erfindung wichtiger Errungenschaften wie Ackerbau und Handwerk zugeschrieben wird, steht Tezcatlipoca als zwar allmächtige, aber eher negativ bewertete Gottheit dar. Er ist der Gott der Nacht, Patron der Zauberer und Bösewichte. Er führt einen ständigen Kampf gegen seinen Bruder Quetzalcoatl, wobei sie sich abwechselnd besiegen, wodurch immer neue Schöpfungen entstehen. Auf diese Weise entwickelt sich schließlich das Universum. An anderer Stelle (Kapitel Schrift und Literatur) wird beschrieben, wie die göttlichen Schöpfungen im Laufe der Zeit, nach einer Reihe anfänglicher Mißerfolge immer perfekter werden. Quetzalcoatl ist in den Darstellungen gut zu identifizieren: Als Windgott trägt es eine Art Vogelschnabel vor dem Gesicht, welcher auch seinem Kalenderzeichen Ehecatl »Wind« entspricht. Auf dem Kopf hat er einen hohen, konischen Aufsatz aus Jaguarfell, der von einem Edelstein gekrönt wird. In einigen Darstellungen trägt er einen Bart, der ihn als besonders alten Schöpfergott kennzeichnen soll.

Abb. 99 Quetzalcoatl, Codex Borbonicus

Abb. 100 Quetzalcoatl, Codex Magliab.

Quetzalcoatl wird nicht nur mit dem Windgott Ehecatl gleichgesetzt, sondern auch mit Tlahuizcalpantecutli; dem Gott der Morgenröte; oder mit Ce Acatl, »1-Rohr«, oder Xolotl u.a.m.

Abb. 101 Tezcatlipoca, Codex Borgia

Die Gestalt des Quetzalcoatl gehört zu den schon in voraztekischer Zeit bekanntesten altmexikanischen Gottheiten: Er ist sowohl in der Mayakultur (Kulkulkán) als auch bei Zapoteken in Oaxaca und in den Ruinen von Teotihuacan im Hochtal von Mexiko bereits in der klassischen Zeit nachweisbar. Quetzalcoatl steht vorwiegend, aber nicht ausschließlich für positive Aspekte; er symbolisiert den Rausch, frißt Schmutz und läßt sich von Tezcatlipoca gar dazu verführen, sexuelle Tabus zu brechen.
Dennoch unterscheidet er sich erheblich von seinem Kontrahenten Tezcatlipoca, der den Tod, die Zerstörung, die Bosheit schlechthin verkörpert. Aber auch er ist nicht ganz ohne positive Eigenschaften: Unter dem Namen Telpochtli verkörpert er ewige Jugend und als Yáotl wird er als Patron der Krieger verehrt. In Abbildungen trägt er den rauchenden Spiegel vor der Brust und einen weiteren anstelle eines Fußes. Schwarz ist seine dominierende Farbe, im Gesicht hat er gelbe und schwarze Streifen, als Gott der Krieger trägt er Schild, Speer und Lanze und außerdem einen prächtigen Federschmuck.

Tlaloc

Im gesamten mesoamerikanischen Raum war der Regengott Tlaloc (»der, der sprießen läßt«) mindestens ebenso alt und wichtig wie Quetzalcoatl. Die Maya nannten ihn Chac, die Totonaken an der Golfküste Tajín, die Mixteken Dzahui und die Zapoteken Cocijo. Er läßt sich bereits in der olmekischen Kultur identifizieren und in Teotihuacan gibt es von ihm mehr Darstellungen als von Quetzalcoatl.
Obgleich Tlaloc als regenbringender Gott in erster Linie Wohltäter ist, verkörpert er andererseits auch die negativen Naturaspekte von Regen und Wasser: Überschwemmungen, Hagel, Eis, Blitz, ja sogar das Gegenteil, die Dürre.
Die Menschen fürchteten seine Zornausbrüche, daher war sein Kult besonders ausgeprägt, was sich in aufwendigen Opfergaben, bis hin zur Opferung von Kindern, zeigte. Tlaloc war und ist so wichtig, daß er auch heute noch in vielen vorwiegend von Indianern bewohnten Regionen Mexikos heimlich angebetet wird, und die ihm geweihten vorspanischen Bezirke werden teilweise noch heute als Opferstätten benutzt. Nicht nur in den Codices, sondern auch in Skulpturen, auf Keramik und Wandmalereien ist Tlaloc leicht zu identifizieren: Typisch ist die brillenähnliche Augenumrandung und die rüsselförmige Nase (stilisierte Wasserschlangen?), der ausgeprägte Oberlippenbart (Symbol für Regenwolke?) und die blaue Wasserfarbe der Maske. Er ist oft umgeben von Wassertropfen oder Wassertieren.

Abb. 102 Tlaloc, Codex Magliab.

Abb. 103 Chalchiuhtlicue, Codex Borbonicus

Centéotl

Von den Pflanzengottheiten war Centéotl, der Maisgott, selbstverständlich einer der wichtigsten.

Die Pflanze galt als männlich, doch der Samen wurde als weibliche Gottheit gesehen. Man unterschied den jungen Maiskolben, Xilonon, von Tlamatecuhtli »Frau mit dem alten Rock«, d.h. dem vertrockneten Kolben, der von faltigen Blättern umgeben ist.

Mayauel

Eine weitere wichtige Pflanze war die Agave, deren Blätter und Stacheln vielfältige Verwendung fanden. Vor allem wurde aus ihrem Saft Pulque (octli) hergestellt, ein leicht berauschendes Getränk. Die Pflanze wurde durch die Göttin Mayauel personifiziert, die 40 Brüste besaß, um ihre 40 Kinder, die Centzon Totochtin, zu nähren, die für den Rausch zuständig waren.

Chalchiuhtlicue

Eine weitere Wassergottheit war Chalchiuhtlicue (»die, mit einem Jaderock«), die als Göttin des Meeres und der Seen angesehen wurde. Sie wurde in den Quellen sowohl als Schwester als auch als Gattin des Tlaloc bezeichnet, und mit Schmuck aus blau und weiß angemalten Amate-Papier abgebildet. An ihren Wangen hängen blaue und weiße Bänder mit großen Troddeln. Sie galt insbesondere als Patronin des Golfs von Mexiko und war Schutzherrin für die dort ansässigen Fischer und Hersteller von Gummiprodukten.

Abb. 104 Centéotl, Codex Borgia

Abb. 105 Mayauel, Codex Borbonicus

Abb. 106 Xipe Totec, Codex Borbonicus

Xipe Totec
Eine Vegetationsgottheit im weitesten Sinne ist auch Xipe Totec »unser Herr, der Geschundene«. Der mit einer menschlichen Haut bekleidete Gott wird schon in Teotihuacan dargestellt. Er symbolisiert so den Frühling, die Jahreszeit, in der die Natur über der alten Haut ein neues Kleid anlegt, was durch Opfer für ihn wiederholt wird. Außer durch die übergezogene Haut wird Xipe wie ein roter Tetzcatlipoca dargestellt, im Gesicht hat er rote und gelbe Querstreifen.

Huehuetéotl
Für das Element Feuer war Huehuetéotl zuständig, der uralte Feuergott. Auf seinem Kopf trägt er stets ein riesiges Räucherbecken; so wird er bereits in den ersten Jahrhunderten nach Chr. in Teotihuacan dargestellt, außerdem ist er bucklig und zahnlos.
Es gibt zahlreiche zapotekische Urnen, die den alten Feuergott darstellen.

Mixcóatl
Mixcóatl, »Wolkenschlange«, war, wie schon der Name andeutet, als Himmelsgottheit die Verkörperung der Wolken und insbesondere der Milchstraße.

Erdgottheiten
Die Erde wurde in den altmexikanischen Kulturen als riesiger offener Rachen, oder aber als frosch-, krokodil- oder haiähnliches Wesen dargestellt.
Sie trug verschiedene Namen, einen männlichen Tlaltecuhtli und verschiedene weibliche, wie Coatlicue (»Schlangenrock«), Cihuacóatl (»Schlangenfrau«), Tlazoltéotl (Schutzgöttin). Die Erde bzw. die ihr zugeordneten Gottheiten verkörperten den dualistischen Aspekt von Schöpfung und Zerstörung. Coatlicue kam eine besondere Bedeutung zu, denn sie galt als die Schöpfergottheit schlechthin, als Mutter aller wichtigen Götter, der Sonne, des Mondes, aller Sterne, und, für die Azteken besonders wichtig, von Huitzilopochtli, der eine Art Nachkömmling war. Die Darstellung der Coatlicue als Kolossalstatue im Museo Nacional von Mexiko City ist ein Meisterwerk, das alle wichtigen Attribute der Göttin aufweist.

Mictlantecuhtli
Im Totenreich, Mictlan, herrschte Mictlantecuhtli, der »Herr der Toten«. Er wurde leicht identifizierbar dargestellt: Der Körper war mit menschlichen Knochen bedeckt, auf dem Gesicht trug er eine Totenkopfmaske, verkrustete schwarze Haare und als Ohrschmuck ein menschlicher Knochen vervollständigen das Bild. Die mit ihm assoziierten Tiere waren Spinne, Eule und Fledermaus.

Abb. 107 Mictlantecuhtli, Codex Borbonicus

Die Priester

Wie im Kapitel Schrift und Literatur ausgeführt wird, hatte der aztekische tlatoani (oberster Herrscher) nicht nur politische Aufgaben wahrzunehmen, sondern war gleichzeitig Priester.

In den unteren Rängen gab es innerhalb der Priesterklasse eine starke Spezialisierung; denn die mit dem Kult verbundenen Aufgaben waren sehr vielseitig. Es gab zwei oberste Priester, einer diente Huitzilopochtli, der andere war für den Kult des Tlaloc zuständig.

Nur diesen beiden genannten Göttern wurde im Templo Mayor von Tenochtitlan gedient. Da der Gott Quetzalcoatl als Archetypus aller Götter und Priester galt, wurden Tlaloc und Huitzilopochtli pauschal auch als Quetzalcoatl bezeichnet.

Es gab keineswegs nur männliche, sondern auch weibliche Priester, und diese nahmen durchaus auch hohe Ränge ein. Die Priester waren nicht nur direkt für den Götterkult zuständig, sondern auch ganz allgemein für die Wissenschaften, die an anderer Stelle beschrieben werden (s. Kap. Schrift und Literatur). In ihren Händen lag das Kalenderwesen, die Wahrsagerei und die Herstellung und Interpretation der Codices. Im militärischen Bereich waren sie vor allem für die Beschaffung von Opfergefangenen verantwortlich.

Die Erziehung und Lehre im calmécac war religiös bestimmt, jedoch wurden nicht alle hier ausgebildeten jungen Adeligen später auch Priester, sondern sie waren für verschiedene Berufe der höheren Schicht ausgebildet. Alle Schüler des calmécac wurden einer harten Zucht unterworfen, auch wenn sie Söhne von hochgestellten Personen waren. Schwere körperliche Arbeiten, rituelles Abzapfen des eigenen Blutes, totale sexuelle Abstinenz und vieles andere mehr gehörte zu den Pflichten, deren Nichtbeachtung hart bestraft wurde.

Der komplizierte und umfangreiche Kult der vielen Götter erforderte eine große Anzahl von Priestern. Der spanische Chronist Torquemada behauptet, daß allein für den Dienst im Templo Mayor 5000 Priester und Helfer notwendig waren.

Aztekische Jenseitsvorstellungen

Ganz im Gegensatz zum christlichen Glauben hingen die aztekischen Jenseitsvorstellungen nicht von der irdischen Lebensführung, sondern von der Todesart und der früheren beruflichen Stellung des Toten ab.

Die im Kampf getöteten Krieger gingen in das östliche Paradies ein, das »Sonnenhaus« Tonatiuhichan, wo sie mit den als Opfer gestorbenen Menschen zusammentrafen.

Ebenso wie das östliche versprach auch das westliche Paradies »Maishaus« Cincalco ein angenehmes Weiterleben nach dem Tod. Hierher kamen die im Kindbett gestorbenen Frauen, denen eine den Kriegern vergleichbare Verehrung zuteil wurde.

Die Ertrunkenen, durch Blitz Erschlagenen, aber auch die an Lepra oder einer anderen Krankheit, die mit dem Regengott assoziiert wurde, Gestorbenen, gelangten nach Tlalocan, das im Süden lag, und damit in ein äußerst fruchtbares Paradies.

Zu erwähnen ist schließlich Mictlan, das im Norden gelegene Totenreich, wo die speziell von der Sonne und Tlaloc auserwählten Toten hingelangten. Nach Mictlan führte kein direkter Weg. Es waren an neun verschiedenen Orten gefährliche Mutproben zu bestehen, bevor man nach etwa vier Jahren endlich am Ziel ankam. Die Herrin und der Herr der Unterwelt wurden Mictecacíhuatl und Mictlantecuhtli genannt.

Wie die Unterwelt, so wurde auch der Himmel in 13 verschiedene Regionen unterteilt. Im obersten lebte das Schöpferpaar Ometecuhtli und Omecíhuatl. Hierher gelangten – als einzige menschliche Toten – die gestorbenen Kleinkinder. Noch jenseits des obersten dreizehnten Himmels vermutete man Tloque Nahuaque, den »Allgegenwärtigen«.

II. SCHRIFT UND KALENDER

Emily Umberger

Im Vergleich zu den Maya-Hieroglyphen stellt die aztekische Schrift ein verhältnismäßig einfaches, picto-ideographisches System aus deutlich erkennbaren Objekten dar, die Bestandteile von Personennamen, Ortsnamen und Daten bilden (z. B. wird das Datum »1 Kaninchen« durch einen Punkt und ein Kaninchen wiedergegeben).

Abb. 108 »Jahresträger« 1 Kaninchen in Kartusche (Kat. 214)

Hieroglyphen haben sich namentlich in zwei großen Gruppen von Materialien erhalten:

1) In Bilderhandschriften ausnahmslos aus der Zeit nach der spanischen Eroberung und
2) auf vorspanischen Skulpturen und Kleinkunstwerken.

Zu den Bilderhandschriften zählen:

- die »Bücher der Tage« *(tonalamatl)*, die zum Zwecke der Wahrsagerei benutzt wurden;
- die »Bücher der Jahre«, mit historischen Jahresabfolgen und begleitenden Ereignissen;
- Tributverzeichnisse aus den verschiedenen Gebieten des Reiches und andere.

Der Inhalt dieser Bilderhandschriften erhellt allerdings nicht unerheblich durch spanische Anmerkungen auf den Manuskripten und durch eine Anzahl nichtbildlicher Berichte, die nach der Eroberung aufgrund mündlicher Überlieferungen geschrieben wurden.

Zu den Skulpturen, die mit Hieroglyphen versehen sind, gehören anthropomorphe Figuren, Tiere, Blöcke, Behälter, Reliefs und auch die größeren Monumente von Tenochtitlan.

Zwischen der Darstellung von Hieroglyphen in Manuskripten und der auf Skulpturen bestehen allerdings wesentliche Unterschiede – teils aufgrund der unterschiedlichen Funktionen dieser beiden Schriftträger und teilweise wegen des zeitlichen Unterschiedes: die Skulpturen stammen aus vorspanischer Zeit, während die Handschriften mehr oder minder starken europäischen Einfluß zeigen und bereits eine Weiterentwicklung des einheimischen Schriftsystems bilden. Dieser Artikel wird zwar die Manuskripte als Vergleichsmaterial benutzen, sich jedoch im wesentlichen auf die vorspanischen Schriftdarstellungen auf Skulpturen beziehen.

Obgleich Ortsnamenzeichen in den Manuskripten aus der Zeit nach der Eroberung häufig vorkommen, sind sie auf vorspanischen Monumenten nur selten anzutreffen. Daher gewinnt der »Stein des Tizoc« im Museo Nacional de Antropología in Mexico-Stadt eine so große Bedeutung, denn die Reliefdarstellungen dieses großen Opfersteins berichten von der Gefangennahme besiegter Krieger, und neben den Köpfen der Gefangenen befinden sich Zeichen, die ihren jeweiligen Herkunftsort angeben (Abb. 109), wobei die einfachste Form des Ortsnamens ohne eine Lokativendung (d. i. ein Suffix, das »Ort des« bedeutet, z. B. *-co*) gewählt wurde. Die in Umrißzeichnung abgebildete Szene, zeigt die Gefangennahme der Stadt Chalco. Das Zeichen neben dem Kopf des Gefangenen (rechts) ist das Symbol für *chalchihuitl* (kostbarer Grünstein), das hier für den Stadtnamen steht.

Abb. 109 Eroberung der Stadt Chalco, Stein des Tizoc

Damit müssen wir auf einen weiteren Aspekt des aztekischen Schriftsystems hinweisen, nämlich auf »Phonogramme« oder Lautzeichen (siehe auch S. 143). In bezug auf die Ortsnamenschreibung wird noch immer diskutiert, in welchem Ausmaß die phonetische Schreibung in vorspanischen Zeiten angewandt wurde. Die Phonetisierung in der hieroglyphischen Schrift beinhaltet, daß ein Homonym (d. i. ein Wort mit demselben Klang, aber einer anderen Bedeutung) abgebildet wird, um das beabsichtigte Wort darzustellen. Die Darstellung des Namens *Chal*co, »Ort des Chalca-Volkes«, auf dem Tizoc-Stein durch den *chal*chihuitl mag als ein Beispiel für phonetische Schreibung gelten.

Die Seltenheit von Beispielen auf vorspanischen Monumenten steht in krassem Gegensatz zur Häufigkeit phonetischer Schreibung in verschiedenen Manuskripten aus der Zeit nach der Eroberung; in einigen Fällen ist jede Silbe eines Wortes phonetisch dargestellt. Dies scheint jedoch eine spätere Entwicklung der einheimischen Überlieferung zu sein.

Auch Personennamen sind auf vorspanischen Skulpturen seltener als in Manuskripten aus späterer Zeit anzutreffen.

So kennen wir aus Manuskripten die Namens-Glyphen aller 11 vorspanischen Herrscher, von Acamapichtli bis Cuauhtemoc. Auch die von Privatleuten sind erhalten. Jedoch konnten bis heute auf vorspanischen Kunstwerken nur die Namenszeichen von drei Königen ausfindig gemacht werden: Tizoc (1481–1486), dessen Namen »Zur Ader Gelassener«bedeutet, Ahuitzotl (1486–1502), dessen Name ein mythisches Wassertier bedeutet, und Motecuhzoma II. (1502–1520), der »Zornige Herr«.

Tizocs Glyphe, ein Bein mit Einstichstellen vom Blutabzapfen, kommt auf 2 Skulpturen vor, Ahuizotls Zeichen, das Wassertier, läßt sich auf sechs Steinskulpturen (einschließlich zweier, die das Tier vollplastisch wiedergeben) und auf einem mit Schnitzereien versehenen Knochen nachweisen. Motecuhzomas Name schließlich, bestehend aus dem spitzen Diadem, dem Nasen- und dem Ohrpflock eines vornehmen Herrn, erscheint auf acht Steinskulpturen einschließlich zweier Kästen in dieser Ausstellung (»Hackmack'sche Kiste«, Kat. 214, und Motecuhzoma-Kiste, Kat. 215).

Tizocs und Ahuizotls Glyphen sind leicht zu erkennen. Dagegen sind verschiedene Studien über Motecuhzomas Zeichen zu dem Ergebnis gekommen, dieses sei anders zu interpretieren.

Aufgrund seiner Stellung direkt neben den Figuren auf

Abb. 110
Figur Motecuhzoma II. mit Namensglyphe (Kat. 214)

Steinskulpturen wie der Hackmack'schen Kiste (Abb. 110) jedoch muß das Zeichen der Königsname sein. Die zusätzlichen Elemente auf ausführlicher ausgearbeiteten Beispielen stellen lediglich ein dem jeweils abgehandelten Ereignis entsprechendes Beiwerk dar.

Bestimmte Teile des Diadems finden sich auch im Kopfputz der Priester wieder, die beim »Neufeuer-Fest« von 1507 das Feuer entfachen, wie es in einem Manuskript festgehalten wurde; der Behälter selbst stammt möglicherweise aus dem vorhergehenden Jahr (1506 = »1 Kaninchen«).

Die Glyphe auf der anderen Steinkiste (Kat. 215) ist durch eine »Sprechblase« ergänzt, wie sie auf der Hackmack'schen Kiste von Motecuhzomas Mund ausgeht.

Bei weitem häufiger als Namens- und Ortsglyphen sind hieroglyphische Daten auf vorspanischen Skulpturen nachzuweisen und zwar auf insgesamt 200 Objekten.

Es ist keine Seltenheit, daß eine einzige Skulptur mit mehreren Datumszeichen – bis zu 29 sind belegt – versehen wurde. Ihr Aussehen und Zweck weicht oft stark von den in Bilderhandschriften dargestellten Glyphen ab. Wie Motecuhzomas Namensglyphe können sie um weitere »Bilder« ergänzt sein und so auf Gottheiten oder Feste hinweisen (z. B. kann »1 Feuersteinmesser« ein Gesicht und eine Sprechblase haben, Abb. 111).

Abb. 111
Aztekische Inschrift auf Teotihuacan-Figur (Kat. 126)

Abb. 113
Figur des Quetzalcoatl mit Kalendernamen 1 Schilfrohr (Kat. 214)

Ihre Funktion besteht darin, an bedeutsame Ereignisse – sowohl in fernen sagenhaften als auch in gegenwärtigen Zeiten – zu erinnern und auf sie hinzuweisen. Daten auf Skulpturen sind nicht einfach Zeitbestimmungen; vielmehr handelt es sich um sichtbare Symbole, die wie andere Attribute eine ganze Reihe verschiedener Bedeutungen übermitteln können.

Um diese Daten interpretieren zu können und herauszufinden, was sie symbolisieren, muß man das Wesen und die Funktion des aztekischen Kalenders verstehen.

Zwei Zählsysteme standen nebeneinander: ein 260-Tage-Zyklus für das Ritual- oder Wahrsagejahr *(tonalpohualli)* und die 365-Tage-Zählung des ungefähr dem Sonnenjahr entsprechenden Jahres *(xihuitl)*.

Der 260-Tage-Zyklus, als Ergebnis der Verknüpfung von 13 Zahlen und 20 Tagesnamen, begann mit »1 Krokodil« und setzte sich über 13 Zahlen (20 mal) und 20 Namen (13 mal) bis zum letzten Tag, »13 Blume«, fort. In den *tonalamatls* (den »Büchern der Tage«) ist die Tagesrechnung in 20 Abschnitte zu 13 Tagen (»Wochen«) eingeteilt, auf Spanisch *trecenas* genannt, wobei jeder Abschnitt mit einem mit »1« bezeichneten Tag beginnt (»1 Krokodil«, »1 Jaguar«, etc.).

Die Tage des *tonalpohualli* standen unter günstigen, negativen oder indifferenten Vorzeichen, die das Leben der Azteken bestimmend beeinflußten, von ganz alltäglichen Dingen wie z.B. der Namensgebung für Kinder angefangen bis hin zu Staatsangelegenheiten (Kriegserklärungen oder Einsetzung von Herrschern). Menschen und selbst Götter trugen den kalendarischen Namen ihres Geburtstages und dessen gutes oder böses Omen leitete sie und bestimmte ihr Schicksal. Auf Skulpturen sind Tageszeichen (Abb. 112) gewöhnlich nicht in Kartuschen (rechteckige Rahmen) gesetzt und haben mythisch-rituelle Bedeutung in bezug auf eine Gottheit oder ein feierliches Ereignis. Steht ein ungerahmtes Datum wie ein Name neben einer Figur, so ist gewöhnlich der kalendarische Name gemeint wie z.B. »1 Schilfrohr«, der kalendarische Name des Quetzalcoatl, auf der Hackmack'schen Kiste, Abb. 113, Kat. 214.

Abb. 112
Tageszeichen 1 Krokodil auf Kat. 214

Verknüpft mit der 260-Tage-Rechnung war die des 365-Tage-Jahres, das aus 18 Perioden à 20 Tagen (»Monaten«), *veintenas* genannt, und fünf restlichen Tagen bestand. Das aztekische »Jahrhundert«, (*xiuhmolpilli*) bestand aus 52 Jahren, die die Namen von vier der Tageszeichen – Kaninchen, Schilfrohr, Feuersteinmesser und Haus –, trugen und »Jahresträger« genannt wurden. Der 52-Jahre-Zyklus begann mit »Ziffer 1 Kaninchen« und setzte sich über die 4 »Jahresträger« (13 mal) und die Zahlen »1« bis »13« (4 mal), bis »13 Haus« fort (siehe Liste). Der Zyklus zerfiel in 4 gleiche Teile, die *tlalpilli*, die mit »1 Kaninchen«, »1 Schilfrohr«, »1 Feuersteinmesser« und »1 Haus« begannen. Auf Skulpturen sind Jahre oft durch Kartuschen kenntlich gemacht (Abb. 108).

Wie bei den Tagen gab es auch bei den einzelnen Jahren des 52-Jahre-Zyklus einen prophetischen Aspekt. So war »1 Schilfrohr« verbunden mit Quetzalcoatl, dem legendären Herrscher der Tolteken. Weil nun Cortés in einem Jahr »1 Schilfrohr« (1519) in Mexiko eintraf, glaubten die Azteken zunächst, er sei der wiederkehrende Quetzalcoatl.

Obwohl die aztekischen Jahre nicht exakt mit der Jahresrechnung des christlichen Kalenders übereinstimmten, läßt sich eine ungefähre Beziehung herstellen, wenn man von »1 Schilfrohr«, 1519, rückwärts rechnet. Einige Wissenschaftler haben versucht, sogar Tage und Monate innerhalb des Jahres zu Daten des christlichen Kalenders in Beziehung zu setzen, aber die Ergebnisse bleiben vorläufig noch wenig überzeugend.

Die Azteken hatten einen gedrängten Fest-Kalender mit

»monatlichen« Festen, die mehrere Tage dauerten, ebenso wie mit Festen an bestimmten Tagen, die gewöhnlich dem Gott dieses Tages gewidmet waren, am Tage »4 Bewegung« z. B. wurde die Sonne gefeiert. Eines der wichtigsten Feste jedoch bezeichnete den Anfang des 52-Jahre-Zyklus. Der Übergang von einem Zyklus zum nächsten war mit fundamentaler Existenzangst verbunden, weil man glaubte, daß mit dem Ende des Zyklus die Welt untergehen könne. Alle Feuer im Lande wurden gelöscht, und die Priester zogen zum »Sternenhügel« (*huixachtecatl*) südlich von Tenochtitlan. Nachdem dann um Mitternacht das Sternzeichen der Plejaden den Zenith des Himmels überquert hatte, wurde auf der Brust eines (Menschen-)Opfers das neue Feuer geschlagen, um darauf an die Tempel und das Volk weitergereicht zu werden. Mit der Zeremonie des »Neufeuerschlagens« war ein weiteres Ritual verbunden: man begrub ein Bündel von 52 Stöcken, von denen jeder ein Jahr verkörperte. Ein steinernes Abbild eines solchen Jahresbündels stellt Kat. Nr. 185 dar. »1 Kaninchen« war numerisch zwar das erste Jahr des Zyklus, doch das »Neufeuer-Fest« fand erst im Jahr »2 Schilfrohr«, dem zahlenmäßig zweiten Jahr des Zyklus, statt.

Während hieroglyphische Daten in den Manuskripten meist einfach zu interpretieren sind, weil sie in den meisten Fällen in Reihen stehen, in denen alle Tage oder Jahre gezählt sind, so daß ihre Bedeutung als Datumsangaben klar ist und Einzeldaten sowie symbolische Aspekte nicht ersichtlich sind, gestaltet sich die Auslegung der hieroglyphischen Daten auf Steinskulpturen und anderen Kunstwerken schwierig. Aufgrund des zyklischen Charakters des Kalenders (jeder Tagesname kehrte alle 260 Tage wieder und jeder Jahresname alle 52 Jahre) und der Vieldeutigkeit der Inschriften läßt sich keine bestimmte Aussage machen.

So benutzten die Azteken zwar oft, jedoch eben nicht durchwegs, Kartuschen, um Jahre von Tagen desselben Namens zu unterscheiden; eine weitere Schwierigkeit liegt darin, daß sie nicht zwischen den Daten in den verschiedenen Zyklen unterschieden. Versucht man, anhand der schriftlichen Quellen die Bedeutung eines Datums herauszufinden, so stellt man fest, daß einige Daten vielfältig deutbar sind. Abhängig von der Funktion des Schriftträgers kann dasselbe Datum den historischem, mythologischen oder rituellen Bereich meinen, ein Problem, das sich insbesondere bei den »Jahresträgern« stellt.

Während in einigen Fällen in der Tat zwischen verschiedenen Bedeutungen ausgewählt werden muß, ergibt sich häufig die Gesamtaussage aus einer Verbindung von mythischen, historischen und rituellen Bezügen, die auch untereinander verwandt sind.

Nach dem heutigen Stand der Forschung, lassen sich folgende Daten auf Skulpturen unterscheiden:

1) Daten, die sich auf spezifische Ereignisse im 15. und 16. Jahrhundert beziehen;
2) symbolische Daten, die auf wichtige Begebenheiten in mehreren Zeitsystemen und auf unterschiedlichen Bedeutungsebenen anspielen;
3) Daten, die zwischen die beiden Kategorien fallen, d. h. historische Daten mit symbolischen Aspekten.

Die speziellen und zugleich symbolischen Daten können sich auf ähnliche Begebenheiten in der mythischen Vergangenheit und in der geschichtlichen Realität beziehen, auf Festtage und auf die kalendarischen Namen von Göttern.

Dabei können diese vielfältigen Aspekte durchaus um ein einziges Thema kreisen, wie das folgende Beispiel erläutert:

»1 Feuersteinmesser« (Abb. 111), das Jahr in der Mitte des 52-Jahre-Zyklus, bezeichnete in der Vergangenheit das Jahr, in dem die Azteken ihre mythische Heimat Aztlan verlassen hatten. Darüber hinaus war es auch ein Jahr »1 Feuersteinmesser«, in dem sie 1428 die Unabhängigkeit von ihren Oberlehnsherren, den Tepaneken, gewonnen hatten, um mit dem Aufbau ihres Imperiums zu beginnen. Außerdem hieß »1 Feuersteinmesser« der Tag im rituellen Kalender, an dem Huitzilopochtli, ihr Stammesgott, der sie aus Aztlan und gegen die Tepaneken geführt hatte, gefeiert wurde und dessen Namen er trug. An einzelnen Stellen in den schriftlichen Quellen wird – abhängig vom Zusammenhang – nur die eine oder die andere der Bedeutungen eines Datums angegeben; aber auf den Skulpturen können die Daten auf mehrere der erwähnten Bedeutungen gleichzeitig hinweisen.

Kein »Datum« versinnbildlicht Mythos, Stammesgeschichte und Weltherrschaftsansprüche der Azteken so stark wie »1 Feuersteinmesser«, es gibt jedoch auch andere, deren Wiedergabe auf Monumenten einen bestimmten vorgeprägten Gedankenkreis ansprachen.

»1 Kaninchen« (Abb. 108) war das erste Jahr des »Fünften Zeitalters« (des gegenwärtigen Zeitalters), das Jahr, in dem sich in der Vergangenheit die Erde geformt hatte und es war das erste Jahr eines jeden 52-Jahr-Zyklus. »1 Kaninchen« verband sich zudem sowohl als Tag wie auch als Jahr mit Hunger; denn in verschiedenen

»1 Kaninchen«-Jahren vor der spanischen Eroberung hatte es Hungersnöte gegeben.
»2 Schilfrohr« bedeutete das Jahr des »Neufeuer-Festes« am Anfang jedes 52-Jahre-Zyklus' und bezeichnete zugleich den kalendarischen Namen von Tezcatlipoca, der das erste Feuer schlug.
»1 Schilfrohr« (Abb. 113) stellte den Bezug zu Quetzalcoatl als Tag und als Jahr her; »13 Schilfrohr« (Abb. 114) war sowohl Tag als auch Jahr der Geburt der Sonne; und schließlich benannten »2 Haus« und »1 Haus« die Daten

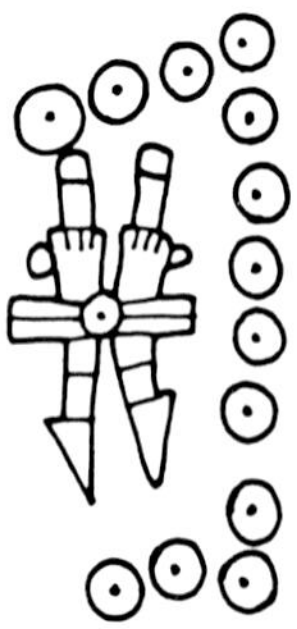

Abb. 114
Aztekische Inschrift auf Teotihuacan-Figur (Kat. 126)

der Gründung von Tenochtitlan und seiner »Zwillings«-Stadt Tlatelolco auf der nördlichen Hälfte der Insel.
Es gilt hervorzuheben, daß sich alle diese wichtigen Daten an den Verbindungsstellen zwischen den 4 Teilen des 52-Jahre-Zyklus finden (siehe Liste S. 129); es handelte sich somit im Laufe des Zyklus um die wichtigsten Ereignisse der Geschichte, die sich ständig wiederholten – vom Anfang der Weltschöpfung bis zur Gründung der beiden aztekischen Städte.
In der Mitte des Zyklus nahm die Geschichte der Azteken ihren Anfang, und »1 Feuersteinmesser« steht im engen Zusammenhang mit dem Datum der Geburt der Sonne, »13 Schilfrohr«.
Beide Daten sind auf mehreren Denkmälern gemeinsam dargestellt, einschließlich des großen Kalendersteins und einer Teotihuacan-Figur (Abb. 108, 114, Kat.Nr. 126). Damit sollte offensichtlich auf die Geburt der Sonne und die Geburt der Nation sowie die enge Beziehung zwischen beiden angespielt werden.
Als die Azteken diese Inschrift auf die Teotihuacan-Figur ritzten, war sie bereits ein Werk der Vergangenheit und stammte von jener Stätte, da nach dem Mythos die Sonne geboren wurde. Das Beispiel der Teotihuacan-Figur macht deutlich, wie wenig Historizität gegebenenfalls diesen »Daten« als Zeitangaben beizumessen ist. Manche tatsächlichen historischen Ereignisse wiederum mögen auch entsprechend den Erfordernissen des Zyklus »nachdatiert« worden sein; andere aber – wie der Aufstand gegen die Tepaneken – waren möglicherweise so geplant worden, daß sie sich an dem entsprechenden Datum ereigneten.
Aus alledem geht hervor, daß Daten auf Skulpturen nicht notwendig zu ihrer »Datierung« beitragen, da sich die dargestellten Daten eben nicht auf zeitgenössische Begebenheiten beziehen müssen wie z. B. im Falle der symbolischen Daten auf der Teotihuacan-Figur.
Aber sogar auf Skulpturen, wo – wie bei der Hackmack'schen Kiste – (Kat. 214) sorgfältige Unterscheidungen zwischen Tagen, Jahren und kalendarischen Namen (Abb. 108, 112, 113) gemacht sind, kann es mehrere »Jahresträger« in Kartuschen geben, es sind allein 4 auf diesem Behältnis. Es ist der Königsname, der diese Skulptur in die Herrschaft von Motecuhzoma II. datiert und die Verzierung der Namensglyphe (s.o.) könnte das Datum »1 Kaninchen«, d.h. 1506 nach dem christlichen Kalender anzeigen. Das Datum »2 Schilfrohr« auf der Rückseite der Xipe-Figur (Kat.Nr. 212) datiert die Skulptur wahrscheinlich auf 1507, da die Stricke, die die Hieroglyphe einrahmen, wohl das »Binden von Jahren« bedeuten. »8 Feuersteinmesser« am Rande des Pulquebechers aus Grünstein (Kat. 189) war ein Tag, der im *tonalamatl* mit Pulque verbunden war; aber es war auch das Jahr einer Überschwemmung in Tenochtitlan (1500), eine Naturkatastrophe, an die auch auf anderen Denkmälern erinnert wird, so daß die Nacht- und Todesdarstellungen auf diesem Gefäß eine Begründung fänden.
Auf anderen Skulpturen der Ausstellung schließlich beziehen sich die eingerahmten Daten, die nicht von besonderer symbolischer Bedeutung sind, wahrscheinlich auf das jeweilige Herstellungsjahr (z. B. »11 Feuersteinmesser« (1516) auf dem Motecuhzoma-Behälter (Kat.Nr. 215) und »6 Schilfrohr« (1511?) auf dem Relief mit Schlange und Adler (Kat.Nr. 141). Während es bei manchen Daten eher zu viele Bezüge gibt, bieten die zuletzt genannten Beispiele leider keine Anhaltspunkte für eine mehrschichtige Deutung, wenngleich wir wenigstens das Datum der Herstellung mutmaßen können.

Liste:
Die Jahre des 52-Jahre-Zyklus, aufgeteilt in die 4 *tlalpilli,* und hiermit verbundene Ereignisse

1	*Kaninchen*	– Beginn des fünften Zeitalters und die Schöpfung der Erde
2	*Schilfrohr*	– Entfachung des Feuers durch Tezcatlipoca
3	Feuersteinklinge	
4	Haus	
5	Kaninchen	
6	Schilfrohr	
7	Feuersteinklinge	
8	Haus	
9	Kaninchen	
10	Schilfrohr	
11	Feuersteinklinge	
12	Haus	
13	Kaninchen	
1	*Schilfrohr*	– Geburt des Quetzalcoatl und Tod/Weggang aus Tula
2	Feuersteinklinge	
3	Haus	
4	Kaninchen	
5	Schilfrohr	
6	Feuersteinklinge	
7	Haus	
8	Kaninchen	
9	Schilfrohr	
10	Feuersteinklinge	
11	Haus	
12	Kaninchen	
13	*Schilfrohr*	– Geburt der Sonne
1	*Feuersteinklinge*	– Aufbruch aus Aztlan, Geburt des Huitzilopochtli
2	*Haus*	– Gründung von Tenochtitlan
3	Kaninchen	
4	Schilfrohr	
5	Feuersteinklinge	
6	Haus	
7	Kaninchen	
8	Schilfrohr	
9	Feuersteinklinge	
10	Haus	
11	Kaninchen	
12	Schilfrohr	
13	Feuersteinklinge	
1	*Haus*	– Gründung von Tlatelolco
2	Kaninchen	
3	Schilfrohr	
4	Feuersteinklinge	
5	Haus	
6	Kaninchen	
7	Schilfrohr	
8	Feuersteinklinge	
9	Haus	
10	Kaninchen	
11	Schilfrohr	
12	Feuersteinklinge	
13	Haus	

III. ZUR TEMPEL- UND PALASTARCHITEKTUR

Wolf-Günter Thieme

Wie viele andere Kunstformen und Kulturtraditionen haben die Mexica auch die Architektur von ihren Vorläufern übernommen, schließlich aber daraus eigene Formen entwickelt und das Übernommene im Sinne ihrer Ideologie verändert.

Es hat sich nur wenig Bausubstanz erhalten und das lag am Vorgehen der Eroberer von Anfang an. Die aztekischen Städte wurden dem Erdboden gleichgemacht und an ihrer Stelle spanische Neugründungen errichtet. Die Tempel als Stätten eines abscheulichen Götzendienstes wurden niedergerissen und meist durch eine Kirche ersetzt.

Dennoch sind wir durch die Ausgrabungs- und Rekonstruktionstätigkeit der Archäologie über den Tempelbau und seinen mythologischen Hintergrund recht gut informiert. Für die Palastanlagen gilt das leider nicht, und wir sind weitgehend auf Beschreibungen angewiesen. Auch in einigen Bilderhandschriften sind Paläste in Aufsicht dargestellt, wie in der sogenannten »Mapa Quinatzin«. In dem hier wiedergegebenen Aufriß des Palastes der Könige von Tezcoco ist ein offenbar einstöckiges Gebäude dargestellt, das um einen großen Hof herum angelegt ist. Eine ähnliche Konzeption also, wie die der altrömischen Architektur entstammende »patio-Bauweise« der Spanier. Der Eingang von einer der Schmalseiten des rechteckigen Grundrisses ist auf Achse gestellt. Zum Hof hin öffnen sich balkonartige Räume in unterschiedlicher Größe. Die eine Längsseite zeigt eine Arkade, die gegenüberliegende einen breiten Raum, der durch Vorhänge verschließbar war. In allen Räumen halten sich Personen auf, teils ruhig sitzend, teils in lebhaftem Gespräch. Die Darstellung ist vereinfacht, gezeigt werden nur die Repräsentationsräume.

Auch eine andere Bilderhandschrift, der sogenannte Codex Mendoza, zeigt Palastarchitektur. Als Palast der Könige in Tenochtitlan wird ein zweistöckiges Gebäude abgebildet, dessen oberes Stockwerk weit zurückspringend dargestellt ist. Diese aus der Maya-Architektur bekannte Bauweise hatte statische Gründe und verhinderte den Zusammenbruch des unteren Bauteils. Das oberste Stockwerk zeigt uns einen Prunkraum, in dem auf einer Matte hockend ein Würdenträger dargestellt ist.

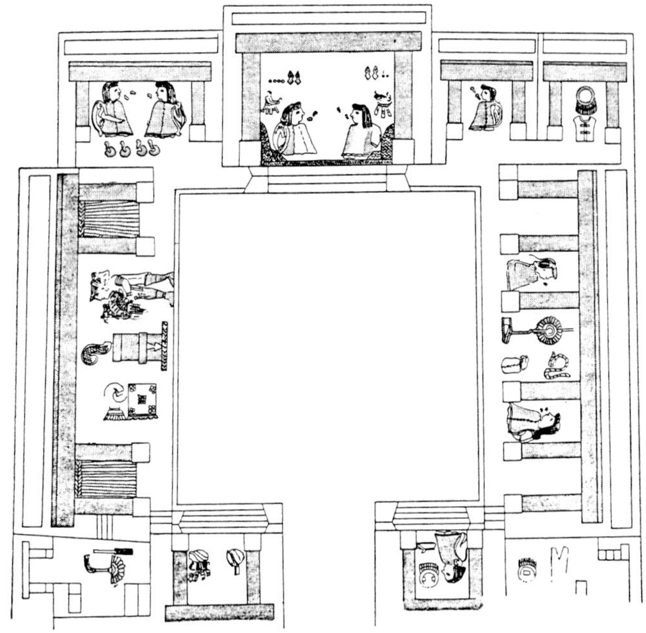

Abb. 115 Palast der Könige von Texcoco, Mapa Quinatzin

Die Chronisten der Eroberer schildern die Architektur der Paläste von Tenochtitlan mit überschwenglichen Worten. So schreibt der »Anonyme Eroberer«, daß der Palast des Motecuhzoma II. 20 Tore und 3 große Innenhöfe gehabt habe. Die Innenarchitektur habe aus Edelhölzern, Marmor, Porphyr und Jaspis bestanden, Böden und Wände seien mit Geweben aus Baumwolle und Federn verkleidet gewesen und fährt fort:

»In dieser Stadt waren und sind viele wunderschöne Häuser, die den Fürsten gehören. Sie waren riesig, hatten unzählige Räume, Gärten, und boten einen hinreißenden Anblick. Ich besuchte eins dieser Häuser, das des großen Herrschers Moctezuma, viermal nur aus dem Grund, es anzuschauen. Bei jedem Besuch mußte ich bis zur Erschöpfung laufen und doch habe ich noch nicht alles gesehen.

Üblicherweise waren in all diesen Fürstenpalästen riesige Räume und Hallen um einen Innenhof angelegt, und in einem dieser Paläste gab es eine Halle, groß genug, um 3000 Leuten bequem Platz zu bieten. Das Haus war so groß, daß auf dem Dach seines obersten Stockwerks 30 Reiter ›caña‹ (eine Art Polo) *spielen könnten, als ob sie auf einem großen Platz wären.«*

Zwei Quellen aus Tezcoco beschreiben uns den Palast des dortigen Königs:

Um einen gewaltigen Hof gruppiert sich eine ungeheure Zahl von Räumen, die nicht näher bezeichnet wird. Gegenüber dem Eingang befindet sich erhöht der Thronraum, in dem der Herrscher Audienzen hielt. Erwähnt sind außerdem ein Gerichtssaal, Waffenarsenale, ein Saal für Musikanten und Räumlichkeiten für die Gäste, bzw. die Tributpflichtigen. Deswegen werden Magazinkammern aufgeführt, in denen die Abgaben und Schätze fremder Völker gespeichert wurden.

Erhalten haben sich solche Anlagen naturgemäß in keinem der aztekischen Hauptorte, nur in der Provinz, in dem Örtchen Chiconauhtla sind Paläste bescheideneren Umfangs stehengeblieben. Auch hier handelt es sich um den typischen Grundriß eines »Patio-Hauses«, dessen überdachte Raumgruppen um Höfe herum angelegt sind. Interessant ist bei allen Beispielen oder Beschreibungen solcher Paläste, daß die Kammern über keinen Hinterraum verfügen, wie das bei den uns erhaltenen Palästen des Maya-Gebietes üblich ist. Generell aber kann man feststellen, daß der Typus solcher Wohn- oder Repräsentationspaläste unverändert aus der klassischen Zeit des Hochlandes (Teotihuacán) abgeleitet ist und dem gleichen Typus wie diese entsprechen. Auch in Xochicalco hat sich ein Palast erhalten, der diesem Grundmuster im wesentlichen entspricht. Er war nur kleiner, da er offenbar keinen besonderen repräsentativen Anforderungen zu genügen hatte. Ein weiteres Charakteristikum dieser Paläste dürfte die äußerst verwinkelte Anordnung der Räume zueinander gewesen sein. Dies geht zwar aus den Beschreibungen nicht eindeutig hervor, aber die wenigen erhaltenen Beispiele zeigen uns, daß es sich um den gleichen Gebäudetyp handeln muß. Auch die Konstruktion der Stockwerke auf dem Erdgeschoß spricht dafür, daß die Azteken über kaum mehr statische Kenntnisse verfügten, als die Maya, und das weite Zurückspringen der Obergeschosse war eine »erdbebensichere Lösung«. Betrachtet man die Darstellungen solcher aztekischen Paläste in den Codices als verbindlich, und glaubt man den Beschreibungen, so waren die

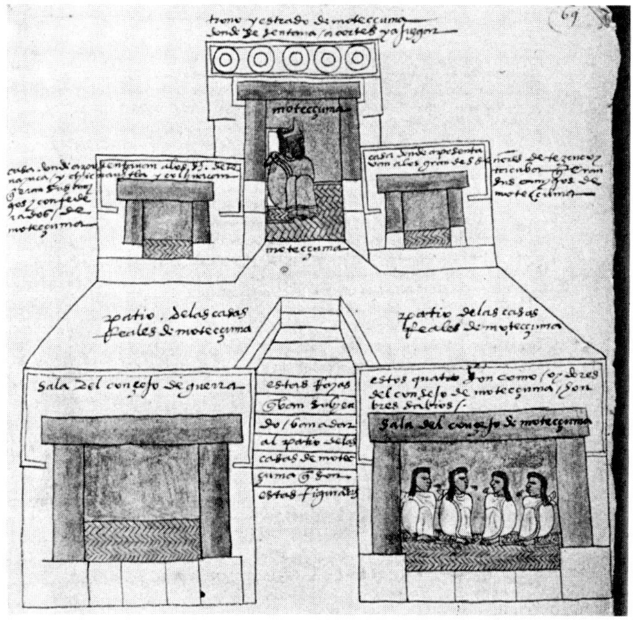

Abb. 116 Palast des Motecuhzoma, Codex Mendoza, Oxford, Bodleian Library

Paläste von Tezcoco und Tenochtitlan allerdings betont axial auf den Eingang ausgerichtet, ganz im Unterschied zu den Palästen der Maya und den von diesen beeinflußten Anlagen des klassischen Hochlandes, die die Eingänge aus der Achse verschoben und in einen verwinkelten Flur ins Innere leiteten. Auch der Palast auf dem Monte Albán zeigt dieses Charakteristikum, und man nimmt an, daß es sich dabei um einen Wind- oder Sichtschutz handelt. Die oft schwer zu entscheidende Frage, ob es sich bei diesen Palästen der klassischen Kulturen um Wohn- oder Zeremonialanlagen gehandelt hat, kann in diesem Zusammenhang nicht diskutiert werden.

Wesentlich genauer sind wir über die aztekische Tempelarchitektur informiert. Auch sie folgt in generellen Zügen ihren Vorbildern aus den klassischen Zeiten des Tief- und Hochlandes, weist aber doch erhebliche Unterschiede auf. Allen mittelamerikanischen Hochkulturen gemeinsam ist die Vorstellung vom Tempel als einem »Heiligen Berg«. Der oft laienhaft vorgenommene Vergleich der mexikanischen Tempelpyramiden mit den Pyramiden

Altägyptens ist in jeder Weise unsinnig. Während es sich hier um Unterbauten für Tempel handelt, sind es dort Grabmäler. Die Form der mittelamerikanischen Tempelpyramide ist bedingt durch die kosmologischen Vorstellungen dieser Kulturen von Himmel und Erde. Während in den Kulturen des Alten Orients der Himmel als ein Gewölbe über der scheibenförmigen Erde gedacht wurde, stellt sich in Amerika der Himmel als die Spitze eines Berges dar. Indem man die Tempel auf Berge stellte, bzw. künstliche Berge (Tempelpyramiden) errichtete, kam man dem Himmel näher und hob den Kultbau auf diese Weise aus der Sphäre des Profanen heraus. Diese Vorstellung des Tempels als »Heiligem Berg« ist besonders im Zusammenhang mit dem Haupttempel von Tenochtitlan nachweisbar (s. dazu der Beitrag »Templo Mayor«).
Zu dieser inneren Begründung für den Tempel auf dem Heiligen Berg kommt eine äußere hinzu, die in der Funktion des Bauwerkes liegt. Die Kulthandlungen, die auf der Spitze der Tempelplattform vollzogen wurden, waren mythologische Schauspiele, die wesentliche Ereignisse im Götterhimmel oder kosmologische Vorgänge augenfällig darstellten. Die Bevölkerung, die solchen Kulthandlungen beiwohnte, hatte zu den Tempeln ja keinen Zutritt, sondern nahm an dem »Gottesdienst« im Freien teil. Da sich die Kulthandlung weit oben über ihren Köpfen abspielte, war sie für jedermann gut sichtbar und nachvollziehbar. Der Chronist Durán berichtet in seiner Schilderung des Mythos um den Haupttempel von Tenochtitlan, daß man ihn sich als den »Coatepec« vorstellte, den »Schlangenhügel«, wo der Stammesgott Huitzilopochtli geboren wurde, und wo sich der mythische Urkampf zwischen ihm und seiner Halbschwester Coyolxauhqui ereignete. Dieser Kampf wurde kosmologisch verstanden und sein Resultat war die Entstehung der Hauptgestirne, Sonne und Mond. Dieses Ereignis wurde bei der Kulthandlung immer wieder beschworen, und durch den Vollzug des Opfers wurde der Bestand der kosmischen Ordnung garantiert. Um die Sonne in Bewegung zu halten, bedurfte es des Menschenopfers, sonst wäre die Welt nach dem Glauben der Azteken in Finsternis und Kälte versunken.
Aus diesen Vorstellungen resultiert die Form der Tempelpyramide als einem riesigen Stufenbau, dessen Stufen die Götter besteigen konnten. Auch die Anzahl der Stufen, die zum Gipfel der Tempelpyramide emporführten, kann mythologisiert werden: So finden wir oft, daß das Bauwerk 9 Terrassen und in Einzelfällen (Chichen Itza) 365 Treppenstufen aufweist, um den Zyklus des Sonnenjahres darzustellen. Diese Vorstellungen haben Vorläufer, die zumindest bis in die Zeit der stammesverwandten Tolteken zurückgehen. Aussagen über die Verhältnisse der klassischen Phase des Hochlandes lassen sich nicht machen, da wir die kosmologischen Vorstellungen dieser Zeit nicht im einzelnen kennen.

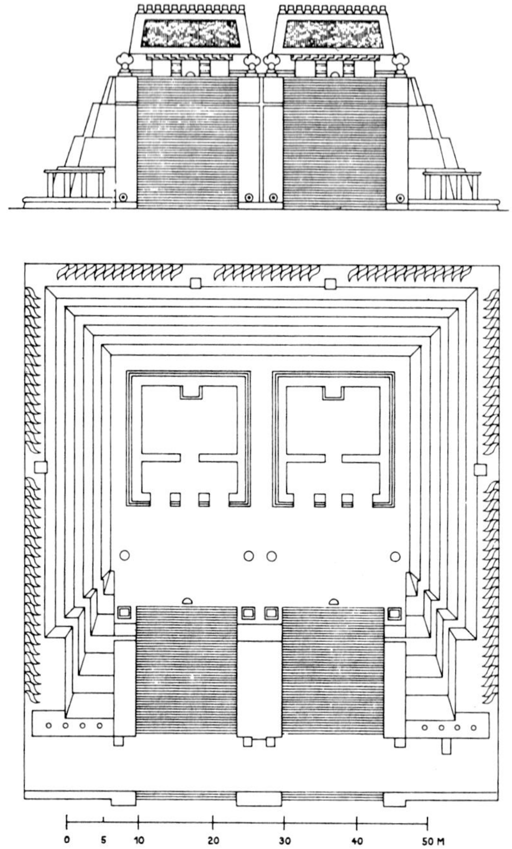

Abb. 117 Tenayuca, Aufriß und Grundriß des Doppeltempels

So ist klar, daß sich die Form des aztekischen Tempels nach seiner religiösen Funktion definiert, aber die Azteken haben solche Formen ganz klar nicht nur übernommen und weitergeführt, sondern sehr eigenständige Vorstellungen verwirklicht. So ist vor allem die Doppelpyramide ein Bautyp, den die früheren Kulturen Mexikos niemals kannten. Der Hintergrund für diese Bauform ist die Tatsache, daß der Azteke nicht mehrere Götter in einem Tempel verehren konnte, sondern jeder Gott einen separaten Bau für sich benötigte. Der Ritus war speziell auf einen Gott abgestimmt und konnte nicht für mehrere

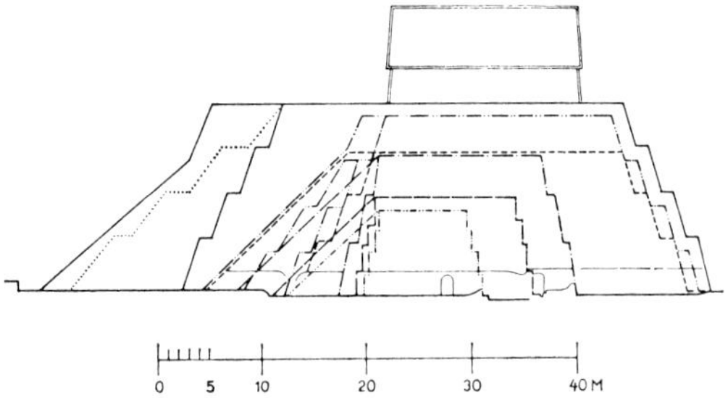

Abb. 118 Tenayuca, Schnitt zur Kennzeichnung der verschiedenen Bauphasen

Abb. 120 »Castillo de Teayo«

Götter unter einem Dach vollzogen werden. Da der aztekische Kult aber zwei gleichrangige Hauptgötter, Huitzilopochtli und Tlaloc kannte und gleich behandeln mußte, ergab sich die Notwendigkeit für diese Bauform. Zwei Tempelpyramiden werden mit ihren Schmalseiten aneinandergebaut und haben mithin eine gemeinsame Plattform. Auf dieser aber stehen zwei separate Tempel, und jeder Tempel verfügt über einen eigenen Treppenaufgang.

Der besterhaltene Bau dieses Typs ist der von Tenayuca, am Stadtrand von Mexiko-Stadt gelegen. Nach den Ausgrabungsergebnissen ist sicher, daß dieser Bau sechsmal ummantelt wurde und die früheste Anlage im Inneren voraztekisch ist. Der Mythos schreibt seine Errichtung den Chichimeken und ihrem legendären Führer Xolotl zu. Hieraus wird oft der Schluß gezogen, daß der Doppeltempel gar keine Erfindung der Mexica gewesen sei, sondern schon vorher von stammesverwandten Nahua-Völkern erdacht wurde. Tatsächlich aber stehen die sogenannten Chichimeken und Xolotl den Mexica ethnisch und zeitlich so nahe, daß eine solche Differenzierung weder möglich noch nötig ist. Für die späteren Phasen dieses und anderer Tempel jedenfalls wurde allein das Baumuster des Großen Tempels von Tenochtitlan verbindlich, der seit der Mitte des 15. Jahrhunderts zum wichtigsten und großartigsten Staatsbauwerk des Aztekenreiches ausgebaut wurde. Auch die

Abb. 119 Tenayuca, Doppelpyramide

Abb. 121 Santa Cecilia Acatilan, Tempelpyramide, Rekonstruktion

mehr oder weniger gut erhaltenen Tempel von Sta. Cecilia, Tlatelolco, Teopanzolco und Tenayuca folgen diesem Beispiel. Dieser Vorgang ist symptomatisch für den imperialen Machtanspruch und den ausgeprägten Zentralismus der Mexica in Kult und Verwaltung. Aus naheliegenden Gründen haben sich auch bei stehengebliebenen Tempeln wie Tenayuca die Heiligtümer auf der Tempelpyramide nicht erhalten. Sie wurden von den Spaniern auf jeden Fall zerstört, auch wenn das Bauwerk als solches nicht eingeebnet oder von einer Kirche überbaut wurde.

Lediglich in der Provinz, an Plätzen, die die Spanier nicht interessierten, haben sich solche Sakrarien erhalten. Das ist z.B. der Fall in Castillo de Teayo/Veracruz oder in Huatusco, wo aber die Dächer der bescheidenen Anlagen mit Holz und Stroh eingedeckt waren. Nach solchen Beispielen konnte der kleine Tempel in Sta. Cecilia rekonstruiert werden, und man wird sich auch die Hochheiligtümer des Templo Mayor ähnlich vorzustellen haben, entsprechend seiner Bedeutung natürlich viel aufwendiger. Nach dem Augenschein haben diese Tempel mit ihren Vorgängern z.B. bei den Mayas eines gemeinsam: Die Bauten sind rein auf Fassade angelegt, die voluminösen Mauern tragen einen gewaltigen Dachaufbau, der mit den Symbolen des betreffenden Gottes verziert war. Der umbaute Raum scheint bei den Überlegungen der aztekischen Architekten nur eine untergeordnete Rolle gespielt zu haben, wie das Verhältnis der Baumasse zu den winzigen Innenräumen zeigt. Diese Bauauffassung steht in krassem Widerspruch zu der ihrer unmittelbaren Vorgänger, der Tolteken. Diese errichteten Tempel, deren Inneres eine große Pfeilerhalle war. Vielleicht deutet das auf eine Veränderung der Kultpraxis hin, die bei den Tolteken mehr den Innenraum des Tempels beanspruchte, während bei den Azteken die wichtigste Kulthandlung, das Opfer, im Freien vor dem Tempel auf der Plattform stattfand.

Abb. 122 Calixtlahuaca, Rundtempel des Quetzalcoatl

Ausgenommen von dem Diktat des Templo Mayor waren Sonderformen, wie Rundtempel, die ihre Heimat offensichtlich an der Golfküste hatten. In den Tempeln, die auf solchen runden Plattformen standen, wurde ein alter huaxtekischer Windgott verehrt, der sich in der religiösen Vorstellung dieses Volkes anscheinend in der Form eines Wirbelwindes oder einer Windhose manifestierte. Das Naturereignis wurde durch die runde Form der Plattform nachgeahmt. Dieser Windgott ist von den Azteken unter dem Namen Ehecatl in ihr Pantheon aufgenommen worden und wurde mit Quetzalcoatl gleichgesetzt. Der schillerndste aller aztekischen Götter, mit dem uralten Göttersymbol der „Gefiederten Schlange" vereint, hatte eine große Anzahl Gottesvorstellungen in sich aufgesogen, die den Azteken fremd waren, von ihnen aber in den eroberten Gebieten vorgefunden wurden. So finden wir solche Rundtempel logischerweise im Gebiet der Golfküste, wie in Cempoala, aber auch im zentralen Hochland von Mexiko, so in Calixtlahuaca. Rein formal sind die runden Plattformen interessanterweise die ältesten Tempelbauten überhaupt. Die Olmeken der Golfküste errichteten ihre Tempel auf runden Erdaufschüttungen und auch der älteste Tempelbau des Hochlandes in Cuicuilco hat diese runde Form. Kleinere Bauten dieses Typs kommen in fast allen größeren Tempelbezirken vor, so finden wir einen kleinen Rundtempel auch in Tlatelolco, gleich neben der Haupt-Tempelpyramide gelegen.

Die heute als Ruinen erhaltenen Tempel vermitteln generell nur eine sehr unvollkommene Vorstellung von ihrem einstigen Aussehen, weil die Bemalung fehlt. Die aus mehr oder weniger groben Steinschichtungen und -platten aufgerichteten Plattformen waren regelmäßig mit einer dicken Schicht von weißem Kalkverputz versehen. Der Verputz strahlte im hellen Lichte Mexikos so intensiv, daß die Spanier bei ihrem Anblick zunächst meinten, die Tempel seien aus Gold und Silber. Auf diesen weißen Kalkputz waren je nach dem verehrten Gott die unterschiedlichsten Farben aufgemalt. Zum Schmuck der aztekischen Tempel gehörten außerdem

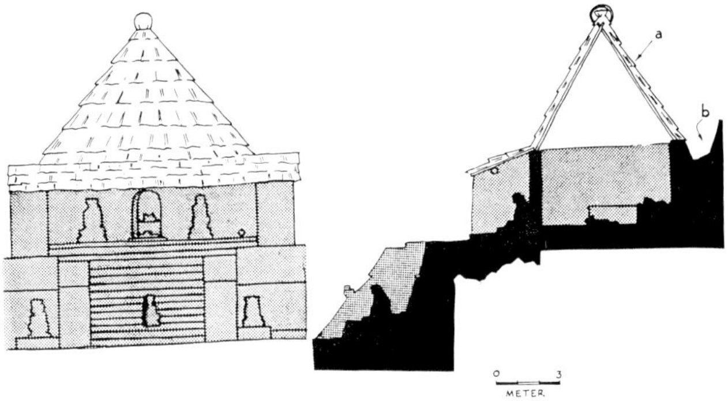

Abb. 123 Schnitt durch den Tempel von Malinalco

Abb. 124/125 Felsheiligtum von Malinalco mit rekonstruiertem Dach

regelmäßig Darstellungen der Himmelschlange, Xiuhcoatl, deren Kopf die Seiten der Treppenaufgänge und oft auch den ganzen Baukörper schmückte (Kat. 142). Die bei allen aztekischen Tempeln notwendigen Paraphernalia waren außerdem Standartenträger in Form von männlichen Steinfiguren, die in ihren Händen eine Fahnenstange hielten und große Feuerbecken. Sie hatten oft die äußere Form des sogenannten »Jahresbündels«. Außerdem befand sich auf der Höhe der Tempelplattform der Opferstein, dessen Form je nach Art des Opfervorganges verschieden sein konnte.
Eine weitere Sonderform des aztekischen Tempels war der Felsentempel. Dieser geht mit Sicherheit nicht auf die religiöse Vorstellungswelt der Mexica zurück, sondern gehört zum uralten religiösen Gut der archaischen Kulturen und wurde von den Azteken nur weiter benutzt. Es gibt Hinweise darauf, daß die Azteken den alten Kultzusammenhang solcher Bauten noch kannten und nachvollzogen.
Derartige Felsenheiligtümer, die fast immer in Verbindung mit einer natürlichen, manchmal auch künstlich angelegten Höhle standen, sind wohl die älteste Tempelform, die wir in Mexiko nachweisen können. Nach Ausweis der Felsreliefs von Chalcatzingo im gebirgigen Hochland von Mexiko verehrten bereits die Olmeken in solchen Anlagen eine Erd- und Muttergottheit. Diese uralte Fruchtbarkeitsgottheit war anscheinend weiblich definiert und wurde in der Form der Erdkröte, oft auch des Jaguars dargestellt. Solche Elementargottheiten der Vorzeit waren den Azteken offenbar bekannt, standen aber nicht im Mittelpunkt ihres Kultes. Die Mexica, wie

Abb. 126 Malinalco, das Innere des Felsheiligtums

alle vor ihnen nach Mexiko eingewanderten Nahua-Völker verehrten erstrangig Astralgottheiten, räumten aber den alten Elementargottheiten der theokratischen Kulturen einen Platz in ihrem Religionssystem ein. Offenbar muß man auch Unterschiede machen zwischen den Kultpraktiken der aztekischen Elite, d.h. den sozial führenden Schichten der Krieger und Herrscher und dem Volksglauben. Die Hochreligion war eindeutig auf den Stammesheros Huitzilopochtli als Sonnenwesen oder den Morgenstern ausgerichtet, während das bäuerliche Volk die für sie wichtigeren Elementargötter in Form von Naturerscheinungen verehrte. Diesen Volksglauben scheinen die ansonsten autoritären und unduldsamen Mexica toleriert und sogar unterstützt zu haben.

Welchen Stellenwert in diesem Zusammenhang ein Felsheiligtum wie das von Malinalco hat, ist äußerst zweifelhaft. Wahrscheinlich ist die später künstlich erweiterte Felshöhle, die das Innere des Tempels bildet, bereits seit uralten Zeiten die Verehrungsstätte einer Erd- und Muttergottheit gewesen, sie wurde von den Azteken aber umfunktioniert. Die Tempelanlage, hoch am Berg gelegen, scheint in die spätere Zeit der politischen Entwicklung der Azteken zu gehören und hat mit Sicherheit nur noch ganz am Rande mit der Verehrung einer Erdgottheit zu tun. Formal aber ist der Zusammenhang des Heiligtums mit denen der Olmeken-Zeit (s. Chalcatzingo) gewahrt, denn den Eingang zum Haupttempel bildet die riesige Maske eines Jaguar-Schlangenmonsters, durch dessen weit aufgerissenes Maul man den Tempel betritt.

Der Baubeginn für die aztekische Anlage ist überliefert: Das letzte Jahr der Regierung Ahuizotls, 1501. Arbeiter und Handwerker wurden aus der 120 km entfernten Hauptstadt gebracht; ein Zeichen für die große politische Bedeutung, die man der Anlage zumaß. Malinalco sollte das Denkmal der Mexica-Herrschaft über die Matlazinken werden, ein unbeugsames Volk, das sich nie den Azteken unterwarf, ununterbrochen Aufstände unternahm, die Tribute verweigerte und das aztekische Militär dauernd in Atem hielt. So ist die militärische Betonung der Anlage offensichtlich. Im Inneren des Tempels läuft eine Bank um, die mit steinernen Adler- und Jaguarbälgen geschmückt ist. In der Mitte befindet sich ein Opferstein in Form eines Adlers. Eine Öffnung im Fußboden macht deutlich, daß es sich um eine Opferstätte handelt.

Die Ideologie der Adler- und Jaguarkasten war nur auf den Krieg und den Soldatentod ausgerichtet. Der im Kampf getötete Soldat wurde zum Gott, und diese Bestimmung wurde als Lebensziel gesehen. In keiner anderen Kultanlage Mexikos wird diese Gesinnung so deutlich manifestiert, wie in Malinalco. Der Kult scheint hier ausschließlich den vergöttlichten toten Kriegern gegolten zu haben, personifiziert durch Adler und Jaguar. Krickeberg weist darauf hin, daß eine Verbindung dieses Soldatenkultes mit einem chthonischen Kult an dieser Stelle sichtbar wird. Form von Tempel und Opferstätte zeigen uns den einmaligen Fall, wo ein »moderner« Kultaspekt der Mexica den uralten Kult einer Erdgottheit (vielleicht Tepeyollotli) überlagert und vereinnahmt hat.

Nur mittelbar in den Bereich der Architektur gehören weitere Anlagen, in deren Zentrum Felsreliefs stehen. Von der einst vorhandenen Architektur ist kaum mehr etwas erhalten, und sie dürfte auch kaum sehr umfänglich gewesen sein.

Es ist überliefert, daß Bischof Zumarraga 1539 anordnete, ein Heiligtum auf dem Chapultepec zu zerstören, und dies wurde gründlich besorgt. Der Hügel war seit alten Zeiten Natur- und Elementargottheiten heilig, und die Mexica hatten dort eine Kultstätte für ihre Herrscher errichtet. Das geschah sicher eingedenk der eigenen Geschichte, denn die Mexica wurden bei ihrer Einwanderung hier erstmals seßhaft.

Immer noch umstritten ist die Entstehungszeit und damit die Bedeutung der Felsreliefs vom Cerro de la Malinche, Tula. Deutlich dargestellt ist hier der berühmteste aller Tolteken-Herrscher, Ce Acatl Topilztin, der den Beinamen Quetzalcoatl trug. Nach Ausweis einer Darstellung auf einem der Pfeiler des Morgenstern-Tempels in Tula trug er die gefiederte Schlange als ihm eigenes Trachtdetail im Kopfputz. Stilistische Untersuchungen haben inzwischen ergeben, daß die Darstellung zweifelsfrei aus der Azteken-Zeit stammt. Wahrscheinlich sind die Felsreliefs der Zeit Motecuhzomas I. oder seines Nachfolgers Ahuizotl zuzuschreiben. Der Grund für diese Gedenkdarstellung kann nur das historische Bewußtsein der Azteken-Herrscher gewesen sein, die großen Wert darauf legten, sich, ihre Dynastie und ihre Zivilisation auf die Tolteken zurückzuführen. Ob die Anlage vom Cerro de la Malinche überhaupt eine Kultstätte im engeren Sinne gewesen ist oder nicht, läßt sich genauso wenig feststellen, wie das Vorhandensein größerer Steinarchitektur.

Eine eigentümliche und immer noch umstrittene Anlage ist Tetzcotzingo. Sie befindet sich auf einem kleinen Hügel wenige Kilometer südöstlich der Stadt Texcoco und ist bekannt unter der populären Bezeichnung »Bad des Königs« oder »Azteken-Bad«. Auch hier haben sich Felsreliefs erhalten, die offensichtlich Wasser- oder Fruchtbarkeitsgottheiten darstellen. Außerdem sind in dem felsigen Untergrund Wasserkanäle, Abläufe und kleine Fallbecken eingearbeitet, so daß wir annehmen können, Wasserspiele in Form eines Nymphäums vor uns zu haben. Tiefe Bohrlöcher implizieren außerdem, daß in die Felsen Balken eingelassen waren, die sicher zur Dachkonstruktion eines hölzernen Tempels gehört haben.

So wenig heute noch von der einstmals ausgedehnten Anlage zu sehen ist, wissen wir doch aus diversen Beschreibungen, daß es sich um eine weithin berühmte Park- und Gartenanlage gehandelt hat. Seltene Pflanzen und exotische Tiere haben sich dort befunden, und die ganze Anlage scheint eher eine Art Lustgarten mit Zoo gewesen zu sein als eine Kultstätte im strengeren Sinne. Die ausführlichsten Berichte über diesen Platz haben wir von einem Chronisten, der allerdings das Ganze nur in zerstörtem Zustand kennengelernt hatte, Fernando Alva Ixtlilxochitl. Dieser führte seine eigene Genealogie auf die Herrscher von Texcoco zurück und bekundete deswegen besonderes Interesse an historischen Tatsachen und Bauten seiner Heimatstadt. Er berichtet, daß man mit dem Bau der Anlage im Jahre 1455, zur Feier des 52. Geburtstages von Nezahualcoyotl begonnen hatte und 12 Jahre zu ihrer Fertigstellung brauchte: *». . . das restliche Gebiet dieses Waldes war bepflanzt mit verschiedensten Bäumen und süß duftenden Blumen. Darin befand sich eine Vielzahl von Vögeln mit Ausnahme derer, die der König in Käfigen hielt. Sie sangen so schön und laut, daß die Menschen ihr eigenes Wort nicht mehr verstehen konnten.«* Auf diesen Autor gehen auch die Bezeichnungen »Bad der Königin« und »Bad des Königs« zurück.

Auch die Mapa Quinatzin, die sich fast ausschließlich mit dem Königreich von Texcoco befaßt, zeigt eine Szene, die unsere Gartenanlage meinen könnte. Man sieht hier Gärtner mit verschiedenen Nahrungspflanzen und medizinischen Kräutern hantieren.

Auch in diesem Fall ist die Entstehungszeit der Reliefs umstritten. Es erscheint aber kaum vorstellbar, daß sie von den Azteken stammen, die zu Nezahualcoyotl ein gestörtes Verhältnis hatten, da er in starkem Gegensatz zu ihnen stand. Vor allem über Götter und Opfer hatte er grundsätzlich andere Ansichten.

IV. SCHRIFT UND LITERATUR

Viola König

Die altmexikanische Bilderschrift

Die Beschäftigung mit den Schriftsystemen Altmexikos erfordert eine kurze Erläuterung des Begriffes »Schrift«. Alle sogenannten Hochkulturen besaßen Schriftsysteme, mittels derer wichtige Daten fixiert wurden und somit das Gedächtnis entlastet werden konnte. Unsere detaillierten Kenntnisse über die alten Kulturen in Ägypten, Mesopotamien, China und Indien verdanken wir vor allem der Tatsache, daß geschichtliche Ereignisse, Sitten, Gebräuche, Gesetze, religiöse Vorstellungen, aber auch Listen und Berechnungen schon sehr frühzeitig festgehalten wurden. Die Altertumswissenschaften haben Methoden entwickelt, mit denen die Schriftsysteme längst untergegangener Kulturen entziffert und ihre schriftlichen Hinterlassenschaften wieder »gelesen« werden können. Die Ergebnisse der Entzifferung werden für die altweltlichen Kulturen wie selbstverständlich hingenommen.

Wie mühselig und schwierig der Entzifferungsprozeß in Wirklichkeit ist, wird besonders daran deutlich, daß die Decodierung der Mayaschrift bis heute noch nicht abgeschlossen ist.

Nicht nur im Mayagebiet, sondern im gesamten mesoamerikanischen Raum wurden in vorspanischer Zeit Schriftsysteme verwendet, die sich alle auf dieselbe Wurzel zurückführen lassen.

Die Anfänge: Archäologischer Nachweis

Das erste Stadium der Entwicklung von Schrift und Kalender im Alten Mexiko läßt sich nicht exakt datieren. Nach dem derzeitigen Forschungsstand stammen die Vorläufer der später entwickelten Hieroglyphen aus dem letzten Jahrtausend vor Chr. und sind der *olmekischen* Kultur (ca. 1000–300 v. Chr.) zuzuschreiben. Noch immer stark olmekisch beeinflußt sind die Symbole auf Stelen und Reliefs (»Danzantes«) der ersten Phase von Monte Alban, Oaxaca (ca. 800–300 v. Chr.). Spätestens ab dieser Phase entwickelt sich die Schrift in drei Zweigen weiter.

Während der klassischen Zeit (300–950 n. Chr.) lassen sich voneinander unterscheiden:

1. die Mayaschrift im Maya-Tiefland,
2. das zapotekische Schriftsystem in Monte Alban, Oaxaca,
3. die Hieroglyphen von Teotihuacan im Hochtal von Mexiko.

In der klassischen Zeit scheint man bereits Papier aus plattgeschlagenen Rindenfasern hergestellt und bemalt zu haben. Hinweise dafür gibt es durch Funde von Steinschlägeln zur Bearbeitung der Rindenfasern, Wandmalereien und polychromer Keramik. Die Mixteken, die die Bilderschrift in ihren Faltbüchern *(Codices)* schließlich zur Blüte brachten, scheinen von den Traditionen des klassischen Teotihuacan beeinflußt gewesen zu sein, was nicht sehr verwunderlich ist; denn die Präsenz mixtekischer »Gastarbeiter« – Facharbeiter und Handwerker mit Spezialkenntnissen – ist in Teotihuacan archäologisch nachweisbar.

Die mexikanischen Faltbücher (Codices)

Die mexikanischen Codices sind lange leporelloartig gefaltete Alben aus *Amate*-Papier (Rinde einer Ficusart oder Agavenfasern) oder Hirschleder.

Für die Bemalung wurden sie mit einer Schicht aus feingemahlenem Kalk oder anderen weißen Mineralien überzogen. Diese Stuckschicht diente als Grundierung für die eigentliche Bemalung; vorgezeichnete Konturen wurden schwarz nachgezeichnet und anschließend farbig ausgemalt.

Es muß im vorspanischen Mexiko eine große Anzahl solcher Codices gegeben haben, denn die indianischen Chronisten berichten von »Häusern für Bilderbücher«, also Bibliotheken. Diese wurden während der spanischen Eroberung zerstört und die Codices als ›Teufelswerk‹ verbrannt. Was nicht der Conquista zum Opfer fiel, verschwand noch vier Jahrhunderte später in den Wirren der mexikanischen Revolution. Heute existieren nur noch 14 rein vorspanische Codices, die über die ganze Welt verteilt sind, die meisten befinden sich in Europa.

Auch nach der Eroberung wurde die indianische Bilderschrift noch kurze Zeit benutzt, doch veränderte sie sich rasch unter europäischem Einfluß.

Anstelle des Tierleders und der einheimischen Rinden wurde in der Kolonialzeit die Verwendung von Baumwolltüchern, spanisch *lienzo,* üblich, die nicht mehr gefaltet, sondern nun gerollt werden konnten. Man nähte mehrere Tücher aneinander und trug über die gesamte Fläche verteilt die Darstellungen auf. Die meist großformatigen Dokumente (ca. 3,50 × 3,50 m) wurden, wie das Material, generell als *Lienzos* bezeichnet.
Aus der Kolonialzeit existieren heute noch etwa 500 bilderschriftliche Dokumente: Codices, Lienzos und europäische Alben. Sie befinden sich nicht nur in europäischen und nordamerikanischen Museen, sondern in großer Zahl auch in mexikanischen Archiven. Unbekannt ist, wieviele – noch unentdeckt – in indianischen Gemeinden aufbewahrt werden.

Probleme der Entzifferung

»Ich singe die Bilder aus den Büchern vor,
ich entfalte sie,
ich bin jener blühende Papagei,
der die Codices zum Sprechen bringt,
drinnen im Bilderhaus.«

(Cantares Mexicanos)

Im Codex Florentino ist festgehalten, wie der Inhalt der Codices vorgetragen wurde: Sie wurden in voller Länge aufgeschlagen und der Inhalt von dem Interpreten in einer Art Sprechgesang vorgetragen. Dabei dienten ihm die Abbildungen als Notizen, aufgrund derer er seinen individuellen Text formulierte. Die Codices wurden von Spezialisten abgefaßt – den *Tlacuilos* – und von Spezialisten interpretiert und vorgetragen – den *Tlamatinis.*
Ohne deren fundierte Kenntnisse war weder das Abfassen noch das Vortragen der Codices möglich. Der oben beschriebene Prozeß der Decodierung ist nicht mit unserem »Lesen« zu verwechseln. Wir können unsere Schrift »lesen«, ohne den Inhalt zu verstehen. Dies ist mit der altmexikanischen Bilderschrift nicht möglich. Insbesondere die Inhalte der vorspanischen Codices waren größtenteils *sprachunabhängig,* also nicht automatisch lesbar wie unsere Schrift. Hinzu kam, daß der Interpret bei der Decodierung den Code ständig wechseln mußte. Um dennoch eine exakte Interpretation zu gewährleisten, mußten sich Tlacuilos und Tlamatinis vermutlich auf bestimmte Fachgebiete spezialisieren. Der inhaltliche und stilistische Vergleich der mixtekischen Codices weist denn auch auf die Existenz verschiedener »Codexschulen« hin.

Herkunft und Inhalt der vorspanischen Codices

Auf die drei noch vorhandenen Mayacodices soll hier nicht eingegangen werden. Zu erwähnen sind dagegen die mixtekischen Bilderhandschriften; denn sie haben zweifellos – zumindest indirekt – auch die späteren aztekischen Codices beeinflußt.
Die mixtekischen Faltbücher weisen nicht nur den reinsten und klarsten vorspanischen Stil auf, sondern

◁ *Abb. 127*
Frau als Codexverfasserin, Codex Telleriano-Remensis

Abb. 128 Eine Malerdarstellung aus dem mixtekischen Codex Vindobonensis Mexicanus 1, Wien

gelten allgemein auch als die künstlerisch und ästhetisch schönsten.
Die stilistischen Unterschiede entsprechen oft den verschiedenen inhaltlichen Gruppen. Es gibt mixtekische Codices: kalendarisch-rituellen und religiösen, genealogischen und kartographischen sowie mythischen und historischen Inhalts.
Zwischen den einzelnen Gruppen kommt es zu inhaltlichen Überschneidungen.
Zu den aztekischen Handschriften zählen Tributlisten mit geographischen Angaben. Eine große – möglicherweise ideologisch begründete – Rolle spielten Ursprungslegenden und Wahrsagerei.

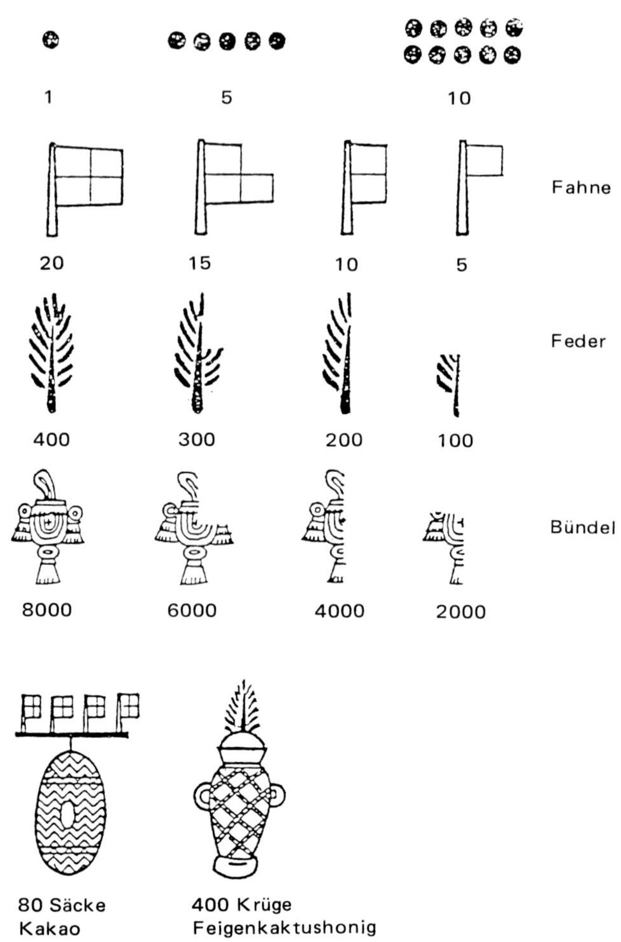

Abb. 129 Darstellung von Zahlen in aztekischen Bildhandschriften

Piktographie

Die mixtekisch-aztekische Bilderschrift bestand aus folgenden Elementen:
1. Darstellung von Zahlen.
2. Darstellung von Kalenderdaten.
3. Piktogramme (konkrete Darstellung von bekannten Objekten wie Bergen, Pflanzen, Tieren, Handlungsabläufen etc.). Die aztekischen Piktogramme sind für uns leichter identifizierbar als die stark standardisierten und stilisierten Zeichen in den mixtekischen Codices.

Abb. 130 Brennender, einstürzender Tempel als Zeichen für ›Eroberung‹ (Codex Mendoza)

4. Ideogramme (Piktogramme mit symbolischem Charakter, d.h. nicht der konkret dargestellte Gegenstand ist gemeint, sondern etwas ihm assoziiertes, z.B. Sprechblasen vor dem Mund = Rede; Mumienbündel = Tod, tot; gemeinsam badendes Paar = Heirat; brennender Tempel = Eroberung; an den Haaren gehaltener Mensch = Gefangennahme etc.).

Abb. 131 Die Zusammensetzung des aztekischen Ortszeichens Tochpan, (aus: Scharlau, B.: Wie lasen die Azteken?, Göttingen 1985)

5. Phonogramme (Lautzeichen, die *sprachabhängig* für einzelne Wörter, Silben und Vokale stehen). Phonogramme fanden Verwendung bei Personen- und Ortsnamen. In der mixtekischen Bilderschrift wurde insbesondere Gebrauch von der Vielzahl von Homonymen im Mixtekischen gemacht. Z. B. bedeutet *yodzo* sowohl »Federmatte« als auch »Ebene«. Eine stilisiert abgebildete Federmatte ist als Ortsnamensbestandteil nicht als Federmatte, sondern als Ebene zu interpretieren.
In der aztekischen Bilderschrift kürzte der Interpret imaginär die typischen aztekischen Substantiv-Endungen, wobei der gewünschte Vokal oder die gewünschte Silbe übrig blieben. Z. B. bezieht sich das Symbol eines stilisierten Wellenkamms auf das aztekische Wort *atl* (»Wasser«), kürzt man das Wort um die Endsilbe »tl«, bleibt der Vokal »a« übrig. Eine häufig im aztekischen vorkommende Silbe ist *toch*. Sie wurde das Bildzeichen eines Kaninchens (aztekisch *tochtli*) dargestellt. Das heißt, daß das Wort *tochtli* imaginär um seine Endsilbe gekürzt wurde. Auf diese Weise lassen sich auch mehrsilbige Wörter darstellen. Um den Ort *Tochpan* abzubilden, wurde über dem Kaninchen eine Fahne (aztekisch *pantli*) abgebildet. *Pan* ist ein Lokativsuffix etwa im Sinne von »auf«, »über«.

Das Ende der indianischen Bilderschrift

In der Zeit der kolonialen Übergangskultur – die Anfertigung von Lienzos wurde oben erwähnt – intensivierte sich zunächst die *sprachabhängige* Abbildung von Silbenkompositionen. Die spanischen Priester benutzten die Bilderschrift für die Vermittlung der christlichen Doktrin; die durch die spanische Krone eingesetzten Verwaltungsbeamten akzeptierten die Codices und Lienzos als Beweisdokumente für Territorial- und Herrschaftsansprüche der auch weiterhin amtierenden indianischen »Kaziken«. Damit war der Untergang der indianischen Bilderschrift aber schon eingeleitet. Die neuhinzukommenden europäischen Elemente setzten sich schnell durch. Die Alphabetisierung der aztekischen Sprache, kombiniert mit Illustrationen in europäischem Stil, machten schließlich die Herstellung und Verwendung der indianischen Bilderschrift im 18. Jahrhundert überflüssig.

Die aztekische Literatur

Im Jahre 1521 hatten die spanischen Eroberer unter der Leitung ihres Anführers Hernan Córtes endgültig die aztekische Hauptstadt Tenochtitlan eingenommen und damit nicht nur das Ende der Aztekenherrschaft, sondern auch den Untergang aller zeitgenössischen Indianerkulturen eingeleitet.
Während die indianischen Kulturträger von den spanischen Eroberern in großer Zahl getötet und ihre materiellen Hinterlassenschaften wie Architektur und Kunst gewaltsam zerstört wurden, vollzog sich das Auslöschen der geistigen Kultur vor allem durch die unmittelbar nach der Eroberung einsetzende christliche Missionierung der überlebenden Indianer. Aber auch dabei wurde mit gewaltsamen Mitteln vorgegangen. Dem alten Glauben anhängende Indianer wurden hingerichtet oder zumindest hart bestraft und die indianischen Bücher verbrannt. So wurde der Inhalt ganzer Bibliotheken, z. B. das berühmte Archiv von Tezcoco, zerstört; denn nach Ansicht der katholischen Priester enthielten die indianischen Schriften gefährliches ›Teufelswerk‹.
Erst nachdem schon fast alles verbrannt war, besannen sich einige wenige spanische Priester doch noch darauf, daß die verbrannten Bücher auch für die spanischen Eroberer von Wert gewesen wären, enthielten sie doch nicht nur religiöse, sondern auch historische, administrative und andere wichtige Daten, die für die neue spanische Verwaltung von Wichtigkeit bei der Regierung der Kolonie gewesen wären. Sogar die Bücher mit rein religiösem Inhalt hätten den spanischen Priestern bei der Missionierung dienen können. Als dies einigen Missionaren bewußt wurde, war es fast schon zu spät.
Wenn wir heute trotz der radikalen Zerstörung der alten Kulturen das vorspanische Mexiko in groben Zügen rekonstruieren können, so verdanken wir dies in bedeutendem Maß den Erkenntnissen der modernen Archäologie.
Dank der schon erwähnten wenigen spanischen Priester – wie z. B. Fray Bernardino de Sahagun – haben wir heute die Möglichkeit, die Aussagen der Archäologie zu bestätigen, zu ergänzen oder zu korrigieren. Kurz bevor die letzte vorspanische Handschrift verbrannt und der letzte greise Indianer, der noch das Aztekenreich selbst in der Blüte erlebt hatte, gestorben war, wurden noch im 16. Jh. gerettete indianische Schriften interpretiert und alte indianische Informanten über das untergegangene Azte-

kenreich befragt, so daß Werke wie die des Sahagun die Möglichkeit eröffnen, die aztekische Kultur und die ihrer benachbarten Zeitgenossen auch aus indianischer Sicht darzustellen.
Aufgrund der Auswertung solcher Quellen sollen in diesem Kapitel die indianischen Vertreter der untergegangenen Kulturen selbst zu Wort kommen: die aztekischen Dichter, Chronisten und Herrscher.
Einige erläuternde Bemerkungen sind notwendig, um dem Leser einen Einblick in die fremde Geisteswelt zu ermöglichen.

Die Quellen

»Niemals wird es verloren gehen, niemals wird es vergessen werden,
wozu sie gekommen waren,
was sie in den Bildern festsetzen wollten,
ihren Ruhm, ihre Geschichte, ihr Andenken . . .
immer werden wir es bewahren
wir ihre Kinder . . .
Wir werden es sagen, wir werden es mitteilen,
denen die noch leben werden, die geboren werden . . .«
(Crónica Mexicayotl)

Eine bedeutende Quelle, wenn nicht die wichtigste überhaupt, für die Darstellung Altmexikos aus indianischer Sicht stellt das umfangreiche Werk des Pater Bernadino de Sahagun dar. Der Franziskaner kam im Jahre 1529 nach Mexiko, wo er bis zu seinem Tode im Jahre 1590 blieb. 60 Jahre lang widmete er sich der Erfassung und Erforschung der indianischen Kultur. Sicherlich in der Absicht, den Indianern die Botschaft des christlichen Glaubens erfolgreich zu vermitteln, das heißt effektive Missionsarbeit leisten zu können. Wer sein Werk studiert, gewinnt allerdings den Eindruck, daß er im Laufe seiner Tätigkeit ein echtes Interesse an den Indianern und ihrer untergegangenen Kultur entwickelt haben muß.
Neben seiner eigentlichen Hauptaufgabe, der Unterrichtstätigkeit, leitete Sahagun seine aztekischen Schüler dazu an, für ihn alte Bilderhandschriften und mündlichen Traditionen zu sammeln und aufzuzeichnen.
Er ließ in den aztekischen Zentren wie Tlatelolco und Mexiko-Tenochtitlan greise Indianer suchen, die die vorspanischen Traditionen noch kannten, d.h. die Bilderhandschriften aufgrund mündlicher Überlieferungen interpretieren konnten. Hinzu kamen die rein oralen Traditionen.
Tatsächlich gelang es den aztekischen Schülern Sahaguns auf diese Weise, die Aussagen der Alten mittels der neu erlernten lateinischen Buchstaben, aber in aztekischer Sprache, aufzuzeichnen. Gleichzeitig kopierten sie große Teile der Darstellungen in den noch erhaltenen Codices. Ergebnis war eine umfangreiche Dokumentation, deren älteste Manuskripte, das sind die beiden Codices Matritenses, sich heute in Spanien befinden (Real Academia de la Historia und Biblioteca del Palacio Nacional, Madrid).
Eine Kopie der aztekischsprachigen und reich bebilderten Dokumentation ist der sich heute in Florenz (Biblioteca Laurenciana) befindliche Codex Florentino.
Die Dokumentation entstand aufgrund eines von Sahagun ausgearbeiteten Fragebogenkatalogs, mittels dessen er Fragen zu folgenden Themen stellte:

- Religion, (Gottheiten, Riten, Jenseitsvorstellungen etc.)
- Sitten, Gebräuche der Adelsschicht und des Volkes, Festlichkeiten
- Kalenderwesen, Astrologie
- Verwandtschaft
- Ämterwesen
- Legenden, Mythen
- Moralvorstellung und Erziehung
- Kunst
- Wissenschaft, darunter Philosophie, Rechtswissenschaft, Medizin, Ernährung, Botanik, Zoologie, Metallurgie etc.
- Ethnische Herkunft
- Linguistik, darunter Literatur und Poesie, theologische und moralethische Reden, Hymnen und Gesänge
- Alle Dinge des täglichen Lebens
- Vorspanische Geschichte und indianische Version der spanischen Eroberung (Conquista).

Diese breit angelegte Dokumentation in aztekischer Sprache gelangte per Erlaß König Philipps II. nach Spanien. Sie ist nicht zu verwechseln mit dem von Sahagun selbst verfaßten Werk 'Historia General de las cosas de Nueva-España' (Allgemeine Geschichte der Angelegenheiten Neu-Spaniens), in dem er die wesentlichen Teile der o.a. Dokumentation auf spanisch resümiert und kommentiert.
Neben Sahaguns Werk existieren etliche Schriftensammlungen aztekischer Autoren, die an dieser Stelle nicht allesamt aufgezählt werden können und außerdem

schwer zugänglich sind. Ich beschränke mich deshalb auf folgende Werke:

- Die »Annalen von Cuauhtitlan« und die »Mexikanischen Gesänge« (Cantares Mexicanos) heute in der Biblioteca Nacional von Mexico-Stadt. Es handelt sich dabei um historische Annalen, Gesänge, Mythen und Gedichte, religiösen, epischen, dramatischen und erotischen Inhaltes.

Gesammelt und aufgezeichnet wurden diese Texte von indianischen Schülern Sahaguns, die durch sein Werk dazu angeregt worden waren. Für die Rekonstruktion der vorspanischen Geschichte generell wichtig sind:

- Die »Historia Tolteca Chichimeca« (Nationalbibliothek Paris). Sie beinhaltet die voraztekischen Wanderungen im Hochtal von Mexiko.
- Der »Codex Ramirez« und die »Cronica Mexicana« sowie »Cronica Mexicayotl« des F. Alvarado Tezozomoc, beides alte historische Berichte.

Noch Ende des 16. und zu Beginn des 17. Jh. verfaßten Abkömmlinge der alten indianischen Adelsschicht Geschichtswerke, in denen sie, obgleich stilistisch schon stark unter europäischem Einfluß, vorspanische Texte zur Vorlage nahmen.

Zu den Autoren gehören beispielsweise Domingo Cuauhtlehuanitzin Chimalpain und Fernando de Alva Ixtlilxóchitl.

Durch die genannten Quellen können wir ein recht detailliertes Bild der letzten Jahrhunderte vor der Ankunft der Spanier in Mexiko entwerfen. Selbst die Aufstellung der Lebensdaten und -taten der großen altmexikanischen Herrscher, Dichter und Philosophen ist dadurch möglich.

Die großen aztekischen Dichter und Gelehrten

Nicht alle noch vorhandenen vorspanischen Texte der Nahua-Literatur können wir bestimmten Autoren zuordnen; viele Autoren sind anonym. Bekannt ist, daß die aztekischen Priester und ›Wissenschaftler‹ in den Calmécas – Erziehungszentren –ausgebildet wurden und die meisten von ihnen dort auch nach der Ausbildung tätig waren. Sicherlich stammten auch die anonymen Dichter aus diesen Zentren.

Immer der Adelsschicht angehörend, sind die berühmten Literaturen nicht von den herrschenden Fürsten zu unterscheiden, ebensowenig wie die in der aztekischen Gesellschaft herrschende Klasse strikt von der Priesterklasse getrennt werden kann. Der Herrscher und oberster Kriegsherr war vor seiner Ernennung oftmals selbst Priester gewesen, als ›Wissenschaftler‹ im Calmécac ausgebildet worden und betätigte sich neben seiner Regententätigkeit auch als Dichter. Berühmtestes Beispiel dafür ist der Herrscher von Tezcoco, Nezahualcoyotl (1402–1472), auf dessen Biographie und Werk wir noch ausführlich eingehen werden.

Er ist jedoch nicht der einzige, dem Dichtungen direkt zugeschrieben werden können, sondern es gibt darüber hinaus eine stattliche Anzahl von Nahua-Texten, deren Autoren namentlich genannt werden, und deren Biographien mehr oder weniger gut bekannt sind.

Obgleich von allen aztekischen Dichtern gewisse Konventionen beachtet wurden, können Autoren stilistisch und thematisch voneinander unterschieden werden.

Zwei gegensätzliche Ideologien, die in den letzten Jahrhunderten vor der spanischen Eroberung, zeitlich parallel laufen, lagen der aztekischen Dichtung zugrunde. Daß die beiden Systeme auch während der Blütezeit Tenochtitlans im Hochland von Mexiko miteinander konkurrieren konnten und eine Entscheidung zugunsten einer der beiden Ideologien bei der Ankunft der Spanier nicht abzusehen war, beweist einerseits, daß die Azteken auswärts hauptsächlich militärische Erfolge suchten, andererseits scheint es den Gegensatz auch innerhalb der Elite Tenochtitlans gegeben zu haben. Die vorwiegend militärische Ausrichtung innerhalb der aztekischen Gesellschaft scheint also keineswegs unumstritten gewesen zu sein. Der mexikanische Forscher Miguel León Portilla deutet an, daß die oft zögernde Haltung Motecuhzomas gegenüber den spanischen Eroberern durch diesen beginnenden Umschwung weg von der reinen Kriegsideologie erklärbar sein könnte. Die Spanier hätten demzufolge von den Zweifeln des aztekischen Herrschers an sich und seinen Taten profitiert.

Doch zurück zur Entstehung der beiden Ideologien der Nahua-Welt. – Bevor die Azteken sich als letzte Einwanderer auf den Inseln im See von Tezcoco etablieren konnten, gab es im Hochtal von Mexiko bereits andere nahuasprachige Gruppen, die früher eingewandert waren und die vorhandenen toltekischen Kulturen abgelöst und zum großen Teil adaptiert hatten. Insbesondere die Fürsten von Tezcoco und Huexotzinco behaupteten, ihre Traditionen und kulturellen Institutionen von den Tolteken ableiten zu können. Inwieweit das aus historischer Sicht zutrifft, sei dahingestellt. Offensichtlich ist, daß die Geschichtsauffassung der Azteken von Mexiko-Tenochtitlan jünger und völlig andersartig war; denn es ist belegt, daß sie, um die ältere Version der Nachbarstaaten zu unterdrücken, deren Codices verbrennen ließen. Dies geschah unter dem 4. König von Mexiko-Tenochtitlan, Itzcoatl und dessen berühmten Ratgeber Tlacaélel.

Besonders kraß war der Gegensatz zwischen den Azteken Tenochtitlans und den Tezcocoanern, den Abkömmlingen des chichimekischen Führers Xólotl.

Von ihrer Hauptstadt Tezcoco aus ließen die Tezcocoaner Wissenschaftler und Lehrer aus den alten toltekischen Zentren kommen, um von ihnen »toltekische Kultur«, Kunst, Schrift, Astrologie u. a. m. zu erlernen. Ergebnis war eine neue Blüte des toltekischen Erbes unter tezcocoanischer Herrschaft, das von einer stattlichen Reihe berühmter Wissenschaftler, Architekten und Dichter weitergeführt wurde. Kennzeichnend für »Blume und Gesang«, das ist die aztekische Umschreibung für Kunst, Poesie und Philosophie, waren folgende Themen:

- Aufklärung, was sich hinter dem menschlichen Dasein verbirgt; die Wahrheit bzw. die Wurzel aller Dinge zu ergründen und sie in »wahren« Worten auszudrükken,
- sich dem Geheimnis um Tloque Nahuaque zu nähern, dem »Herrn der Nähe und des Ganzen«, kurz »dem Allgegenwärtigen«.

Dieser (einzige) Gott erscheint den Tezcocoanern immer wichtiger geworden zu sein. Daß insbesondere der berühmte Nezahualcoyotl (1402–1472) mit dem aztekischen Polytheismus und den damit verbundenen Menschenopfern nicht einverstanden war, beweist folgender Passus aus der Historia Tolteca Chichimeca:

»Er hielt alle die Götter für falsch, die die auf dieser Erde verehrten, er meinte, daß sie nur Statuen feindlicher Dämonen des menschlichen Geschlechts seien; denn er war sehr weise in den ethischen Dingen und es war er, der am meisten zauderte, er suchte nach Licht, um sich des wahren Gottes und Schöpfers aller Dinge zu vergewissern, wie man es in der Abhandlung über seine Geschichte gesehen hat, und wovon seine Gesänge Zeugnis abgeben, die er in diesem Sinne komponierte, wie die Aussage lautet, daß es nur einen (Gott) gäbe, und daß jener der Schöpfer des Himmels und der Erde wäre, und er unterhielt alles durch ihn (selbst) Erschaffene und Gezeugte, und daß er dort wäre, wo es über den neun Himmeln bis zu denen er hinlangte, keinen anderen gäbe; daß man ihn niemals in menschlicher Gestalt gesehen habe, noch in anderer Form.«

Aus: Ixtlilxochitl, Fernando de Alva: Obras Completas, Bd. II, p. 243.

Es wären noch weitere Aspekte der Philosophie und Religion von Tezcoco und den zeitgenössischen Nachbarorten wie Huexotzinco oder Chalco zu berücksichtigen. Z. B.: die Furcht der Menschen, der Allgegenwärtige könnte sie möglicherweise nicht ernst nehmen und sie nur als Belustigungsobjekt betrachten, oder die dualistische Gottesauffassung, nach der der einzige Gott zwiegesichtig, zwiegestaltig und zweigeschlechtlich u. a. m. sei. Er wird deshalb auch als Ometéotl »Zweigott« bezeichnet.

Ganz anders sah dagegen die von den letzten aztekischen Einwanderern etablierte neue Ideologie aus.

Der eigene, mitgebrachte Stammesgott Huitzilopochtli avancierte vor allen toltekischen Göttern zum Hauptgott. Mit einher ging eine Wiederbelebung und Forcierung der Menschenopfer um mit deren Blut Huitzilopochtli, der inzwischen mit der die Welt in Gang haltenden Sonne identifiziert worden war, zu ernähren.

Aber auch die übrigen Götter des aztekischen Pantheons mußten einem alten Mythos zufolge mit menschlichem Blut versorgt werden; denn die Menschen waren ebenfalls durch göttliches Blut geschaffen worden, mit der Maßgabe, ihrerseits die Götter mit dem eigenen Blut zu ernähren. Um die entsprechend große Anzahl an Opfern ständig zur Verfügung zu haben, mußten die Azteken zwangsläufig ihre kriegerischen Unternehmungen verstärken. Im Laufe der Zeit stieg die Anzahl der von den Nachbarvölkern adoptierten Götter, es stieg die Anzahl der Menschenopfer und die Anzahl der Kriegszüge. Wen wundert es da noch, daß auch die aztekische Dichtkunst hauptsächlich auf die Kriege und Schlachten einging, sie beschrieb, kommentierte und vor allem aber glorifizierte. Diese literarischen Werke bildeten ein wichtiges Werkzeug bei der Manifestierung der kriegerischen Ideologie. Auch die aztekische Poesie Tenochtitlans kennt blumenreiche Gesänge, verbindet diese aber fast immer mit dem kriegerischen Aspekt.

Die folgende Aufstellung nennt einige der wichtigsten Dichter der beiden gegensätzlichen Ideologien.

Moquíhuix aus Tlatelolco (Gedichte und Voraussagen über den Tod)

Aquiauhtzin aus Ayapanco – Amecameca (Gesänge über Gottheiten und erotische Themen)

Totoquihuatzin I aus Tlacopan (Festgedichte und philosophische Reflexionen)

Xayacamachtzin aus Tizatlan (Berichte über die »Bilderhandschriften-Häuser«, d. h. Archive und Bibliotheken)

Teonxímac aus Mexiko-Tenochtitlan (Trauergesänge über die verlorene Schlacht von Tlacahuepan)
Tetlepanquetzanitzin aus Tlacopan (Kriegsgeänge)
Oquitzin aus Azcapotzalco (Frühlingsgesänge)
Tlaltecatzin (persönliche Texte, z. B. der Dialog mit einem Freudenmädchen)
Tecayehuatzin aus Huexotzinco (obwohl als Staatsmann großer Intrigenschmied, war er ein Dichter tiefgreifender Gesänge, der mittels »Blume und Gesang« wahre Freundschaft suchte, also genau das Gegenteil dessen, das er als Staatsmann praktizierte)
Nezahualpilli aus Tezcoco (Sohn des Nezahualcóyotl, Dichter, Redner, Richter, Architekt und Astronom, Verfechter monotheistischer Glaubensvorstellungen, aber auch Verfasser persönlicher Texte und Elegien, in denen pazifistische Gedanken zum Ausdruck gebracht werden)
Ayocuan Cuetzpaltzin aus Tecmachalco (theologische Reflexionen, die tiefe Religiosität ausdrücken, aber auch die Sinnlosigkeit des menschlichen Daseins und Tuns darlegen sowie Fragen nach dem Jenseits stellen)
Tochihuitzin Coyolchiuhqui (Herrscher von Teotlalzinco aus Mexiko-Tenochtitlan, Sohn des aztekischen Herrschers Itzcoatl:
Reflexionen über »das Leben als ein Traum«; Suche nach einem Lebenssinn trotz der Vergänglichkeit der Menschen, welche mit Blumen verglichen werden)
Macuilxochitzin aus Mexiko-Tenochtitlan (Tochter des aztekischen Ratgebers Tlacaélel und einzige namentlich bekannte weibliche Literatin: Beschreibung des Kampfes der Azteken gegen die Otomí im Jahre 10 Feuerstein (1476), wobei die vermittelnde Rolle der Frauen hervorgehoben wird)
Xicohtencatl der Alte aus Tizatlan, Tlaxcala (besang die »Blumen-Krige«, das waren die regelmäßig stattfinden Kriege gegen Mexiko-Tenochtitlan, um den Azteken genügend neue Opfergefangene zu verschaffen, zeichnete sich als Meister neuer Wortschöpfungen, Metaphern und Symbolik aus)
Axayacatl, Herrscher und Dichter aus Mexiko-Tenochtitlan (als bescheidener Charakter beschrieben, Verfasser von Trauergesängen über eine verlorenen Kampf, Ahnenverehrung)
Schließlich der berühmte *Nezahualcoyotl aus Tezcoco* (1402–1472), Dichter, Architekt und Weiser, Kenner der heiligen Dinge, Alliierter und Berater der zeitgenössischen aztekischen Herrscher, Gesetzgeber, Philosoph, als der er sich insbesondere Gedanken machte über: Zeit und Vergänglichkeit, den unvermeidlichen Tod, das Problem »wahre Worte« zu finden, des Sinns von »Blume und Gesang«, das Rätsel um den allgegenwärtigen Gott; kurz Nezahualcoyotl ist als nachdenklicher, stets zweifelnder, ängstlicher, aber auch kritischer Denker zu beschreiben.
Ein vielzitiertes Gedicht lautet:
»Ich, Nezahuylcoyotl frage es:
lebt man denn wirklich mit Wurzeln auf der Erde?
Nein nicht für immer (ist man) auf der Erde:
nur ein wenig hier.
Auch wenn Jade zerbricht,
auch wenn Gold entzweigeht,
auch wenn Quetzalfedern zerreißen,
nicht für immer auf der Erde:
nur ein wenig hier.«

Cantares Mexicanos.

Altmexiko aus der Sicht der Besiegten

Mythen der vorspanischen Zeit:
In der Anschauung der vorspanischen Indianer Mexikos existierte die Welt nicht nur einmal, sondern mehrere Male. Jedes Mal bzw. jede Epoche wurde als »Sonne« bezeichnet. Die heute existierende Welt ist bereits die fünfte Sonne. Sie entstand in Teotihuacan, dessen längst verlassene großmächtige Ruinen den Nahua-Völkern als Ursprung aller Kultur erschienen. Jede der vier vorhergehenden »Sonnen« hatte zwar mit einer Katastrophe geendet; doch die Schöpfungen der jeweils neuen Sonne wurden mit jedem Mal besser. Dem toltekischen Gott Quetzalcoatl ist schließlich die Schöpfung der heute lebenden Menschen und ihrer Hauptnahrung Mais zu verdanken. Lassen wir die Informanten des Sahagun zu Wort kommen:
»Als es noch Nacht war,
als es noch keinen Tag gab,
als es noch kein Licht gab,
da versammelten sie sich,
da wurden die Götter einberufen
dort in Teotihuacan,
sie sprachen:
›Kommet her, oh Götter!
Wer wird es auf sich nehmen,
daß es Tag werde,
daß es Licht gäbe?‹«

Codices Matritenses
(Real Academica, fol. 180)

Um die Erschaffung des letzten – heute noch existierenden – Menschengeschlechts zu vollbringen, mußten sich die Götter selbst opfern. Auf diesem Selbstopfer beruht die Verpflichtung der Menschen, sich – d. h. ihr Blut – für die Erhaltung der Götter jederzeit zur Verfügung zu stellen.
Über den Schöpfergott Quetzalcoatl (gefiederte Schlange), dem alle wichtigen Erfindungen zu verdanken sind, bemerken die oben erwähnten Informanten Sahaguns:
»Sie waren vorsichtig in göttlichen Dingen,
sie hatten nur einen Gott,
sie hielten ihn für den einzigen Gott,
sie riefen ihn an, sie flehten ihn an,
sein Name war Quetzalcoatl . . . .«

Codices Matritenses
(Real Academia fol. 1765)

Über die toltekische Einwanderung berichten die Informanten Sahaguns:
»Die Tolteken hatten das Glück auf ihrer Seite
zu jeder Zeit,
bis sie sich dem Chichimeken-Land näherten.
Man kann sich nicht mehr daran erinnern,
wie lange sie umherwanderten.
Sie kamen aus dem Inneren der Ebenen, zwischen den Felsen.
Dort sahen sie sieben Höhlen,
und sie machten diese Höhlen zu ihren Tempeln,
dem Ort ihrer Gebete.
Und diese Tolteken
gingen stets ganz vornweg.« (fol. 1785 r.)

Und weiter heißt es:
»Die Tolteken waren erfahrene Leute,
man sagt, daß sie Künstler der Feder waren,
die Kunst sie zu kleben.
Von altersher beherrschten sie sie,
es war in Wirklichkeit ihre Erfindung,
die Kunst der Federmosaike . . . .
Das, was sie schufen, war wunderbar, kostbar,
bewunderswert.« (fol. 1735)

Für das Werk der Nahua-Dichter und -Philosophen wurde später insbesondere die Abneigung des toltekischen Priesters und Fürsten Quetzalcoatl gegen die Meschenopfer wichtig. In den Annalen von Cuauhtitlan wird festgestellt:
»Es wurde gesagt,
es wurde erzählt,
daß, als er regierte,
in der Zeit des ersten Quetzalcoatl,
der, der sich 1-Rohr nannte,
niemals Menschenopfer wollte.
Aber später als Huímac regierte,
begann das alles,
was später Sitte wurde.
Das begannen die Zauberer.«

Anales de Cuauhtitlan fol. 4

Der zur Verfügung stehende Raum reicht nicht aus, das Schicksal Quetzalcoatls, wie es in den indianischen Quellen berichtet wird, bis zu Ende zu verfolgen. Er konnte sich mit seiner Ideologie nicht durchsetzen, mußte das Land mit seinen Getreuen verlassen und floh über das Meer.
Damit nähern wir uns bereits historischen Zeiten.

Geschichte der vorspanischen Zeit:
Als Nachfolger der inzwischen untergegangenen toltekischen Kultur entstanden etwa ab dem 12. Jh. n. Chr. im Hochtal von Mexiko neue urbane Zentren wie Tezcoco und Coyacan, andere erlebten eine neue Blütezeit, z. B. Azcapotzalco, Culhuacan, Chalco und Xochimilco.
Im Laufe der folgenden Jahrzehnte kamen immer neue Einwanderergruppen aus dem Norden, die die vorhandene Kultur adaptierten und in der Bevölkerung der bereits existierenden Stadtstaaten allmählich aufgingen. Die Azteken waren die letzten Einwanderer, eine unbekannte Gruppe, ein Volk, »deren Gesicht niemand kannte«:
»Und es existierte bereits ein Fürstentum in Azcapotzalco,
in Coatlinchan,
in Culhuacan,
aber Mexiko existierte noch nicht.
Es gab noch Schilf und Rohr,
dort, wo sich heute Mexiko befindet.«

Codices Matritenses
(Real Academia 180 r. u. v.)

Die Azteken waren nicht willkommen im Hochtal von Mexiko. Sie wurden hin und hergestoßen. Cocoxtli, der Fürst von Culhuacan, den sie etwa im Jahre 1299 um Land baten, schickte sie in ein Gebiet, das wegen seiner giftigen Schlangen gefürchtet war, in der Hoffnung, das aztekische Problem würde sich dort von selbst lösen. Die Quelle aber berichtet darüber:

»Die Azteken freuten sich sehr,
als sie die Schlangen sahen,
sie brieten sie alle,
sie brieten sie, um sie zu essen,
sie wurden von den Azteken aufgegessen.«

Crónica Méxicayotl

Wirklich makabre Züge nimmt die aztekische Geschichte aber erst später an.
Angeblich auf Anweisung ihres Gottes Huitzilopochtli baten die Azteken im Jahre 1323 den Fürsten Achitómitl von Culhuacán, ihnen seine jungfräuliche Tochter zu überlassen, damit sie sich in die Göttin Yaocihuatl verwandelte. Aus welchen Motiven auch immer, jedenfalls bekamen die Azteken die Prinzessin. Die Verwandlung in die Göttin bestand darin, sie sofort zu opfern, zu häuten und die Haut einem Priester anzuziehen, der somit die Göttin Yaocihuatl verkörperte. Um dem Ganzen die Krone aufzusetzen, verlangte Huitzilopochtli angeblich von den Azteken, den Vater der Geopferten einzuladen, um seiner in eine Göttin verwandelten Tochter zu huldigen. Der Vater Achitometl, der den durch Kopalrauch verdeckten, mit der Haut bekleideten Priester nicht sofort identifizieren konnte, brachte zunächst tatsächlich Opfer dar, in der Meinung, seine Tochter lebte noch. Den Schmerz des Vaters, nachdem er schließlich die Wahrheit erfaßt hatte, beschreibt die indianische Quelle mit folgenden Worten:

Der Herr von Culhuacan erschrak sehr,
er stieß Schreckensschreie aus,
schrie die Herren an,
seine Leute aus Culhuacán,
er sprach zu ihnen:
»Wer seid ihr, oh, Culhuacáner?
Seht ihr denn nicht, daß sie meine
Tochter enthäutet haben?
Laßt sie uns umbringen,
laßt uns Schluß mit ihnen machen,
die Perversen mögen auf der Stelle sterben.

Cronica Mexicayotl

Der Kampf begann sofort. Eine wilde Verfolgungsjagd setzte ein und die Azteken flüchteten auf die Inseln im See von Tezcoco, wo sie kurz darauf, im Jahre 1325, Tenochtitlan gründeten.
Die Quellen berichten:

Als die Mexikaner (Azteken)
sie raubten (und umbrachten)
die Prinzessin von Culhuacán,
flohen sie,
um sich im Schilf niederzulassen.
In Acolco waren sie sechs Tage.
Und ich habe es hier vorliegen, daß dann
die Mexikaner sich dem Gelände näherten,
hier dem Ort Tenochtitlan,
wo es nur Rohr gab,
wo es nur Schilf gab.
Alle mußten dort noch leiden . . . .

Informanten des Sahagun
(nach einem Manuskript von M. León Portilla, 1958)

Danach meldete sich der aztekische Stammesgott ein weiteres Mal zu Wort:

Und noch einmal des Nachts
gab Huitzilopochtli einen Befehl, er sprach, er sagte:
»Hört zu, oh, Cuautlequetzqui, oh, Cuauhcoatl,
etabliert euch, nehmt Anteil,
gründet Fürstentümer,
in allen vier Himmelsrichtungen . . . .

Cronica Mexicayotl
(p. 72–74)

Damit hatten die Azteken die offizielle Order von höchster Stelle, sich auszudehnen und den mächtigen Staat zu gründen, dessen Einflußbereich sich später nicht nur auf das Hochtal von Mexiko beschränkte, sondern weit darüber hinaus große Teile Mesoamerikas umfaßte. Zuvor jedoch wollte man den Herrschaftsanspruch noch untermauern, indem man die Elite von berühmten toltekischen Vorfahren abzuleiten versuchte.
Man erinnerte sich daran, daß es eine, wenn auch nicht sehr enge Verwandtschaftsverbindung mit den Culhuacanern gab. Diese wollte man festigen und suchte sich deshalb einen Sohn des culhuacanischen Herrschers als eigenen Anführer aus.
Trotz der schlechten Erfahrung mit der Tochter des Achitómetl willigte Culhuacan schließlich doch ein.
Acampichtli war der erste aztekische Tlatoani (Herrscher). Der Aufstieg des Aztekenreiches begann. Die zunächst noch zögernden Angriffe der Azteken auf die etablierten Nachbarn verstärkten sich unter Tlacaélel, dem berühmten Ratgeber mehrerer aztekischer Herrscher. Er spornte die Azteken zu Kampfhandlungen an und das mächtige Azcapotzalco wurde im Jahre 1 Feuerstein (1428) erobert. Tlacaélels Ratschläge gewannen derart an Bedeutung für den aztekischen Herrscher,

daß im Codex Ramirez berichtet wird: *»Er tat nichts anderes mehr als das, was Tlacaélel ihm riet.«*
Auf Tlacaélel ist auch die schon erwähnte kriegerische Ideologie zurückzuführen, die sich von der alt-toltekischen, die in den benachbarten Stadtstaaten weiterhin Gültigkeit hatte, so sehr unterschied. Um die neuen Leitideen durchzusetzen, wurden zahlreiche alte Codices verbrannt. Die Informanten des Sahagun berichten:

Ihre Geschichte wurde aufbewahrt.
Aber, dann wurde sie verbrannt
als Itzcóatl regierte, in Mexiko.
Eine Resolution wurde beschlossen,
die mexikanischen (aztekischen) Herren sprachen:
es ist nicht angebracht, daß alles Volk
die Bilderhandschriften kennt.

Codices Matritenses
(Real Academia Vol. VIII fol. 192 v.)

Nach der Codexverbrennung wurden sofort neue Bilderhandschriften angefertigt, in denen Tenochtitlans Glorie und die erfolgreichen Eroberungszüge aufgezeichnet wurden. Ebenfalls auf Anraten des Tlacaélel wurde der »Templo Mayor« errichtet, in dem zahlreiche Opfer dem Gott Huitzilopochtli als Dank für die siegreichen Kriegszüge dargebracht wurden. Chimalpain sagt über Tlacaélel:

Keiner (war) so tapfer,
wie der erste, der größte,
der Ehrenwerte im Königreich,
der große Kriegsherr,
der sehr tapfere Tlacaélel,

Abb. 132
Der ›hinter den Kulissen‹ wirkende aztekische Ratgeber Tlacaélel

wie man in den Analen sehen wird . . .
Es war außerdem er, der wußte,
wie man Huitzilopochtli zum Gott der Mexikaner machte,
er überzeugte sie von ihm . . . .

Chimalpain Chauhtlehuanitzin

Auch nach dem Tode Tlacaélels setzten die Azteken ihre Expansionspolitik im mesoamerikanischen Raum weiter fort. Die beiden oben kommentierten gegensätzlichen Ideologien im Hochtal von Mexiko existierten nebeneinander her. Wir wiesen bereits darauf hin, daß dem aztekischen Herrscher Motecuhzoma II. Zweifel gekommen waren hinsichtlich der Richtigkeit der aztekischen Ideologie und so stellt M. León Portilla die interessante Frage, welchen Ausgang die Konquista wohl genommen hätte, wenn die Spanier zu Zeiten Tlacaélels in Mexiko gelandet wären (León Portilla 1970 [1961] 3. Edition p. 104).

Die Conquista

Im Grunde waren die Azteken sogar auf Tod und Vernichtung durch die Spanier vorbereitet; denn bereits seit dem Jahre 1517 sollen immer wieder finstere Vorzeichen gesichtet worden sein, z. B. Feuerstreifen am Himmel, die nächtelang nicht verschwanden; der Tempel des Huitzilopochtli stand in Flammen, in Xiuhtecuhtlis Tempel schlug ein Blitz ohne Donnerschlag ein, das Wasser des Sees kochte und natürlich gab es auch einen Kometen zu sehen. Inwieweit hier natürliche Erscheinungen, Unwetter, Vulkanausbrüche und Erdbeben eine Rolle spielen, ist nicht mehr feststellbar. Düstere Vorahnungen plagten insbesondere Motecuhzoma II., der sich oftmals einschloß, um zu beten und zu meditieren. Auf seine zögernd abwartende Haltung wurde schon eingegangen, vor allem wollte er die Ankunft der Spanier in Mexiko-Tenochtitlan selbst verhindern. Hören wir dazu die Quelle:
Als dann Motecuhzoma hörte, daß man über ihn Ermittlungen anstellte, daß man Nachforschungen über seine Person anstellte, daß die »Götter« (gemeint sind die Spanier) den starken Wunsch hatten, sein Gesicht zu sehen, wie zog sich da sein Herz zusammen, es füllte sich mit großer Angst. Er war drauf und dran zu fliehen; er sehnte sich danach, sich durch die Flucht zu verstecken, er war drauf und dran zu fliehen. Er versuchte, sich zu verstecken.

Er wollte sich vor ihnen verbergen, er wollte den »Göttern« entwischen . . . Aber er konnte es nicht. Er konnte sich nicht verstecken, er konnte sich nicht verbergen. Er war schon nicht mehr leistungsfähig, er war schon nicht mehr feurig; es war nichts mehr zu machen . . . Die Mitteilung über die Zauberer, mit der sie ihm das Herz verwirrt hatten, mit der sie es ihm zerrissen hatten, durch das sie es zum Kreisen gebracht hatten, durch das sie es schlaff und verfallen gemacht hatten, das war völlig verunsichert und unsicher und wußte nicht (ob es sich verstecken könne) dort, so es oben erwähnt wurde. Er unternahm nichts mehr, außer sie zu erwarten. Er betätigte sich nur damit, sich seinem Herzen zu entschließen,
nichts tat er, außer zu resignieren;
sein Herz hatte letztlich die Oberhand gewonnen,
es zog sich in seinem Inneren zusammen,
er beließ es dabei, es in Bereitschaft zu setzen,
das anzusehen und zu betrachten,
was da kommen sollte.

(Visión de los Vencidos)
pp. 42–43

Der indianische Text schildert in anschaulicher Form, was der aztekische Herrscher Motecuhzoma durchgemacht haben muß, als er von der Ankunft der Spanier erfuhr.
In der zitierten Quelle werden auch die stilistischen Mittel deutlich, mit denen die aztekische Dichtung arbeitet. Durch Anwendung verschiedener Begriffe mit inhaltlich identischer Bedeutung wird das Gesagte besonders betont und so hervorgehoben. In der deutschen Übersetzung ist es oft äußerst schwierig, ebensoviele verschiedene Begriffe identischer Bedeutung zu finden, wie es der aztekische Originaltext eigentlich erfordert.
Wie »das, was da kommen sollte« aussah, ist bekannt. Auf die Details der spanischen Eroberung soll hier nicht eingegangen werden, da sie an anderer Stelle ausführlich diskutiert werden.
Aber es soll der Versuch gemacht werden, die Empfindungen der unterworfenen Azteken wiederzugeben.
In den Annalen von Tlatelolco, ein 1528 abgefaßtes indianisches Dokument, wird über das Ende Mexiko-Tenochtitlans berichtet:
Auf diese Weise endete der Mexikaner, der Tlatelolcaner. Er ließ seine Stadt verlassen zurück. Dort in Amaxac war es, wo wir alle waren. Und wir hatten schon keine Schilde mehr, wir hatten schon keine Keulen mehr, und wir hatten nichts zu essen, wir aßen schon nichts mehr. Und die ganze Nacht regnete es über uns. Also dann als sie aus dem Wasser kamen, sehen sie schon Cayohuehuetzin, Tepantemoctzin und Cuauhtemoctzin. Sie führten Cuauhtemoc dorthin, wo der Hauptmann war, und Don Pedro de Alvarado und Dona Malintzin [Malintzin, bei uns bekannter unter dem Namen Malinche, war Cortes' indianische Dolmetscherin]. Und als jene gefangen genommen wurden, da begannen die Leute die Stadt zu verlassen, um sich danach umzusehen, wo sie sich niederlassen würden. Und als sie fortgingen, gingen sie in Lumpen, und die kleinen (jüngeren) Frauen hatten um die Hüften fast nackte Haut. Und an allen Stellen sind die Christen auf der Suche. Sie machen ihnen die Röcke auf, sie begrabschen sie überall mit der Hand, an ihren Ohren, an ihren Brüsten, in ihren Haaren.
Auf diese Weise ging das Volk fort: es verstreute sich in alle Himmelsrichtungen; in den Nachbarorten, es ließ sich in den Ecken an den Wänden der Häuser der Fremden nieder.

Anales de Tlatelolco

Diese Quelle, in der die einzelnen Phasen der Conquista ausführlich beschrieben werden, macht gerade durch ihre knappe, nüchterne, kaum wertende Beschreibung der spanischen Greueltaten so betroffen. Dafür noch ein weiteres Beispiel:
Dort (in Coyoacan) henkten sie Macauilxochitl,
König des Huitzilopochtli. Und danach
den König von Culhuacan, Pizotzin. Alle
beide henkten sie dort,
und den Tlacatécatl aus Cuauhtitlan
und den Verwalter des Schwarzen Hauses
ließen sie durch Hunde auffressen.
Auch einige aus Xochimilco fraßen die
Hunde.
Und drei Weise des Ehecatl tezcocoanischer
Herkunft, fraßen die Hunde. Dabei kamen sie
[freiwillig],
um sich zu ergeben. Niemand brachte sie
hin. Sie kamen nur und brachten ihre Papiere mit
Bildern (Codices) mit. Sie waren zu viert, einer
floh, drei wurden eingeholt, dort in Coyoacan.

Aber es gab auch emotionellere indianische Äußerungen über die schrecklichen Ereignisse der Konquista. Hören wir einen Klagegesang aus den Cantares Mexicanos, abgefaßt etwa um 1523:
Das Weinen breitet sich aus, die Tränen
tropfen dort in Tlatelolco.
Die Mexikaner gingen schon ins Wasser;
ähnlich die Frauen; die Flucht ist allgemein.

»Wohin gehen wir? oh, Freunde!« Dann »ist es wahr?«
Sie verlassen bereits die Stadt Mexiko:
der Rauch erhebt sich, der Nebel weitet sich aus . . .
Mit Weinen begrüßen sich der Huiznahuácatl
Motelhuihtzin, der Tlaicotlácatl Tlacotzin
der Tlacatecuhtli Oquihtzin . . .
Weint, meine Freunde,
ihr müßt begreifen, daß mit diesen
Geschehnissen
wir die mexikanische Nation verloren haben.
Das Wasser ist verdorben, das Essen verdarb!
Das ist es, was der Lebensspender in Tlatelolco
getan hat.
Ohne Rücksicht wurden Motelhuitzin und
Tlacotzin mitgenommen.
Mit Liedern ermutigten sie sich gegenseitig in
Acachinanco,
ah, als sie auf die Probe gestellt wurden
dort in Coyoacan . . .

Cantares Mexicanos
(Biblioteca nacional de Mexico)

Um ein umfassendes Bild der aztekischen Kultur zu skizzieren, reicht es nicht aus, historische Daten und berühmte Namen zu nennen, auch wenn dies aufgrund indianischer Quellen geschah. Wir müssen diese Quellen auch auf Aussagen über die aztekische Gesellschaft prüfen.
Der Bereich Sitte, Moral, Erziehung wurde von den aztekischen Informanten ausreichend dokumentiert, so daß wir uns ausschließlich auf Originalzitate stützen können.

Die Erziehung in der vorspanischen aztekischen Gesellschaft

Auffällig und erstaunlich sind Bedeutung und Umfang des für alle Azteken obligatorischen Erziehungssystems. Es gab für jedes Geschlecht eine große Anzahl von Erziehungsanweisungen, Regeln, die die Eltern ihren Kindern seit frühester Kindheit vorsprachen.
Dieser Bereich wurde nicht nur in spanischer Sprache, sondern ausnahmsweise auch in deutscher Sprache aufgearbeitet und zugänglich gemacht. (E. Hinz: Analyse aztekischer Gedankensysteme.) Ich beschränke mich hier deshalb auf wenige Beispiele. Der folgende Text bestimmt, wie sich ein Azteke gegenüber anderen Leuten zu verhalten hat:
In Frieden mögest du mit andern Leuten leben; sei nicht unüberlegt, handle nicht überstürzt, möge jedermann deines Respektes, deiner Ehrfurcht wert sein. Mögest du auf keinen Fall den Leuten gegenüber anmaßend sein; und mögest du keinesfalls die Leute vor den Kopf stoßen, werde nicht ganz und gar unverschämt, verneige dich, wie du dich verneigen sollst, verbirg dich, wie du dich verbergen sollst, sei nicht wie eine Schlange, mögest du nicht hochmütig werden, widersprich den Leuten nicht; mögest du nicht die Leute vor den Kopf stoßen, mögest du dich nicht wie der Wind auf einen stürzen, sei geduldig und beherrscht, denn dich sieht unser Herr, denn er wird dir zürnen, er wird sich rächen . . . .

Codice Florentino
Übersetzung E. Hinz

Wenn ein kleines Mädchen etwa sechs oder sieben Jahre alt wurde, hielten Mutter oder Vater eine lange und komplexe Rede, die bereits alle Verhaltensregeln enthielt, die für die aztekische Frau maßgeblich waren. Neben Angaben über die weiblichen Pflichten im Hause, oder wie die Frau sich zu kleiden und zu schminken habe, wird ausführlich auf ihr Sexualleben eingegangen:
Treibe nicht wie auf dem Markt Tauschhandel, mach mit deinen Lippen keine Aufforderungen; und möge es nicht wie im Frühling sein: wähle dir nicht den aus, der dir am besten erscheint, verliebe dich nicht leidenschaftlich. Wenn es jemand ist, der wohl beschaffen ist, aber wenn es auch nur einer ist, der nicht so gut beschaffen ist, so weise ihn nicht verächtlich zurück; denn er ist der, den unser Herr geschickt hat. Wenn du nicht willst, wird er mit dir sein Vergnügen treiben, treibt er wirklich seinen Spaß (mit dir), wird er dich zur Hure machen.

Codice Florentino

Mögest du nirgendwo geschlechtliche Verbindungen eingehen, meine Jüngste, mein Kind, mein Täubchen, meine Kleine. Gib dich nirgendwo bedenkenlos jemandem hin. Wenn du nicht mehr unberührt bist, wenn du schon (zur) Frau (gemacht worden) bist und du dann irgendwo gefreit wirst, wirst du niemals in Frieden bei einem (Mann) sein: denn immer wirst du daran erinnert werden, immer wird sich dein Kummer, dein Leid einstellen. Niemals wirst du in Frieden, niemals wirst du friedlich (ohne Kummer) etwas tun, immer wird dein Mann, dein Gatte argwöhnisch sein, meine Jüngste, meine Kleine: wenn du auf der Erde leben

wirst, sollen nicht zwei Männer sexuelle Beziehungen mit dir haben . . . .
Mögest du nicht, mögest du unter keinen Umständen deinen Mann, deinen Gatten vor den Kopf stoßen; mögest du nicht sinnlos mit jemandem schlafen, mögest du nicht, wie das Wort heißt, ehebrechen. Dies meine Jüngste, meine Tochter, ist ein einziger Abgrund, ist das völlige Ende der Erde, keine Rückkehr mehr, kein Heilmittel mehr gibt es dagegen. Wenn du gesehen wirst, wenn man dich erwischt, wirst du tot am Wege liegen, wirst du geschleift auf dem Wege liegen . . . .
Codices Florentino

Natürlich gibt es entsprechende Anweisungen für den aztekischen Jungen:
Höre mein Sohn, wahrlich, wohl so ist es Sitte, in der Welt, daß man zeugen, daß man sich vermehren soll: denn der Allgegenwärtige hat festgesetzt, daß eine Frau, daß ein Mann begehrt werden sollen. Indessen wirst du dich nicht überstürzen: nicht als ob du ein Hund wärst, sollst du dich auf das Irdische werfen und es fressen, es beißen. Zunächst wirst du dich standhaft machen, wirst du noch stark werden, wirst du noch ausreifen. Wie eine Agavenpflanze wirst du sie (= deine Frau) beleben, wirst du sie zufriedenstellen.
Aber wenn du dich überstürzt, wenn du dich allzu bald vertraut machst mit geschlechtlichen Dingen, sie allzu bald kennenlernst, dann wirst du, wie die alten Leute sagen, wie ein Zweig brechen. Bald nicht mehr bist du fähig, mit deiner Frau zu verkehren, bald schon nicht mehr machst du es deiner Frau, bald schon entsetzt sie sich vor dir, bald schon sieht sie dich wie Dreck an, denn wirklich auch läßt du sie verhungern . . .
Dafür bist du die Gabe für deine Frau.
Du aber bist schon dem Ende, so daß dir alles widerfährt vielleicht, obwohl sie nicht die Absicht hatte, wird sie dich hintergehen, wird sie deine Ehe brechen: denn wirklich warst du vorschnell ausgegangen, warst am Ende.
Codice Florentino

Den Anweisungen für die jungen Männer liegt der Gedanke zugrunde, daß die männliche Potenz nicht unbegrenzt ist, die Frau andererseits Anspruch auf sexuelle Befriedigung auch im Alter hat, so daß der Mann sich in der Jugend zurückhalten soll, um im Alter noch potent zu sein.
Die sexuelle Erwartung der Frauen scheint von ihnen selbst artikuliert worden zu sein. Eine Anekdote über den tezcocoanischen Herrscher Nezahalcoyotl zitierte die Rechtfertigung zweier alter Frauen, die man beim Ehebruch mit jüngeren Priestern erwischt hatte und ihm vorführte:
Ihr Männer, ihr habt keine Lust mehr, ihr hört auf, ihr seid rasch am Ende, zu Ende ist es, zu Ende die Begierde nach euch. Wir Frauen aber, wir hören nicht auf, Lust zu verspüren, denn eine Höhle, ein Abgrund ist in uns, schließlich erwartet er (der Abgrund) das, was ihm gegeben wird, schließlich empfängt er es und darum, wenn du es abtötest, wenn du nichts mehr hineintust, wozu sollst du dann noch (gut) sein?
Codice Florentino

Die Erziehungsreden beschränken sich aber nicht nur auf die sozialen Kontakte in Familie und Gesellschaft.
Anweisungen gibt es auch für die Ausübung eines Handwerks:
Und kümmert euch um ein Handwerk, um eine Kunstfertigkeit. Wenn die Zeit des Leidens da ist, dann wird es das Eßbare, das Trinkbare sein. Wenn du dich nur um deinen Adel kümmerst, wenn du dich nicht um das Ackerland und um die Wasserkanäle kümmerst, was wirst du dann den Leuten zu essen geben, und was wirst du essen, und was wirst du trinken? Wo habe ich jemals einen gesehen, der sich mit seiner Adligkeit ernährt hat? . . . .
Codice Florentino

Und für die Frau gilt:
Sieh richtig hin, wie Trank und Speise zubereitet werden . . . denn damit wirst du leben . . .
Und für den Fall, daß trotz Adligkeit äußerste Armut sich einstellt, sieh richtig hin, kümmere dich darum, was regelrecht die fraulichen Aufgaben sind: Spinnwirtel und das Webmesser . . . .
Codice Florentino

Über alle Bereiche des Lebens gab es Regeln wie die oben zitierten. Ihr Studium eröffnet dem Leser eine Welt, die er aufgrund der bekannten Werke über die Azteken und die spanische Erobrung kaum erwarten wird, ohne deren Kenntnis die vorspanischen Indianerkulturen Mexikos, insbesondere die Reaktion der Indianer gegenüber den spanischen Eroberern, für uns nicht begreifbar sind.

»BLUME UND GESANG« – Beispiele aztekischer Poesie

Stellt euch auf die Füße

›Meine Freunde, stellt euch auf die Füße‹
Verlassen sind die Fürsten,
ich bin Nezahualcóyotl,
ich bin der Sänger,
ich bin ein großköpfiger Papagei.
Nimm schon deine Blumen und deinen Fächer.
›Geh aus mit ihnen zum tanzen‹
Du bist mein Sohn,
du bist Yoyontzin.
Nimm schon deinen Kakao,
die Kakaoblume,
›man möge ihn schon trinken‹.
›Tanzt‹,
man beginne mit dem Liederwettstreit.
Hier ist nicht unser Haus,
hier werden wir nicht leben,
auch du wirst einst fortgehen müssen.

Nezahualcóyotl
(Romances de los señores de la Nueva España.)

Das Gedicht des Tlaltecatzin (Ausschnitt)

In der Einsamkeit singe ich
demjenigen, der mein Gott ist.
Am Ort des Lichts und der Hitze,
am Ort der Macht,
der blumige Kakao schäumt,
das Getränk, das mit Blumen berauscht.
Ich habe Verlangen danach,
mein Herz schlürft ihn.
mein Herz berauscht sich,
mein Herz schlürft ihn:
Roter Vogel mit dem Hals aus Gummi!,
frisch und feurig,
stellst du deine Blumengirlande zur Schau.
›Oh, Mutter!
Süße, köstliche Frau,
kostbare Blume aus geröstetem Mais,
du bietest dich bloß an,
(doch) du wirst verlassen werden,
du wirst gehen müssen,
entblößt wirst du zurückbleiben.
Du bist hierher gekommen,
zu den Fürsten,
du, wunderbare Kreatur,
zur Lust lädst du ein.
Über der Matte aus gelben und blauen Blumen
bist du hier ausgestreckt.
Köstliche Blume aus geröstetem Mais,
du bietest dich bloß an,
du wirst verlassen werden,
du wirst gehen müssen,
entblößt wirst du zurückbleiben.

Tlaltecatzin
(Cantares Mexicanos)

Ullamaliztli, das altindianische Ballspiel

Wolf Günter Thieme

Abb. 133 Aztekische Ballspieler, aus dem Trachtenbuch des Christoph Weiditz, 1529

Unter den vielen neuen und seltsamen Dingen, die den Spaniern in der Neuen Welt auffielen, war auch das Ballspiel. Dabei war es zunächst nicht so sehr das Spiel selbst, was sie faszinierte, sondern der Ball!
Europa kannte im frühen 16. Jahrhundert zwar auch Bälle und das Spiel damit, aber die Indianer waren uns weit voraus. Europa hatte nur Lederbälle, die mit Wolle oder Haaren gestopft waren oder bestenfalls eine aufgeblasene Schweinsblase in ihrem Inneren hatten. Die Indianer der Neuen Welt aber benutzten einen hier unbekannten Werkstoff: Das Baumharz Kautschuk. Daraus formten sie große Bälle, deren Federkraft die Europäer erstaunte. Sie lernten diesen Ball und das Spiel mit ihm bereits durch die Entdeckungsfahrten des Kolumbus kennen, und dieser brachte einen solchen ›Wunderball‹ bereits von seiner 4. Reise mit nach Sevilla. Da Kolumbus das Festland niemals erreichte, muß dieser Ball von den Karibischen Inseln stammen, und über das Spiel selbst und seine Regeln oder Bedeutung ist nichts bekannt. Späteren Berichten ist nur zu entnehmen, daß die Spieler fast nackt, nur mit einem Lendenschurz bekleidet, auftraten.
Erst mit der Eroberung des Aztekenreichs, (seit 1521) finden wir in den spanischen Chroniken zahlreiche Beschreibungen und Hinweise auf dieses Spiel, die aber selbst bei aller Akribie eines gemeinsam haben: Der Spielverlauf wird so summarisch geschildert, daß die Spielregel daraus nicht zu entnehmen ist und wir nur Theorien darüber verbreiten können. So, als ob die europäischen Beobachter das Spiel nicht ganz verstanden hätten. Das verwundert kaum, denn das Spiel war ein gottesdienstlicher Akt, dessen Bedeutung und tieferer Sinn den Konquistadoren und ihren Chronisten unzugänglich war. Daß dieses Spiel Teil des Kultes war, erkannten sie immerhin und belegten es mitunter mit Titeln, wie ›scheußlicher Aberglaube‹. (›detestable superstición‹, Torquemada und Herrera y Tordesillas ca. 1615).
Die Liste der Chronisten, die auf das Ballspiel Bezug nehmen ist prominent: Bartolomé de las Casas, Bernadino de Sahagún und Diego Durán sind unter ihnen, aber ihre Berichte sind sehr kursorisch und nicht eben erhellend. Ergiebiger sind die Autoren Hernando Alvarado Tezozomoc, der am Ende des 16. Jahrhunderts schrieb, Toribio de Benavente, genannt Motolinía, um die Mitte des 16. Jahrhunderts und Christoph Weiditz mit seinem Bericht von 1529. Das Kuriose bei letzterem ist, daß er nie die Neue Welt betreten hat, sondern eine indianische Ballspielgruppe in Spanien sah, die offenbar mehrfach

auftrat und ihre Kunst vorführte. Hernan Cortez hatte sie mitgebracht, als er 1528 in die Heimat zurückkehrte und ließ sie vor Karl V. und dem spanischen Hof spielen. Weiditz war Zeichner und wir verdanken ihm genaue Studien der Ballspieler, ihrer Kleidung und ihre Bewegungen (Abb. 133). Überdies gibt es eine Schilderung dessen, was er sah. Interessanterweise weiß auch er nichts von den besonderen Eigenschaften der Kautschukbälle, denn er bezeichnet das Spielgerät der Indianer als *›aufgeblassen Ball‹*. Die Spieler, die Weiditz sah, waren unbekleidet bis auf eine Art Lederhose, die das Gesäß und die Weichteile schützte. Außerdem trugen sie Handschuhe, gleichfalls aus Leder, die die Finger allerdings freiließen. Seiner Schilderung nach spielten sie den Ball mit dem Gesäß ohne ›den Boden mit den Händen zu berühren‹. Diese Darstellung korrespondiert mit anderen in dem Punkt, daß der Ball nicht mit den Händen berührt wurde, die Tracht allerdings erscheint hier auf das Notwendigste reduziert gegenüber den Beschreibungen und Darstellungen des Ballspiels, wie es bei den Azteken praktiziert wurde. Hier drehten zu der erwähnten Panzerung des Unterleibs, die neben Leder auch aus Baumwolle sein kann, noch Panzer für Brust, Schultern, Oberarme und Schenkel. Üblicherweise werden außerdem Sandalen getragen. Die Uniform der Ballspieler hat nach Aussage der Denkmäler zeitbedingte und lokale Varianten.

Die zahlreichen Bilderhandschriften (codices), die in unterschiedlichsten Zusammenhängen das Ballspiel oder Ballspieler und Ballspielplätze zeigen, geben für die Spielregel kaum etwas her. Sie stammen zudem aus der spätesten Zeit des Aztekenreichs, sind kurz vor oder nach der Eroberung entstanden und illustrieren nur den status quo zur Zeit der Ankunft der Europäer. Zur langen Kulturgeschichte dieses Kultbrauchs und seiner Entwicklung tragen sie nichts bei, und unsere Kenntnisse sind hier auf die Ergebnisse der Archäologie und ihre Interpretation angewiesen.

Danach war das Ballspiel schon in der Kultur der sogenannten ›Olmeken‹ in Gebiet der Golfküste bekannt. Da diese Kultur die älteste auf mexikanischem Boden ist, müssen wir logischerweise annehmen, daß das Spiel auch hier im Gebiet der Golfküste ›erfunden‹ und entwickelt worden ist. Der Platz war eine urtümliche Anlage auf rechteckigem Grundriß, begrenzt von schlichten Erdaufschüttungen. Über Bedeutung des Spiels, Regeln, Bekleidung der Spieler ist für diese Zeit natürlich nichts bekannt. Daß bereits mit dem späteren Kautschukball gespielt wurde, darf aber unterstellt werden, denn der Baum, der dieses Rohmaterial liefert, ist hier heimisch. – Von hier muß das Ballspiel in die nachfolgenden Hochkulturen des Hoch- und Tieflandes gewandert sein. Ob der religiöse Inhalt mitwanderte oder jeweils neuformuliert wurde, ist unbekannt, aber sehr wahrscheinlich. Es ist bezeichnend, daß die den Olmeken folgenden Kulturen an der Golfküste, die Huaxteken, respektive Totonaken dem Ballspiel nach Aussage der Denkmäler eine sehr zentrale Bedeutung in ihren Kultpraktiken zumaßen.

Sowohl Weihgaben, wie Grabausstattungen haben einen so starken Bezug zum Ballspiel, daß solche Fundgegenstände geradezu Leitform für die Golfküstenkulturen geworden sind. So zeigt die Terrakottafigur eines Ballspielers (Kat. 32) in typischer Weise die für das Spiel nötige Bekleidung. Der Kopfputz, die Ohrgehänge und das Jade-Halsband sind Schmuck, der Oberkörper ist unbekleidet, die Panzerung gegen das Aufprallen des schweren Balles beginnt von den Hüften abwärts: Die Beine sind bandagiert, an den Füßen trägt er Sandalen. Das Bemerkenswerteste ist die Panzerung von Hüften und Bauch. Er trägt einen dicken wulstartigen Halbring, der die empfindlichsten Körperteile einschlägig zu schützen imstande war. Dieses Trachtdetail wurde als steinernes Monument oft im Gebiet der Küstenkulturen gefunden, das sogenannte ›Joch‹. Es ist diskutiert worden, ob es wirklich während des Spiels getragen worden sei, aber aufgrund der Schwere des Gegenstandes ist das wohl kaum möglich. Es scheint, daß dieser lederne oder wollene Hüftpanzer als steinernes Kunstwerk den Ballspielern als Weihegabe diente oder ins Grab gegeben wurde. (Kat. 34 u. 35) Die in der Ausstellung vertretenen Exemplare zeigen einen Typ, dessen Front als Krötengesicht ausgestaltet wurde. Dies geschah sehr häufig, so daß der Gedanke naheliegt, das Spiel habe zu Ehren einer Krötengottheit stattgefunden. Das würde einen Kultzusammenhang mit Erd-, Mutter- und Fruchtbarkeitsgottheiten nahelegen, einen Zusammenhang, der durch die spätere Entwicklung in der Bedeutung des Spiels gestützt wird.

Im gleichen Zusammenhang treten zwei weitere zu Stein gewordene Gegenstände auf, denen ein Zusammenhang mit dem Ballspiel unterstellt wird: Die ›palma‹ und die ›hacha‹. Der eine Gegenstand wird als Palmwedel gedacht, wobei seine Form verschieden ausgestaltet werden kann. Als Gesicht, Händepaar oder auch als Krokodil, wie in dem seltenen Exemplar der Ausstellung (Kat. 42). Das Stück (Kat. 41) ist mit vegetabilen Ornamenten versehen

Abb. 134 Tajin, Ballspielplatz mit Darstellung von Ballspielern

Abb. 135 Ballspieler, »Scheibe von Chinkultic«

und zeigt im Zentrum ein Gesicht, vielleicht das des Ballspielers. Der andere, die ›hacha‹ (›Axt‹) hat die äußere Form eines Beiles, ist aber ebenfalls figürlich ausgestaltet: In Form eines menschlichen Gesichts (Kat. 37) oder auch als Körper eines Raubvogels (Kat. 39). Die menschlichen Gesichter, wie auch auf dem Fragment (Kat. 36) zeigen den gleichen, für die Golfküste typischen ›olmekoiden‹ Typus mit kleinen Schlitzaugen, großer fleischiger Nase und wulstigen Lippen. Dieser Gesichtstypus wurde auch mit dem Begriff ›negroid‹ belegt, und es wurden abwegige Spekulationen über den afrikanischen Ursprung dieser ›Rasse‹ angestellt. Oft zeigen diese Gesichter (Kat. 38) eine offensichtliche Todessymbolik. Das könnte ein Hinweis auf die Praxis des Menschenopfers sein, die zumindest in historischer Zeit im Zusammenhang mit dem Spiel stand. Die Funktion von ›palma‹ und ›hacha‹ im tatsächlichen Spiel ist umstritten (Abb. 134). Während die einen in ihnen Rangabzeichen oder weitere Details der Panzerung sehen wollen, halten andere dafür, in ihnen Ballspielgeräte, also eine Art Schlagstöcke zu sehen. Eine Entscheidung für das eine oder andere ist angesichts von Fundsituation und Überlieferung nicht möglich.

Es ist sicher, daß in der Tieflandkultur der Maya das Ballspiel gleichfalls eine überragende Rolle spielte. Die große Zahl von Ballspielplätzen steht dafür, die in den Tempelstädten der Maya gefunden wurden. Im allgemeinen allerdings waren die Spielplätze der Maya eher klein und wiesen die gleiche rechteckige Form auf, wie die der Golfküste. Sie waren gemauert und hatten zurückspringende Seitenwände. Auch in dieser Kultur gibt es Varianten; vor allem in der Zurichtung des Spielfeldes. Die eine zeigt die in der späteren Zeit im Hochland gebräuchliche Form, wobei zwei ›Ringe‹ in die Seitenwände eingelassen wurden (Kat. 43), durch die der Ball hindurch getrieben werden sollte.

Eine andere Spielweise scheint aber den Ballspielplätzen zu unterliegen, die auf diese Ringe verzichteten. Sie hatte dafür eine Steinscheibe in der Mitte des Spielfeldes am Boden, nach der aztekischen Mythologie der Eingang zur Unterwelt. Das bekannteste Beispiel ist die Scheibe von *Chinkultic* (Abb. 135), die außer dem gepanzerten Ballspie-

Abb. 136 Chichen-Itza, Ballspielplatz

ler eine Inschrift und ein Datum trägt. Welche Bedeutung das Ballspiel für die Mayas hatte, ist nicht klar überliefert. Im Popol Vuh, dem heiligen Buch der Quiché-Maya, einer Sammlung von Legenden und Genealogien aus der frühen Kolonialzeit aber gibt es einen Hinweis. Hier findet ein Ballspiel statt zwischen den Göttern von Xibalbá, der Unterwelt und den Söhnen des Hun-Hunahpú, die nach dem Sieg zur Sonne und zum Mond (in anderer Version Morgenstern) werden, also zu Lichtgestalten aufsteigen. Auch diese Deutung korrespondiert mit dem Sinngehalt des Spiels zu historischer Zeit, in der Aztekenzeit.
Wesentlich schwieriger sind Aussagen zum Ballspiel für die klassische Phase des Hochlandes, der Zeit der Blüte von Teotihuacan. Das Problem besteht darin, daß die Ausgrabungen an diesem Platz, wie auch an anderen der gleichen Phase keine Ballspielplätze ans Licht gebracht haben. Der daraus oft gezogene Schluß, Teotihuacan habe das Ballspiel nicht gekannt, wäre aber ein gefährlicher Schluß ›ex silentio‹. So zeigt das berühmte Wandfresko in Tepantitla mit seinen Szenen aus dem Tlalocan, dem »Paradies des Regengottes«, eindeutig gepanzerte Ballspieler. Diese tragen Schlagstöcke und die langen Sprechblasen vor ihren Gesichtern zeigen die heftige Aktivität an. In ihrer Mitte befindet sich ein Symbol, das tatsächlich als steinernes Monument häufig in Teotihu-

Abb. 137 Xochicalco, Ballspielplatz

Abb. 138 Chichen-Itza, Ring des Ballspielplatzes

acan aufgefunden wurde. Diese stelenartigen Monumente lassen sich als Sonnensymbole interpretieren und damit wäre ein ähnlicher Sinnzusammenhang gegeben, wie bei den Maya und in der späteren historischen Zeit. Es bleibt nur der Schluß, daß das Ballspiel der Teotihuacan-Zeit auf einem Spielfeld stattfand, das durch Ritzungen u. ä. markiert war und keinen festen aufgeschütteten oder gar gemauerten Bau darstellte. Aus dem Hintergrund der Mayakultur immerhin kommt die endgültige und weitestverbreitete Form des Ballspielplatzes, wie ihn Tolteken und Azteken benutzt haben und wie sie von dem größten und berühmtesten aller Spielplätze, dem von Chichen-Itza vorgestellt wird (Abb. 136). Die ›Doppel-T-Form‹. Diese Form hat bereits der Ballspielplatz von Xochicalco (Abb. 137), einem Kultzentrum im Hochland der klassischen Zeit, wo sich deutlich Maya-Einflüsse mit denen der Teotihuacan-Kultur mischen. Diesen Plätzen ist gemeinsam, daß sie alle mit Ringen an den Seitenwänden bestückt sind und vor, sowie hinter dem schmaleren Spielfeld breitere »Bereitstellungsräume« für die Mannschaften oder den Auslauf des Balles aufweisen. Die Varianten dieser Form bestehen darin, daß der Anstiegwinkel und die Höhe der Seitenwände unterschiedlich ausgeführt wurden. Es scheint, daß diese Unterschiede nicht auf andere Inhalte oder Formen des Spiels zurückzuführen sind, sondern nur eine unterschiedliche Spieltechnik oder verschiedene Schwierigkeitsgrade des Spiels dokumentieren. Es fällt auf, daß bei sehr steilen Seitenwänden, wie in Chichen-Itza (Abb. 138) die Ringe weit oben angebracht sind, bei einem flachen Verlauf des Steigwinkels aber niedrig. Es handelt sich dabei also nur um eine Verlagerung des Winkels von der Vertikalen in die Horizontale, in dem die Spieler den Ball zu schlagen hatten, um das vielleicht alles entscheidende ›Tor‹ zu erzielen.

Ob es mit den mehr oder weniger einheitlichen Spielplätzen auch eine einheitliche Spielweise oder -regel gegeben hat, muß sehr angezweifelt werden. Die halbnackten Spieler bei Weiditz spielen den Ball offenbar mit dem Gesäß und den Hüften. Die Arme sind ungepanzert, ganz anders als bei den Spielern von Chichen-Itza (Abb. 139), deren Arme und Schenkel dick bandagiert sind, also

Abb. 139 Chichen-Itza, Ballspielplatz, Relief mit Ballspieler

wohl zum Schlagen des Balles verwandt wurden. Alle Berichte, die auf uns gekommen sind, stimmen darin überein, daß der Ball nicht mit der Hand geschlagen oder geworfen werden durfte und daß die Spieler schwierige artistische Kunststücke zu vollbringen hatten, um sich mit Körper oder Extremitäten in die richtige Schlagposition unter den Ball zu bringen. Einige wissen sogar, daß es verboten war, mit den Händen den Boden zu berühren. Darstellungen, wie im Codex Magliabechi oder Codex Bodley, wo die Spieler den Ball in den Händen halten, müssen wohl eine andere Bedeutung haben. Vielleicht den ›Einwurf‹ des Balles oder den Spielbeginn.

Die Bedeutung des Spiels scheint für die historische Zeit gesichert, da der Ball in einigen Darstellungen als Sonne wiedergegeben ist. Es ist also der Auf- und Niedergang des lebenspendenden Gestirns und sein Kampf gegen die tödliche Kälte der Dunkelheit, das durch das Ballspiel symbolisiert wird. Alle weiteren Aspekte, wie der Fruchtbarkeitssymbolismus können unter diese Bedeutung als sekundär subsummiert werden.

Da die aztekische Mythologie keine größere Gefahr kannte, als das Ausbleiben der Sonne und das Versinken der Welt in Dunkelheit und Tod, andererseits aber die Sonne nur durch die Speisung mit Menschenherzen, also menschlicher Lebenskraft in Gang gehalten werden konnte, ist der Ansatz für das Ballspiel als Opferkult klar gegeben. Dieses ›Füttern‹ der Sonne und damit das Ballspiel als Opferveranstaltung hatte für die Mexica offenbar solch zentrale Bedeutung, daß sie bei der Gründung einer Stadt als erstes einen Ballspielplatz errichteten. So der Bericht von der Wanderung des Volkes der Mexica aus ihrer mythischen Urheimat Aztlan zum Chapultepec (Codex Aubin/Boturini) . Das führt soweit, daß in den codices der Ballspielplatz für die ganze Stadt stehen kann, eine Art ›pars pro toto‹. Vor diesem Hintergrund muß man wohl auch die zahlreichen Modelle von tlachtli's (Ballspielplätzen) sehen, die allenthalben gefunden wurden. Diese Modelle können aus Ton oder Stein bestehen und mehr oder weniger gut ausgeführt sein (Kat. 97), und man kann sie als eine Art Grundstein ansehen. – Der Vollzug des Menschenopfers im Anschluß an das Ballspiel ist oft dargestellt, und es besteht kein Zweifel, daß er bei Tolteken und Azteken durch Enthauptung stattfand (Relief in Chichen-Itza und Codex Bourbon). Sicher aber war die Enthauptung nicht die einzige Opferpraxis durch die Geschichte dieses Kultbrauchs: Die Reliefs am Ballspielplatz von El Tajín – der übrigens rechteckig war – zeigen das Opfer als Herzopfer (toxcatl). Es gibt aber keinen Hinweis, daß diese Praxis im Zusammenhang des Ballspiels auch von den Nahua-Völkern geübt wurde. – Mitteilungen von Chronisten, daß von den Ballspielern auf Sieg gewettet worden sei und daß sie beim Ballspiel zwar nicht ihr Leben, aber Weib und Kind sogar die eigene Freiheit verspielt hätten, sind spät und es scheint kaum vorstellbar, sie auf die Zeit vor der Eroberung zu übertragen. Mag es zwar nach wie vor das aztekische Ballspiel gewesen sein, das auch Weiditz noch gesehen hat. So war es seiner religiösen Inhalte und damit seiner Zweckbestimmung entkleidet und zur bloßen Schauveranstaltung degeneriert.

Reste dieses Kultbrauchs haben sich bis auf den heutigen Tag erhalten. Unter dem Namen ullama wird ein Ballspiel betrieben, das seine Wurzeln deutlich in der Antike hat. Im Grenzgebiet der Staaten Sinaloa und Nayarit, in Dörfern der Gegend von Mazatlan und Villa Union spielen die Männer an bestimmten Festtagen, wie dem Geburtstag des Dorfheiligen ein Ballspiel, das Arm-

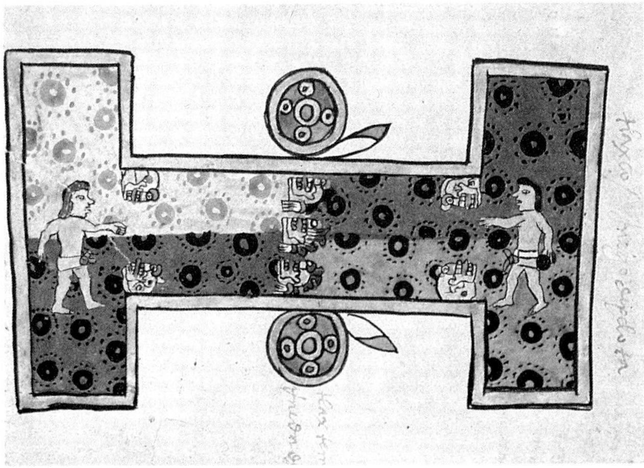

Abb. 140 Ballspielszene, Codex Tudela

Abb. 141 Chichen-Itza, Enthauptungsszene am Ballspielplatz, ▷ in der Mitte die Todesglyphe

ullama oder Hüften-ullama genannt wird. Die Spielregel entspricht in etwa dem Volley-Ball, d. h. es kommt darauf an, daß der Ball den Boden nicht berührt. Gespielt wird mit einem Vollgummiball von beträchtlichem Gewicht, das wie in der Antike 2–3 Kilogramm betragen kann. Der Ball darf nicht mit den Händen geschlagen werden, sondern muß je nach Spielversion mit den Armen oder der Hüfte vorwärts geschlagen werden. Besondere Spielplätze sind nicht vorhanden, sondern diese können nach Belieben abgesteckt werden, bzw. das Spiel wird in vorhandenen kommunalen Sportanlagen durchgeführt. Feldforschungen der frühen siebziger Jahre ergaben, daß diesem Spiel in der Meinung der Teilnehmer und Zuschauer heute kein spezifischer religiöser Inhalt unterlegt wird, sondern mehr oder weniger eine Volksbelustigung darstellt. Das Spiel findet durchweg im dörflichen Milieu statt, und die Spieler sind keine Profis.

Ganz anders verhält es sich beim sogenannten Jay-Alay oder Pelota, einem brutalen Kampfspiel, das mit Hartgummibällen durchgeführt wird. In den meisten Fällen wird Pelota mit Schlägern gespielt, aber auch Spielversionen sind bekannt, wo nur die bandagierten Extremitäten verwandt werden. Für dieses Spiel gibt es vor allem im Norden Mexikos und in den großen Städten an der pazifischen Küste Stadien. Das Spiel gehört zu den üblichen Wochenendveranstaltungen. Es wird Eintrittsgeld erhoben, und die Spieler sind Profis, teilweise sogar hochbezahlte. Dieses Spiel, bei dem gewettet wird, hat sich bis nach Kalifornien in den USA ausgedehnt und stellt in der Volksmeinung die bekannteste überkommene altindianische Ballspielart dar. Wenn seine Wurzeln wirklich im kultischen Ballspiel der altamerikanischen Kulturen liegen sollten, so hat es sich von diesem so weit entfernt, daß es kaum mehr erkennbar ist. Mit dem gleichen Recht könnte z. B. Baseball auf die gleichen Ursprünge zurückgeführt werden.

Begegnung zweier Welten

I. ... »Ich und meine Gefährten leiden an einer Krankheit des Herzens, die nur mit Gold geheilt werden kann...«

Eva Eggebrecht

Diese Botschaft des Hernán Cortés an den Aztekenherrscher Motecuhzoma, als Probe seines berüchtigten Witzes gemeint, beschreibt leider allen Ernstes die vorrangigste Motivation der Europäer bei der Entdeckung der Neuen Welt. Die Worte dürften verbürgt sein, denn sie sind nicht etwa von einem Gegner des Cortés, sondern vielmehr von seinem Leibbiographen Francísco López de Gómara überliefert.

Schon Christoph Columbus beginnt seine Bordbucheintragungen 1492, die als Rechenschaftsbericht und Denkschrift für die Katholischen Könige Ferdinand I. von Aragonien und Isabella von Kastilien bestimmt waren, zwar mit einem programmatischen Missionsauftrag: *»Im gegenwärtigen Jahre 1492, nachdem Eure Hoheiten dem Krieg gegen die Mauren, die noch in Europa herrschten, in der gewaltigen Stadt Granada ein Ende bereitet hatten ... erwogen Eure Hoheiten als Freunde und Verbreiter des heiligen christlichen Glaubens ernstlich den Gedanken, mich, Christoph Columbus, nach den vorgenannten Gegenden Indiens zu entsenden, um jene Fürsten, Völker und Orte aufzusuchen und die Möglichkeiten zu erwägen, wie man sie zu unsrem heiligen Glauben bekehren könnte ...«* notiert aber bereits am 13. 10., also einen Tag, nachdem seit Monaten erstmals Land in Sicht gekommen war:

»Dabei bemerkte ich, daß einige von diesen Männern (auf der Bahama-Insel San Salvador) die Nase durchlöchert und durch die Öffnung ein Stück Gold geschoben hatten. Mit Hilfe der Zeichensprache erfuhr ich, daß man gegen Süden fahren müsse, um zu einem König zu gelangen, der große goldene Gefäße und viele Goldstücke besaß... Also entschied ich mich, nach Sudwesten vorzudringen, um nach Gold und Edelsteinen zu suchen.«

Um Gold und Edelsteine, die es laut Marco Polos Reiseschilderungen in phantastischer Menge in Asien geben mußte – und vor der Küste Asiens wähnte sich Columbus – hatten seine Gedanken jahrelang gekreist, als er an mehreren Fürstenhöfen Europas um die Finanzierung seiner Atlantiküberquerung nach Westen antichambrierte. So konnten ihn die Naturschönheiten der Antillen zwar beeindrucken, doch nicht auf Dauer fesseln:

»Wenn die andern, von mir aufgesuchten Inseln wundervoll grün und fruchtbar gewesen waren, so mußte ich bekennen, daß diese noch weithin schöner war mit ihren weithin ausgedehnten, grün schimmernden Wäldern und breiten Lagunen, an deren Rändern und in deren Mitte wundervolle Haine lagen. Hier ... sind die Bäume frisch und dicht nebeneinander, das Gras so grün wie im Monat April in Andalusien und der Vogelsang dem Ohre so wohlklingend, daß man für immer hier bleiben möchte. Papageien fliegen in so dichten Schwärmen, daß sie die Sonne verfinstern, und die großen und kleinen Vögel sind in zahlreichen, von unsern heimatlichen Vögeln verschiedenen Arten vertreten... Die Fische sind hierzulande derartig, ... daß man baß erstaunt ist; einige gleichen Hähnen und glitzern in den leuchtendsten Farben wie himmelblau, gelb, rot und in vielen anderen Farben, die alle bunt durcheinanderschimmern und so zarte Tönungen haben, daß jeder sie mit Entzücken und Bewunderung betrachtet... Ich habe keinen schöneren Ort je gesehen (Kuba)... *Es gibt hier sicherlich eine Unmenge Dinge, die ich nicht kennenlernte, weil ich nicht Zeit verlieren wollte, um viele andere Inseln anzusteuern, wo ich Gold zu finden hoffte. Da nun das Gold, welches diese Inselbewohner an Armen und Beinen tragen, tatsächlich echtes Gold ist ... so wird es mir mit Gottes Hilfe gelingen müssen, den Ort seines Vorkommens ausfindig zu machen.«*

Rastlos setzte Columbus seine Suche nach Gold fort und mehr als einmal entrang sich ihm der Stoßseufzer *»gebe Gott, daß ich ein reiches Goldlager entdecke, ehe ich nach Spanien zurückkehre.«* Am 10. Dezember erreichte er dann die Insel Haiti, die er damals »La Española« (Hispaniola) taufte. Sie sollte in den darauf folgenden Jahrzehnten der wesentlichsten ›Entdeckungen‹ in Mittelamerika zum Stützpunkt und Zentrum europäischer Umtriebe werden. Hier fand der Admiral nun endlich auch Gold in größerer Menge und ›König‹ Guacanagari, einer der einheimischen Fürsten, sandte seine Leute aus, *»um mich, noch ehe ich in See ging, ganz mit Gold zu bedecken.«*

Rückschauend und im Hinblick auf die späteren Ereignisse in Mexiko läßt vor allem eine Bordbucheintragung des Columbus aufmerken. Am 29. Oktober, während er die Nordküste Kubas auskundschaftet, schreibt er:

»Ich ließ die Anker lichten und fuhr von dieser Bucht gegen Westen, um zur Stadt zu gelangen, wo der König der Erde seinen Wohnsitz hat, wie ich aus den Berichten der Indianer schließen zu müssen glaubte.«

Columbus nahm die Erzählungen von einem großen Herrscher sicher als Bestätigung für seine Asien-Theorie vom ›Reich des großen Chan‹. Seltsamerweise gab er jedoch seinen Westkurs entlang der Nordküste Kubas am 12. November auf und steuerte – wieder auf einen Rat von Inselbewohnern hin – *»Ost-zu-Süd, um die Insel Baveque zu suchen, auf welcher ihrer Zeichensprache nach die Eingeborenen während der Nacht mit Fackelbeleuchtung das Gold am Meeresstrand auflasen, worauf sie es mit dem Hammer zu Barren schlugen.«*

Mit dem »König der Erde« hatten die Eingeborenen aber vielleicht auf einen Herrscher im Westen hingewiesen, der gerade Ende der achtziger und Anfang der neunziger Jahre des 15. Jahrhunderts den Einflußbereich seiner Macht nicht unerheblich vergrößerte. Der damalige »Große Sprecher« der Azteken, Ahuitzotl, und sein Oberbefehlshaber der Armee und Nachfolger, Motecuhzoma, eroberten damals weite Gebiete am Pazifik, stießen bis ins heutige Guatemala vor und zogen die Grenze des Reiches an der Landenge von Tehuantepec, während sie gleichzeitig ihre Ansprüche auf Gebiete an der Golfküste in mehreren Feldzügen bekräftigten. Als »Herr der Menschen« – wie einer seiner Titel lautete – konnte der »Große Sprecher« auf einer kleinen Karibik-Insel doch zum »Herrscher der Erde« geworden sein!

Die Entfernung zwischen dem westlichsten Kap von Kuba und der Ostspitze Yucatans beträgt keine 200 km. Doch wie erwähnt: Columbus änderte den Kurs und setzte Segel nach Haiti.

In den zehn Jahren bis 1502, als Columbus seine vierte und letzte Reise unternahm, wurden weitgehend die Inseln im Karibischen Meer und die Küste des Festlandes im Westen bis hinauf nach Honduras sowie die Küste Brasiliens bis hinab zur Mündung des Amazonas nach Gold und Edelsteinen abgesucht. Ein erstes Goldfieber, wie es in der Neuen Welt noch öfter ausbrechen sollte, ergriff damals Spanien, anschaulich beschrieben bei Las Casas:

»Wie in diesem Jahre 1500 mit jedem Tag die Nachrichten sich mehrten, daß das Festland Gold und Perlen hatte, und wie die, die nach den dortigen Küsten fahren, durch Tauschhandel mit Sächelchen von geringem Wert, mit grünen, blauen und andersfarbigen Glaskügelchen und kleinen Spiegeln, Schellen, Messern, Scheren usw. viel Gewinn heimbrachten und was, so wenig es war, bei der damaligen Geldarmut in Spanien hoch im Werte stand und womit viel erworben werden konnte, wuchs unter unsern Landsleuten die Sucht, reich zu werden, und verlor sich die Furcht, über so tiefe und ferne Meere zu fahren, über die früher kein Schiff gesegelt war.«

Das Goldfieber befiel auch einen jungen Mann namens Hernán Cortés aus Medellín in der Estremadura, Sohn aus einem armen Adelshaus, merkt doch López de Gómara an:

»Seine Eltern waren Martín Cortés de Monroy und die Mutter Doña Catalina Pizarro Altamirano, beide vornehmer Herkunft, denn die vier Familien der Cortés, Monroy, Pizarro und Altamirano sind überaus alte, edle und ehrenwerte Geschlechter. Sie hatten wenig Güter, aber viel Ehre . . .«

Mit vierzehn Jahren wurde Hernán an der Universität Salamanca eingeschrieben und sollte Jura studieren, da die Laufbahn des Juristen *»ebenso gute Aussichten auf Reichtümer wie Ehren versprach.«* Doch zum Verdruß seiner Eltern kehrte der *»sehr intelligente und schlaue, aber ruhelose, hochfahrende und streitsüchtige«* Junge bald wieder nach Medellín zurück, und *»nun blieben nur zwei Wege offen«*: entweder als Soldat in den Krieg um Neapel zu ziehen oder nach Indien (wie die spanischen Besitzungen in der Neuen Welt immer noch hießen) zu gehen. Nachdem sich Hernán Cortés ein Jahr lang herumgetrieben hatte, reiste er *»im Jahre Unseres Herrn 1504, obwohl er so jung war, allein«*, aber mit dem Segen der Eltern und einer geringen Barschaft ab nach La Española.

Als Cortés in San Domingo eintraf, erhielt er vom Sekretär des Gouverneurs den Rat, sich als Bürger eintragen zu lassen, damit er einen Bauplatz für ein Haus und Ländereien zur landwirtschaftlichen Nutzung erhalten könne, doch der kaum Zwanzigjährige, der *»mit der*

Vorstellung gekommen war, er werde sogleich mit Gold aufgewogen«, beherzigte diesen Rat nicht, sondern erklärte vielmehr, daß er sich dem Bergbau widmen wolle. Von da an zieht sich auch durch die Biographie des Cortés wie ein roter Faden das Wort »Gold«. Um Mißverständnissen vorzubeugen: Der junge Mann dachte nicht etwa daran, selbst Gold zu schürfen, vielmehr strebte er wie alle anderen Siedler auch nach einem Leben, das einige Jahrzehnte später der Franziskanermönch Toríbio Motolinía voller Sarkasmus folgendermaßen beschreibt:

»Allein zu sehen, wie zögernd ein Spanier morgens aus seinem weichen Bett aufsteht, oft treibt ihn die bereits hochstehende Sonne hinaus. Und sogleich hüllt er sich in ein weiches Gewand, damit nur ja kein Lufthauch ihn berühre. Dann fordert er seine Kleider, als ob er keine Hände hätte, um sie sich selbst zu holen. Darauf kleidet man ihn an, als ob er ein Krüppel wäre. Doch beim Ankleiden spricht er schon seine ersten Gebete! Wieviel Aufmerksamkeit er ihnen widmet, kann man sich vorstellen. Und während man ihn nun zurecht macht, läuten schon die Glocken zur Messe, dabei sind Schuhe und Umhang noch nicht zur Hand und auch das Pferd ist noch nicht gesattelt . . . Und er ist immer froh, wenn der Priester die Messe nur nicht zu langsam zelebriert, denn auf Knien ermüdet man so leicht. Die Geduld verliert er vollends, wenn nicht sogleich nach der Messe das Essen fertig ist. Danach muß er ruhen. Dann widmet er sich ein wenig seinen Geschäften, überprüft die Abrechnungen aus seinen Bergwerken und anderen Einkommensquellen. Schließlich folgt das Abendessen und vor dem Schlafengehen hin und wieder ein Kartenspiel . . . So verbringt er sein Leben, ohne an Gott und seine Seele zu denken. Möglicherweise hat er ein paar gute Vorsätze, aber niemals Zeit, sie in die Tat umzusetzen.«

Zwischenzeitlich beteiligte sich Cortés an der »Befriedung« der Insel Española, wo die noch von Columbus so schwärmerisch beschriebene einheimische Bevölkerung durch die unmenschliche Ausbeutung zugrundeging:

»Dabei sind sie alle sehr gut gewachsen, haben einen schön geformten Körper und gewinnende Gesichtszüge . . . Ich gewahrte, wie einige unserer Schiffsjungen für Glasscherben oder Scherben zerbrochener Schüsseln Spieße eintauschten. Sie gaben . . . ihr ganzes Hab und Gut willig her für irgendeinen nichtssagenden Gegenstand . . . Eure Hoheiten mögen mir gütigst glauben, daß es weit und breit keine besseren und fügsameren Menschen, als diese es hier sind, geben kann . . . Die Bewohner tragen ein ganz besonders liebenswertes Wesen zur Schau . . .«

Dieses liebenswerte Wesen und die Fügsamkeit nutzten die europäischen Siedler aus, um die Eingeborenen zu erbarmungslosem Arbeitseinsatz zu zwingen. In der Zeit zwischen der Entdeckung von Española und dem Jahre 1548 – also in nur etwa 50 Jahren – ging die Bevölkerungszahl von etwas über 1 Million auf fünfhundert zurück! Zustände wie die im folgenden geschilderten veranlaßten schließlich ab 1515 Bartolomé de Las Casas, als Fürsprecher der Indianer am spanischen Königshof vorstellig zu werden.

»Diese Sorgfalt oder Seelensorge, welche sie auf dieselben (die Bewohner von Española) *verwendeten, bestand darin, daß sie die Mannspersonen in die Bergwerke schickten, um Gold zu graben . . . die Weibsleute aber schickten sie auf ihre sogenannten Stationen oder Meiereien, wo sie den Feldbau besorgen mußten . . . Diesen wie jenen gaben sie nichts anderes zu essen als Kräuter und dergleichen Sachen, die keine Kraft haben. Säugenden Müttern vertrocknete die Milch in den Brüsten, und in kurzer Zeit starben alle Kleinkinder dahin. Die Männer mußten ganz abgesondert leben, durften nicht den mindesten Umgang mit ihren Weibern haben; mithin hörte die Fortpflanzung gänzlich auf. Jene kamen vor Arbeit und Hunger in den Bergwerken um, und diese starben auf die nämliche Art in den Meiereien.«*

Im Jahre 1511 befand sich Hernán Cortés im Gefolge des Eroberers und späteren Gouverneurs von Kuba, Diego de Velázquez. Obwohl laut Gesetz eigentlich die Beamten der Krone in Spanien für alle Expeditionen verantwortlich waren, versuchten namentlich die Gouverneure stets, ihre Machtposition eigenmächtig auszubauen, und es war längst üblich geworden, auf eigene Rechnung Expeditionen auszurüsten, um neue Länder zu erobern. Die notwendige Lizenz zur Durchführung von »Entdeckungsfahrten« war so mehr oder minder bereits nur mehr eine Formsache. Als Bürgermeister der später in Santiago umbenannten Stadt Baracoa auf Kuba hatte Cortés nicht nur Gelegenheit, aus seinen Ländereien, die von indianischen Sklaven bearbeitet wurden, erhebliche Gewinne zu ziehen, sondern er konnte auch aus nächster Nähe das Intrigenspiel der Kolonialverwaltung beobachten.

Nachdem im Jahre 1517 eine ursprünglich zum Sklavenfang ausgeschickte kleine Expedition unter Leitung von Francisco Hernández de Córdoba an der Küste von Yucatan gescheitert und mit großen Verlusten nach Kuba zurückgekehrt war, schickte Velázquez schon im Frühjahr des darauffolgenden Jahres seinen Verwandten Juan de Grijalva mit vier Schiffen und 200 Mann einschließlich der Matrosen erneut nach Yucatan, das man damals noch für eine Insel hielt. Grijalva's Auftrag bestand offenbar darin, mit den Bewohnern des dicht besiedelten Gebietes Tauschhandel zu treiben. Am 1. Mai 1518 verließ die Flotte Kuba, um nach nur zwei Tagen die Insel Cozumel vor der Ostküste Yucatans zu erreichen. Mit einhundert Bewaffneten ging Grijalva nur zögernd an Land und nahm die Insel unter dem Namen »Santa Cruz« für den spanischen König in Besitz. Dabei trafen sie zunächst auf einen alten Priester, der aber bald einige Landsleute herbeiholte:

»Sie gaben dem Kapitän und einigen anderen von uns eine lange Pfeife, die, als sie brannte, einen angenehmen Duft verbreitete. Sie brachten auch Hühner (Truthähne), Honig, eine bestimmte Art Wurzeln, die sie Mais nennen und woraus sie ihr Brot machen. Der Kapitän aber sagte, daß er nur Gold wolle, was in ihrer Sprache ›taquin‹ heißt, und er gab ihnen zu verstehen, daß sie dafür Handelswaren haben könnten, die er für diesen Zweck an Bord habe. Dann nahmen diese Indianer den Kapitän und zehn oder zwölf weitere Leute von uns und gaben ihnen ein Essen in einer Halle, die aus Steinen errichtet und mit Stroh gedeckt war . . . Uns schien diese Insel eine sehr schöne zu sein. Schon meilenweit voraus verspürten wir herrliche Düfte. Aber abgesehen davon bringt die Insel viele Arten Nahrungsmittel hervor, vor allem Bienenstöcke sahen wir in großer Menge . . . Zehn Leute von uns zogen drei bis vier Meilen landeinwärts und sahen dort Städte und Landgüter, wunderbar ausgestattet . . . Die Straßen waren mit großen Steinen gepflastert und daran lagen die Häuser der Einwohner. Sie ruhen auf Steinfundamenten, die Wände sind bis zur halben Höhe verputzt und tragen Strohdächer. Die Menschen auf der Insel und ihre Gebäude erweckten den Anschein als seien die Bewohner hier sehr erfindungsreich . . . Am Freitag, den 7. Mai entdeckten wir dann die Insel Yucatan . . . Als wir die Küste erreichten, sahen wir drei große Städte, mit vielen Steinhäusern, hohen Türmen und vielen strohgedeckten Häusern. Wir wären gern hineingegangen, hätte der Kapitän es erlaubt. Am folgenden Tag gegen Sonnenuntergang sahen wir eine so große Stadt, daß Sevilla nicht größer oder besser aussähe.«

Übereinstimmend ist die Forschung der Meinung, daß Grijalva zunächst nach Süden segelte und mit der genannten großen Stadt Tulum gemeint ist, noch heute eine der ausgedehntesten der an Ruinenstädten so reichen Küstenregion bis hinauf zur Isla Mujeres. Die Handelsflottille wandte sich dann nordwärts. Wann immer Kontakte zu den Einwohnern geknüpft wurden, wiederholte sich wie ein Ritual der gleiche Ablauf: Die Indianer boten freigiebig Wasser und Nahrungsmittel an und auf die stereotype Frage nach Gold erhielt Grijalva »vergoldete hölzerne Masken und andere Stücke aus Gold wie Scheiben,« wurde aber auch unmißverständlich aufgefordert, sich wieder davonzumachen. Gelegentlich setzten sich die Eingeborenen zur Wehr, aber zu größeren Auseinandersetzungen kam es nicht, da Grijalva jeglichen Versuch zur Gründung von Siedlungen unterließ, worüber die Expeditionsteilnehmer ausgesprochen verärgert waren:

»Wenn wir einen solchen Kapitän gehabt hätten wie er eigentlich sein sollte,« schreibt Juan Díaz, einer der Chronisten dieser Reise, *»dann hätten wir ihnen* (den Bewohnern am Golf) *2000 Castellanos abgewonnen. Seinetwegen aber durften wir weder etwas eintauschen noch siedeln noch überhaupt etwas Nützliches aus dem Lande holen.«*

Als Juan de Grijalva im November 1518, nachdem er die Küste des Golfes von Mexiko bis zur Mündung des Panuco ausgekundschaftet hatte, schließlich wieder vor Diego Velázquez stand, erntete er nur wenig Anerkennung; denn angesichts der vermuteten riesigen Goldvorkommen auf dem neuentdeckten Festland schien seine Ausbeute allzu gering. Wie bei allen diesen Fahrten waren die Matrosen und Soldaten zudem regelrecht verblendet von der Gier nach Edelmetallen. So hatten sie Kupferäxte, die sich auf Kuba später als solche entpuppten, für Goldgerät gehalten und aus Tabasco wird folgender Vorfall berichtet:

»Die Indianer verwendeten große Schildkrötenschalen als Schutzschilde, die dermaßen in der Sonne glänzten, daß unsere Soldaten meinten, sie seien aus geringhaltigem Gold.«

Ein Jahr später hielten Teilnehmer der Cortés-Expedition die schneeweiß gekalkten Häuserwände von Cempoala für pures Silber.

Phantastische Schilderungen verdankten die Siedler auf Kuba wohl auch den Leuten des Pedro de Alvarádo, jenes Mannes, der kurz darauf mit Cortés gegen Mexiko ziehen sollte und die wohl folgenschwerste Entscheidung bei der Eroberung Tenochtitlans traf. Alvarado hatte eines der Schiffe unter dem Oberkommando Grijalvas geführt, kehrte aber vorzeitig mit derartigen Nachrichten nach Kuba zurück, *»daß die Freudenfeste anläßlich der Entdeckung der neuen reichen Länder acht Tage dauerten.«*

Die Eroberung der »reichen Länder« war damit beschlossene Sache und nun sah auch Hernán Cortés seine Chance

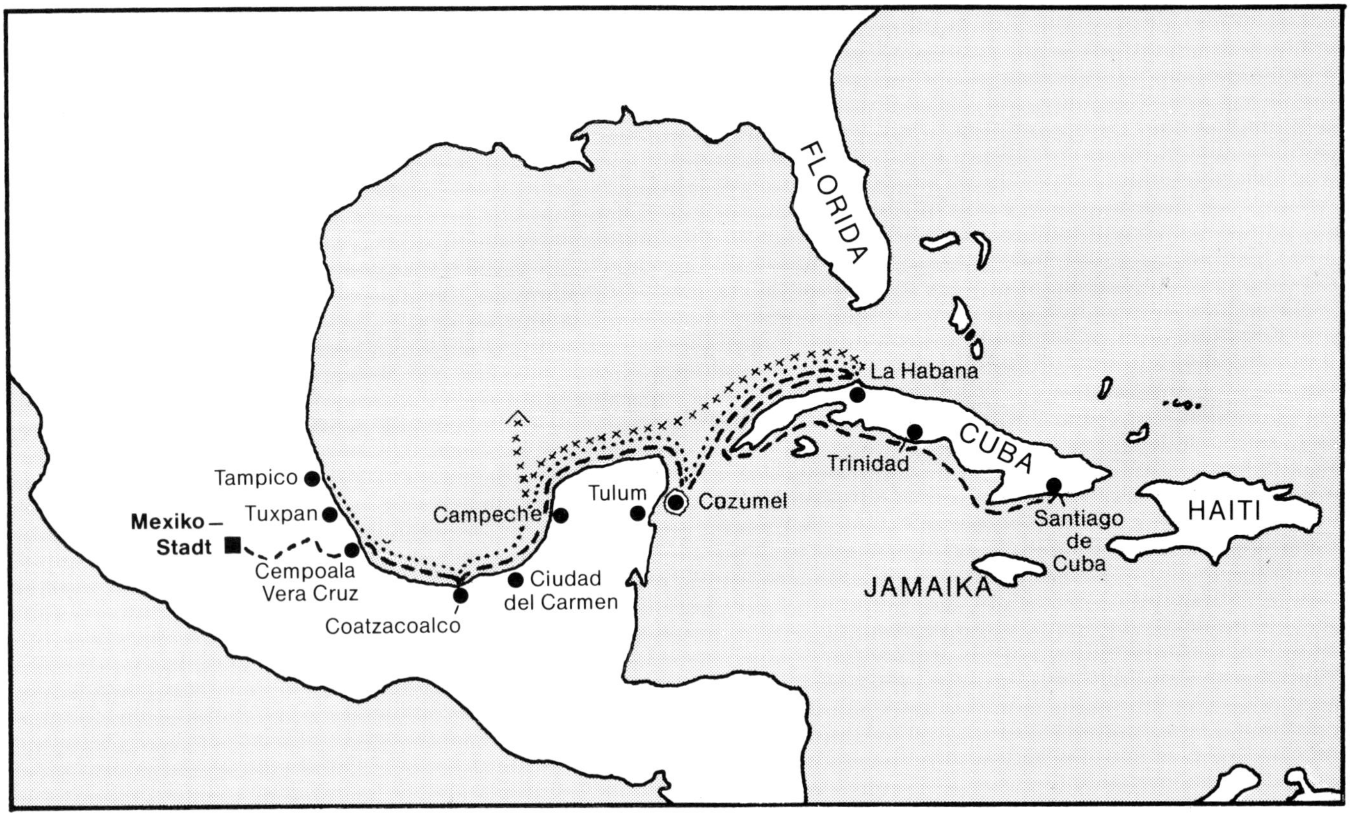

×××××× Erkundungsweg des Hernandez de Cordoba nach Yucatan 1517
······ Expedition von Grijalva 1518
– – – – Anmarschweg von Cortes 1519

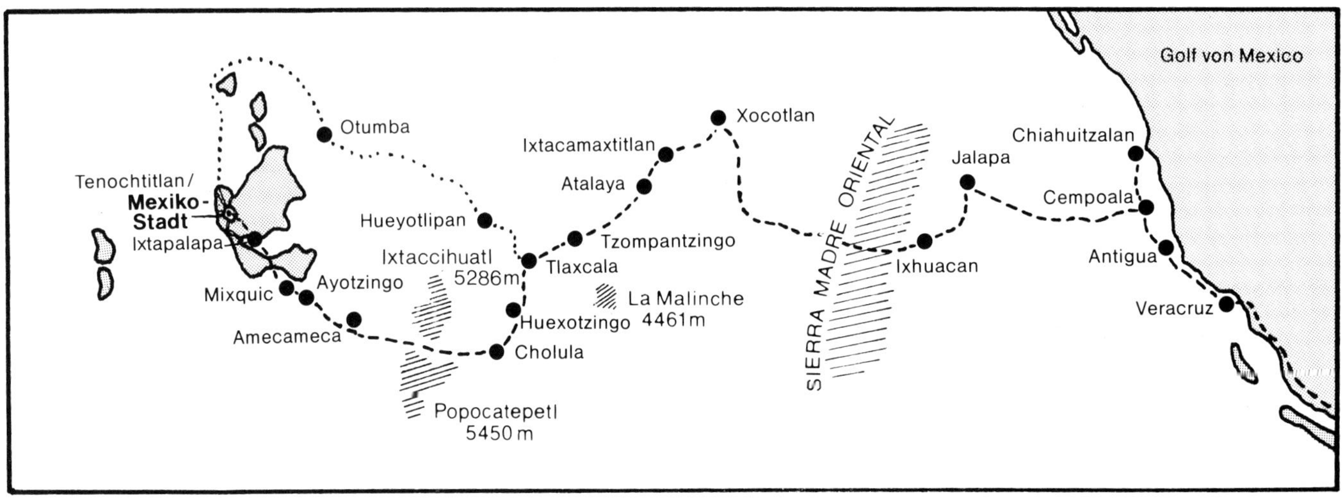

- - - - - - Zug des Cortes von der Küste nach Mexiko-Stadt (1519)
. . . . Rückzug bis Tlaxcala 30.6. - 7.7. 1519

Abb. 142 Die Erkundungszüge der Spanier

gekommen. Er erwies sich »*als ein Kapitän wie er sein sollte*«:

»*... ein ehrgeiziger und willensstarker Mann ... hatte er übrigens ein sehr angenehmes Äußeres, war ein guter Unterhalter und bei jedermann gern gesehen ... Als ein Teilnehmer* (des Zuges gegen Mexiko) *nicht genug Geld hatte, um sich ein Pferd anzuschaffen, kaufte Cortés ihm eine Grauschimmelstute und bezahlte sie mit den goldenen Schleifen seines Samtrockes, den er sich erst vor kurzem hatte machen lassen.*«

Mittels diverser Winkelzüge erreichte er die Ernennung zum Generalkapitän einer neuen Expeditionsflotte seitens des Diego de Velázquez, um dann mit allen Schiffen fluchtartig die Insel Kuba zu verlassen, nachdem in aller Munde war, daß er Velázquez bei der Inbesitznahme der neuen Länder zu hintergehen beabsichtigte. Bernal Díaz del Castillo, unter den Historiographen des denkwürdigen Eroberungszuges gegen Mexiko zweifellos der berühmteste und einer der besten Vertreter narrativer Geschichtsschreibung überhaupt, berichtet dabei von folgendem Vorfall:

»*Als der Statthalter am nächsten Sonntag, umgeben von den vornehmsten und angesehensten Personen der Stadt, zur Kirche ging, ehrte er den Hernán Cortés dadurch, daß er ihn auf seine rechte Seite nahm. Auf der anderen Seite aber lief sein Possenreißer, der Narr Cervantes, neben ihm her ... und rief: ›Ei, Gevatter Diego, wo hast du denn diesen Generalkapitän her? Aus Medellín in der Estremadura? Einen wackeren Kapitän! Nehmt Euch in acht, Diego, daß er Euch nicht mit der ganzen Flotte aus den Händen schlüpft ... Lang lebe Don Diego! Glück und Ehre über ihn und seinen kühnen Kapitän! Bei meiner armen Seele, Don Diego, ich muß wohl selber mit Cortés in die reichen Länder ziehen, damit du nicht eines Tages den schlechten Handel bereuen mußt!‹*«

Erst auf Cozumel kam Cortés dazu, sich einen Überblick über sein Expeditionsheer zu verschaffen, zu dessen Ausrüstung er nicht unwesentlich beigetragen hatte. Die Musterung ergab:

»*... daß wir, ohne die Steuermänner und die eigentlichen Seeleute, genau 508 Mann stark waren. Dazu kamen 109 Seeleute und 16 Pferde. Unser Geschwader bestand aus 11 Schiffen. Wir hatten 32 Bogenschützen, 13 Musketiere, unser grobes Geschütz und vier Falkonette. Cortés teilte Leute ein, die für die Pflege dieser Waffen und für die dazugehörige Munition verantwortlich waren. Er hatte ein sehr genaues Auge und kümmerte sich um jede Kleinigkeit.*«

Im Unterschied zu Córdoba und Grijalva legte Cortés seine ›Expedition‹ von Anbeginn als Eroberungszug an, wobei er mit seiner Fahnendevise »Amici, sequamor crucem, et si nos fidem habemus, vere in hoc signo vincemus« (was Bernal Díaz etwas frei mit »Brüder, lasset uns mit gläubigem Vertrauen dem Zeichen des heiligen Kreuzes folgen! In diesem Zeichen werden wir siegen« wiedergibt) sicher nicht ohne Absicht auf Konstantin den Großen anspielte, der unter dem Zeichen des Kreuzes die Schlacht an der Milvischen Brücke gewonnen hatte und damit im Jahre 312 die christliche Ära des Römischen Reiches einleitete. Es war auch von Anfang an klar, daß es um die Unterwerfung des Reiches der Mexica ging, denn während der Grijalva-Reise hatten Bewohner Yucatans auf die immer stärkere Pression nach Gold folgendermaßen reagiert:

»*Sie sagten, sie hätten kein Gold mehr, das sie uns geben könnten. Gegen Sonnenuntergang sei aber ein Land, in dem man große Mengen Gold finde. Dazu wiederholten sie die Worte ›Colua, colua‹ und ›Mexiko, Mexiko‹, die wir (zunächst) nicht deuten konnten.*«

Die aztekischen Könige führten unter anderen auch den Titel »Fürsten der Colhua«, mit deren dynastischem Hause sie verschwägert zu sein vorgaben.

Cortés verschwendete auf Yucatan keine Zeit. Allerdings ereigneten sich hier zwei Vorfälle, die sich ins Nachhinein als von größter Bedeutung erweisen sollten. So hatte er durch beharrliches Befragen herausgefunden, daß von einigen Spaniern, die Jahre zuvor auf der Reise von der südamerikanischen Küste nach San Domingo Schiffbruch erlitten hatten und in Yucatan angetrieben worden waren, noch zwei lebten. Einer der beiden namens Jerónimo de Aguilar – auf den anderen wird noch zurückzukommen sein – schloß sich Cortés als Dolmetscher an. Einen wahren Glücksfall aber stellte das Geschenk einer Sklavin dar, die er neben einigen weiteren Frauen von einem Häuptling in Tabasco erhielt, nachdem es hier zunächst zu einem kleineren Gefecht gekommen war, das die Spanier zu einer Demonstration ihrer überlegenen Waffentechnik nutzten.

»*Am nächsten Morgen, einem der letzten Märztage des Jahres 1519, kamen die Kaziken und viele Vornehme aus Tabasco und Umgebung zu uns und erwiesen uns große Ehrerbietung. Sie brachten vier Diademe und vielerlei Kleinodien, Eidechsen, Enten, Hunde aus Gold, ferner prächtige Mäntel und viele andere kleine Dinge. Aber das alles war nichts im Vergleich zu den zwanzig Weibspersonen, die sie uns verehrten. Unter ihnen befand sich eine ganz vortreffliche Frau, die später das Christentum annahm und Donna Marina genannt wurde . . . (sie war) die hübscheste, gewandteste und aufgeweckteste und wurde von Cortés dem Alonso Hernandez Puertocarrero, einem wackeren Kavalier, zur Frau gegeben . . . Donna Marina war als Gebieterin über Land und Leute geboren . . . Der Vater starb sehr früh, und die Mutter verheiratete sich mit einem anderen jungen Kaziken, mit dem sie bald einen Sohn hatte, den beide sehr liebten. Ihm wollten sie nach ihrem Tode die Herrschaft übergeben. Um die Tochter mit ihren Anrechten aus der ersten Ehe loszuwerden, brachten sie das Mädchen zu einer indianischen Familie nach Xicalango und diese gab das Mädchen nach Tabasco weiter . . . Da Marina in allen Kriegen in Neuspanien wichtige Dienste als Dolmetscherin leistete, nahm sie Cortés überall mit hin. Marina hatte sehr großen Einfluß in Neuspanien und machte mit den Indianern, was sie wollte.«*

Während Aguilar nur Maya und Spanisch sprach, beherrschte Donna Marina neben Maya auch Nahuatl. Bis zu dem Zeitpunkt, da sie Spanisch gelernt hatte, mußte sich Cortés mithin beider Dolmetscher bedienen, indem Marina vom Nahuatl in die Maya-Sprache und Aguilar dann aus dem Maya ins Spanische übersetzte. Fest steht, daß Cortés' ränkevolle Verhandlungstaktik, die er im Wechsel mit brutaler Waffengewalt einsetzte, ohne Marinas Sprachbegabung bei weitem nicht so erfolgreich gewesen wäre.

Unmittelbar nach der Landung in der Gegend des heutigen Vera Cruz, wo später die kleine, unmittelbar dem Festland vorgelagerte Insel ›San Juan de Ulua‹ zu einer Festung ausgebaut wurde, kam die erste mittelbare Kontaktnahme zwischen Cortés und Motecuhzoma zustande:

»Am Gründonnerstag 1519 kamen wir mit dem ganzen Geschwader dort an . . . Wir lagen noch keine halbe Stunde fest, da kamen zwei große Kanus, die sie hier Pirogen nennen, mit vielen Indianern auf uns zu. Sie nahmen Richtung auf das Schiff von Cortés, das sie an der Flagge als Kommandoschiff erkannt hatten, kamen ohne alle Umstände an Bord und fragten nach dem Tatuan, nach dem Gebieter. Donna Marina verstand ihre Sprache und brachte sie zu Cortés. Sie zeigten gegenüber dem Generalkapitän auf ihre Weise große Ehrerbietung und hießen ihn willkommen. Ihr Gebieter, der wieder ein Untertan des großen Motecuhzuma sei, habe sie gesandt, um zu erkunden, wer wir wären, und was wir in diesem Land suchten. Wir sollten ihnen nur sagen, was wir für unsere Wasserhäuser (Schiffe) *brauchten, sie würden veranlassen, daß alles Notwendige gebracht werde. Cortés dankte ihnen sehr freundlich, ließ ihnen zu essen vorsetzen und ihnen blaue Glasperlen schenken. Er sagte, daß wir nur gekommen seien, um mit ihnen Handel zu treiben . . . Am Ostersonntag kam tatsächlich der angekündigte Statthalter* (des Motecuhzoma) *. . . mit zahlreichen Geschenken.«*

Man zelebrierte eine Messe und speiste dann gemeinsam mit den Gesandten:

»Erst nach der Tafel ließ Cortés sich mit Hilfe der Dolmetscher auf ein Gespräch mit seinen Gästen ein. Er teilte ihnen mit, daß wir Christen und Untertanen des größten Monarchen der Welt seien, nämlich des Kaisers Karl, dem viele Fürsten und Herren dienten . . . Er, Cortés, wünsche, den Fürsten (Motecuhzoma) *als Freund zu gewinnen. Er habe ihm im Namen seines Kaisers manches zu eröffnen, was ihm sicher Freude machen werde. Man möge ihm deshalb den Aufenthaltsort ihres Herrschers angeben, damit er ihm seine Aufwartung machen könne.«*

Die Gesandten erwiderten, daß die Neuankömmlinge doch zuerst einmal die Geschenke annehmen sollten, um dann zu sagen, was sie brauchten. Und so entnahmen sie *»aus einer Art Koffer viel goldenes, kunstvoll gearbeitetes Geschmeide, 20 Pakete mit Stoffen aus weißer Baumwolle und Federn, die sehr gut aussahen, und präsentierten dies alles nebst vielen anderen kostbaren Dingen . . . Dazu kam eine große Menge köstlicher Lebensmittel.«*

Damit ergab sich zum ersten Mal eine Situation, wie sie sich noch mehrfach wiederholen sollte. Cortés insistierte, den Herrscher der Mexica aufzusuchen, während Motecuhzoma, den Wert der Geschenke steigernd, mit aller Überredungskunst die Spanier von Tenochtitlan fernzuhalten trachtete. Er reagierte damit zunächst genauso wie die Häuptlinge in Yucatan gegenüber der Grijalva-Expedition: Geschenke und Nahrungsmittel gegen den Abzug der Europäer.

Schon eine Woche nach der zuvor beschriebenen Zusammenkunft trafen jene Geschenke ein, die Albrecht Dürer noch im gleichen Jahr in Brüssel, wohin man die für Karl V. bestimmten Preziosen aus Spanien nachgesandt hatte, bestaunte.

»Das erste war eine außerordentlich schöne Arbeit, eine goldene, reichverzierte Scheibe in der Größe eines Wagenrades, die nach der Meinung von Kennern ihrer zwanzigtausend Goldpiaster wert war. Sie stellte die Sonne dar. Dann kam der Mond, eine noch größere, schwere, silberne Scheibe, mit zahlreichen Figuren verziert. Und schließlich übergaben die Kaziken die Sturmhaube, bis oben hin mit feinen Goldkörnern gefüllt, wie sie aus den Bergwerken kommen.

Sie waren mindestens dreitausend Piaster wert. Aber selbst der zehnfache Wert wäre für uns weniger gewesen als die Gewißheit, daß es in diesem Land reiche Gold- und Silbergruben geben mußte... Sie brachten ferner in Gold und Silber gefaßte Federbüsche und Fächer, Figuren von Hunden, Tigern, Löwen und Affen ... lauter besonders schöne Arbeiten aus reinem Gold.«

Die teilweise vergoldete spanische Sturmhaube hatte Cortés dem Gesandten nach Tenochtitlan mitgegeben, damit Motecuhzoma *»das Gold unserer Flüsse mit ihrem Gold«* vergleichen könne. Er habe aber auch nichts dagegen, wenn der Fürst sie mit Goldkörnern gefüllt zurücksenden wolle, dann werde er sie an seinen Kaiser weiterreichen. Tatsächlich aber war es ihm nur um die Feststellung der Gold- und Silbergruben gegangen.

Freundlich, aber bestimmt, bat der Große Sprecher der Azteken zum zweiten Mal, von einer Zusammenkunft Abstand zu nehmen, worauf Cortés vorwurfsvoll erwiderte, man sei aus fernen Ländern über große Meere gekommen, nur um Motecuhzoma die Aufwartung zu machen. Als die Spanier keine Anstalten zur Abreise machten, zogen sich die zu ihrer Versorgung abgeordneten Untergebenen Motecuhzomas zurück. Weil die Lebensmittel knapp wurden und die Moskitoplage zunahm, machte sich Unzufriedenheit in der Truppe schon bald breit. Dann aber eröffneten sich Cortés plötzlich neue Aussichten auf den Besitz der mexikanischen Minen.

»Eines Tages stand ich« – so Bernal Díaz – *»so mit anderen Kameraden auf einer Düne, als wir sahen, wie fünf Indianer über den Strand auf uns zukamen. Sie waren sehr vergnügt, grüßten uns ehrerbietig und baten uns durch Zeichen, sie ins Lager zu führen... Die Tracht und die Sprache dieser Indianer war ganz anders als die der Leute des Motecuhzoma. Unseren Herrn grüßten sie mit den Worten ›Lope luzio lope luzio‹, was in der totonakischen Sprache soviel heißt wie ›Herr, großer Herr‹... Donna Marina fragte sie, ob einer von ihnen die mexikanische Sprache verstehe. Da meldeten sich zwei, und die Unterhaltung konnte beginnen. Sie hießen uns im Namen ihres Gebieters willkommen, den wir später den dicken Kaziken nannten... Sie hätten uns früher aufgesucht, wenn nicht die Leute von Culua bei uns gewesen wären, die sie fürchteten. Sie wußten von unseren Kämpfen. Sie wußten auch, daß sich die Leute des Motecuhzoma vor drei Tagen heimlich davongemacht hatten. Für Cortés war dies Gespräch außerordentlich aufschlußreich. Er hörte zum erstenmal etwas über die Feinde des Motecuhzoma und war deshalb sehr freundlich zu den Männern ... und gab ihnen den Auftrag, ihrem Herrn seinen Besuch anzukündigen.«*

Nach eingehenderen Unterhaltungen mit mehreren totonakischen Häuptlingen unter Führung des »dicken Kaziken« von Cempoala erkannte Cortés, *»daß dieses Reich im Innern uneins ist«*, und *»diese Uneinigkeit zum Untergang«* führen werde, wie er in einem Bericht an Karl V. schrieb. Er habe zu diesem Zeitpunkt den Entschluß gefaßt, den *»Tyrannen Motecuhzoma tot oder lebendig als Untertanen Seiner Majestät herbeischaffen zu wollen«*.

Einer seiner ersten Vertrauensbeweise gegenüber den neuen Verbündeten von Cempoala bestand nun darin, dort festgesetzte Steuereintreiber des Motecuhzoma heimlich freizulassen, mit der Nachricht an ihren Herrn, daß er sich nach wie vor als Freund der Mexica betrachte! Auf diese Weise verschaffte er sich Rückendeckung auf seinem Marsch nach Tenochtitlan: Er wurde zwar in den Ortschaften, die den Azteken tributpflichtig waren, nicht gerade freudig aufgenommen, aber auch nicht entschieden angegriffen.

»In dieser Absicht (Motecuhzoma tot oder lebendig herbeischaffen zu wollen) *brach ich am 16. August mit fünfzehn Reitern und dreihundert Mann Fußvolk, die ich so gut, wie es irgend ging, ausgerüstet hatte, von der Stadt Cempoala, die ich Sevilla genannt hatte, auf... In Vera Cruz* (erste Stadtgründung wenig nördlich der heutigen Hafenstadt) *ließ ich hundertfünfzig Mann nebst zwei Reitern zurück mit dem Befehl, daselbst eine Festung zu bauen... Die Provinz Cempoala, die fünfzig Städte und Festungen umfaßt und ungefähr fünfzigtausend Soldaten aufbringen kann, ließ ich als sichere, gehorsame und treue Untertanin zurück...«* schreibt Cortés an Karl V.

Auf Anraten des dicken Kaziken von Cempoala, der ihm vierhundert Mann Hilfstruppen mitgab, wandte Cortés sich nach Tlaxcala, einer Enklave mitten im Tributbereich der Azteken. Bernal Díaz beschreibt sehr anschaulich, wie das Heer unterwegs abwechselnd auf unabhängige und tributpflichtige Ortschaften stieß:

»...von Jalapa zogen wir nach Socochima, einem befestigten, schwer zugänglichen Platz, um den herum viel Wein wuchs. Die Bevölkerung war gutwillig. Sie war eng befreundet mit den Leuten aus Cempoala und zahlte keine Tribute an Motecuhzoma... Über einen hohen Bergpaß zogen wir weiter nach Texutla – auch in dieser Stadt waren uns die Leute wohlgesinnt. Sie zahlten keine Tribute an Motecuhzoma... Auf dem Weitermarsch kamen wir in das Einzugsgebiet der Stadt Xocotlan. Wir waren jetzt wieder in einem Land, das zum Herrschaftsbereich von Motecuhzoma

gehörte ... Der Kazike kam uns mit den vornehmsten Einwohnern entgegen und führte uns in unser Quartier. Er hieß Olintetl und ließ uns durchaus merken, daß wir nicht ausgesprochen willkommen waren. Olintetl berichtete von großen Armeen, die in den unterworfenen Ländern und an den Grenzen stünden, von der sehr ausgedehnten, befestigten Stadt Mexiko, die mitten im Wasser liege ... Er (Motecuhzoma) *habe Gold und Silber, kostbare Steine und andere wertvolle Dinge in großen Mengen in seinen Schatzkammern aufgehäuft ... Wir waren sehr erstaunt über alles, was er sagte. Aber es liegt wohl in der Natur der Spanier, daß uns diese Erzählungen nicht abschreckten: je mehr der Kazike von den Befestigungen und von den Brücken berichtete und von der Unmöglichkeit, ihrer Herr zu werden, um so mehr reizte uns gerade dieses starke Mexiko dazu, unser Glück zu versuchen.«*

Entgegen den Erwartungen empfingen die Tlaxcalteken jedoch den nunmehr auf fast eintausend Mann angewachsenen Heereszug äußerst feindselig. Nach mehreren Gefechten war das stolze Selbstvertrauen der Spanier vorerst einmal geschwunden:

»Jeder von uns war bis jetzt ein- oder zweimal verwundet worden und alle waren durch Strapazen und Krankheit stark mitgenommen ... Wir hatten fünfundfünfzig Mann auf dem Schlachtfeld, durch Frost und durch Krankheiten verloren. Zwölf Leute waren marode; unser Feldobrist Cortés selbst und Pater Bartolome litten sehr unter dem Fieber ... Zu den gewöhnlichen Mühseligkeiten eines Feldzuges kam die ständige Alarmbereitschaft, die uns zwang, mit der Waffe in der Hand zu schlafen. Dazu kamen die Kälte und der Mangel an Salz ... Wir hatten nichts, womit wir uns gegen den eiskalten Wind schützen konnten, der von der Sierra Nevada herüberwehte ... Es schien uns zu diesem Zeitpunkt ein lächerliches Unterfangen, das mächtige Mexiko erobern zu wollen. Sollte es uns auch gelingen, die Tlaxcalteken doch noch zu Bundesgenossen zu gewinnen, was sollte aus uns werden, wenn wir einmal mit den großen Armeen des Motecuhzoma kämpfen mußten.«

Als er dann doch vier Gesandte mit einem Friedensangebot an Cortés schickte, führte Xicotencatl, der Herr von Tlaxcala, seine heftige Gegenwehr auf ein Mißverständnis zurück, man habe geglaubt, daß die Spanier Freunde der Mexikaner seien, darum habe man sie nicht von Anfang an willkommen geheißen. Der Oberbefehlshaber der Tlaxcalteken aber, Xicotencatl der Jüngere und Sohn des zuvor genannten, war gegen den Freundschaftsbund. Er hatte vorgeschlagen, den Eindringlingen *»den Garaus zu machen«*, doch er mußte sich dem Rat der älteren Kaziken fügen.

Nach dem Friedensschluß mit Tlaxcala unternahm Motecuhzoma einen erneuten Versuch, Cortés von Tenochtitlan fernzuhalten. Er bat, man möge ihm mitteilen, wieviel Tribut an Gold, Silber und Edelsteinen der große Kaiser denn fordere, den Weg in seine Hauptstadt aber möge man sich ersparen. Cortés ließ einige Tage vergehen, bevor er eine Antwort erteilte.

Fast drei Wochen verbrachten der Generalkapitän und seine Leute in Tlaxcala, die Soldaten erholten sich von den »Strapazen« und die Kavaliere erhielten – was nun schon zum Brauch geworden war – zuvor getaufte Kazikentöchter als Geschenke. Die Verbrüderung mit den Tlaxcalteken bewirkte, daß die Mexikaner schließlich doch den Zugang nach Tenochtitlan konzedierten; denn sie hatten natürlich die Gefahr erkannt, die in einem Basislager Tlaxcala liegen mußte, zumal, wie Cortés in einem Brief an seinen Festungskommandanten in Vera Cruz schrieb, *»zwischen uns und unserer Stadt Vera Cruz nur befreundete Völkerschaften wohnen«*.

Mit dem Angebot, nun doch nach Tenochtitlan zu kommen, wollte Motecuhzoma offensichtlich erst einmal die enge Bande zwischen dem Invasionsheer und dem Erzfeind Tlaxcala, der sich gegen alle Eroberungsversuche stets erfolgreich zu Wehr gesetzt hatte, lockern.

Die mexikanischen Gesandten hatten Cortés geraten, über Cholula zu ziehen, wo, wenn man den spanischen Quellen Glauben schenken darf, in Übereinkunft zwischen Motecuhzoma und den Stadtältesten ein Überfall abgesprochen war. Durch Donna Marina von diesem Plan unterrichtet, kam Cortés den Cholulteken zuvor:

»Meinen Leuten gab ich Weisung, auf alles bereit zu sein und auf das Signal eines Büchsenschusses über die ganze Menge der Indianer ... herzufallen, ... von denen wir in zwei Stunden mehr als zweitausend umbrachten. Wenn wir sie überrumpelt und so völlig geschlagen haben, so kommt das daher, daß sie keine Führer hatten, da diese nämlich von mir (Cortés hatte die Führer vorher zu sich gebeten) *vergiftet worden waren.«*

»Wir ließen viele dieser Leute über die Klinge springen, viele verbrannten lebendig, und ihre falschen Götter halfen ihnen nicht. Schon nach zwei Stunden drangen unsere Freunde aus Tlaxcala in die Stadt ein und schlugen sich wacker mit den Kriegern von Cholula. Wir konnten nicht verhindern, daß sie schließlich plünderten. Sie hatten in Cholula wahrscheinlich genug Gold, Mäntel, Baumwolle, Salz und Sklaven gefunden

und kamen als reiche Leute von diesem Feldzug nach Hause.«

Nach diesem Blutbad blieb Cortés noch etwa zwei Wochen in Cholula. Ein kleines Detachement schickte er zur Besteigung des Popocatepetl aus und ließ seine Leute zugleich rekognoszieren:

»Acht Leguas von Cholula entfernt befindet sich der Berg Popocatepetl, d.h. der ›Rauchende Berg‹, weil er Rauch und Flammen ausstößt... Der Aufstieg war mühsam und schwierig. Und als sie den Punkt erreicht hatten, wo der Lärm stärker wurde und weil die Erde bebte und dicke Ascheschichten den Weg blockierten, wagten sie nicht weiterzugehen. Aber einige waren mutiger und neugieriger und fest entschlossen, den geheimnisvollen Ort zu sehen, der dieses furchtbare und zugleich wunderbar anzusehende Feuer hervorbrachte, und auch deshalb, weil sie nicht für ängstlich und feige gelten wollten. Und obwohl die meisten nicht willens waren, sich anzuschließen, und die (einheimischen) *Führer sie abzuschrecken versuchten, indem sie erklärten, daß nie eines Menschen Fuß dorthin gelangt sei und kein Auge je in den Krater geschaut habe, stiegen die Beherzten bis zum Gipfel hinauf, den sie in einer dichten Rauchwolke erreichten. Die Öffnung, so sagten sie, habe eine halbe Legua im Umfang betragen. Der Widerhall des Getöses habe die Erde erzittern lassen und das Ganze einem Ofen mit kochendem flüssigem Glas geglichen... Sie hatten kaum den Abstieg begonnen, als ein Aschen- und Flammenregen einsetzte ... und schließlich habe es glühende Steine auf sie hernieder gehagelt, so daß sie unter einem Fels Schutz suchen mußten, um nicht zu verbrennen. Doch da sie Beweise dafür mitbrachten, daß sie ganz oben gewesen waren und dennoch heil zurückgekehrt waren, küßten ihnen viele Indianer die Gewänder und starrten sie an, als wären sie Götter oder Zauberwesen... Dieser Berg, den man Vulkan nennt, weil er dem auf Sizilien gleicht, ist hoch und rund und immer von Schnee bedeckt.«*

»Als meine Leute diesen Berg besteigen wollten, bemerkten sie einen Weg und fragten die Eingeborenen, denen sie begegneten, wohin er denn führte. ›Nach Culua,‹ sagten sie, ›und das ist ein guter Weg, wohingegen der, den man euch führen will, sehr schlecht ist.‹ Meine Spanier gingen diesen Weg bis zum Fuße beider Berge (Popocatepetl und Ixtaccihuatl), *zwischen denen er mitten hindurchführt. Von dort aus erblickten sie das Tal von Culua, die große Stadt Tenochtitlan und die inmitten des Tales liegenden Lagunen, von denen ich später Euer Majestät berichten will.«*

Cortés ließ Motecuhzoma nun mitteilen, daß er ihn trotz der Vorkommnisse in Cholula noch immer für seinen Freund halte und bald in Tenochtitlan eintreffen werde, um *»von Mann zu Mann mit ihm zu verhandeln.«* Zu diesem Zeitpunkt waren der Aztekenherrscher und seine Berater offensichtlich zu dem Ergebnis gekommen,

»... uns die Spanier in die Stadt einzuholen und dort zu vernichten. Würde man uns schon vorher angreifen, dann hätten wir die Unterstützung aller Feinde von Mexiko, der Totonaken, der Tlaxcalteken und vieler anderer, mit denen wir inzwischen Freundschaft geschlossen hatten.«

Neben Geschenken erging die Aufforderung an Cortés, nunmehr nach Tenochtitlan zu kommen, er könne auf die Freundschaft der Mexikaner bauen. Doch als der Heereszug mit 1000 Mann tlaxcaltekischer Hilfstruppen die

Abb. 143 *Tlaxcala, Denkmal des Fürsten Xicotencatl d.J.*

Abb. 144 Insel Cozumel, Ruinenstätte mit gepflasteter Straße in San Gervasio

Abb. 145 Tulum, El Castillo

Abb. 146 Cancún, Tempelbezirk »El Rey«

Abb. 147 Südkap der Isla Mujeres mit antiken Ruinen

letzte Paßhöhe auf dem Wege zwischen Popocatepetl und Ixtaccihuatl hinter sich hatte, und auf der Hochebene dem Texcoco-See entgegenmarschierte, unternahm Motecuhzoma einen letzten Versuch, die Fremden zur Umkehr zu bewegen:
»*... er bittet dich* (an Cortés gewandt), *nicht weiter vorzurücken, sondern dahin zurückzukehren, woher du gekommen bist. Er wird Gold, Silber und Juwelen in Hülle und Fülle für deinen Kaiser in den Seehafen schicken, in dem du dich einschiffst; dazu für dich vier Lasten Gold und für jeden deiner Kameraden eine Last. Deinen Einmarsch nach Mexiko muß er aber auf jeden Fall verbieten.*«
Cortés ließ sich vom Weg zur Quelle aller dieser Reichtümer nicht abbringen. Unverständlich bleibt, daß die Mexikaner zu diesem Zeitpunkt nicht militärisch einschritten, es sei denn, jene Hinweise stimmten, daß die Truppen sich nicht bedingungslos zuverlässig für die Mexica-Tenochca eingesetzt hätten. Die von den tributpflichtigen Stadtstaaten oder Fürstentümern zwischen der Golfküste und dem Hochtal von Mexiko beschworene Macht des ›Herrn der Menschen‹ basierte anscheinend weniger auf der Stärke seiner Garnisonen als auf der Feindschaft untereinander. Die Beziehungen zwischen Tlaxcala und Cholula mögen als Beispiel dafür gelten. Im Dreierbund mit den an den Seen gelegenen Städten Tlacopan und Texcoco hatte sich Tenochtitlan immer stärker in den Vordergrund geschoben. Auch in Tlatelolco, das einst selbständig gewesen war, hegte man Ressentiments gegen das Fürstenhaus in Tenochtitlan. Die widersprüchlichen Botschaften an Cortés dürften ihre Begründung durchaus in internen Schwierigkeiten gehabt haben und weniger auf die Abhängigkeit Motecuhzomas von den Wahrsagern zurückzuführen sein.
Entgegen früheren Befürchtungen brauchte also um Tenochtitlan nicht gekämpft zu werden. Der historischen Begegnung des Cortes mit dem Aztekenherrscher am 8. November 1519 ging ein spektakulärer Einzug voraus:
»*Zunächst kamen vier Männer von hohem Rang und meldeten Cortes nach tiefen Verbeugungen, daß Cacama, der Fürst von Tetzcoco, ein Neffe des Moteczuma, auf dem Weg zu uns sei... Nach kurzer Zeit erschien der Fürst selbst. Er saß in einem Tragsessel, der mit grünen Federn und mit edelsteinbesetztem silbernen und goldenen Laubwerk geschmückt war. Acht Große des Reiches trugen ihn... Wir hatten bis jetzt noch keinen Mexikaner mit solchem Glanz auftreten sehen... Uns alle überraschten der Glanz und die Majestät, mit denen dieser Fürst und seine Kaziken auftraten, und wir fragten uns, wie groß demgegenüber die Macht und die Herrlichkeit von Moteczuma selbst sein müsse... Am nächsten Morgen erreichten wir die Hauptstraße nach Iztapalapa. Von dort aus sahen wir zum ersten Mal die große Zahl der Städte und Dörfer, die mitten in den See gebaut waren, und die noch weit größere Zahl der Ortschaften an den Ufern, und schließlich die sehr gepflegte, kerzengerade Straße, die in die Stadt Mexiko führte. Wir waren baß erstaunt über dieses Zauberreich, das fast so unwirklich schien wie die Paläste in dem Ritterbuch des Amadis. Hoch und stolz ragten die festgemauerten, steinernen Türme, Tempel und Häuser mitten aus dem Wasser. Einige unserer Männer meinten, das seien alles nur Traumgesichte... Am Ortseingang (von Iztapalapa) empfingen uns wieder neue Kaziken: Cuitlahuac, der Fürst von Iztapalapa und der Fürst von Coyohuacan, beide nahe Verwandte des Moteczuma. Wir wurden ... in wahren Palästen einquartiert, in riesigen Bauten aus schön behauenen Quadersteinen... Alle Gemächer waren mit baumwollenen Tapeten behangen... Zu diesen Palästen gehörten herrliche Gartenanlagen mit vielerlei blühenden Bäumen, Rosenhecken und Blumenbeeten, mit Obstgärten und einem Teich, der durch einen Kanal mit dem See verbunden war... Der Kanal war vollkommen ausgemauert. Die mehrfarbigen Steine waren so gesetzt, daß sie schöne Ornamente ergaben ... Alles war so schön und anmutig, daß man sich gar nicht satt sehen konnte. Fürwahr, ich glaube nicht, daß vor unserer Zeit schönere Länder entdeckt worden sind... Motecuhzoma ... saß auf einem überaus kostbaren Tragsessel, umgeben von anderen Großen seines Reiches... Als wir die ersten Türme der eigentlichen Stadt Mexiko erreichen, stieg er von seinem Sessel, die vornehmsten Kaziken faßten ihn unter dem Arm und führten ihn unter einem prächtigen Thronhimmel, der mit grünen Federn, feinem goldenen und silbernen Schnitzwerk, mit Perlen und Edelsteinen reich geschmückt war... Motecuhzoma selbst war sehr kostbar gekleidet. Er trug eine Art Halbstiefel, die mit Juwelen besetzt waren und goldene Sohlen hatten ... man breitete vor ihm kostbare Tücher auf dem Boden aus, damit sein Fuß nicht die nackte Erde berühren müsse... Niemand wagte es, ihm ins Gesicht zu sehen. Alle senkten ihre Augen ehrfurchtsvoll. Nur die vier fürstlichen Vettern und Neffen, die ihn führten, wagten es, ihn anzublicken...*«
So der Augenzeuge Bernal Díaz. Cortés war vom Pferd gestiegen. Als er jedoch versuchte, Motecuhzoma, der mit ausgebreiteten Armen vor ihm stand, zu umhalsen, hielten ihn die Fürsten davon ab, denn »*sie sahen in dieser Bewegung einen Mangel an Ehrerbietung.*« Bei dieser

Begegnung nun soll Motecuhzuma jene vieldiskutierten Worte gesprochen haben, die darauf schließen ließen, daß er, sei es in Cortés selbst oder in seinem Kaiser Quetzalcoatl, den legendären vergöttlichten toltekischen Herrscher gesehen habe, der bei seiner Rückkehr Anspruch auf das Diadem des Großen Sprechers der Azteken gehabt habe. Überliefert wird diese Version, die bereits die formelle Unterwerfung bedeutet hätte, von Cortés selbst, den Teilnehmern des Feldzuges und späteren spanischen Historiographen, aber auch – und sie gelten stets als besonders verläßliche Quellen – in mehreren Geschichtsbüchern, die von indianischen Autoren in den ersten einhundert Jahren nach der Eroberung oder durch Missionare, die sich auf indianische Informanten verließen, verfaßt wurden: berühmtestes Beispiel das Werk des Fray Bernardíno de Sahagún.

Zieht man jedoch den ideologischen Standpunkt aller dieser Quellen in Betracht, so muß die Authentizität dieser Legende in der Zeit *vor* der Konquista bezweifelt werden: Daß sie dem spanischen Sendungsbewußtsein und Legitimitätsbedürfnis gelegen kam, dürfte auf der Hand liegen, und niemand anderer als Cortés hat wohl gezielter an der Verbreitung dieses Mythos gearbeitet. Für die indianischen Quellen aber, seien sie nun anonym oder namentlich bekannt, wie Fernando de Alva Ixtlilxochitl aus dem Fürstenschlecht von Texcoco, Domingo de San Antón Muñon Chimalpahin Quauhtlehuanitzin aus der Chalca-Dynastie oder Fernando de Alvarado Tezozomoc aus dem Herrscherhaus von Tenochtitlan, konnte angesichts der Katastrophe, die über die Mexica hereingebrochen war, nur Übernatürliches im Spiel sein. Mit anderen Worten: Die indianischen Quellen sind kein Beweis für die Existenz der Quetzalcoatl-Legende vor dem Jahre 1519.

Als Gäste des Aztekenherrschers richteten sich die Spanier im Palast seines Vaters Axayacatl ein. Sie waren überaus zufrieden mit diesem luxuriösen Quartier. Von der Pracht der Hofhaltung Motecuhzumas weiß Bernal Díaz ebenso begeistert zu erzählen wie vom Besuch des Marktplatzes von Tlatelolco. (siehe S. 78 u. 79)

Diesen ersten Ausflug der Spanier nach vier Tagen beschloß ein Vorfall, der vordergründig das Einvernehmen zwischen Motecuhzoma und Cortés nur vorübergehend zu trüben schien, für die wachsende Spannung aber doch symptomatisch war. Bei einem Besuch im Haupttempel, dem Templo Mayor also, sagte Cortés zu Motecuhzoma:

»In der Tat, ich kann nicht begreifen, wie ein so großer und weiser Herrscher wie ihr an diese Götzen glauben kann, die doch keine Gottheiten sein können ... Erlaubt uns, auf die Spitze dieses Tempels ein Kreuz und in einem Raum neben Eurem Kriegs- und Höllengott ein Muttergottesbild zu setzen. Ihr und Eure Papas (Priester), Ihr werdet bald sehen, welche Angst diese Götzen ergreifen wird.«

Darauf erwiderte Motecuhzoma *»sehr zornig und in großer Erregung«*

» ... In unseren Augen sind es gute Götter. Sie schenken uns Leben und Gedeihen, Wasser und gute Ernten, gesundes und fruchtbares Wetter, und wenn wir sie darum bitten, auch Siege. Deshalb beten wir zu ihnen und deshalb opfern wir ihnen. Ich muß dich bitten, kein unehrerbietiges Wort mehr gegen sie zu sagen.«

Angesichts der *»böse dreinblickenden Papas«* schreckte Cortés zunächst noch vor der Zerstörung der Kultbilder und der Errichtung des Kreuzes, womit er die Unterwerfung der Häuptlinge stets zu besiegeln pflegte, zurück. Doch Motecuhzoma und seinem Gefolge wurde deutlich, worauf die Gäste abzielten.

Nur zwei Tage später gelang Cortés ein Coup, wie er, allerdings nicht in dieser Tragweite, in den Kolonien üblich war: Man bemächtigte sich eines einheimischen Würdenträgers als Mittel zur Erpressung. Nachdem Pater Bartolomé *»die ganze Nacht um den Beistand des Allmächtigen für diese heilige Tat«* gebeten hatte, wurde Motecuhzoma, der Herr der Menschen, am 14. November 1519 als Geisel gefangen genommen. Gegenüber Karl V. begründete Cortés diese Maßnahme mit dem Übergriff eines Vasallen des Aztekenherrschers, der unter Vorwänden Spanier aus Vera Cruz nach Nautla gelockt und getötet hatte. Daraufhin habe der Kommandant von Vera Cruz mit zehntausend verbündeten Indianern Nautla verwüstet, wobei der ›Schuldige‹ Cualpopoca fliehen konnte. Cortes verlangte nun von Motecuhzoma die Auslieferung des Cualpopoca und erklärte ihm, daß er ihn solange unter Bewachung halten müsse. Seine Empörung war jedoch gespielt und der Anlaß ein Vorwand; denn die Mitteilungen aus Vera Cruz erreichten ihn bereits in Cholula! Moteczuma fügte sich und befahl, indem er ein Siegel von seinem Handgelenk löste, Cualpopoca und einige weitere Offiziere nach Tenochtitlan.

Die Schilderungen der Vorgänge an der Küste stimmen nicht überein. Bernal Díaz beschreibt die Lage so, als seien große Gebiete in Aufruhr gewesen und

» ... bei den Totonaken und bei den Mexikanern ... an die

Abb. 148
Veracruz,
Fort San Juan
de Ulua

Abb. 149
Cempoala,
Tempelbezirk

Abb. 150
Cempoala,
Tempelbezirk

Abb. 151
Blick auf
Tlaxcala

Abb. 152 Begegnung zwischen Motecuhzoma II. und Cortés mit Doña Marina

Stelle großer Ehrfurcht und Angst (vor den Spaniern) *völlige Geringschätzung getreten.«*
Zugleich wird Díaz eine Mitteilung verdankt, die in Cortes' Bericht an den Kaiser keine Erwähnung findet: *»Unser Generalkapitän und Pater Bartolomé wußten, daß Motecuhzoma nie mit der Errichtung einer Kirche in seinem Haupttempel oder mit der Errichtung eines Kreuzes auf der Spitze dieses Baues einverstanden sein werde...* (Auf Anfrage erlaubte der Herrscher den Bau einer Kirche im Quartier der Spanier). *Auf der Suche nach einer passenden Stelle für unseren Altar hatten zwei Männer von uns die Spur einer sorgfältig vermauerten und übertünchten Tür gefunden. Wir wußten, daß in unserem Quartier irgendwo der Schatz des Vaters von Motecuhzoma vergraben sein mußte. Die beiden vermuteten deshalb, daß sie den geheimen Eingang zur Schatzkammer gefunden hätten. Sie meldeten es ihren Hauptleuten ... und so kam die Sache auch zu den Ohren des Cortés. Er ließ die Tür heimlich aufbrechen... Es war wirklich die Schatzkammer, mit Reichtümern und Kostbarkeiten gefüllt, wie wir sie uns im Traum vorgestellt hätten.«*
Motecuhzoma begab sich freiwillig in die Hände des Cortés, mußte er doch annehmen, daß sich sein Los wieder ändern werde, wenn der Fall Cualpopoca aufgeklärt wäre. Doch Cortés verstand es, ihn systematisch ins Lager der Spanier zu treiben, indem er ihn vor seinem Volk und den übrigen führenden Staatsoberhäuptern der Mexica und der Verbündeten bloßstellte. So war es der spanische Generalkapitän selbst, der das Todesurteil durch Verbrennen auf dem Scheiterhaufen gegen Cualpopoca und die mexikanischen Offiziere fällte und nicht Motecuhzoma. Letzterer kam auch nicht wieder frei, sondern mußte vielmehr vor seinen Würdenträgern und spanischen Zeugen in aller Form den Vasalleneid gegenüber dem spanischen König und Kaiser Karl V. leisten.
Wie stark dennoch die religiös fundierte autokratische Stellung des Aztekenherrschers war, zeigt die Tatsache, daß es Monate brauchte, bis sich die Opposition gegen Motecuhzoma formierte. Einen ersten Versuch der ›Rebellion‹ gegen die Fremden seitens des Fürsten Cacama von Texcoco konnte der Gefangene der Spanier sogar noch mit Hilfe seiner ›Partei‹ abwehren. Nach wie vor folgte man seinen Anordnungen. So durchstreiften mehrere Offiziere des Cortés in Begleitung mexikanischer Gesandter die tributpflichtigen Gebiete auf der Suche nach Goldvorkommen. Sie kamen mit außerordentlich verlockenden Nachrichten zurück, hatten aber auch erlebt, daß ihre mexikanischen Begleiter bestimmte Gebiete nicht betreten durften, d.h. daß im weiteren Umkreis neue Verbündete der Spanier zu gewinnen waren.
Cortés beschloß nun, daß der neue Oberherr Motecuhzomas zum ersten Mal nicht nur Geschenke, sondern eine wirkliche Tributlieferung erhalten sollte. Außerdem wollte er sich wohl selbst auch schadlos halten *»für seine Auslagen bei der Ausrüstung der Expedition«*.
»Motecuhzoma ... erklärte von vornherein, daß es viele Orte gäbe, die kein Gold hätten, die höchstens altererbten Schmuck abliefern könnten. Er schickte mehrere Beauftragte in die Provinzen, vor allem in die Grubengebiete und verlangte den gleichen Tribut, den er für sich bekommen hatte, noch einmal... Darauf sagte er: »Nehmt deshalb dieses Gold (aus den Tributen) für ihn (den Kaiser) in Empfang. Ich für mein Teil habe für den Kaiser den Schatz meines Vaters bestimmt. Ich weiß, daß ihr ihn schon gesehen und wieder eingemauert habt... Ich werde noch einige andere schöne Edelsteine hinzufügen..., denn jeder von ihnen ist zwei Lasten Gold wert... Aber nun ist mir nicht viel übriggeblieben; denn ich habe euch nach und nach den größten Teil meines Goldes und meiner Juwelen geschenkt«... Cortés und wir waren alle überrascht von der Großzügigkeit und Güte des Fürsten. Wir nahmen alle unsere Sturmhauben ab und dankten ihm herzlich... Wir

brauchten drei Tage, um die vielen Kostbarkeiten anzusehen und schätzen zu lassen. Wir mußten dazu zwei Goldarbeiter Motecuhzomas kommen lassen. Allein das Gold war über sechshunderttausend Pesos wert, das Gold, das wir in Scheiben, Barren und Körnern fanden, nicht mitgerechnet. Das ganze Gold wurde übrigens eingeschmolzen und in Barren gegossen, die drei Daumen lang und breit waren . . . Cortes ließ einen eisernen Stempel in der Größe eines Reals machen. Nun konnten die Rentbeamten alles Gold mit dem spanischen Wappen kennzeichnen . . . Zunächst wurden von dem ganzen Schatz das Fünftel für die Krone und das Fünftel für Cortes abgezogen, das wir ihm seinerzeit auf den Dünen (bei Vera Cruz) versprochen hatten. Dann stellte Cortés die Kosten in Rechnung, die er und Diego de Velazquez für die Schiffe und ihre Ausrüstung angelegt hatten. Ferner zog er die Kosten für die Reise unserer Agenten nach Spanien ab, den Wert der beiden bisher umgekommenen Rosse und den Anteil für die Besatzung von Vera Cruz, die damals siebzig Mann stark war.«

Erbost stellt Bernal Díaz dann weiter fest, daß die Geistlichen, die Offiziere, die Reiter, die Musketiere und Armbrustschützen doppelt soviel erhielten wie der einfache Soldat, worauf manche auf ihren Anteil verzichtet hätten, der dann wiederum Cortés zugefallen sei. Es wurde viel geredet in der Truppe: Daß Cortés sich durch vielerlei Tricks von Anfang an bei den Geschenken einen guten Anteil beiseitegeschafft habe. Für jene, die ihre Unzufriedenheit äußerten, hielt Cortés ein gutes Geschenk bereit und beschwichtigte seine Soldaten, denen *»angesichts unserer Lage ja auch nichts anderes übrig blieb.«* Der Anteil für die Besatzung von Vera Cruz wurde nach Taxcala gesandt.

Daß Motecuhzoma noch immer auf eine Möglichkeit sann, die Fremdlinge loszuwerden, und auch sein Ansehen noch nicht vollständig eingebüßt hatte, geht aus den nun folgenden Ereignissen hervor: Cortés bestand in seinem militanten Bekehrungseifer, der mehr als einmal sogar von den Geistlichen seiner Truppe kritisiert wurde, auf der Errichtung eines Kreuzes und einer Kapelle für die Jungfrau Maria auf der höchsten Plattform des Templo Mayor. Damals soll Motecuhzoma die aus heutiger Sicht prophetischen Worte gesagt haben:

»Ach Malinche (so wurde Cortés angeredet. Es war der indianisierte Name ›Marina‹, der von der allgegenwärtigen Donna Marina auf ihn übertragen wurde) warum willst du mich zwingen, diese ganze Stadt zugrunde zu richten? Unsere Götter sind schon zornig genug . . .«

Motecuhzoma wußte um die zunehmende Unruhe in der Stadt, bewilligte aber zunächst den christlichen Kult. Doch kurz darauf teilte er Cortés mit, daß seine Zeit nun abgelaufen sei. Entweder er verfüge sich an die Küste, um dort die Schiffe zu besteigen, oder er müsse damit rechnen, daß er und alle Gefährten ums Leben kämen. Cortes handelte einen Zeitaufschub aus, da erst Schiffe gebaut werden müßten – er hatte kurz nach der Landung alle Schiffe auf Sand setzen lassen, damit keiner seiner Matrosen und Soldaten an Rückkehr nach Kuba denken konnte. Motecuhzoma unterstützte den Schiffsbau und beschwichtigte gleichzeitig seine Priester und Hauptleute.

Gleichzeitig ging folgende Meldung ein:

»Diego de Velázquez hatte eine neue Flotte mit neunzehn Schiffen gegen uns aufgestellt. Sie hatte vierhundert Mann an Bord, zwanzig Geschütze, achtzig Reiter, neunzig Armbrustschützen und siebzig Musketiere. Befehlshaber war Panfilo de Narváez.«

Nach anderen Quellen belief sich die gesamte Mannschaftsstärke auf 1 300 Mann. Velázquez hatte als Gouverneur von Kuba inzwischen die offizielle Lizenz der spanischen Krone zu neuen Entdeckungen auf dem Festland und Inbesitznahme dieser Gebiete erhalten. Noch vor Cortés erfuhr Motecuhzoma von der Ankunft des Narváez, sandte ihm Geschenke und befahl seinen Untergebenen an der Küste, die Neuankömmlinge gut zu versorgen.

»Narváez erwiderte diese Botschaft mit Schmähungen gegen Cortés und uns alle und ließ Motecuhzoma sagen, wir seien ein Haufen Gesindel und Räuber, die ohne Wissen des Kaisers aus Spanien geflohen seien. Seine Majestät, der Kaiser, habe in Erfahrung gebracht, daß wir in diesem Lande seien, Unruhe stifteten und ihn, Motecuhzoma, sogar gefangen genommen hätten. Der Kaiser habe ihm daher befohlen, mit seiner Flotte und seinen Truppen wieder Ordnung zu schaffen und Motecuhzoma aus seiner Gefangenschaft zu befreien. Außerdem solle er Cortés und uns alle entweder niedermachen oder gefangennehmen und nach Spanien schicken, wo uns die Todesstrafe erwarte . . . Moteczuma war überrascht und erfreut über die Mitteilung.«

Abb. 153 Mexico-Stadt, Museo Nacional de Antropología e Historia, Wandgemälde: Tenochtitlan und Tlatelolco zur Zeit des letzten Aztekenherrschers ▷

Abb. 154 Blick auf die Vulkane Ixtaccihuatl und Popocatepetl

Cortés, der Narváez aus den Tagen der Eroberung Kubas gut kannte, versuchte vorerst, sich durch schriftliche Botschaften gütlich mit ihm zu einigen. Wie gut fügte es sich nun, daß er bereits über einen beträchtlichen Goldschatz verfügte, denn so konnte er seinen Parlamentären reichlich Geschenke mitgeben,um einen Teil der Narváez-Leute auf seine Seite zu ziehen. Ende Mai jedoch ließ sich die gewaltsame Auseinandersetzung nicht mehr vermeiden. In Eilmärschen zog Cortés mit einem Teil seiner Soldaten – die Angaben zur Zahlenstärke gehen auseinander – an die Küste, und auf den Tempelplattformen von Cempoala schlugen sich nun die Spanier untereinander. Cortés blieb siegreich, setzte den verwundeten Narváez gefangen und *»widmeten sich nach besten Kräften dem Dienst an der spanischen Majestät«*, als ein Bote aus Tenochtitlan die Nachricht überbrachte, die dort zurückgelassene Besatzung befände sich in äußerster Gefahr:

»... da kamen zwei Tlaxkalteken aus Mexiko mit der Nachricht, Pedro de Alvarado (unter dessen Kommando die Besatzung stand) *sei in seinem Quartier eingeschlossen, die Feinde versuchten, das neue Befestigungswerk an allen Ecken und Enden anzuzünden, und er habe schon sieben Mann verloren ... Er brauche dringend schnelle Hilfe ... Außerdem erschienen Abgesandte von Moctezuma, die sich über Alvarado beklagten. Er sei ohne jeden Anlaß mit seiner ganzen Mannschaft ausgerückt, habe die bedeutendsten indianischen Offiziere und die Kaziken bei einem Fest überfallen und viele verwundet und getötet. Das Fest, bei dem sie alle zu Ehren der Götter getanzt hätten, habe er selbst vorher genehmigt.«*

Cortés nahm die teils widerwilligen, – er mußte alle seine Überredungskunst einsetzen – Mannschaften des Narváez mit und marschierte mit dreizehnhundert Soldaten, sechsundneunzig Reitern, achtzig Armbrustschützen und Musketieren und zweitausend Tlaxcalteken nach Tenochtitlan zurück.

»Cortés stellte sofort Untersuchungen an, um zu erfahren, wie es eigentlich zu dem Aufstand in Mexiko gekommen sei. Leute, die mit Alvarado unzufrieden waren, behaupteten, ohne das Eingreifen von Moctezuma wären sie heute alle nicht mehr am Leben. Alvarado stellte die Sache anders dar.

Er meinte, Mexiko habe rebelliert, weil man Moctezuma in Freiheit setzen, und weil man dafür Rache nehmen wollte, daß unser Altar und unser Kreuz auf dem Tempel errichtet worden waren. Cortés wollte wissen, warum Alvarado denn die Mexikaner bei ihrem Tanz- und Opferfest überfallen habe. Er erwiderte: Papas und andere Vornehme hätten ihn darüber unterrichtet, daß er gleich nach dem Fest überfallen werden sollte.«

Auf die eindringlichen Fragen gab Alvarado schließlich zu:

» . . . er habe das Fest für seine Strafaktion ausgenützt, um den Mexikanern zuvorzukommen und sie durch den unerwarteten Angriff zu erschrecken. Cortés befriedigten diese Erklärungen keineswegs.«

Nun half kein diplomatisches Geschick mehr, der ›Aufstand‹ der Mexica-Tenochca – aus spanischer Sicht – brach mit voller Wucht los:

»Noch in diesem Augenblick«, schrieb Bernal Díaz, als er mit über achtzig Jahren seine Erlebnisse zu Papier brachte, *«steht der ganze Kampf lebendig vor meinen Augen. Es fehlen mir aber die Ausdrücke, um die unbeugsame Hartnäckigkeit der Feinde zu beschreiben. Wir rückten ihnen mit grobem Geschütz und leichten Gewehren auf den Leib, wir stießen bei jedem Anlauf dreißig bis vierzig Mann nieder, ihre Glieder blieben dicht geschlossen, und ihre Tapferkeit wuchs mit jedem Angriff. Wichen sie einmal zurück, dann lockten sie uns damit in Sackgassen, aus denen wir uns nur mit großen Verlusten wieder zurückziehen konnten . . . Jedes Haus stand gegen uns wie eine Festung. Wenn . . . die Reiter mit verhängten Zügeln gegen den Feind anrannten, dann flogen ihnen soviele Steine, Pfeile und Lanzen entgegen, daß die Rosse über und über mit Wunden bedeckt waren . . . Drangen sie zu weit vor, dann warfen die Mexikaner sie in die Kanäle oder in den See.«*

Die Mexikaner hatten inzwischen Cuitlahuac, Motecuhzomas Vetter, zu ihrem neuen Herrscher erkoren. Bei einem letzten Vermittlungsversuch, dessen Zwecklosigkeit Motecuhzoma den Spaniern vor Augen stellte, wurde er verwundet und starb wenige Tage später. Cortés richtete an die neue Staatsführung die Aufforderung, Motecuhzomas Leiche im Quartier der Spanier in Empfang zu nehmen und zu bezeugen, daß er durch die Geschosse seiner eigenen Leute umgekommen sei, doch:

» . . . die Papas und andere Große des Reiches . . . hatten die letzten Ereignisse in unserem Quartier miterlebt und berichteten ihrem Gebieter genau über den tatsächlichen Sachverhalt.«

Letztlich beschloß Cortés den nächtlichen Rückzug, der als »noche triste« für die Spanier in die Annalen eingegangen ist:

»Ich nahm alles Gold und all die Schmuckstücke . . . und übergab sie in Bündeln den Beamten Eurer Majestät,« heißt es im Bericht des Cortés an Karl I., (Karl I. nach spanischer Zählung war nach europäischer Zählung Karl V.), *»auch gestattete ich, auf eine meiner Stuten soviel zu laden, wie sie nur tragen konnte, . . . den Rest verteilte ich unter die Offiziere, Alkalden, Stadträte und Soldaten. Nachdem ich so den Palast aller seiner Schätze beraubt hatte, verließ ich ihn in größter Heimlichkeit und nahm mit mir einen Sohn und zwei Töchter Moctezumas und Cacamatzins, den Herrn von Culhuacan, seinen Bruder, den ich in seine Stelle eingesetzt hatte, und andere, von mir als Geiseln zurückbehaltene Fürsten und Häuptlinge der Städte und Provinzen.«*

» . . . der Kanal füllte sich mit toten Pferden und Reitern, die von den Nachdrängenden ins Wasser gestoßen wurden. Wer nicht schwimmen konnte, war verloren. Den Indianern fielen die Geschütze, viele Tlaxcalteken . . . und der größte Teil des Gepäcks in die Hände . . . Letzten Endes wäre keiner von uns mit dem Leben davongekommen, wenn nicht jeder versucht hätte, seine Haut allein zu retten. Von den Leuten des Narváez blieben die meisten an den (zerstörten) Brücken. Sie hatten sich zuviel Gold aufgeladen. Das gleiche Schicksal erlitten die Tlaxcalteken mit dem Kronschatz.«

Der Rückzugsweg war mit Gold und Schmucksachen übersät, 800 Mann von den Spaniern und Tausende von den indianischen Hilfstruppen kamen ums Leben. Es war die Nacht des 30. Juni 1520.

In Tlaxcala fand Cortés mit dem Rest seiner Leute Aufnahme. Ein halbes Jahr lang bereitete er hier die militärische Eroberung Tenochtitlans vor. Er ließ Schiffe bauen, die zerlegt an den Texcoco-See transportiert wurden, und erhielt Verstärkung von Schiffsbesatzungen, die nun häufiger an der Golfküste auftauchten. Ende Dezember 1520 hatte er wieder fast 1000 Mann spanischer Truppen beisammen.

Mit Unterstützung eines großen Kontingents Hilfstruppen – Bernal Díaz nennt die Zahl 20000 – trieb Cortés die Vorbereitung der Belagerung Tenochtitlans voran. Im ganzen Lande wütete inzwischen eine Pockenepidemie, der Cuitlahuac zum Opfer gefallen war. Die Krankheit schwächte das Kriegerpotential der Mexica und ihrer Verbündeten in einem solchen Ausmaß, daß mehrere Städte am Texcoco-See ihren Widerstand gegen die Spanier aufgeben mußten. Bevor die engere Einkreisung mit einem Angriff auf die Wasserleitung von Chapultepec begann, erschien erneut Verstärkung aus Tlaxcala und umliegenden Ortschaften.

Als nach wochenlangen Abwehrkämpfen die Führung von Tenochtitlan durch drei ihrer gefangenen Landsleute ein Kapitulationsangebot des Cortés erhielt, ließ Cuauhtemoc, der Nachfolger des Cuitlahuac antworten, daß die Verteidiger der Stadt mit den Waffen in der Hand sterben wollten, an einen Friedensschluß sei nicht mehr zu denken. Allmählich nahmen die Angreifer die Dammstraßen in Besitz und drangen ins Innere der Stadt vor.

»Cuauhtemoc wurde am St. Hippolytustag, also am 13. August 1521, um die Vesperstunde gefangengenommen ... Es regnete die ganze Nacht. Es blitzte und donnerte wie noch nie. Aber wir Soldaten hörten nach der Gefangennahme von Cuauhtemoc nichts mehr. Es war, wie wenn einer beim Glockenläuten oben auf dem Turm steht, und die Glocken plötzlich verstummen. Dreiundneunzig Tage hatte die Belagerung gedauert. Tag und Nacht hörte der Lärm nicht auf; da war das Pfeifen und das Schlachtgeschrei der Feinde ... da war ihr Rufen nach den Kähnen, welche die Brigantinen, die Brücken und die Dämme angreifen sollten; die Arbeitsgruppen, welche die Dämme durchstechen sollten, wurden mit lautem Geschrei vorwärts getrieben. Da schrie man nach den Männern, welche die Palisaden einrammen und die Schanzen aufwerfen sollten, nach den Weibern, welche die Schleudersteine, Pfeile und andere Waffen herbeischafften. Dazwischen gellte die höllische Musik der Trommeln, der Muscheltrompeten und der grauenhafte, schauerliche Ton der großen Pauke vom Haupttempel ...«

Als die Spanier diesmal in die Stadt einzogen, bot sich ihnen folgender Anblick:

»In den Häusern im See und auf dem Land, in den Kanälen und auf vielen Plätzen lagen überall Leichen und Totenköpfe. Durch manche Straßen und durch die Hallen und Höfe um den Hauptplatz von Tlatelolco konnte man kaum mehr gehen. Ich habe die Beschreibung der Zerstörung von Jerusalem gelesen. Ich weiß aber nicht, ob es dort so viele Tote gegeben hat. Ich weiß nur, daß die meisten mexikanischen Krieger aus der Stadt und aus den naheliegenden Provinzen umgekommen sind ... Cortés selbst war übel geworden ... Die Luft in der Stadt war so verpestet, daß Cuauhtemoc darum bat, den Abzug sämtlicher Einwohner und sämtlicher auswärtiger Krieger zu gestatten. Drei Tage und drei Nächte waren die Ausfallstraßen und die Dämme mit langen Zügen von erbärmlichen Gestalten bedeckt. Männer, Weiber und Kinder schleppten ihre entkräfteten Körper aus der Stadt, ein jammervoller Leichenzug ... Die Stadt sah wie ein frischgepflügter Acker aus, denn die Einwohner hatten jede Wurzel gesucht, herausgerissen und verzehrt. Die Bäume hatten keine Rinde mehr. Es gab kein süßes Wasser, nur Salzwasser ... Es hat wohl kaum ein Volk gegeben, das so viel Hunger, Durst und Kriegsnot ausstehen mußte.«

Doch die Gedanken der Sieger kreisten ums Gold. Auf dem Triumphbankett des Hernán Cortés prahlten die Gäste:

»... daß sie nun genug Gold hätten, um auf goldenen Sätteln zu reiten, und die Schützen schworen, sie würden in Zukunft nur noch mit goldenen Pfeilspitzen schießen.«

Abb. 155 José Clemente Orozco, Hernan Cortés, Öl auf Leinwand, Privatsammlung Mexico-Stadt

II. DAS ERBE DER KUNST- UND WUNDERKAMMERN
MEXICANA DES 16. JAHRHUNDERTS IN EUROPÄISCHEN MUSEEN

Christian F. Feest

Die Art und Weise, in der Europa im frühen 16. Jahrhundert Kenntnis von den Hochkulturen Mexikos erhielt, beschränkt bis heute unser Wissen über die greifbare Welt der Azteken und ihrer Zeitgenossen. Während der größte Teil der für die Lebensführung des indianischen Adels und die Zwecke der eingeborenen Religion bestimmten Gegenstände in Mexiko selbst ein Opfer der militärischen und geistigen Conquista wurden, gelangte eine relativ kleine Anzahl von Sachgütern dieser Art nach Europa. Sie war aber immer noch unermeßlich groß, verglichen mit jener Handvoll von Werken des Alten Mexiko, die seit damals in der Alten Welt bis heute überdauert haben. Daß wir sie überhaupt besitzen, verdanken wir den Zufälligkeiten der Geschichte, dabei zu einem erheblichen Teil vor allem der Entstehung und dem Aufblühen des europäischen Sammlertums in der Renaissance.

Im Zuge der gleichzeitigen Entdeckung des vergessenen antiken Erbes und ferner, nie gekannter Länder, begannen die weltlichen und geistlichen Fürsten Europas ihre schon bestehenden Schatzkammern um jede erreichbare Art von Kunst- und Naturprodukten zu erweitern.[1] Die aus Mexiko stammenden Zeugnisse eingeborenen Handwerks erreichten Europa auf dem Weg über Spanien, das selbst aber bei der Bewahrung dieser Gegenstände nur kurzfristig eine Rolle spielte. Trotz des Fortbestands einiger Sammlungen bis ins 17. Jahrhundert, ist schon im 16. Jahrhundert eine wachsende Abneigung Spaniens gegen das Sammeln eingeborener amerikanischer Produkte feststellbar. Mexiko war immerhin noch relativ reich in den europäischen Kunstkammern vertreten, Peru und die anderen Länder des Andenraums hingegen kaum noch. Der Schwund der noch 1561 im Nachlaß Karls V. in Simancas vorhandenen Mexicana ist bezeichnend für die spanischen Verhältnisse.[2] Sicher kann man die mangelnde Wertschätzung der eingeborenen Welt und ihrer Erzeugnisse mit der notwendigerweise anderen Perspektive der Eroberer erklären. Und so verwundert es auch nicht, daß vor allem die von der kolonialen Ausbeutung vorerst ausgeschlossenen Länder zu den Zentren der Sammelleidenschaft für Exotica wurden. Verwandtschaftsbeziehungen spielten eine wichtige Rolle bei der Weitergabe mexikanischer Sammlungen außerhalb Spaniens. 1523 etwa übergab Karl V. seiner Tante und Pflegemutter Margarethe von Österreich eine Sammlung von 78 mexikanischen Gegenständen, darunter stammten mindestens 14 und höchstens 30 aus den 1519 von Cortés nach Spanien geschickten Schätzen, die Margarethe in Schloß Mecheln bei Antwerpen verwahrte. 1524 erhielt auch Karls ungeliebter Bruder Ferdinand I. 11 Mexicana, von denen ebenfalls einige auf die erste Sendung aus Mexiko zurückgehen könnten. Die Verteilung betraf aber nicht allein Verwandte. Auch der König von Portugal erhielt Stücke, von denen er wenigstens eines, die heute als »Codex Vindobonensis« bekannte Bilderhandschrift, umgehend an die Medici weiterschenkte. Ebenso gab schon 1528 Margarethe 14 ihrer mexikanischen Gegenstände an den Herzog von Lothringen ab, weitere sechs gingen an den Fürsterzbischof von Mainz.[3]

Wenn von diesen frühen habsburgischen Beständen (außer der Bilderhandschrift, die auf erheblichen Umwegen endlich den Weg nach Wien fand) nichts mehr mit Sicherheit nachzuweisen ist, so liegt das teilweise am Fehlen beständiger Kunstkammern (auch Margarethes Sammlung wurde nach ihrem Tod aufgelöst). Wegbereitend waren in dieser Hinsicht die Medici, deren Sammlungen in Florenz bereits um die Mitte des 16. Jahrhunderts heute noch existierende Stücke aus Mexiko einschlossen.[4] Nördlich der Alpen wurde Ferdinand I. in Wien zum Begründer der ersten mitteleuropäischen Kunstkammer, der nach der Aufspaltung der habsburgischen Linie weitere in Schloß Ambras bei Innsbruck (Erzherzog Ferdinand II.), Graz (Erzherzog Karl II.) und Prag (Kaiser Rudolf II.) folgten.[5] Nur wenig später datieren die Kunstkammern der sächsischen Kurfürsten in Dresden und der bayerischen Wittelsbacher in München.[6] Repräsentative fürstliche Sammlungen wurden im 17. Jahrhundert auch weiter im Norden immer beliebter, im selben Maß freilich, in dem die Möglichkeiten zum

Erwerb altmexikanischer Gegenstände rapid abnahmen. Neben den Kunstkammern der Mächtigen waren anfangs naturkundliche Sammlungen von Gelehrten noch selten. Lediglich in Italien bestanden im späten 16. Jahrhundert bereits Privatsammlungen dieser Art, von denen insbesondere jene von Ulisse Aldrovandi und Antonio Giganti in Bologna völkerkundliche Exotica aus der Neuen Welt enthielten. In der Bologneser Tradition steht im 17. Jahrhundert Ferdinando Cospi, der mit einer Medici verheiratet war.[7] Wie im Fall Cospi konnten verwandtschaftliche Bande weiterhin eine Möglichkeit für den Erwerb von Sammlungen bieten – und tatsächlich verbanden österreichische und spanische Habsburger, Wittelsbacher und Medici mehrfache Heiratsbeziehungen. Immer häufiger benutzten auf der anderen Seite die fürstlichen Sammler die Dienste eigener Agenten für ihre Ankäufe. Erzherzogin Maria von Österreich, eine geborene Herzogin von Bayern und Tochter des Gründers der Münchner Kunstkammer, Herzog Albrechts V., ließ ab 1574 für die Sammlung in Graz Kunstwerke (einschließlich Exotica) durch den kaiserlichen Gesandten in Madrid einkaufen; Rudolf II. benutzte dieselbe Quelle. Marias Vater hatte sich schon früher der Dienste Jacopo da Stradas zu ähnlichen Zwecken bedient, ebenso wie im frühen 17. Jahrhundert der Augsburger Philipp Hainhofer mehrere fürstliche Kunden betreute. Eine beliebte Quelle besonders für Ethnographica scheinen im 16. Jahrhundert die Besitztümer spanischer Kirchenfürsten gewesen zu sein, die offenbar reichlich aus dem Feld der amerikanischen Missionen beliefert wurden, selbst aber längerfristig an der Bewahrung heidnischer Artefakte kaum Interesse hatten.[8]

Aus den alten Inventaren kann man auf die Schwerpunkte der Sammeltätigkeit schließen. Aus Gold und Silber hergestellte oder mit diesen Edelmetallen verzierte Objekte genossen wegen ihres materiellen Werts besondere Aufmerksamkeit, waren aber aus demselben Grund auch besonders gefährdet: weil zur Anonymität einschmelzbar, stellten sie das vornehmste Ziel der Plünderung dar. Abgesehen von goldenen Verzierungen an anderen Gegenständen hat sich lediglich ein einziges mexikanisches Schmuckstück aus den Kunstkammern des 16. Jahrhunderts erhalten – der mixtekische Ring aus der Münchner Residenz. Grünsteinschmuck kam üblicherweise als komplette Ketten über den Atlantik und in die Sammlungen; heute sind nur noch Einzelteile (meist figurale Anhänger) davon erhalten geblieben.[9]

Noch beliebter waren (auch weil mit der Allegorie Amerikas eng verbunden) die prächtigen Federarbeiten: von Schilden mit Federmosaiken über Kopfschmuck und Mänteln bis zu Schurzen. Hier war es weniger die Begehrlichkeit der Europäer nach wertvollen Rohstoffen (obwohl es auch Hinweise auf die Zerstörung von Federarbeiten zur Stillung fürstlichen Schmuckbedürfnisses gibt), als die Anfälligkeit des Materials gegen Ungezieferfraß, die den Bestand aus einer Unzahl auf ganze sechs Stücke reduzierte.[10] Noch schlimmer erging es Kleidungsstücken aus Baumwolle und anderen Fasern, von denen sich nichts von dem erhalten hat, was die Inventare des 16. Jahrhunderts beschreiben. Mexikanische Waffen haben sich in geringerem Ausmaß, als aus vergleichbaren Gebieten wie Brasilien in unsere Tage gerettet: neben Schilden (wie schon erwähnt mit Federdekor, aber auch mit Türkismosaiken inkrustiert) gibt es heute lediglich drei Speerschleudern. Weder die dazugehörigen Speere, noch die für Mexiko typischen, mit Obsidianklingen besetzten Schwertkeulen haben überlebt, müssen aber im 16. Jahrhundert noch in Kunstkammern vorhanden gewesen sein.

Die letzte große Gruppe wird in den zeitgenössischen Inventaren meist mit der Bezeichnung »Idole« bedacht. Unter dieser Rubrik trug man alles ein, was fremd und figürlich war und daher automatisch im Verdacht stand, dem Götzendienst anzugehören. Davon übrig geblieben sind ein unikates Holzfigürchen, das tatsächlich eine Gottheit des alten Mexiko repräsentiert, zahlreiche mosaikinkrustierte Gegenstände, sowie steinerne Figürchen und Masken, die teilweise aus voraztekischer Zeit stammen. Die größere Haltbarkeit des Materials hat die Überlebenschancen dieser Gegenstände zweifellos gefördert.[11] Darüber hinaus haben sich vor allem Bilderhandschriften erhalten, die aber von Beginn an häufiger in Bibliotheken als in Kunstkammern verwahrt wurden, und einzelne Variaposten, wie Obsidianspiegel, die man wohl in erster Linie ihrer vermuteten magischen Eigenschaften wegen schätzte.[12]

Charakteristisch für den gesamten Kunstkammerbestand ist die in allen Sammlungen häufige Neigung zur Personalisierung und Historisierung. Es genügt nicht, daß ein Stück aus Mexiko ist; wenn es nicht von einem aztekischen Priester im Rahmen von Menschenopfern verwendet worden war, mußte es wenigstens aus dem Besitz Montezumas stammen. Die meisten dieser Zuschreibungen sind erwiesenermaßen irrig: Die »Streitaxt des Montezuma«, die als solche schon im 16. Jahrhundert in Ambras figuriert, ist tatsächlich aus Brasilien, und ähnliches mag für den »Wegstecher« und den »Federmantel des Königs zu Cuba in India« gelten, die im 17. Jahrhundert aus derselben Sammlung beschrieben wurden.[13]

Ebenso charakteristisch ist die auch aus diesen Beispielen bereits ersichtliche, geringe Bedeutung, die man exakten Herkunftsangaben beimaß, denn ethnographische Ziele sind nicht als Anlaß der Sammeltätigkeit zu vermuten. Insofern war die genaue Lokalität unerheblich. »Indianisch« bedeutet in alten Inventaren pauschal »aus beiden Indien« stammend, und so werden nicht selten amerikanische und asiatische Gegenstände vermischt. Ebenso schrieb man oft »möhrisch« für mexikanische Gegenstände (wie den berühmten und einzig erhaltenen Federkopfschmuck, einst Ambras, heute Wien)[14] oder hielt sie für ägyptisch (wie den mosaikverzierten Messergriff aus der Sammlung Cospi).[15]

Was waren aber die tatsächlichen Gründe für die Wertschätzung der mexikanischen Kunstkammerstücke? In erster Linie ihr materialler Wert, den schon Albrecht Dürer betonte, als er 1520 in Brüssel die Schaustellung der ersten aus Mexiko kommenden Objekte bestaunte. In zweiter Linie ihre Seltenheit, die das Sammelmotiv der Kunstkammern überhaupt darstellte und sowohl ausgefallenes Material (z. B. Federn) als auch Fremdheit und moralische Abartigkeit (»Idole«) einschloß. Darüber hinaus wird man nicht fehlgehen, die Mexicana in den Sammlungen des 16. und 17. Jahrhunderts eher den Naturalia als den Artificialia zuzurechnen. Dafür sprechen (1) die Anordnung in manchen Inventaren (wie z. B. in jenem der Kunstkammer Rudolfs II.), (2) ihre Gegenwart in reinen Naturaliensammlungen, wie jener von Aldrovandi in Bologna, wo etwa koloniale taraskische Federbilder die Nutzanwendung der Kolibrifedern und aztekische Mosaike jene von Türkisen illustrierten und (3) die gleichartige Behandlung von Naturalia und Mexicana durch ihre häufige Montierung in zeitgenössischen europäischen Fassungen aus Edelmetall.[16]

Den Kunstkammern verdanken wir zwar das Überleben einzelner Belegstücke mexikanischer Handwerks- und Gestaltungstraditionen des 16. Jahrhunderts, und doch erfolgte in ihnen auch die dritte große Reduktion des Bestandes. Aus der unermeßlichen Vielfalt des alten Mexiko waren tausende von Objekten nach Europa gebracht worden, hunderte sind in den Kunstkammern nachweisbar (leider fehlt dazu noch ein kompletter Zensus), aber nur eine zweistellige Zahl hat sich bis heute erhalten.[17] Neben dem Schwund durch Diebstahl und Insektenfraß sind gänzlich andere Faktoren dafür verantwortlich zu machen: Der Dreißigjährige Krieg verwüstete in Mitteleuropa auch viele der gewachsenen Sammlungen. Prag war davon 1648 ebenso betroffen, wie München 1632. Prag traf noch ein anderes Schicksal, nämlich das Absinken einer ehemaligen Residenz in die relative Bedeutungslosigkeit der Provinz. Ähnlich wie im Fall von Graz wurden die besten Bestände nach Wien überführt, während der Rest kaum seiner Bedeutung entsprechend behütet wurde. Die Sammelmoden hatten sich mittlerweile geändert, und die im 16. Jahrhundert geschätzten Mexicana waren plötzlich nicht mehr aktuell. Italien, wo sich die größten geschlossenen Bestände erhalten hatten, wurde im 19. Jahrhundert zum größten Reservoir für einen neuen Sammlermarkt für Altamerikanisches, der als Folge der Aufklärung und von Humboldts Entdeckungen entstanden war.

Die im 19. Jahrhundert eingeleitete Wiederentdeckung des alten Mexiko in den Restbeständen der Kunstkammern hat wenigstens zu Beginn zu ähnlichen Erscheinungen geführt, wie sie schon für das 16. Jahrhundert beobachtbar wurden. Voller Entdeckerfreude schrieb man die wenigen aufgefundenen Stücke der historisch am besten bekannten Sendung des Cortés und (per implikationem) Montezuma zu.[18] Und wie im 16. Jahrhundert schoß man über das Ziel hinaus, indem auch nichtmexikanische Gegenstände, wie der brasilianische Federmantel in Brüssel, dem aztekischen Herrscher angedichtet wurden.[19] Aber nicht nur diese Zuordnung erwies sich als irrtümlich. In einer Mehrzahl der Fälle läßt sich heute mit Bestimmtheit eine Zuordnung zu der ersten Sendung ablehnen. Der Bedeutung dieser Werke des alten Mexiko wird damit kein Abbruch getan: Schätzenswert sind diese Schätze aus den Kunst- und Wunderkammern des 16. Jahrhunderts nicht einer romantischen Historisierung wegen, sondern als letzte Belegstücke einer verschwundenen Welt.

Anmerkungen

1 Schlosser 1978, Scheicher 1979, Impey and MacGregor 1985
2 R. Lightbown in Impey and MacGregor 1985, Beer 1891: CLXX–CCXXIII
3 Nowotny 1960: 20–27, Zimmermann 1885: CXIX–CXX
4 Heikamp und Anders 1972

5 Heger 1906, Nowotny 1960, Feest 1986
6 Heikamp 1970
7 Laurencich-Minelli 1982, 1983 und in Impey and MacGregor 1985
8 Feest 1986, Anders 1976, Nowotny 1960
9 Heikamp 1970, Heikamp und Anders 1972, Nowotny 1960
10 Anders 1970, 1978
11 Carmichael 1970, Feest 1986
12 Nowotny 1960
13 Hochstetter 1884, Schönherr 1893, Zeiller 1632: 355–356
14 Nowotny 1960: 18–19, vielleicht Beer 1891: CCXXIII; vgl. Scheicher 1979: 26–27
15 Legati 1677: 477–478
16 Bauer und Haupt 1976, Laurencich-Minelli in Impey and MacGregor 1985
17 Heikamp 1976, Feest in Impey and MacGregor 1985
18 Hochstetter 1884, Lehmann 1906
19 Hirtzel 1928

Abb. 156 Cholula, die Große Pyramide, Stich von Bouquet, aus A. v. Humboldt, Vues des Cordillères et Monuments des Peuples indigènes de L'Amerique, Paris 1816

III. ZUR ENTDECKUNGSGESCHICHTE AZTEKISCHER KUNST

Henry B. Nicholson

Am späten Nachmittag des 13. August 1521 wurde Cuauhtemoc, der »Huei Tlatoani« oder »Große Sprecher« von Mexiko-Tenochtitlan, als Gefangener vor Hernán Cortés geführt, den Befehlshaber der kleinen spanischen Invasionsarmee, die die Stadt fünfundsiebzig Tage lang belagert hatte. Die einst strahlende Metropole eines mächtigen Reiches, das von Kanälen durchzogene und mit Tempeln, Palästen und Gärten verschwenderisch ausgestattete Venedig der Neuen Welt, lag verwüstet darnieder, nur mehr ein Schatten früherer Größe. Nachdem Cuauhtemoc in aller Form kapituliert hatte, wies er auf den Degen des Spaniers und bat Cortés, seinem Leiden ein Ende zu machen und ihn zur ewigen Ruhe zu seinem Herrn, der Sonne, zu schicken, ein Ende, das er für erstrebenswert hielt, dem Ehrenkodex eines tapferen aztekischen Kriegers entsprechend. Voll Großmut nach dem hart erkämpften Sieg nahm Cortés die Unterwerfung Cuauhtemocs an und sicherte diesem und seiner Familie Schonung zu.

Die Nachricht, daß der »Herr der Menschen« seinen Schild gesenkt habe, verbreitete sich in der zerstörten Stadt, wo an einzelnen Stellen noch immer Widerstand geleistet wurde, mit Windeseile, und damit endeten auch alle Kampfhandlungen. Ruhm und Macht der Mexica, der Zwillingsstädte Tenochtitlan und Tlatelolco, des auserwählten Volkes Huitzilopochtlis, waren dahin. Als sie vor ihrer langen Wanderung ins Hochtal von Mexiko noch hoch im Norden in ihrer Heimat Aztlan weilten, hatte ihnen ihre Gottheit ein glänzendes Geschick prophezeit, und in der Tat hatten sie einen staunenswerten Aufstieg hinter sich, doch jetzt war das Ende gekommen. Nun herrschte eine neue Macht, die wie aus dem Nichts über das Meer im Osten gekommen war, mit einer fremden Ideologie, einer fremden Technologie und vollständig anderen Lebensformen.

Schon bald wuchs aus den Trümmern der alten eine neue Stadt empor mit einem völlig andersartigen Architekturkanon und anderen künstlerischen Ausdrucksweisen. Architektur und Kunstwerke der indianischen Stadt Tenochtitlan und vieler anderer Städte im Lande wurden zerstört und verfemt, äußerten sich doch vor allem in der künstlerischen Hinterlassenschaft der vorspanischen Zeit jene religiöse Vorstellungen und rituellen Bedürfnisse, die die neuen Herren mit allen Mitteln auszurotten gedachten. Und damit begann der lange Schlaf der zerschlagenen Steine Mexikos. In diesem Zusammenhang hatte schon ein Augenzeuge bedauernd berichtet:

»Von allen diesen Palästen, Gärten und Gehölzen ist jetzt nur noch das Gehölz von Chapoltepec übrig, welches die spanischen Vizekönige für ihr Vergnügen erhalten haben. Alles Übrige wurde von den Eroberern zerstört. Die prächtigsten Gebäude des Alterthums wurden von ihnen, bisweilen aus mißverstandenem Religionseifer, bisweilen aus Rache, und sogar um die Materialien derselben zu benutzen, in Trümmer verwandelt. Sie vernach-

Abb. 157 Park von Chapultepec

lässigten die Pflege der königlichen Gärten, hieben die Wälder nieder, und versetzten das Land in einen solchen Zustand, daß die Pracht seiner vorigen Könige jetzt keinen Glauben finden könnte, wäre es nicht durch das Zeugniß derer bestätigt worden, welche selbst die Ursache ihrer Vernichtung waren.«
Und an anderer Stelle fährt er fort:
»Das Mexikanische Reich hatte Überfluß an allen Arten von Gemälden, denn seine Maler waren unzählig und es gab schwerlich irgend Etwas, das nicht gemalt war. Wäre dies alles erhalten worden, nichts wäre in der Geschichte Mexikos mangelhaft geblieben, aber die ersten Prediger des Evangeliums richteten aus Argwohn, daß der Aberglaube an allen ihren Gemälden seinen Theil habe, eine wüthende Zerstörung unter denselben an. Von allen denjenigen, welche man in Tezcuco fand, wo die Hauptmalerschule war, sammelten sie auf dem Marktplatze eine solche Masse, daß sie einem Berge glich, diese zündeten sie an, und brannten so das Andenken an viele höchst interessante und sonderbare Begebenheiten zu Asche. Der Verlust dieser Denkmäler des Alterthums war für die Indianer unaussprechlich traurig, und wurde von den Anstiftern desselben hinterdrein, als sie ihren Irrthum gewahr wurden, nicht wenig bedauert.«
Götterfiguren betreffend, merkt er an:
»In dieser Hinsicht haben wir auch den wüthenden Eifer des ersten Bischofs von Mexiko und der ersten Prediger des Evangeliums zu bedauern, welche uns vieler schätzbaren Denkmäler der mexikanischen Bildhauerei beraubt haben. Der Grund der ersten Kirche, die man zu Mexiko erbaute, wurde mit Götzenbildern gelegt, und so viele tausend Statuen wurden damals in Stücke zerschlagen und zerstört, daß, wiewohl das Königreich an Werken dieser Art den größten Überfluß hatte, das fleißigste Nachsuchen jetzt kaum einige Überbleibsel derselben auffinden kann.«
Das Werk der Zerstörung hielt lange an. Noch an der Wende zum 17. Jahrhundert befahl der Erzbischof von Mexiko, daß alle Denkmäler, die verbaut, aber sichtbar, in spanischen Bauwerken feststellbar waren, gleichfalls zu zerschlagen seien. Und noch um die Mitte des 18. Jahrhunderts, im Zeitalter der Aufklärung, verfügten – auch diesmal immer noch kirchliche Behörden – die fast völlige Zerstörung der Felsskulptur des vorspanischen Herrschers Motecuhzomas II. im Park von Chapultepec, dem Heuschrecken-Hügel westlich der einstigen Hauptstadt. (Abb. 157, 158)
Aber das eigentlich einschneidende Ereignis, das die Situation gründlich verändern sollte, folgte fast drei Jahrhunderte nach der Entdeckung Amerikas durch die Europäer im Jahre 1790. Bei Pflasterarbeiten stieß man im Zentrum der Stadt am Hauptplatz mit seinen Palästen auf zwei außergewöhliche Denkmäler. Einmal auf das kolossale und zugleich makabre Bildnis der Göttin Coatlicue, im Mythos die Mutter des Stadtpatrons von Tenochtitlan und Kriegsgottes Huitzilopochtli (Abb. 160) und auf ein einzigartiges Meisterwerk künstlerischer Gestaltung, einen runden Steinmonolithen gewaltigen Ausmaßes, das monumentale Bild der Sonnenscheibe, den seit damals weltberühmten »Kalenderstein«. (Abb. 159). Schon im folgenden Jahr kam ein weiterer großer »Sonnenstein« zutage, und zwar das Cuauhxicalli des Tizoc; Vorgänger und Onkel des Motecuhzoma. Welch glücklicher Umstand, daß der damals gerade residierende Vizekönig den Ideen der Aufklärung besonders verpflichtet war, so daß er anordnete, daß die drei Denkmäler zu schützen seien. Allerdings wurde das Bildnis der Coatlicue sofort wieder vergraben, nachdem man festgestellt hatte, daß vor ihm Opfergaben niedergelegt worden waren: demonstrativ verschwand es so vor

Abb. 158 Zerstörtes Felsrelief im Park von Chapultepec

den Augen seiner Verehrer wieder im Boden. Dem Kalenderstein, der am Südwestturm der Kathedrale eingemauert wurde, blieb dieses Schicksal erspart, im Gegenteil: der damals führende mexikanische Astronom Antonio León y Gama beschäftigte sich ausführlich mit diesem Werk, das mit seiner komplexen Ikonographie einen Großteil des Kalenderwissens der Alten zu enthalten schien.

Bald darauf, im Jahre 1803, kam der berühmte preußische Forscher und Entdeckungsreisende, Alexander von Humboldt, der »wissenschaftliche Entdecker der Neuen Welt« auch nach Neu-Spanien. Angeregt vom Kalenderstein und anderen Wundern, veröffentlichte er 1813 einen Band mit Stichen, der der Archäologie Mexikos gewidmet war. Dieses Werk sollte erstmals wirklich ernsthaftes Interesse am alten Kulturerbe dieses Landes wecken. So erging bald nach Humboldts Reise seitens des Königs von Spanien, des überaus gebildeten Bourbonen Karls IV., der Auftrag an einen begeisterten Amateur-Altertumsforscher, den wallonischen Exhauptmann der spanischen Dragoner, Guillermo Dupaix, mit drei Expeditionen zwischen 1805 und 1808 eine Begehung und intensivere Untersuchung der Ruinenstätten und eine erste Aufnahme mexikanischer Altertümer durchzuführen.

Obwohl die Veröffentlichung seiner reichen Forschungsergebnisse durch den Unabhängigkeitskrieg Mexikos (1810–1821) verzögert wurde, waren Dupaix' Bemühungen nicht umsonst gewesen, wurden doch die Berichte über seine drei Expeditionen und die dazugehörigen Illustrationen seines Expeditionsgefährten, des mexikanischen Künstlers Luciano Castañeda schließlich 1831 in London und drei Jahre später in Paris publiziert. Ähnlich wie bei Humboldts Werk brachte auch diese Publikation eine größere Beachtung und Anerkennung der alten Kultur Mexikos mit sich.

Vor allem aber wuchs das Interesse nach der Beseitigung des »eisernen Vorhangs« der Spanier im Jahre 1821 mit der Folge, daß immer mehr ausländische Reisende Mexiko besuchten. Schon 1794 hatte Dupaix ein etwas grob illustriertes, aber umfangreiches Werk mexikanischer Denkmäler herausgebracht, von denen viele in der Stadt Mexiko selbst aufgefunden worden waren. Aber auch León y Gama stellte im Zusammenhang mit seinen Forschungsarbeiten an den drei großen, auf dem Zocalo 1790/91 gefundenen Bildwerken eine Liste archäologischer Funde in Mexiko-Stadt zusammen, die posthum im Jahre 1832 veröffentlicht wurde. Schließlich wurden auch in den zwei bis drei Jahrzehnten vor und nach der Unabhängigkeit die ersten größeren Sammlungen mexikanischer Objekte angelegt, verständlicherweise allerdings damals noch mit Betonung der besonderen ästhetischen Attraktion bestimmter aztekischer Kunstobjekte. Beteiligt an diesem Gerangel um den Erwerb dieser so aufregenden Manifestationen der vorspanischen Kultur waren nunmehr sowohl Einheimische wie Ausländer. Zu diesen Sammlern der ersten Stunde zählten vor allem

Abb. 159 Kalenderstein, Stich von Bouquet aus A. v. Humboldt, Vues des Cordillères, et Monuments des Peuples indigènes de L'Amerique, Paris, 1816

Abb. 160 Coatlicue (»Schlangenfrau«)

León y Gama und Dupaix, Ciriaco Gonzáles Carvajal, ein spanischer Beamter der Kolonialverwaltung, aber auch Humboldt und nach der Unabhängigkeit vor allem William Bullock, ein in jeder Weise sehr unternehmungsfreudiger Engländer, der die erste größere Sammlung aztekischer Kunstwerke nach England verschiffen ließ. Bullock verdanken wir auch den so farbigen Bericht über seine gleichzeitig laufenden Vorbereitungen der in Mexiko-Stadt für die von ihm im Jahre 1824 in London geplante erste große Mexiko-Ausstellung.

»Die einzigen Kunstwerke der Einwohner der Stadt Mexiko vor der Eroberung, damals Tenochtitlan genannt, welche man jetzt öffentlich sieht, sind: der große Kalenderstein, in der Volkssprache Montezumas Uhr genannt, und der Opferstein oder der große Altar, der einst in dem großen Tempel vor dem Hauptgötzenbilde stand. Der Erstere mißt zwölf Fuß im Durchmesser, und ist aus einem großen Block von porösem Basaltstein gehauen. Man vermutet, daß er auf dem Dache des großen Tempels auf derselben Weise aufgestellt war, wie der Zodiakus in dem Tempel von Tenthra (Dendera) in Oberägypten. Er steht jetzt an der nordwestlichen Mauer der Kathedralkirche, und ist ein anziehender Gegenstand altertümlicher Forschungen, und ein auffallender Beweis von der Vollkommenheit, welche die Nation, der er angehört, in einigen Wissenschaften erreicht hatte; – denn in den gebildetsten Städten Europas würden sogar noch in unseren Tagen wenige Menschen im Stande seyn, ein solches Werk auszuführen.
Von dem ersten Augenblicke an, wo ich es sah, beschloß ich, wo möglich, ein Faksimile dieser schönen Probe Aztekischer Kunst mit nach Europa zu bringen. Durch des ersten Ministers Don Lucas Alaman erhielt ich von der Geistlichkeit die Erlaubniß, ein Gerüste an der Kathedrale zu errichten, und nahm einen Abdruck in Gips davon, der hernach sorgfältig aufgepackt und mit einigen Schwierigkeiten nach Vera Cruz geschafft wurde. Er ist glücklicher Weise unbeschädigt in England angekommen, und macht jetzt einen der Gegenstände von der Ausstellung des alten Mexiko aus, welche man in der Aegyptischen Halle sieht (Abb. 162).«

In diesem Zusammenhang ließ er auch das seinerzeit wieder vergrabene Bildnis der Coatlicue zu Zwecken der Formabnahme erneut freilegen, was er folgendermaßen schildert (Abb. 162):

»Die größte und berühmteste der mexikanischen Gottheiten war, wie man wußte, unter der Gallerie der Universität begraben worden. Mit einiger Mühe brachte man den Fleck heraus. Herr del Rio, Professor der Mineralogie, war so gütig, sich für mich bei den Häuptern des Kollegiums zu verwenden, und die große Gottheit wurde auf Kosten der Universität ausgegraben. Es war die Arbeit weniger Stunden, und ich hatte das Vergnügen, die Auferstehung dieser schrecklichen Gottheit zu sehen.
Dieses kolossale und schreckliche Ungeheuer ist aus einem einzigen Basaltblock gehauen, neun Fuß hoch, und seine Umrisse geben einen Begriff von einer entstellten

menschlichen Gestalt, welche alles, was im Tiger und der Klapperschlange Schreckliches ist, in sich vereinigt. Während der Zeit, wo es blos lag, war der Universitätshof mit Menschen angefüllt, von denen die meisten den entschiedensten Zorn und Unwillen ausdrückten. Nicht so die Indianer, ich bemerkte aufmerksam ihre Gesichtszüge, und nicht ein Lächeln, nicht ein Wort entschlüpfte ihnen – Alles war Schweigen und Aufmerksamkeit. Als Antwort auf einen Scherz, den einer der Studenten machte, bemerkte eine alte Indianerin: Es ist wahr, wir haben drei sehr gute spanische Götter, aber man hätte uns immerhin erlauben mögen, einige von denen zu behalten, die unsere Vorfahren hatten! – Und man sagte mir nachher, daß von den Eingebornen, welche sich des Abends zu diesem Endzwecke ungesehen hieher geschlichen hatten, Blumenkränze auf diese Gestalt gelegt worden wären, – ein Beweis, daß ungeachtet der äußersten Sorgsamkeit, welche die Spanische Geistlichkeit dreihundert Jahre anwendete, noch immer ein Anstrich heidnischen Aberglaubens unter den Nachkommen der Urbewohner zurückbleibt. In einer Woche war der Abguß beendigt, und die Göttin wieder an ihren Begräbnißplatz gebracht, wo sie den profanen Blicken des großen Haufens entzogen war.«

Was Bullock für England tat, besorgte Latour Allard für Frankreich. Zu diesen zählt aber auch der Graf Jean Frédéric Maximilien de Waldeck, eine höchst amüsante und farbige Persönlichkeit und ohne Zweifel der Mann unter ihnen, der mit Abstand das höchste Lebensalter erreichte, soll er doch über hundert Jahre alt geworden sein.

An dieser Stelle muß aber vor allem auch der Schweizer Lukas Vischer genannt werden, Geschäftsmann und Künstler in einer Person, dessen Sammlung bereits 1837 in die Schweiz gelangte; oder auch José Mariano Sánchez y Mora, ex-Conde de Peñasco, der mit seiner großartigen Kollektion den Amerikaner Brantz Mayer im Jahre 1841 zutiefst zu beeindrucken verstand. Und schließlich muß auch des deutschen Kaufmanns Carl Uhde gedacht werden, der die wohl umfangreichste private Sammlung aztekischer Kunst zusammenbrachte, bevor er damit um die Mitte des 19. Jahrhunderts nach Heidelberg zurückkehrte. Später sollten diese frühen europäischen Sammlungen vorwiegend in Museen wie das British Museum, den Louvre und die Museen für Völkerkunde in Basel, Wien und Berlin gelangen.

Zwar wurden gelegentlich bedeutende Stücke aus diesen Sammlungen veröffentlicht, das geschah aber weder in großem Umfang noch systematisch. Dennoch sollten diese gewissermaßen vor der Haustür liegenden europäischen Sammlungen eine große Rolle bei der Entdeckung der Kunst der Azteken, ihrer wissenschaftlichen Würdigung und ihrer Erkundung spielen. Aber trotz dieser veränderten Situation wurden Objekte aztekischer Herkunft noch in der zweiten Hälfte des 19. Jahrhunderts, als die Völkerkundemuseen in Europa und den Vereinigten Staaten deutlicher nach Sektionen durchorganisiert wurden, gemeinsam mit allen anderen Zeugnissen der mesoamerikanischen Hochkulturen – und wohlgemerkt einschließlich der Maya – fast ausschließlich eben diesem Bereich Völkerkunde zugewiesen als Beispiele der »materiellen Kultur« »primitiver« oder »schriftloser« Völker. Die führenden Kunstmuseen waren damals noch kaum bereit, in ihren Dauerausstellungen mesoamerikanische Werke auszustellen.

In Mexiko selbst wurde bereits 1825 in aller Form ein ›Nationalmuseum‹ mit dem Schwerpunkt ›Archäologie‹ gegründet, aber erst mehr als sechzig Jahre später, im Jahre 1887, konnten die ersten Räumlichkeiten der Öffentlichkeit zugänglich gemacht werden, und zwar in der ehemaligen Münze, einem Teil des Nationalpalastes, der seinerseits wiederum auf den Ruinen des Palastes Motecuhzomas II. errichtet worden war. Inzwischen war die Azteken-Abteilung, die damals im Mittelpunkt stand, erheblich angewachsen; sie umfaßte alle größeren Objekte, die bis dahin in Mexiko-Stadt gefunden worden waren. Obwohl damals ästhetische Aspekte weder ausstellungstechnisch noch in der Beschriftung besonders herausgestellt wurden, verfügte kein anderes Museum über derartig viele aztekische Kunstwerke von hohem Rang. Die massierte, geschlossene Aufstellung in dem berühmten langen, hohen Raum, den man den »Salón de los Monolitos« nannte, bewirkte, daß dieser schon bald zur Touristenattraktion für alle Besucher Mexikos avancierte.

Als man dann im Jahre 1900 entlang der Calle de las Escalerillas (heute die Calle de Guatemala, nördlich der Kathedrale) im Bereich des einstigen Haupttempels, des Templo Mayor des alten Tenochtitlan, neue Abzugskanäle anlegte, wurde eine so große Anzahl von Objekten gefunden, daß die Sammlung erheblich erweitert werden konnte. Leopoldo Batres, der damalige Generalinspekteur aller archäologischen Denkmäler führte die Bergung durch, und diese Neuentdeckungen lösten in der einheimischen wie ausländischen Presse ein so großes Echo aus, daß weltweit das Augenmerk auf die reichen Schätze

Abb. 161 a, b Aztekische Gottheit, Stich aus G. Dupaix, Antiquités mexicaines, Paris, 1834

gerichtet wurde, die als Überreste der alten Hauptstadt noch unter der modernen Metropole verborgen waren. Und in der Tat wurde schon im Jahr darauf – also 1901 – die kolossale monolithische Jaguarfigur mit ihrer Schale zur Aufnahme geopferter Herzen gefunden.
Damals ging man übrigens noch davon aus, daß sich der Templo Mayor unmittelbar unter der heutigen Kathedrale befunden habe. Erst als man dann 1913 zufällig östlich der Kathedrale auf die Südwestecke des Templo Mayor stieß, wußte man endlich um seine wirkliche Lage und konnte nun auch die ersten systematischen Ausgrabungen durchführen, mit denen Manuel Gamio beauftragt wurde. Fünfundsechzig Jahre später führte die ebenfalls zufällige Entdeckung des Bildnisses der Halbschwester des Huitzilopochtli – Coyolxauhqui (Abb. 93) zur bislang bedeutendsten archäologischen Unternehmung in Mexiko-Stadt unter der Leitung von Eduardo Matos Moctezuma: Die Ausgrabungen, die von 1978 bis 1982 andauerten, brachten nicht nur die verschiedenen Bauschichten des Templo Mayor ans Licht, sondern auch zahlreiche Opferdepots und bedeutende Skulpturen.
Gegen Ende des vorigen Jahrhunderts führten vor allem zwei wichtige Entwicklungen – und dies insbesondere in Europa – zu erweitertem wissenschaftlichem Bemühen sowie zu immer höherer Einschätzung aztekischer Kunst und Weltvorstellung. Die eine beruhte in der verstärkten wissenschaftlichen Beschäftigung mit aztekischen Denkmälern und der Anwendung analytischer Methoden beim Studium ihrer Ikonographie. Die Schlüsselfigur war Eduard Seler, ein typischer Vertreter des so bedeutenden

Wissenschaftlerpotentials, das Deutschland vor dem Ersten Weltkrieg aufzubieten hatte. Seine zwischen 1887 und 1923 vorgenommenen Untersuchungen und Analysen und seine Zusammenschau aller verfügbaren Quellen, der archäologischen, dokumentarischen, bildlichen und schließlich auch sprachlichen, setzte im Bereich der Erforschung des Alten Mexiko neue Maßstäbe. Obwohl gegenüber den ästhetischen Errungenschaften der Azteken keineswegs unempfindlich, konzentrierte sich Seler dennoch vor allem auf die Ikonographie. Mit seinen für damalige Verhältnisse hervorragenden Photos eröffnete er auch auf dem Gebiet der photographischen Dokumentation neue Wege, die seiner ständigen Mitarbeiterin und Ehefrau, ebenso verdankt werden, wie dem hervorragenden Zeichner Wilhelm von Steinen. Indirekt ein Schüler von Eduard Seler, ging sein Landsmann Hermann Beyer zu Beginn dieses Jahrhunderts nach Mexiko, wo er ähnlich strenge Methoden der ikonographischen Analyse einführte und gemeinsam mit seinem berühmtesten Schüler, Alfonso Caso, die Selersche Tradition im Heimatland der Azteken fest verankerte. Obwohl das Interesse an der aztekischen und der mit ihr verwandten stilistisch-ikonographischen Mixteca-Puebla-Tradition schwankend blieb, hat Seler die Tür aufgestoßen zu einem tieferen Verständnis der vielen symbolgeladenen aztekischen Kunstwerke in unseren Museen, und noch heute greifen Studenten zu seinen inzwischen klassisch gewordenen Arbeiten als Ausgangspunkt für ihre eigenen Forschungen.

Der zweite Impuls ging von der vor und nach der Jahrhundertwende aufbrechenden Wertschätzung nichteuropäischer Traditionen in der Kunst aus, allen voran schenkte man der künstlerischen Hinterlassenschaft Afrikas und der Südsee, aber auch Amerikas verstärktes Interesse. Dies war zutiefst verbunden mit Stilrichtungen, die um die Jahrhundertwende aufkommen und das darstellen, was die »Moderne« in der westlichen Kunst genannt wird. Es waren dies insbesondere Richtungen, wie die »Fauves« und Künstler wie Matisse und Picasso oder auch die Künstlervereinigung »Die Brücke«. Den Künstlern folgten die Kritiker und Kunsthistoriker. Schließlich schwenkten die Gebieter über die öffentliche Meinung, die führenden Kunstmuseen, auf diesen Trend ein und zeigten anhand ganzer neuer Abteilungen den weitgespannten Bogen des künstlerischen Erbes der Menschheit.

Abb. 162 Erste Ausstellung mexikanischer Altertümer 1824 in der »Ägyptischen Halle«, Piccadilly, London, von W. Bullock. In der Mitte der Kalenderstein, rechts die Coatlicue, links eine phantasievolle Darstellung einer der Schlangen vom Templo Mayor

INTERIOR OF THE EXHIBITION OF ANTIENT MEXICO AT THE EGIPTIAN-HALL PICCADILLY.

	Zentrales Hochland	Golfküste
1519	Beginn der Eroberung	
Postklassische Phase ab 1428	Aztekisches Imperium	
1200	Azteken	Totonaken
	Colhuacan / Texcoco	
900	Tula – Mazapan	Tajin III
Klassische Phase		Joche-Palmas-Hachas
	Teotihuacan IV	Totonaken
600		Tajin II
	Teotihuacan III	
300	Teotihuacan II	Huaxteken
Protoklassisch 0	Teotihuacan I	Tajin I
Präklassische Phase	Cuicuilco - Ticoman - Tlapacoya	
1000	Mittleres Tlatilco (olmekischer Einfluß)	Olmeken Früh-La Venta
1700	Früh-Tlatilco Früh-Zacatenco	
3000/ 2000	Beginn des Ackerbaus	Mais, Bohne, Chilli, Kürbis, Papaya, Avocado
Altindianische Phase 20 000	Paläo-Indianer	Jäger, Sammler Frühe Waffen und Geräte (Obsidian-Abschläge)

Oaxaca	Nord- u. West-Mexico	Campeche/Yucatan
Monte Alban V – Mixteken – Monte Alban IV	Casas Grandes	Mexikanischer Einfluß (Tulum) Mayapan (Cocom-Phase) Toltekische Einwanderung Chichen-Itza
Monte Alban III b Monte Alban III a Monte Alban II	Colima—Nayarit - Jalisco Mezcala	Früh-klassikum
Monte Alban I „Danzantes" Dainzu	Spät-Chupicuaro Früh-Xochipala (proto-olmekisch)	Dzibilchaltun

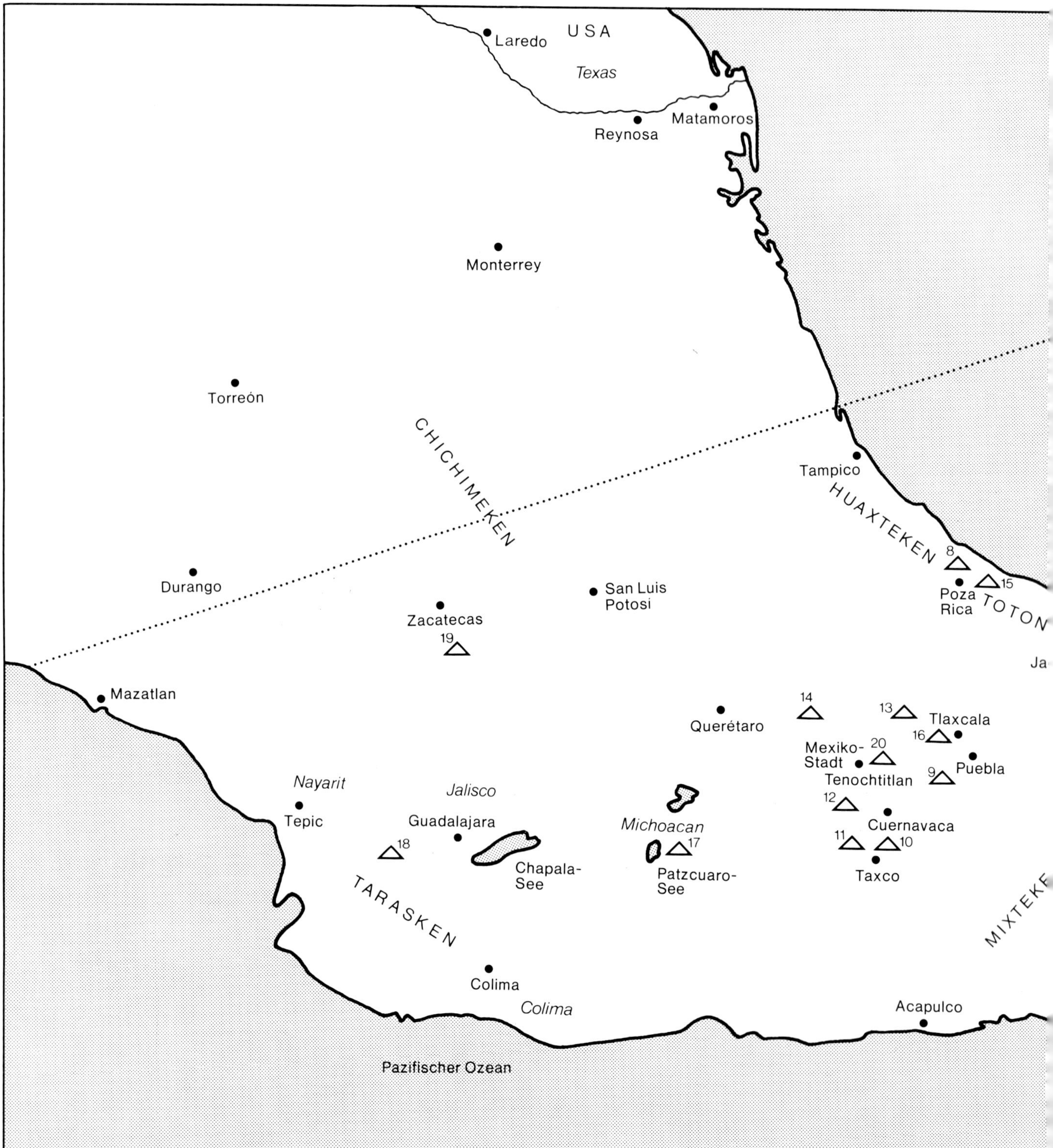

USA
Laredo
Texas
Matamoros
Reynosa
Monterrey
Torreón
CHICHIMEKEN
Tampico
HUAXTEKEN
8
Poza Rica
15
TOTON
Durango
Zacatecas
San Luis Potosi
19
Ja
Mazatlan
14
13
Tlaxcala
Querétaro
Mexiko-Stadt
20
16
Puebla
Tenochtitlan
9
Nayarit
Jalisco
12
Tepic
Guadalajara
Michoacan
Cuernavaca
18
17
11
10
Chapala-See
Patzcuaro-See
Taxco
TARASKEN
MIXTEKE
Colima
Colima
Acapulco
Pazifischer Ozean

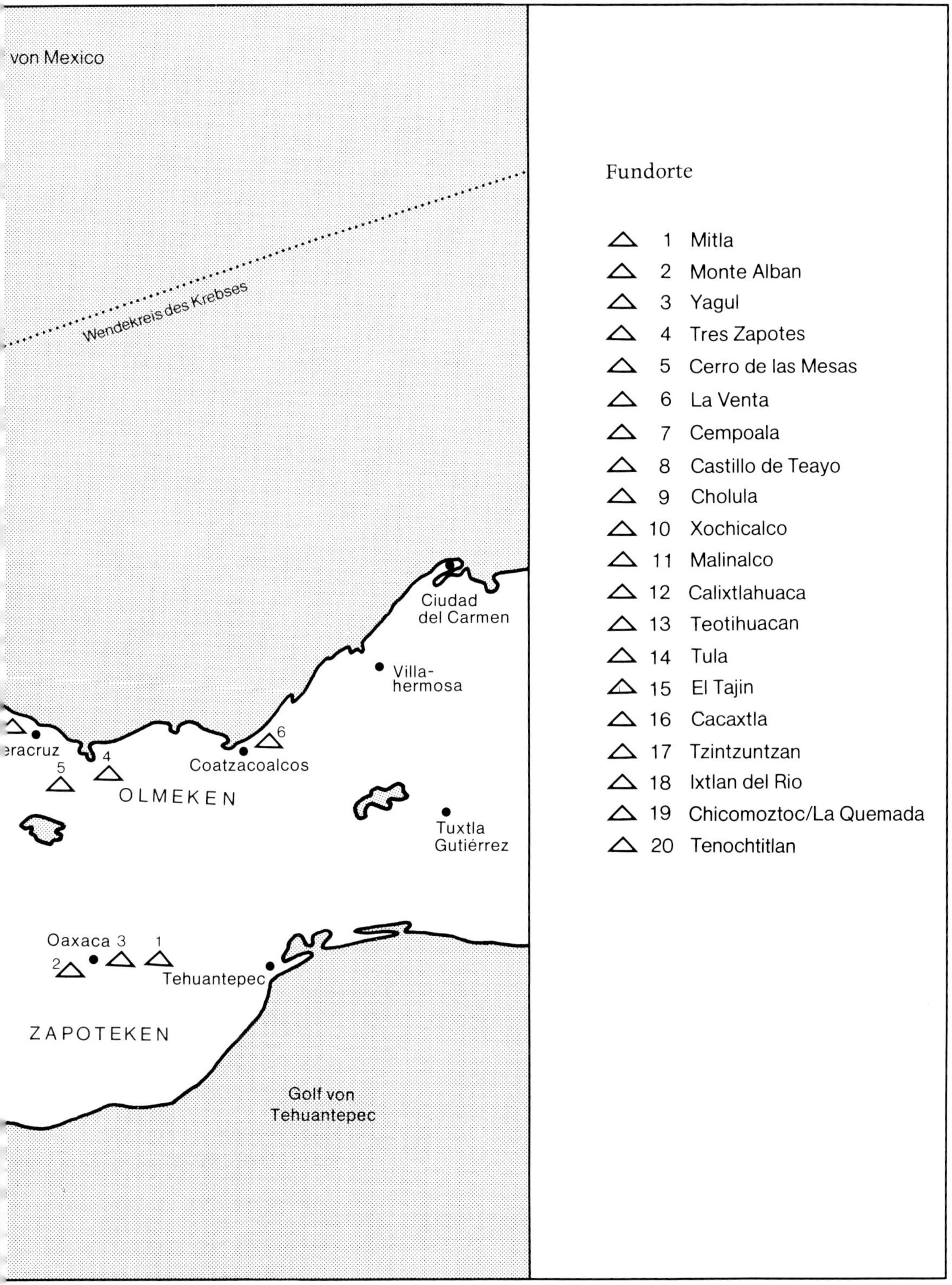

Karte Mexikos mit archäologischen Fundorten

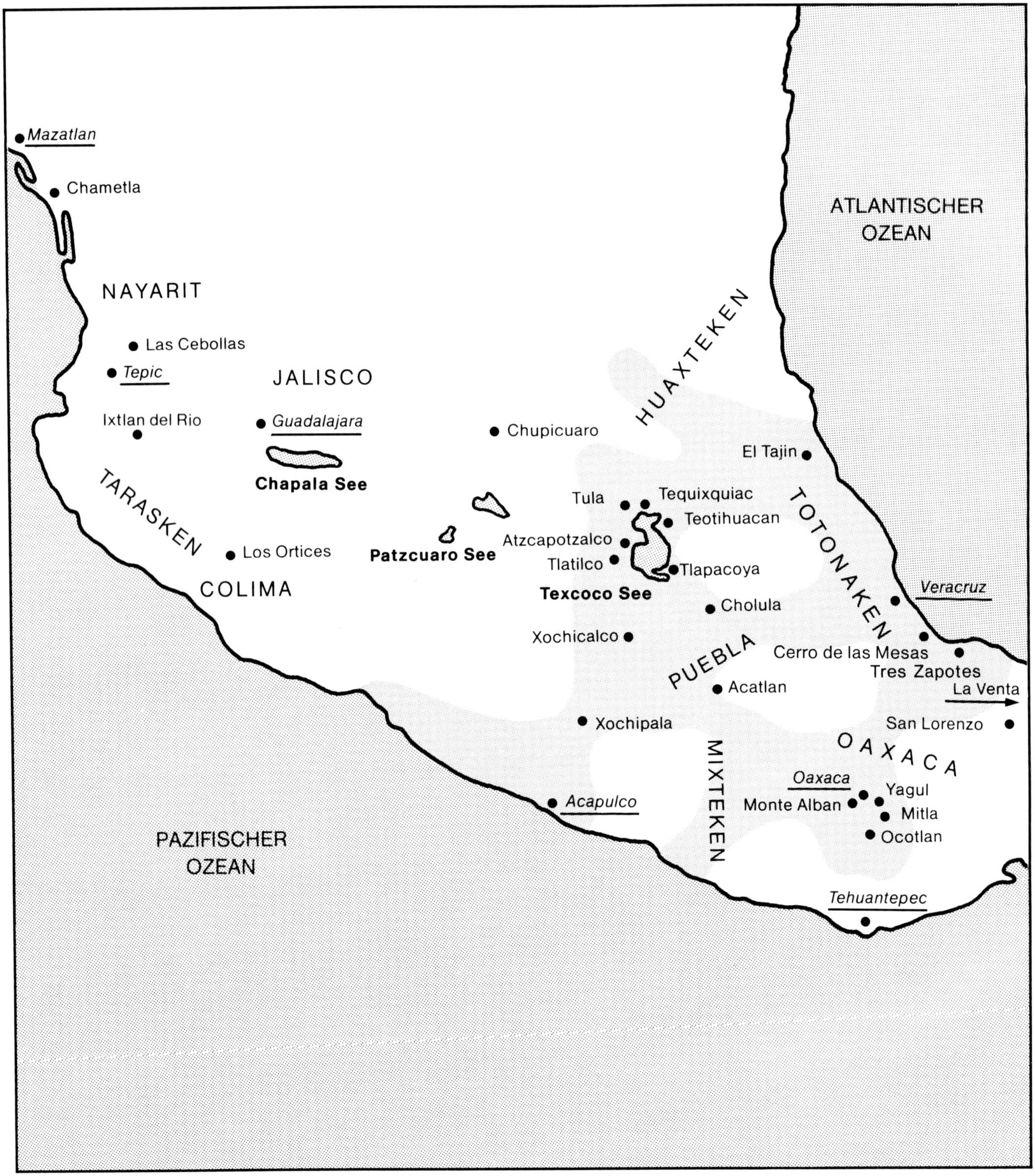

Das aztekische »Imperium« (dunkle Fläche)

Glossar

Unter Verwendung von Esther Pasztory, Aztec Art, New York, 1983; H. B. Nicholson, Art of Aztec Mexico, Washington, 1983

Weder in Originalzitaten spanischer Chronisten, Autoren späterer Zeit, noch in der wissenschaftlichen Literatur ist die Schreibung indianischer Worte und Namen einheitlich. Deshalb finden sich auch in den Beiträgen unterschiedliche Schreibweisen, die von der Redaktion bewußt nicht vereinheitlicht worden sind.

I. Götter

Centeotl	»Mais-Ähren-Gottheit« Gattungsname für die Maisgottheit, eine der wichtigsten Pflanzengottheiten.
Chalchiuhtlicue	»die-mit-dem-Jade-Rock« Göttin des Meeres, der Seen und Quellen, allgemein des fließenden Wassers und der Fruchtbarkeit; gilt als Schwester oder Gattin des Tlaloc; ihre Farben sind weiß und blau.
Chicomecoatl	»Sieben-Schlange« Kalendername der Maisgottheit, die für Fruchtbarkeit der Felder zuständig war; meist mit Getreideähren in der Hand dargestellt.
Cihuacoatl	»Schlangenfrau« eine Erdgottheit.
Coatlicue	»die-mit-dem-Schlangenrock« besonders wichtige Erd- und Fruchtbarkeitsgöttin; gilt als Mutter aller wichtigen Götter, vor allem des Huitzilopochtli.
Coyolxauhqui	»die, die-mit-Glocken-bemalt ist« Mondgöttin; gilt als bösartige Zauberin und Halbschwester des Huitzilopochtli, der sie im Moment seiner Geburt enthauptete und ihre Glieder abhackte. Meist mit Glocken an den Wangen dargestellt.
Ehecatl-Quetzalcoatl	»Wind« Windgott, wichtiger Aspekt des Quetzalcoatl; meist trägt er eine Maske mit vorspringender Wangen- und Mundpartie; zuständig für Regen, Wind und Fruchtbarkeit.
Huehuecoyotl	»alter-Kojote« tiergestaltiger Gott, dem Xochipilli nahestehend und wie dieser zuständig für sinnliche Freuden.
Huehueteotl	»alter-Gott« uralter Feuergott, wird mit Räucherbecken auf dem Kopf, zahnlos und bucklig dargestellt.
Huitzilopochtli	»Kolibri-Links« eigentlicher »Stammesgott« der Azteken; gilt als junge, siegreiche Sonne, wird als Krieger dargestellt; wird jeden Morgen von Coatlicue neu geboren, stirbt abends und verschwindet unter der Erde; trägt oft Kolibri-Helmmaske; Körper und Gesicht blau bemalt, waagerechte gelbe Streifen im Gesicht. Wichtigster Gott der Azteken mit stark kriegerischen Aspekten.
Macuilxochitl	»Fünf-Blume« Gott des Tanzes, des Gesanges und der Sinnlichkeit; sein Tier ist der Affe.
Matlalcueye	»Blau-Rock« anderer Name für Chalchiuhtlicue.
Mayauel	Personifikation der Agave,

Schutzpatronin des Rausches und des aus der Agave gewonnenen Rauschgetränks Pulque.

Mictlantecuhtli »Herr-der-Toten«
herrscht über das Totenreich (Mictlan); meist mit Totenmaske und als Skelett dargestellt; seine Tiere sind Spinne, Eule und Fledermaus.

Mixcoatl »Wolkenschlange«
Himmelsgottheit, verkörpert Wolken und Milchstraße.

Ometecuhtli »Zwei-Herr«
Omecihuatl »Zwei-Frau«
Schöpferpaar, hatten vier Kinder, von denen alle anderen Gottheiten abstammen sowie die ganze Welt und die Menschen.

Pahtecatl »Medizin-Herr«
Gott der Pulque (octli), Name bezieht sich wahrscheinlich auf das Narkotikum, das man der Pulque beimengte, um ihre betäubende Wirkung zu verstärken; gilt auch als Fruchtbarkeitsgott.

Quetzalcoatl »Federschlange«
wichtigster Schöpfergott mit zahlreichen Aspekten: Herr des Windes und des Lebens, der aus Asche und Götterblut die Menschen erschafft; Erfinder der Landwirtschaft und der Handwerke; seine vorwiegend positiven Eigenschaften lassen ihn als Kulturheros erscheinen. Fruchtbarkeitsgott.

Tecziztecatl »der-der-Meermuschel«
Mondgott.

Tepeyollotl »Hügel-Herz«
Erd- und Fruchtbarkeitsgott, gelegentlich als Jaguar dargestellt; ist ein Aspekt des Tezcatlipoca; steht in Verbindung mit Gebirgshöhlen.

Tezcatlipoca »Rauchender-Spiegel«
allmächtiger und allgegenwärtiger Schöpfergott mit vorwiegend negativ bewerteten Aspekten; gilt als Schutzpatron der Zauberer und Bösewichte; liegt in ständigem Kampf mit Quetzalcoatl; verkörpert den Tod, das Böse und die Zerstörung. Meist schwarz bemalt dargestellt, mit waagerechten gelben Streifen im Gesicht und einem Spiegel vor der Brust sowie einem zweiten als Ersatz für seinen einen Fuß. Erscheint als bewaffneter Krieger.

Tlahuizcalpantecuhtli »Herr-der-Dämmerung«
Gott der Morgenröte, verkörpert den Planeten Venus.

Tlaloc »der-der-sprießen-läßt«
ist als Regengott eine der wichtigsten Fruchtbarkeitsgottheiten, verkörpert aber auch die negativen Aspekte des Regens sowie die Dürre; dargestellt mit brillenähnlichen Augenumrandungen, rüsselförmiger Nase; das Blau des Wassers ist seine Farbe.

Tlaltecuhtli »Erde-Herr«
Erd-Ungeheuer, als groteskes Geschöpf, geduckt und mit Klauenhänden und -füßen dargestellt.

Tlazolteotl »Schmutzgöttin«
wichtige Erd- und Fruchtbarkeitsgöttin.

Tonatiuh »Sonne«
Hauptname des Sonnengottes, dem theoretisch sämtliche Opfer galten.

Xilonen »Junge-Mais-Ähren-Puppe«
Göttin der jungen Maispflanze, meist als Maisgöttin mit einem großen rechteckigen Kopfschmuck und Mais-Ähren in Händen dargestellt.

Xipe Totec »unser-Herr-der-Geschundene«
Vegetationsgottheit, für Fruchtbarkeit der Felder zuständig, symbolisiert den

	Frühling und allgemein die Jahreszeiten; gilt als Schutzpatron der Goldschmiede; meist bekleidet mit der Haut geopferter Menschen dargestellt.
Xiuhtecuhtli	»Türkis-Herr« alter Feuergott (vgl. Huehueteotl).
Xochiquetzal	»Blumenvogel« jugendliche Erdgöttin, weibliches Gegenstück zu Xochipilli; ist zuständig für Schwangerschaft, Geburt, weibliche Sinnlichkeit; symbolisiert Blumen, Feste, Freuden, Sinnlichkeit; Schutzpatronin der Weberinnen und anderer von Frauen ausgeübter Handwerke.
Xochipilli	»Blumenprinz« jugendliche Maisgottheit, männliches Gegenstück zu Xochiquetzal; zuständig für Blumen, Festlichkeiten, Musik, Sinnlichkeit, Spiele und Handwerke.
Xolotl	»Ungeheuer« Gott der Ungeheuer und der Zwillinge; meist mit Hundekopf und dem Schmuck des Quetzalcoatl dargestellt.

II. Allgemein

Acamapichtli: Erster Aztekenherrscher (1372–1391), Sohn eines Azteken und einer Colhua-Prinzessin. Die mütterliche Linie erlaubte es den Aztekenherrschern, sich als direkte Nachkommen der Tolteken-Könige zu bezeichnen.

Acatl: »Rohr«; eines der 20 Tageszeichen des Ritualkalenders und außerdem eines der vier aztekischen Jahreszeichen. Die anderen drei Jahreszeichen waren Haus (calli), Kaninchen (tochtli) und Feuersteinmesser (tecpatl).

Acht Hirsch: Mixtekenherrscher von Tilantongo (Region Oaxaca), der im 11. Jh. lebte. Die Geschichte seiner Regierung wird in zahlreichen mixtekischen Bilderhandschriften erzählt (z. B. Kodex Nuttal).

Acolhua: Der Überlieferung nach der erste Chichimeken-Stamm, der unter Führung seines Herrschers Xolotl das Hochtal von Mexiko erreichte. Die Acolhua gründeten ihre Städte nördlich und östlich des Texcoco-Sees. Die wichtigsten Orte waren Tenayuca und Texcoco, das später ein Mitglied des Dreier-Städtebundes der Azteken war.

Ahuitzotl: (auch Ahuizotl) 1. Achter Aztekenherrscher (1486–1502), Sohn des Motecuhzoma I. und der Vater Cuauhtemocs, des letzten Aztekenherrschers. Vollendete den Haupttempel von Tenochtitlan.
2. Mythisches Wassertier mit Hundekörper und Schlangenschwanz.

Amacalli: »Papier-Haus«, viereckige, farbenprächtige Kopfbedeckung der Maisgöttin. Bei Zeremonien von den sie personifizierenden Priestern getragen.

Amacuexpalli: Nackenfächer aus plissiertem Papier. Attribut einiger Fruchtbarkeitsgottheiten.

Amanteca: Federarbeiter, in Gilden organisiert, die Kleider- und Gebrauchsgegenstände für die Adligen mit Federmosaiken verzierten.

Amatl: Papier, das aus der inneren Rinde des heimischen Feigenbaumes hergestellt wird. Papier wurde für religiöse und profane Zwecke mit Kostümen, Schilden, als Grundlage für Federarbeiten und für Manuskripte verwendet.

Atzcapozalco: Hauptstadt der Tepaneken am Westufer des Texcoco-Sees. Gegründet im 13. Jh. von Flüchtlingen aus dem zerstörten Tolteken-Reich. Bis zur aztekischen Eroberung 1428 eine der mächtigsten Städte des Hochtales.

Axayacatl: 6. Aztekenherrscher (1480–1481), Enkel Motecuhzoma I. und jüngerer Bruder der späteren Herrscher Tizoc und Ahuitzotl. Er führte Tenochtitlan im Bürgerkrieg von 1473 zum Sieg, zerstörte den Tempel von Tlatelolco und übernahm den großen Markt. Sein Kriegszug gegen die Tarasken endete mit einer Niederlage.

Azteke: »Einwohner von Aztlan«, dem legendären Heimatland der Azteken.

Aztlan: Legendäres Heimatland der Azteken im Nordwesten Mexikos. Wie Tenochtitlan soll Aztlan eine Insel in einem See gewesen sein.

Cacama: Herrscher von Texcoco (1516–1520). Seine Ernennung durch seinen Onkel Motecuhzoma II. spaltete das Königreich Acolhua in zwei feindliche Lager. Er wurde von den Spaniern gefangengenommen und später getötet.

Calixtlahuaca: Eine Matlazinken-Stadt im Tal von Toluca. Unter ihren Ruinen befindet sich eine runde Stufenstruktur (Pyramide), die für einen Tempel des Windgottes Ehecatl gehalten wird.

Calmecac: Tempel-Schulen, in denen junge Männer, hauptsächlich adeliger Abstammung, auf den Priesterberuf vorbereitet wurden.

Calpulli: Soziale Einheit in Tenochtitlan und anderen Azteken-Städten, die aus freien, steuerzahlenden, landbesitzenden Untertanen bestand. Unter Führung ihrer Vorsteher hatten die Mitglieder der Calpulli allgemeine soziale und politische Funktionen. Calpulli-Gruppen bestanden aus Bauern, deren Familien Land zugeteilt wurde, oder aus Handwerkern. Jeder Calpulli hatte einen eigenen Tempel und eine eigene angegliederte Schule, »Telpochcalli«, für junge Männer.

Castillo de Teayo: Ruinenstätte im Huaxtekengebiet, dem nördlichen Teil der Provinz Veracruz. Zu den wichtigsten Bauten der Stadt gehörte ein Tempel toltekischen Stils. Die Stadt war zur Zeit der Azteken wichtiges Bildhauer-Zentrum.

Centzonhuiznahua: Verbündete der Coyolxauhqui beim Kampf gegen Huitzilopochtli.

Chacmool: »Roter-Jaguar«. Seit dem 9. Jh. in der Maya-Sprache für sich zurücklehnende, menschliche Gestalten verwendet, die auf dem Leib eine Scheibe oder Schale halten. Skulpturen dieses Typs sind seit der Tolteken-Zeit Bestandteil der Tempelskulptur.

Chalchihuitl: »Kostbarer-Grünstein«. Jade oder Grünstein meist symbolisiert durch einen kleinen Kreis, umgeben von vier kleineren Kreisen. Wegen der grünen Farbe und der Kostbarkeit der Steine wird das Wortzeichen als Symbol für Wasser benutzt.

Chalco: Stadt am Westufer des gleichnamigen Süßwassersees. Chalco wurde 1465 von den Azteken erobert.

Chapultepec: (auch Chapoltepec) »Heuschrecken-Hügel«. Heute Hauptpark von Mexiko-Stadt. Ursprünglich befanden sich an dieser Stelle die Lustgärten der Aztekenherrscher. Der Überlieferung nach ließen sich die Azteken am Ende ihrer Wanderung in Chapultepec nieder, wurden aber von den Nachbarn auf die Insel im See vertrieben.

Chichen Itza: Klassisches Maya-Zentrum in Nordyukatan. Die nach 1000 n. Chr. entstandenen Gebäude zeigen markante Übereinstimmung mit der Architektur der Stadt Tula.

Chicahuaztli: »Rassel-Stab«, langer Stab, gefüllt mit Samen oder Kieselsteinen; besonders mit Fruchtbarkeitsgottheiten (Xipe Totec und Maisgöttinnen) verbunden.

Chichimeken: »Hundeleute«. Bezeichnung für nomadisierende Jäger und Sammler, die sich in Felle kleideten. Chichimeken-Gruppen siedelten sich nach dem Fall von Tula im Hochtal Mexikos an. Die wichtigsten Gruppen waren die Colhua, Tepaneken und Azteken.

Chicomoztoc: »Sieben-Höhlen«. Legendärer Ausgangspunkt der Chichimeken und Azteken für ihre Einwanderung ins Hochtal. Auch Name einer Ruinenstätte bei Zacatecas.

Chinampa: Durch Drainage und Ablagerung pflanzlicher Abfälle gewonnene Anbauflächen in extrem flachen und temporär überfluteten Teilen der Hochtalseen Mexikos. Sie werden auch schwimmende Inseln genannt. Reste sind bei Xochimilco erhalten.

Cholula: Großes, religiöses Pilgerzentrum im Südwesten des Hochtales von Mexiko nahe Puebla. Während der Tolteken-Zeit war die Stadt wegen ihrer vielen Tempel berühmt. Die Hauptpyramide, die größte Mittelamerikas, war dem Gott Quetzalcoatl geweiht.

Cihuacoatl: 1. Siehe Götterliste.
2. »Weibliche Schlange«. Zweithöchstes Amt in der Aztekenhierarchie und wichtigstes Mitglied im »Rat der vier«. Der Herrscher »tlatoani« (Großer Sprecher) war verantwortlich für Außenpolitik und Militärwesen, der Cihuacoatl war Leiter der Innenpolitik.

Cihuapipiltin: »Adelige Frauen«. Geister der im Kindbett verstorbenen Frauen, gleichbedeutend mit »cihuateteo«.

Cihuateteo: »Göttliche Frauen«. Geister der im Kindbett verstorbenen Frauen. Dieser Tod galt als ebenso ehrenvoll wie das Hinscheiden auf dem Schlachtfeld. Die toten Frauen wohnten im westlichen Paradies »Chihuatlampa« und begleiteten die Sonne vom Zenit bis zum Untergang, während die verstorbenen Krieger sie vom Aufgang bis zum Zenit begleiteten. Die Cihuateteo erschienen mit wallendem Haar und Skelettkinn in bestimmten Nächten als furchterregende Wesen.

Coatepec: »Schlangenhügel«. Mythischer Rastplatz der Azteken nahe bei Tula. Geburtsstätte Huitzilopochtlis und Platz der ersten »Neufeuer-Zeremonie«. Ein Ort in der Nähe von Chalco trägt den gleichen Namen.

Colhua: Kleine Volksgruppe, die den Fall des Toltekenreiches überlebte und von einem mythischen Ort »Teoculhuacan« ins Hochtal von Mexiko einwanderte. Sie gründete die berühmte Stadt Colhuacan.

Colhuacan: Stadt an der Südküste des Texcoco-Sees. Eine der ersten Städte im Hochtal von Mexico, deren Herrscherhaus allgemein als legitime Erben der Toltekenkönige anerkannt wurden. Die Azteken waren, bevor sie sich auf der Insel im See selbständig machten, Vasallen der Stadt.

Copal: Koniferen-Harz, zum Ball geformt als Räucherwerk für Opfer und Zeremonien verwendet.

Coyoacan: Tepaneken-Stadt; nach der Eroberung durch die Azteken bauten diese von Coyoacan am Ufer des Sees eine Dammstraße nach Tenochtitlan. Der von Ahuitzotl errichtete Aquädukt von Coyoacan, der Tenochtitlan mit Trinkwasser versorgte, brach 1486 und führte zu einer großen Überschwemmung.

Cuauhpilolli: Kopfschmuck aus einer Adlerfeder, der besonders typisch für den Gott Mixcoatl war.

Cuauhtemoc: »Herabstürzender Adler«, Symbol für den Sonnenuntergang. Letzter Aztekenherrscher (1520–1524), Sohn des Ahuitzotl und Vetter Motecuhzomas II. Er führte die Verteidigung der Stadt Tenochtitlan und wurde bei Tlatelolco besiegt. Nach seiner Gefangennahme durch Cortez wurde er auf dem Marsch nach Honduras getötet.

Cuauhxicalli: Adlergefäß. Behälter für die Herzen geopferter Menschen.

Cuernavaca: Hispanisierter Name von Cuauhnahuac, Hauptstadt des modernen Staates Morelos, nahe dem aztekischen Zeremonialzentrum Teopanzolco und dem Lustgarten des Motecuhzoma I. bei Uaxtepec.

Cuicacalli: »Haus des Gesangs«. Ein besonderes Gebäude nahe dem Tempel, in dem junge Männer und Frauen in Gesang und Tanz unterrichtet wurden, die Bestandteil sozialer und religiöser Feste waren.

Cuitlahuac: Vorletzter Aztekenherrscher (1520), der während der Gefangenschaft Motecuhzoma II. eingesetzt wurde. Er vertrieb die Spanier zunächst aus Tenochtitlan, organisierte die Verteidigungsvorbereitungen, verstarb nach einigen Monaten an den Pocken.

Hacha: Spanisch: »Axt«, Objekt, das beim mittelamerikanischen Ballspiel benutzt wurde. Sie diente wahrscheinlich als Armierung, die durch ein Hüftjoch gehalten wurde.

Huaxteken: (auch Huasteken) Einwohner der heutigen Provinz Veracruz, die sprachlich mit den Maya verwandt waren. Die Huaxteken zahlten den Azteken Tribut und zeichneten sich als Hersteller von farbiger Baumwollkleidung aus. Von den Azteken wurden sie als laszive und barbarische Einwohner der tropischen »Überflußgebiete« angesehen. Möglicherweise stammt der Kult des Windgottes Ehecatl aus der Huaxtekenkultur.

Huehuetl: Vertikal-zylindrische Holztrommel, die auf drei Beinen ruhte und mit Tierhäuten bespannt war.

Huejotzingo: Stadt am Fuße der großen Vulkane im Osten des Tales von Mexiko. Zeitweilig waren die Bewohner mit den Tlaxkalteken verbündet und traditionelle Feinde der Azteken.

Huemac: Letzter König von Tula, der nach Chapultepec flüchtete. Dort übertrug er nach offizieller aztekischer Lesart den Azteken Teile des toltekischen Erbes und verschwand mit seinen Schätzen in einer geheiligten Höhle, wo er ein paradiesisches Königreich gründete.

Huipilli: langes blusenartiges Frauengewand.

Huitzilihuitl: Zweiter Aztekenherrscher (1391–1451), Sohn des Acamapichtli und Vater Motecuhzomas I. Er dehnte das Herrschaftsgebiet der Azteken durch Kriegszüge und durch die Heirat mit der Tochter des Königs der Tepaneken »Tezozomoc« aus.

Itzcoatl: Vierter Aztekenherrscher (1426–1440), er führte die Azteken zum Sieg über die tepanekischen Oberherren und gründete den Drei-Städte-Bund, die Basis der späteren Aztekenmacht. Auf seinen Befehl hin wurden die alten historischen Codices verbrannt und eine neue »Geschichte« geschrieben, außerdem begann er den großzügigen Neubau der Stadt Tenochtitlan.

Itzpapalotl: »Obsidian-Schmetterling«. Weibliche Partnerin des mixtekischen Jagdgottes »Mixcoatl«.

Ixtapalapa: Stadt in der Nähe von Colhuacan, am Ende des südlichen Dammweges von Tenochtitlan, der den gleichen Namen trug.

Maguey: Agavenart, deren Dornen als Nadeln für eigene Blutopfer verwendet und deren Fasern zu Papier verarbeitet wurden. Aus ihrem Saft stellte man das berauschende »Pulque-Getränk« her. Die Göttin Mayahuel war Schutzgöttin des Maguey.

Malinalco: Zeremonialzentrum an einem Felshang in den Bergen oberhalb des Tales von Toluca, südlich des Hochtales von Mexiko.

Malinalxochitl: »Maguey-Blüte«. Zauberin und Schwester des Huitzilopochtli. Sie gründete mit ihren Anhängern Malinalco, und ihr Sohn Copil versuchte sie später zu rächen.

Malinche: Dem Cortés an der Golfküste geschenkte Sklavin, die ihm zunächst als Übersetzerin diente und später seine Vertraute und Geliebte wurde. Getauft wurde sie auf den Namen »Doña Marina«. Malinche ist von Malintzin, dem Nahua-Äquivalent zu Marina abgeleitet.

Matlatzinken: Otomi-Volksgruppe, die kulturelle Ähnlichkeit mit den Azteken aufwies und im Toluca-Tal lebte.

Mexica: Eigenname der Azteken, die unter Führung ihres kriegerischen Hauptgottes und Kulturheros »Huitzilopochtli«, von Norden ins Tal von Mexiko einwanderten.

Mezcala: Gebiet am Balsa-Fluß der heutigen Provinz Guerrero. Die Bezeichnung wird auch für eine Gruppe von kleinen, abstrakten Figürchen verwendet, die häufig aus Grünstein hergestellt wurden.

Mictlan: Die Unterwelt, die vom Gott »Mictlantecuhtli« und seiner Frau »Mictecacihuatl« beherrscht wurde. Der Ort, kalt und dunkel unter den nördlichen Ländern liegend gedacht, war nur nach beschwerlicher Reise in Begleitung eines Hundes zu erreichen.

Mixteca: Gebiet, das von Mixteken bewohnt wurde.

Mixteca Puebla: Nachklassischer Kunststil mit Zentrum im südlichen Puebla, westlichen Oaxaca und an der Golfküste, engstens der aztekischen Kunst verwandt.

Mixteken: Volksgruppe in der Gegend von Oaxaca und Puebla, die aufgrund ihrer künstlerischen Fähigkeiten die Azteken und andere beeinflußten. Besonders berühmt waren ihre polychrome Keramik, ihr Goldschmuck und ihre Bilderhandschriften.

Monte Albán: Zeremonialzentrum auf einer Bergkuppe über dem Tal von Oaxaca. Während der klassischen Periode von Zapoteken erbaut, wurde es später von den Mixteken als Totenstätte benutzt.

Motecuhzoma I. Ilhuicamina: (auch Moctezuma oder Montezuma u. ä. m.) »Unser zorniger Herr, der in den Himmel schießt«. Fünfter Herrscher der Azteken (1440–1468), Sohn des Huitzlihuitl.

Motecuhzoma II. Xocoyotzin: »Unser zorniger Herr, der Jüngere«. Neunter Aztekenherrscher (1502–1520), Sohn des Axayacatl.

Nahuatl: Zweig der Uto-Aztekischen Sprachgruppe, die in ganz Zentralmexiko verbreitet war und noch heute in Varianten gesprochen wird. Die Sprache war reich an Metaphern und mündlichen Überlieferungen in Prosa und Poesie. In der frühen Kolonialzeit wurde die Sprache schriftlich festgehalten und für religiöse und gesetzliche Verhandlungen verwendet.

Neufeuer-Fest: Hauptzeremonie, mit der ein neuer »Großer Zyklus« nach 52 Jahren begann. Durch die Verknüpfung des 365-Tage-Zyklus (Sonnenjahr) mit den 260 Tagen des Zeremonial-Zyklus begann ein Jahr erst nach 52 Jahren wieder mit der gleichen Symbol- und Zahlenkombination. Am Ende des Zyklus wurden alle Feuer gelöscht, altes Geschirr zerstört und auf dem Sternenhügel nahe Culhuacan das Neue Feuer auf der Brust eines menschlichen Opfers entzündet. Man glaubte, daß die Welt am Ende eines Zyklus untergehen könne und feierte beim Neufeuer-Fest ihren Fortbestand.

Nezahualcoyotl: (auch Netzahual-Coyotl) »Fastender Coyote«. Herrscher von Texcoco (1418 bis 1472). Universalgenie und berühmt als Philosoph, Baumeister und Poet.

Nezahualpilli: »Fastender Edler«. Herrscher von Tezcoco (1472 bis 1515), Sohn des Nezahualcoyotl. Er war wie sein Vater ein begnadeter Baumeister und beriet Ahuitzotl beim Bau des 2. Aquädukts von Tenochtitlan.

Ochpaniztli: »Fegen des Weges«. Erntefest, welches zu den 18 Festmonaten des Sonnenjahres gehörte. Das Fest war der Erdmutter-Göttin Toci oder Teteoinnan geweiht. Zu seinen Riten gehörte das Reinigen der Häuser und Straßen, aber auch Scheinkämpfe und die Opferung der Göttin, die sich in einem Menschen verkörperte.

Octli: Pulque, berauschendes Getränk aus dem gegorenen Saft der Faseragave.

Olmeken: Wichtigste und einflußreichste Kultur des vorklassischen Mexiko (1200 bis 500 v. Chr.). Kernland der Kultur war das Tiefland an der Golfküste südlich von Veracruz.

Otomi: Einwohner des Tales von Mexiko vor der Einwanderung der Chichimeken. Sie wurden später Untertanen der Tepanekenkönige und später der Azteken.

Patolli: Glücksspiele, in dem markierte Bohnen als Würfel benutzt wurden. Die Augenzahl regulierte das Setzen von Steinen auf einem Spielfeld.
Patolli hatte astrologische Bedeutung und wurde in allen sozialen Schichten gespielt.

Pulque: Rauschgetränk, das aus fermentiertem Agavensaft besteht. Der Genuß des Getränks war bei den Azteken eingeschränkt und war in der Regel nur den Alten erlaubt. Trunkenheit bei jungen Leuten wurde hart bestraft.

Quetzal: Vogel der Hochwälder Guatemalas und Südmexikos, dessen lange, grüne Schwanzfedern besonders begehrt waren und als Kleiderschmuck der Adeligen dienten.

Schädelgerüst: Siehe tzompantli

Tarasken: Volk im Nordwesten von Mexiko. Die kriegstüchtigen Tarasken wurden von den Azteken trotz zahlreicher Versuche niemals unterworfen. Begehrt waren ihre Kupferwaffen, Federmosaikarbeiten und bemalte Keramik.

Telpochcalli: »Haus der jungen Männer«. Schule, in der junge Männer im Kriegshandwerk unterrichtet wurden. Neben dem Kampftraining mußten die nicht-adeligen Schüler aber auch normale körperliche Arbeiten ausführen.

Tenayuca: Eine vom Chichimekenherrscher Xolotl gegründete Stadt, heute Vorort von Mexiko-Stadt.

Tenochtitlan: Hauptstadt der Azteken, 1325 gegründet. Von ihrem Kern, einer kleinen Insel im See, breitete sie sich in Gebiete aus, die aus dem See gewonnen wurden.

Teocuitlatl: »Götter-Dreck«. Bezeichnung für Gold, das gewöhnlich in Form von Staub oder Körnern (Nuggets) aus dem Flußsand gewaschen wurde.

Teomama: »Götterträger«. Priester, die die Azteken auf dem Marsch führten und die heiligen Götterbilder in Stoffe gewickelt auf dem Rücken trugen.

Teopanzolco: Aztekisches Zeremonialzentrum mit Doppelpyramide, im heutigen Cuernavaca gelegen.

Teotihuacan: Zeremonialzentrum im Nordosten des Tales von Mexiko, das zwischen 200 und 800 n. Chr. dominierte und ganz Mittelamerika kulturell beeinflußte.

Tepaneken: Chichimekengruppe, die vor den Azteken das Tal von Mexiko erreichte und sich in Atzcapotzalco niederließ. Unter König Tezozomoc dominierende Macht; 1428 durch Dreierbund besiegt.

Tepeyacac: Stätte am Ende des nördlichen Dammweges nach Tenochtitlan mit dem Tempel der aztekischen Muttergottheit Tonantzin. Heute erhebt sich hier die Kirche der Jungfrau von Guadalupe.

Teponaztli: Horizontale Holztrommel mit H-förmigem Schlitz.

Tepoztlan: Stadt bei Cuernavaca. Stätte eines Heiligtums der Pulque-Götter.

Tetzcotzingo: Ort in der Nähe von Texcoco mit Lustgärten des Königs Nezahualcoyotl. Berühmt waren das Bad und die Wasserleitungen.

Texcoco: Hauptstadt der Acolhua-Azteken. Mitglied des Dreierbundes; literarisches und künstlerisches Zentrum. Erster Acolhua-Herrscher war Quinatzin, mit dem der »Zivilisierungsprozeß« der Chichimeken begann. Berühmtester Fürst Nezahualcoyotl, der führend im Kampf gegen die Tepaneken war.

Texcoco-See: Größter, aus fünf Teilen bestehender See im Hochtal von Mexiko. Die Teilseen Zumpango, Xaltocan und Texcoco enthielten Salzwasser, während Xochimilco- und Chalco-See Süßwasser führten. Die Verlandung der Seen setzte mit der Chinampawirtschaft und dem Ausbau von Tenochtitlan ein. Zusätzliche Entwässerung des Hochtales während der Kolonialzeit. Heute sind kaum mehr Reste von Wasserfläche vorhanden.

Tezozomoc: 1. Fürst der Tepaneken (1366–1426); in seiner Regierungszeit waren die Azteken von Tenochtitlan seine Vasallen.
2. Fernando de Alvarado, aus dem mexikanischen Fürstenhaus, Verfasser der »Crónica Mexicayotl« (in Nahuatl) und der »Crónica Mexicana« (in Spanisch) verfaßt 1598 und 1609.

Tizoc: 7. Aztekenherrscher (1481–86); Bruder von Axayacatl und Ahuitzotl; möglicherweise von letzterem vergiftet. Gilt als schwacher Regent.

Tlacopan: Jüngstes Mitglied des Drei-Städte-Bundes; in der Nähe des heutigen Tacuba gelegen, einst am Ende eines der Dammwege von Tenochtitlan zum Festland.

Tlalmanalco: Stadt in der Nähe von Chalco und mit diesem Ort verbündet.

Tlalocan: »Platz des Tlaloc«; Paradies des Regengottes, Jenseitsstätte der Seelen Ertrunkener.

Tlatoani: »Großer Sprecher«, Herrscher der Azteken, der mit Hilfe des »Rates der Vier« regierte. Das Amt war erblich, bedurfte aber der Bestätigung durch den Rat.

Tolteken: Bewohner der Stadt Tula im nördl. Teil des Hochtales von Mexiko. Im 9. bis 11. Jh. dominierende Macht im Hochland. Den Azteken galten sie als Kulturbringer schlechthin, so daß die Bezeichnung »Tolteke« später zum Synonym für Künstler und Handwerker wurde.

Tonalamatl: »Buch der Tage« oder »Tageszeichen« mit bildlichen Darstellungen für die Wahrsager, bezogen auf den 260-Tage-Zyklus des Ritualkalenders, bestehend aus 13 Zahlen und 20 Tageszeichen: $13 \times 20 = 260$.

Tonalpohualli: 260-Tage-Zyklus für das Ritual- oder Wahrsagejahr.

Tula: Hauptstadt der Tolteken; Residenz der Gottkönige Quetzalcoatl und Tezcatlipoca. Die Azteken verwendeten für ihre eigenen Bauten Architekturteile von dieser großen Ruinenstätte; außerdem kopierten sie toltekische Werke.

Tzompantli: Schädelgerüst zur Aufnahme der Schädel von Menschenopfern.

Xaltocan: S. Texcoco-See.

Xihuitl: 1. Türkis. Kostbarer Stein 2. Bezeichnung des ›Sonnenjahres‹ aus 365 Tagen.

Xiuhcoatl: »Feuerschlange«, mythisches Wesen; Symbol der Trockenzeit; Begleiterin der Sonne in ihrem täglichen Lauf.

Xiuhuitzolli: Diadem aus Türkismosaik, das die aztekischen Adligen trugen; bildet Teil des Namenszeichens des 9. Herrschers von Mexico-Tenochtitlan, Motecuhzoma II.

Xochicalco: Tempelzentrum auf einem Bergrücken südl. Cuernavaca. Neben einem Ballspielplatz im Mayatyp sind Tempelterrassen und Hallen im Teotihuacanstil freigelegt worden. Die Baureliefs mit dem Hauptmotiv der gefiederten Schlange zeigen Maya-Einfluß. Xochicalco scheint ein Bindeglied zwischen Maya- und Toltekenkultur gewesen zu sein.

Xochimilco: Stadt am gleichnamigen See; heute Vorort von Mexiko-Stadt. Ehemals Zentrum des Chinampa-Anbaugebietes.

Yacametztli: »Nasenmond«, mondsichelförmiger Nasenschmuck, den die Pulque-Gottheiten tragen.

Yacapapalotl: »Nasenschmetterling«, Nasenschmuck in Form eines stilisierten Schmetterlings, getragen von Xochiquetzal.

Yacaxihuitl: »Nasentürkis«, Nasenschmuck; Rangabzeichen des Adels, auch von einigen Gottheiten getragen.

Ausgewählte Bibliographie

I. Zu den Beiträgen

Mexiko: Geographie und frühe Besiedlung, Das Hochtal von Mexiko, Nachbarn und Vorläufer

von Wolfgang Haberland

Adams, Richard E. W.
1977 Prehistoric Mesoamerica, Boston – Toronto

Anawalt, Patricia R.
1981 Indian Clothing Before Cortes, The Civilization of the American Indian, No. 156, Norman, OK

Benson, Elizabeth P. (ed.)
1968 Dumbarton Oaks Conference on the Olmec, Dumbarton Oaks Research Library and Collection, Washington, D.C.

Berdan, Frances F.
1982 The Aztecs of Central Mexico, An Imperial Society, Case Studies in Cultural Anthropology, New York et al.

Blanton, Richard E.
1978 Monte Albán, Settlement Patterns at the Ancient Zapotec Capital, New York

Blanton, Richard E., Stephen A. Kowalewski, Gary Feinman, Jill Appel
1981 Ancient Mesoamerica, A Comparison of Change in Three Regions, New Studies in Archaeology, Cambridge, MA

Caso, Alfonso, Ignacio Bernal, Jorge R. Acosta
1967 La Cerámica de Monte Albán, Memorias del Instituto Nacional de Antropología e Historia, vol. XIII, México, D.F.

Coe, Michael D.
1977 Olmec and Maya: A Study in Relationships, in: Richard E. W. Adams (ed.): The Origins of Maya Civilization, 183–195, Albuquerque, N.M.
1984 Mexico, 3rd rev. & enlarged edition, London

Coe, Michael D., Richard A. Diehl
1980 In the Land of the Olmecs, 2 vols, Austin, TX

Coe, Michael D., David Grove (eds.)
1981 The Olmec and Their Neighbors, Dumbarton Oaks Research Library and Collection, Washington, D.C.

Diehl, Richard A.
1983 Tula, The Toltec Capital of Ancient Mexico, New Aspects of Antiquity, London

Easby, Elizabeth K., John F. Scott
1970 Before Cortés, Sculpture of Middle America, The Metropolitan Museum of Art, New York

Eisleb, Dieter
1971 Westmexikanische Keramik, Veröffentlichungen des Museums für Völkerkunde Berlin, NF 24 (Abteilung Amerikanische Archäologie 2), Berlin

Fagan, Brian M.
1984 The Aztecs, New York

Flannery, Kent V., Joyce Marcus (eds.)
1982 The Cloud People, Evolution of the Zapotec and Mixtec Civilizations of Oaxaca, Mexico, Albuquerque, N.M.

Joralemon, Peter D.
1977 A Study of Olmec Iconography, Studies in Pre-Columbian Art and Archaeology, No. 7, Washington, D.C.

Leyenaar, Ted J. J.
1978 Ulama, The Perpetuation in Mexico of the Pre-Spanish Ball Game Ullamaliztli, Mededelingen van het Rijksmuseum voor Volkenkunde, Leiden, No. 23, Leiden

Milbrath, Susan
1979 A Study of Olmec Sculptural Chronology, Studies in Pre-Columbian Art and Archaeology, No. 23, Washington, D.C.

Miller, Arthur G.
1973 The Mural Painting of Teotihuacán, Dumbarton Oaks Research Library and Collection, Washington, D.C.

Miller, Arthur G. (ed.)
1983 Highland-Lowland Interaction in Mesoamerica: Interdisciplinary Approaches, Dumbarton Oaks Research Library and Collection, Washington, D.C.
Millon, René
1973 Urbanization at Teotihuacán, vol. 1. The Teotihuacán Map, Austin, TX
Parsons, Jeffrey R., Elizabeth Brumfield, Mary H. Parsons, David J. Wilson
1982 Prehispanic Settlement Patterns in the Southern Valley of Mexico, The Chalco-Xochimilco Region, Museum of Anthropology, University of Michigan, Memoirs, No. 14, Ann Arbor, Mich.
Pasztory, Esther
1978 Middle Classic Mesoamerica 400–700 A.D., New York
Porter, Muriel N.
1956 Excavations at Chupícuaro, Guanajuato, Mexico, American Philosophical Society, Transactions, n. s., vol. 46, part 5, Philadelphia, PA
Ross, Kurt (ed.)
1978 Codex, Mendoza, Aztec Manuscript, o. O.
Rozaire, Charles E. (ed.)
1971 Ancient Art of Veracruz, Ethnic Arts Council of Los Angeles, Los Angeles, CA
Sabloff, Jeremy (ed.)
1981 Supplement to the Handbook of Middle American Indians, vol. 1, Archaeology, Austin, TX
Sanders, William T., Jeffrey R. Parsons, Robert S. Santley
1979 The Basin of Mexico, Ecological Processes in the Evolution of a Civilization, Studies in Anthropology, New York, San Francisco, London
Sanders, William T., Robert S. Santley
1983 A Tale of Three Cities: Energetics and Urbanization in Pre-Hispanic Central Mexico, in: Evon Z. Vogt & Richard M. Leventhal: Prehistoric Settlement Patterns. Essays in Honor of Gordon R. Willey, 243–291, Cambridge, MA
Schuler-Schömig, Immina von
1970 Figurengefäße aus Oaxaca, Mexico, Veröffentlichungen des Museums für Völkerkunde Berlin, N. F. 20 (Abteilung Amerikanische Archäologie I), Berlin
Spores, Ronald
1967 The Mixtec Kings and Their People, Norman, OK
Stuart, Gene S.
1981 The Mighty Aztecs, National Geographic Society, Washington, D.C.
Taylor, R. E., Clement W. Meighan (eds.)
1978 Chronologies in New World Archaeology, Studies in Archaeology, New York, San Francisco, London
Wauchope, Robert (ed.)
1964–76 Handbook of Middle American Indians, 16 vols., Austin, TX
Weaver, Muriel Porter
1972 The Aztecs, Maya, and Their Predecessors, New York, London
Willey, Gordon R.
1966 An Introduction to American Archaeology, vol. I: North and Middle America, Englewood Cliffs, NJ
Willey, Gordon R. (ed.)
1974 Das Alte Amerika, Propyläen Kunstgeschichte, Bd. 18, Berlin
Winning, Hasso von
1974 The Shaft Tomb Figures of West Mexico, Southwest Museum Papers, No. 24, Los Angeles, CA
Winning, Hasso von, Olga Hammer
1972 Anecdotal Sculpture of Ancient West Mexico, Ethnic Arts Publication, Los Angeles, CA
Wolf, Eric R. (ed.)
1976 The Valley of Mexico, Studies in Pre-Hispanic Ecology and Society, A School of American Research Book, Albuquerque, N.M.

Schrift und Literatur

von Viola König

Aguilera, Carmen
1979 Códices del México Antiguo, una selección, SEP INAH, Instituto Nacional de Antropología e Historia, Mexiko, D.F.
Andrews, Richard,
1975 Introduction to Classical Náhuatl, Austin, TX
Biedermann, Hans
1971 Altmexikos Heilige Bücher, Graz
Caso, Alfonso
1953 El pueblo del sol. Fondo de Cultura Económica, Mexiko, D.F.
1967 Los calendarios prehispánicos. UNAM, Instituto de Investigaciones Históricas, Ser. Cultura Náhuatl, Monogr. 6, Mexiko, D.F.
1977–79 Reyes y Reinos de la Mixteca, Bd. I und II. Fondo de Cultura Económica, Mexico, D.F.
Cline, Howard F. (Ed.)
1972–74 Guide to Ethnohistorical Sources, in: Handbook of Middle American Indians, vol. XII–XIV, Austin, TX
Garibay K., und Angel María
1953/54 Historia de la literatura náhuatl, 2 vols. Porrúa, Mexiko, D.F.
Hinz, Eike
1978 Analyse aztekischer Gedankensysteme. Wahrsageglauben und Erziehungsnormen als Alltagstheorie

sozialen Handelns. Auf Grund des 4. und 6. Buches der »Historia General« Fray Bernadino de Sahaguns aus der Mitte des 16. Jahrhunderts. Acta Humboldtiana, Wiesbaden

Lehmann, W. (Ed. und Übersetz.)
1938 Die Geschichte der Königreiche von Colhuacan und Mexiko (Quellenwerke z. alt. Geschichte Amerikas, vol. 1) Aztekisch-Deutsch, Berlin und Stuttgart

León-Portilla, Miguel
1958 Siete ensayos sobre cultura náhuatl, UNAM, Colección Facultad de Filosofía y Letras, 31, Mexiko, D.F.
1961 Los antiguos mexicanos, a través de sus crónicas y cantares. Fondo de Cultura Económica , Mexiko, D.F.
1975 Trece Poetas del Mundo Azteca, UNAM, Instituto de Investigaciones Históricas, Mexiko, D.F.
1980 Toltecáyotl, Aspectos de la cultura náhuatl, Fondo de Cultura Económica, Mexiko, D.F.
1969 und Garibay, Angel Ma.
Visión de los vencidos, relaciones indígenas de la conquista. UNAM, Mexiko, D.F.

Manrique Castañeda, Leonardo
1979 Los Códices de México. Ausstellungskatalog, SEP INAH, Museo Nacional de Antropología e Historia, Mexiko, D.F.

Molina, Alonso de
1944 Vocabulario en lengua castellana y mexicana, Faks.-Ausgabe (Original Mexiko 1571), Ediciones Cultura Hispánica, Madrid

Nowotny, Karl Anton
1961 Tlacuilolli, Die mexikanischen Bilderhandschriften, Stil und Inhalt, mit einem Katalog der Codex-Borgia-Gruppe, Ibero-Amerikanische Bibliothek, Monumenta Americana 3, Berlin

Peñafiel, Antonio, und Preuß, Konrad
1937/38 Die mexikanische Bilderhandschrift Historia tolteca-chichimeca. Baessler Archiv, Teil 1–2, Berlin

Pike, K.L.
1967 Language in Relation to a Unified Theory of the Structure of Human Behaviour. 2. Auflage, Den Haag

Prem, H.J.
1979 Aztec Writing Considered as a Paradigm for Mesoamerican Scripts, in: Barbro Dahlgren (Ed.): Mesoamérica, Homenaje al Doctor Paul Kirchhoff, p. 104–118, Mexico, D.F.

Robertson, Donald
1969 Mexican Manuscript Painting of the Early colonial Period, New Haven, Conn.

Sartory, Gertrude und Thomas
1983 Texte zum Nachdenken, Früh-welkende Blumen, Aztekische Gesänge, Freiburg i.Br.

Scharlau, Birgit
1985 ›Wie lasen die Azteken?‹, aus: Lesen – Historisch. Brigitte Schlieben-Lange (Ed.), p. 15–34, Göttingen

Seler, Eduard
1902–23 Gesammelte Abhandlungen zur Amerikanischen Sprach- und Altertumskunde, vols. 1–5. Berlin, Nachdruck Akademische Druck- und Verlagsanstalt 1960/61, Graz

Siméon, Rémi
1963 Dictionnaire de la Langue Nahuatl ou Mexicaine, Originalausgabe Paris 1885, Nachdruck Akademische Druck- und Verlagsanstalt, Graz

Ullamaliztli, das altindianische Ballspiel
von Wolf-Günter Thieme

Leyenaar, Ted J. J.
1978 Ulama, The Perpetuation in Mexico of the Pre-Spanish Ball Game Ullamaliztli, Leiden

...»Ich und meine Gefährten...«
von Eva Eggebrecht

Cortés, Hernán
Die Eroberung Mexikos (Drei Berichte des H.C. an Kaiser Karl V.) Hrsg. Claus Litterscheid, insel taschenbuch 393 (1980)

Díaz del Castillo, Bernal
Wahrhafte Geschichte der Entdeckung und Eroberung von Mexiko, Hrsg. A. Narciß, Frankfurt 1982

Eschmann, Anncharlott
Das religiöse Geschichtsbild der Azteken, Indiana Beiheft 4, Berlin 1976

Fuentes, Patricia de
The Conquistadors (First-person Accounts of the Conquest of Mexico), New York 1963

Kohl, Karl-Heinz
(Hrsg.) Katalog: Mythen der Neuen Welt. Zur Entdeckungsgeschichte Lateinamerikas, Berlin 1982

Kolumbus, Christoph
Bordbuch, insel taschenbuch 476 (1981)

Konetzke, Richard
Entdecker und Eroberer Amerikas, Fischer Bücherei 535 (1963)

Las Casas, Bartolomé
Kurzgefaßter Bericht von der Verwüstung der Westindischen Länder, Hrsg. H.M. Enzensberger, sammlung insel 23 (1966)

López de Gómara, F.
Historia de la conquista de Mexico, Mexico 1943; Engl. Übers.: Cortes, The Life of the Conqueror by His Secretary, Berkeley–Los Angeles–London 1964

Motolinía, Toríbio
Historia de los Indios de la Nueva España, Mexico 1969; Engl. Übers. History of the Indians of New Spain, Westport 1973
Straub, Eberhard
Das bellum iustum des Hernán Cortés in Mexiko, Köln 1976
Todorov, Tzvetan
Die Eroberung Amerikas – Das Problem des Anderen, edition suhrkamp NF 213 (1985)
Wagner, Henry R.
The Discovery of New Spain in 1518 by Juan de Grijalva, Pasadena (1942)

Das Erbe der Kunst- und Wunderkammern

von Christian F. Feest

Anders, Ferdinand
1970 Arte plumario y de mosaico. Artes de México 137, México, D.F.
1978 Der altmexikanische Federmosaikschild in Wien. Archiv für Völkerkunde 32:67–80, Wien
Bauer, Rotraud, und Herbert Haupt (Hrsg.)
1976 Das Kunstkammerinventar Kaiser Rudolfs II., 1607–1611, Jahrbuch der Kunsthistorischen Sammlungen in Wien 72, N.F. 36. Wien
Beer, Rudolf (Hrsg.)
1891 Acten, Regesten und Inventare aus dem Archivo General zu Simancas. Jahrbuch der Kunstsammlungen des allerhöchsten Kaiserhauses 12:XCI–CCIV, Wien
Carmichael, Elizabeth
1970 Turquoise Mosaic from Mexico, London
Feest, Christian F.
1986 Zemes Idolum Diabolicum. Archiv für Völkerkunde 40, Wien
Heger, Franz
1906 Verschwundene altmexikanische Kostbarkeiten des XVI. Jahrhunderts, nach urkundlichen Nachrichten, Anthropological Papers Written in Honor of Franz Boas, New York, 306–315.
Heikamp, Dieter
1970 Mexikanische Altertümer aus süddeutschen Kunstkammern. Pantheon 28:205–220, München
1976 American Objects in Italian Collections of the Renaissance and Baroque: A Survey, in: F. Chiapelli (Ed.), First Images of American, (Berkeley – Los Angeles – London), I, 455–482.
Heikamp, Dieter, und Ferdinand Anders
1972 Mexico and the Medici, Firenze
Hirtzel, J.S.H.
1928 Le manteau de plumes dit le de »Montézuma« des Musées Royaux du Cinquantenaire de Bruxelles, Acts of the 23rd International Congress of Americanists, New York, 649–651.
Hochstetter, Ferdinand von
1884 Über mexikanische Reliquien aus der Zeit Montezuma's in der k.k. Ambraser Sammlung, Denkschriften der philosophisch-historischen Classe der kais. Academie der Wissenschaften 35, Wien
Impey, Oliver und Arthur MacGregor (Eds.)
1985 The Origins of Museums. Oxford
Laurencich-Minelli, Laura
1982 Bologna und Amerika vom 16. bis zum 18. Jahrhundert, in: K.H. Kohl (Hrsg.), Mythen der Neuen Welt, Berlin, 147–154.
1983 Ogetti Americani studiati da Ulisse Aldrovandi. Archivio per l'Antropologia e la Etnologia 113, Firenze
Legati, Lorenzo
1677 Museo Cospiano anesso a quello del famoso Ulisse Aldrovandi, Bologna
Lehmann, Walter
1906 Altmexikanische Mosaiken und die Geschenke König Motecuzomas an Cortés, in: Globus 90: 318–322, Braunschweig
Nowotny, Karl Anton
1960 Mexikansiche Kostbarkeiten aus Kunstkammern der Renaissance, Wien
Scheicher, Elisabeth
1979 Die Kunst- und Wunderkammern der Habsburger, Wien – München – Zürich
Schlosser, Julius von
1978 Die Kunst- und Wunderkammern der Spätrenaissance, Braunschweig
Schönherr, David von
1893 Urkunden und Regesten aus dem k.u.k. Statthalterei-Archiv in Innsbruck, Jahrbuch der Kunstsammlungen des allerhöchsten Kaiserhauses 14:LXXI–CCXIII, Wien
Zeiller, Martin
1632 Itinerarium Germaniae Nov. Antiquae, Teutsches Reyßbuch, Strassburg
Zimmermann, Heinrich
1885 Urkunden und Regesten aus dem k.u.k. Haus-, Hof und Staatsarchiv in Wien, Jahrbuch der Kunstsammlungen des allerhöchsten Kaiserhauses 3:LXXXII–CLVI, Wien

II. Zu den Katalogtexten

1 D.C. Grove: Chalcatzingo, Morelos, Mexico: A Reappraisal of the Olmec Rock Carvings. In: American Antiquity, 33, Salt Lake City 1968. S. 486–491, Fig. 7

2 I. Bolz-Augenstein/H. D. Disselhoff: Werke Präkolumbischer Kunst, Sammlung Ludwig, Aachen. Berlin 1970. Nr. 4 – M. D. Coe/R. A. Diehl: In the Land of the Olmec. Austin/London 1980

3 S. K. Lothrop et al.: Pre-Columbian Art, Robert Woods Bliss Collection. London 1957. Nr. 17, Taf. 9

5 S. K. Lothrop et al.: Pre-Columbian Art, Robert Woods Bliss Collection. London 1957. Nr. 4, Taf. 1 – P. D. Joralemon: A Study of Olmec Iconography. Washington 1971. Fig. 218 – E. P. Benson: Some Olmec Objects in the Robert Woods Bliss Collection at Dumbarton Oaks. In: The Olmec and Their Neighbors. Washington 1981. S. 100–101

6 E. Becker-Donner et al.: Die Mexikanischen Sammlungen. Wien 1965. Nr. 198, Farbtaf. 4

10 S. K. Lothrop et al.: Pre-Columbian Art, Robert Woods Bliss Collection. London 1957. Nr. 18, Taf. 10.

11 P. D. Joralemon: The Olmec Dragon. In: Origins of Religious Art and Iconography in Preclassic Mesoamerica. Los Angeles 1976. S. 27–71

16 E. Becker-Donner et al.: Die Mexikanischen Sammlungen. Wien 1965. Nr. 186, Taf. 1

28 O. Zerries: Altamerikanische Kunst, Mexico-Peru. München 1968. Nr. 1, Abb. 12

29 O. Hammer et al.: Ancient Art of Veracruz. Los Angeles 1971

30 W. Krickeberg: Altmexikanische Kulturen. Berlin 1956. S. 470 – A. Medellín Zenil: Cerámicas del Totonacapan. Xalapa 1960. S. 70–78 – O. Hammer et al.: Ancient Art of Veracruz. Los Angeles 1971

33 H. Strebel: Studien über Steinjoche aus Mexico und Mittel-Amerika. In: Internationales Archiv für Ethnographie, 3, Leiden 1890. Taf. 7, Fig. 26 – E. Becker-Donner et al.: Die Mexikanischen Sammlungen. Wien 1965. Nr. 299, Taf. 23

34 H. Strebel: Studien über Steinjoche aus Mexico und Mittel-Amerika. In: Internationales Archiv für Ethnographie, 3, Leiden 1890. – E. Seler: Gesammelte Abhandlungen, 3, Berlin 1908. – G. Ekholm: The Probable Use of Mexican Stone Yokes. In: American Anthropologist, 48, 4, 1946

38 T. Proskouriakoff: Varieties of Classic Central Veracruz Sculpture. Contributions to American Anthropology and History, 58, CIW Publ. 606, Washington 1954

45 M. Doppée/M. Graulich: Une grande statue en terre cuite du Veracruz (Mexique). In: Bulletin des Musées Royaux d'Art et d'Histoire, 48e Année, 1976, Brüssel 1978. S. 35–48

46 H. v. Winning: Relief-Decorated Pottery from Central Veracruz, Mexico. In: Ethnos, 30, Stockholm 1965. S. 118–122, Fig. 6

48 A. Medellín Zenil: Exploraciones en la Isla de Sacrificios. Jalapa 1955

54 G. Ekholm: Ancient Mexico and Central America. New York 1970. S. 72

58 S. Martí: Alt-Amerika, Musik der Indianer in präkolumbischer Zeit. Leipzig 1970. S. 84–85, Abb. 65 – E. K. Easby/J. F. Scott: Before Cortés, Sculpture of Middle America. New York 1970. Nr. 269 – A. Medellín Zenil: El centro de Veracruz. In: Los señoríos y estados militaristas. México 1976. S. 237–238

59 G. C. Vaillant: Artists and Craftsmen in Ancient Central America. New York 1949

64 A. Caso/I. Bernal: Urnas de Oaxaca. México 1952

65 E. Becker-Donner et al.: Die Mexikanischen Sammlungen. Wien 1965. Nr. 284, Taf. 20 – F. Boos: The Ceramic Sculptures of Ancient Oaxaca. South Brunswick/New York/London 1966. Fig. 281, 283 – I. v. Schuler-Schömig: Figurengefäße aus Oaxaca. Berlin 1970. S. 133–134, Taf. 201

68 A. Caso/I. Bernal: Urnas de Oaxaca. México 1952. Fig. 234–236 – F. Boos: The Ceramic Sculptures of Ancient Oaxaca. South Brunswick/New York/London 1966. Fig. 325, 332

73 E. Seler: Die archäologischen Ergebnisse meiner ersten mexikanischen Reise. In: Gesammelte Abhandlungen, 2. Berlin 1904. S. 317, 322, Abb. 48

74 W. Lehmann: K. Ethnographisches Museum. In: Münchner Jahrbuch der Bildenden Kunst, 1912. S. 101–102, Abb. 29b – J. Paddock et al.: Ancient Oaxaca. Stanford 1966. S. 229 – O. Zerries: Altamerikanische Kunst, Mexico-Peru. München 1968. Nr. 74, Abb. 2

75 E. Seler: Die Wandmalereien der Paläste von Mitla. Berlin 1895. Taf. 13 – E. Seler: Codex Vaticanus Nr. 3773 (Codex Vaticanus B). Berlin 1902. S. 158–165 – F. H. Boos: The Xantil Tradition in the Oaxacan Culture. In: Baessler-Archiv, N. F., 16, Berlin 1968. S. 323–330

78 P. T. Furst: West Mexican Tomb Sculpture as Evidence for Shamanism in Prehispanic Mesoamerica. In: Antropológica, 15, Caracas 1965, S. 29–80 – H. v. Winning: The Shaft Tomb Figures of West Mexico. Los Angeles 1974

81 H. v. Winning: Keramische Hausmodelle aus Nayarit, Mexiko. In: Baessler-Archiv, N. F., 19, Berlin 1971. S. 343–377 – H. v. Winning/O. Hammer: Anecdotal Sculpture of Ancient West Mexico. Los Angeles 1972. S. 84–85

82 H. v. Winning: The Shaft Tomb Figures of West Mexico. Los Angeles 1974. Fig. 26–28, 30

83 O. Zerries: Alt-Amerika. München 1964. Nr. 1, Abb. 4 – S. Toscano et al.: Arte precolombiano del occidente de México. México 1946. Fig. 3, 30, 31, 48 – P. T. Furst: House of Darkness and House of Light. In: Death and the Afterlife in Pre-Columbian America. Washington 1975. S. 44

84 H. v. Winning/O. Hammer: Anecdotal Sculpture of Ancient West Mexico. Los Angeles 1972. S. 17–19, 45, Abb. 7

89 H. v. Winning/O. Hammer: Anecdotal Sculpture of Ancient West Mexico. Los Angeles 1972. S. 21 – D. Eisleb: Westmexikanische Keramik. Berlin 1971. Abb. 169–171

90 F. Termer: Der Hund bei den Kulturvölkern Altamerikas. In: Zeitschrift für Ethnologie, 82, Braunschweig 1957. S. 26 – H. v. Winning: The Shaft Tomb Figures of West Mexico. Los Angeles 1974

106 H. v. Winning: The Old Fire God and His Symbolism at Teotihuacan. In: Indiana, 4, Berlin 1977. Fig. 13a

109 L. Séjourné: Arqueología de Teotihuacán, la cerámica. Mexico/Buenos Aires 1966. S. 32, 39–44, Fig. 17–20

110 Comments on Shoe-Form Pots. In: American Antiquity, 41, Washington 1976. S. 384–391

111 C. Cook de Leonard: Los popolocas de Puebla. In: Huastecos, totonacos y sus vecinos. México 1953. S. 423–445

114 L. Séjourné: El lenguaje de las formas en Teotihuacán. México 1966. Taf. 66

115 J. C. Berlo: Artistic Specialization at Teotihuacan: The Ceramic Incense Burner. In: Pre-Columbian Art History. Palo Alto 1982. S. 83–100

117 L. Séjourné: Arquitectura y pintura en Teotihuacán. México 1966. S. 134–135, 162–163, Taf. 89–92

118 I. Bernal: Teotihuacán. México 1963. Foto 28 – L. Séjourné: Arquitectura y pintura en Teotihuacán. México 1966. Taf. 90

119 L. Séjourné: Un palacio en la ciudad de los dioses (Teotihuacán). México 1959. Fig. 40, 127A

123 H. v. Winning: Figurines with Movable Limbs from Ancient Mexico. In: Ethnos, 23, 1, Stockholm 1958

125 E. Becker-Donner et al.: Die Mexikanischen Sammlungen. Wien 1965. Nr. 232, Taf. 11

128 E. Becker-Donner et al.: Die Mexikanischen Sammlungen. Wien 1965. Nr. 220, Taf. 7

129 A. Caso et al.: Máscaras mexicanas. México 1945

130 A. O. Shepard: Plumbate – A Mesoamerican Trade Ware. CIW Publ. 573. Washington 1948 – Mexique d'hier et d'aujourd'hui. Paris 1981. Nr. 37 – R. Bonifaz Nuño/F. Robles: The Art in the Great Temple. México 1981. Abb. 56

132 J. R. Acosta: Resumen de los informes de las exploraciones arqueológicas en Tula, Hgo. durante las VI, VII y VIII temporadas 1946–1950. In: Anales INAH, 8, 1954, México 1956. S. 37–115

135 K. A. Nowotny: Americana. In: Archiv für Völkerkunde, 14, Wien 1959. S. 136–137, Abb. 5, Taf. 1 – E. Becker-Donner et al.: Die Mexikanischen Sammlungen. Wien 1965. Nr. 125, Taf. 33

136 E. Seler: Die Ruinen von Chich'en Itzá in Yucatan. In: Gesammelte Abhandlungen, 5. Berlin 1915. Taf. 16a – E. Becker-Donner et al.: Die Mexikanischen Sammlungen. Wien 1965. Nr. 123, Taf. 31

138 D. Charnay: Les anciennes villes du Nouveau Monde. Paris 1885. S. 135–146

140 E. Seler: Die Tierbilder der mexikanischen und der Maya-Handschriften. In: Gesammelte Abhandlungen, 4. Berlin 1923. S. 524–525, Fig. 232

141 F. de Waldeck: Monuments anciens du Mexique et du Yucatan. Paris 1866. Taf. 3 – W. Krickeberg: Felsbilder Mexikos als historische, religiöse und Kunstdenkmäler. Berlin 1969. S. 67, Taf. 17, Abb. 38 – G. Baer et al.: Azteken und Maya. Basel 1985. Abb. 29

144 Exposición de escultura mexicana antigua. México 1934. Taf. 31 – E. Matos Moctezuma: Templo Mayor, Guía oficial. México 1984. Abb. S. 81

150 H. Beyer: El »Huitzilopochtli« de Gondra. In: El México Antiguo, 10, México 1965. S. 384–389 – The Brooklyn Museum Handbook. Brooklyn 1967. S. 212–213

151 E. Becker-Donner et al.: Die Mexikanischen Sammlungen. Wien 1965. Nr. 144

152 E. J. Palacios: Esculturas y relieves de Tenayuca. In: Tenayuca. México 1935. S. 265–280, Fig. 42 – H. B. Nicholson: An Aztec Stone Image of a Fertility Goddess. In: Baessler-Archiv, N. F., 11, Berlin 1963. S. 9–30

153 E. Seler: Gesammelte Abhandlungen, 2. Berlin 1904

154 E. Pasztory et al.: Aztec Stone Sculpture. New York 1976. Nr. 44

156 Handbook of the Robert Woods Bliss Collection of Pre-Columbian Art. Washington 1963. Nr. 106

159 H. B. Nicholson/E. Q. Keber: Art of Aztec Mexico. Washington 1983. S. 129

164 Präkolumbische Kunst aus Mexiko und Mittelamerika. Frankfurt am Main 1960. Nr. 191, Taf. 26

165 E. Seler: Mythus und Religion der alten Mexikaner. In: Gesammelte Abhandlungen, 4. Berlin 1923. S. 145–148 – E. Seler: Einige Kapitel aus dem Geschichtswerk des Fray Bernardino de Sahagun. Stuttgart 1927

166 E. Seler: Die archäologischen Ergebnisse meiner ersten mexikanischen Reise. In: Gesammelte Abhandlungen, 2. Berlin 1904. S. 310, 313, Abb. 32, 39 – E. Seler: Mischformen mexikanischer Gottheiten? In: Gesammelte Abhandlungen, 3. Berlin 1908. S. 454–455, Abb. 3–5

169 E. Pasztory: Aztec Art. New York 1983. S. 291, Taf. 305

170 L. Batres: Excavaciones arqueológicas en la Calle de las Escalerillas. México 1902. S. 20–22 – E. Seler: Die Ausgrabungen am Orte des Haupttempels in México. In: Gesammelte Abhandlungen, 2. Berlin 1904. S. 855–863 – Codex Borbonicus. Graz 1974. S. 26

173 E. Seler: Die archäologischen Ergebnisse meiner ersten mexikanischen Reise. In: Gesammelte Abhandlungen, 2. Berlin 1904. S. 293, Abb. 4

174 W. Lehmann: K. Ethnographisches Museum, Jahresbericht 1910. In: Münchner Jahrbuch der Bildenden Kunst, 1911. S. 159, Abb. 29, S. 161 – W. Hausenstein: Barbaren und Klassiker. München 1922. Abb. 86 – Präkolumbische Kunst aus Mexiko und Mittelamerika. München 1958. Nr. 101, Taf. 8

175 G. Baer et al.: Azteken und Maya. Basel 1985. Abb. 26

176 H. Dietschy: Zwei altmexikanische Steinbilder von Sonnengöttern. In: Ethnos, 6, Stockholm 1941. S. 75–96 – G. Baer et al.: Azteken und Maya. Basel 1985. Farbtaf. 40–41 – W. Lehmann: Die Geschichte der Königreiche von Colhuacan und Mexico. Stuttgart/Berlin 1938

177 W. Lehmann: Altmexikanische Kunstgeschichte. Berlin o. J. Abb. 12 – E. Pasztory: Aztec Art. New York 1983. S. 223–224, Taf. 192

180 W. Krickeberg: Xochipilli und Chalchiuhtlicue. In: Baessler-Archiv, N. F., 8, Berlin 1960. S. 1–15 – Codex Magliabechiano. Graz 1970

181 D. Castañeda/V. T. Mendoza: Los pequeños percutores en las civilizaciones precortesianas. In: Anales del Museo Nacional de Arqueología, Historia y Etnografía, Ep. 4a, Tomo 8, No. 3, México 1933 – H. Beyer: El huehuetl, el tambor de los antiguos mexicanos. In: El México Antiguo, 11, México 1969. S. 553–558

182 O. Zerries: Alt-Amerika. München 1964. Nr. 35, Abb. 7

183 D. Castañeda/V. T. Mendoza: Los teponaztlis en las civilizaciones precortesianas. In: Anales del Museo Na-

cional de Arqueología, Historia y Etnografía, Ep. 4a, Tomo 8, No. 1, México 1933 – H. B. Nicholson/E. Q.Keber: Art of Aztec Mexico. Washington 1983. S. 149

184 A. Caso: Los calendarios prehispánicos. México 1967. S. 193

185 E. G. Umberger: Aztec Sculptures, Hieroglyphs, and History. 1981. University Microfilms. S. 122–124 – H. B. Nicholson/E. Q. Keber: Art of Aztec Mexico. Washington 1983. S. 43–45 – L. Batres: Excavaciones arqueológicas en la Calle de las Escalerillas. México 1902. S. 45–47

186 U. Bankmann: Ometochtecomatl, Ein altmexikanisches Pulquegefäss im Museum zu Basel. In: Verhandlungen der Naturforschenden Gesellschaft Basel, 94, Basel 1984. S. 307–319

187 Codex Magliabechiano. Graz 1970. Fol. 53r, 55r – El Templo Mayor de México. Madrid 1982. Nr. 74, Farbtaf. S. 8, 88

188 H. B. Nicholson/E. Q. Keber: Art of Aztec Mexico. Washington 1983. S. 90–91 – Codex Magliabechiano. Graz 1970. Fol. 48 v

189 E. Seler: Das Pulquegefäss der Bilimek'schen Sammlung im k. k. naturhistorischen Hofmuseum. In: Gesammelte Abhandlungen, 2. Berlin 1904. S. 913–952 – E. Pasztory: Aztec Art. New York 1983. S. 259–260, Taf. 280–283, Farbtaf. 50 – H. B. Nicholson/E.Q. Keber: Art of Aztec Mexico. Washington 1983. S. 62–63

190 K. A. Nowotny: Americana. In: Archiv für Völkerkunde, 16, Wien 1961. S. 113–116, Abb. 6, Fig. 7 – E. Becker-Donner et al.: Die Mexikanischen Sammlungen. Wien 1965. Nr. 25, Taf. 42

191 E. Becker-Donner et al.: Die Mexikanischen Sammlungen. Wien 1965. Nr. 24, Taf. 41 – H. B. Nicholson/E.Q. Keber: Art of Aztec Mexico. Washington 1983. S. 128

192 E. Pasztory et al.: Aztec Stone Sculpture. New York 1976. Nr. 32

195 E. Becker-Donner et al.: Die Mexikanischen Sammlungen. Wien 1965. Nr. 85, Taf. 49

196 E. Becker-Donner et al.: Die Mexikanischen Sammlungen. Wien 1965. Nr. 87, Taf. 50 – E. Pasztory: Aztec Art. New York 1983. S. 255, Taf. 271

197 F. Röck: Kunstgewerbe von Mexiko, Mittelamerika und Westindien. In: H. Th. Bossert (Ed.), Geschichte des Kunstgewerbes, 2. Berlin/Wien/Zürich 1929. S. 387, Abb. 4

199 A. F. Bandelier: Report of an Archaeological Tour in Mexico, in 1881. Boston 1884. S. 225–226, Taf. 12 – G. Kubler: The Louise and Walter Arensberg Collection, Pre-Columbian Sculpture. Philadelphia 1954. Nr. 48–49

200 E. Seler: Die Tierbilder der mexikanischen und der Maya-Handschriften. In: Gesammelte Abhandlungen, 4. Berlin 1923. S. 494–501

201 E. Seler: Die mexikanischen Bilderhandschriften Alexander von Humboldt's in der Königlichen Bibliothek zu Berlin. In: Gesammelte Abhandlungen, 1. Berlin 1902. S. 267–268, Abb. 222–223 – H. B. Nicholson: The Temalacatl of Tehuacan. In: El México Antiguo, 8, México 1955. S. 95–134

202 J. Enciso: Design Motifs of Ancient Mexico. New York 1953 – F. V. Field: Thoughts on the Meaning and Use of Pre-Hispanic Mexican Sellos. Washington 1967

203 H. B. Nicholson: Major Sculpture in Pre-Hispanic Central Mexico. In: Handbook of Middle American Indians, 10. Austin 1971. S. 120, 122

204 J. Pijoán: Arte precolombiano, mexicano y maya. Summa Artis, 10. Madrid 1952. S. 91, Fig. 146

207 F. Röck: Kunstgewerbe von Mexiko, Mittelamerika und Westindien. In: H. Th. Bossert (Ed.), Geschichte des Kunstgewerbes, 2. Berlin/Wien/Zürich 1929. S. 385, Abb. 2

208 F. Anton: Mexiko, Indianerkunst aus präkolumbischer Zeit. München 1961. Abb. 57

210 J. Gussinyer: Una cabeza de jaguar. In: Boletín INAH, 38, México 1969. S. 40–42 – A. Caso: Xolotl, no jaguar. In: Boletín INAH, 39, México 1970. S. 31–33 – H. B. Nicholson/E. Q. Keber: Art of Aztec Mexico. Washington 1983. S. 122–123

211 E. Seler: Quauhxicalli, Die Opferblutschale der Mexikaner. In: Gesammelte Abhandlungen, 2. Berlin 1904. S. 704–711 – H. B. Nicholson/E.Q. Keber: Art of Aztec Mexico. Washington 1983. S. 36–37 – E. Seler: Einige Kapitel aus dem Geschichtswerk des Fray Bernardino de Sahagun. Stuttgart 1927

212 E. G. Umberger: Aztec Sculptures, Hieroglyphs, and History. 1981. University Microfilms. S. 87 – E. Pasztory: Aztec Art. New York 1983. S. 226–227 – H. B. Nicholson/E. Q. Keber: Art of Aztec Mexico. Washington 1983. S. 107–108

215 E. Seler: Über Steinkisten, Tepetlacalli, mit Opferdarstellungen und andere ähnliche Monumente. In: Gesammelte Abhandlungen, 2. Berlin 1904. S. 742–745 – E. G. Umberger: Aztec Sculptures, Hieroglyphs, and History. 1981. University Microfilms. S. 105–106

216 E. Pasztory: Aztec Art. New York 1983. S. 225, Taf. 195

217 E. Seler: Die holzgeschnitzte Pauke von Malinalco und das Zeichen atl-tlachinolli. In: Gesammelte Abhandlungen, 3. Berlin 1908. S. 281–283, Abb. 71 – R. Mena: Dos notables monumentos, Monografías arqueológicas. Jalapa 1911

218 E. Pasztory et al.: Aztec Stone Sculpture. New York 1976. Nr. 14

219 E. Seler: Gesammelte Abhandlungen. Berlin 1902–1923. – E. G. Umberger: Aztec Sculptures, Hieroglyphs, and History. 1981. University Microfilms. S. 78–80

220 B. Mayer: Mexico As It Was and As It Is. New York 1844. S. 111–112 – M. H. Saville: Aztecan Sculpture of the Sun God Tonatiuh. In: Indian Notes, 1, 3, New York 1924. S. 154–156 – E. Pasztory et al.: Aztec Stone Sculpture. New York 1976. Nr. 40

224 E. Seler: Die archäologischen Ergebnisse meiner ersten mexikanischen Reise. In: Gesammelte Abhandlungen, 2. Berlin 1904. S. 292, Abb. 2

225 A. Ciattini: Arte azteca. Rom 1979. Nr. 14

226 M. N. Porter: Pipas precortesianas. México 1948

228 O. Zerries: Altamerikanische Kunst, Mexico-Peru. München 1968. Nr. 79, Abb. 3 – H. B. Nicholson/E. Q. Keber: Art of Aztec Mexico. Washington 1983. S. 167

229 F. A. Petersen: El »motivo serpiente« en la cerámica de Culhuacan. In: J. L. Franco/F. A. Petersen, Motivos decorativos en la cerámica azteca. México 1957 – L. Séjourné: Arqueología del valle de México, 1, Culhuacán. México 1970. Fig. 50, 53, 60, 61, 63, 67

233 H. B. Nicholson/E. Q. Keber: Art of Aztec Mexico. Washington 1983. S. 162

235 J. Paddock et al.: Ancient Oaxaca. Stanford 1966. S. 204, Fig. 244 – S. Mateos Higuera: Herencia arqueológica de Mexico-Tenochtitlan. In: E. Matos Moctezuma et al., Trabajos arqueológicos en el centro de la ciudad de México. México 1979. S. 231–232

236 Art of Oceania, Africa, and the Americas from the Museum of Primitive Art. New York 1969. Nr. 613

237 I. Bolz: Sammlung Ludwig, Altamerika. Recklinghausen 1975. Taf. XCVI–XCVII – E. Seler: Die Tierbilder der mexikanischen und der Maya-Handschriften. In: Gesammelte Abhandlungen, 4. Berlin 1923. S. 539–544; 508–509, Abb. 190

238 Präkolumbische Kunst aus Mexiko und Mittelamerika. München 1958. Nr. 219, Taf. 17

239 Mexicon, 8,3, Berlin 1986. S. 41–42: Herkunft Cuauhtinchan, Puebla?

240 E. Noguera: Los altares de sacrificio de Tizatlán, Tlaxcala. In: Ruinas de Tizatlán, Tlaxcala. México 1927. S. 23–62, Taf.

244 E. Seler: Die mexikanischen Bilderhandschriften Alexander von Humboldt's in der Königlichen Bibliothek zu Berlin. In: Gesammelte Abhandlungen, 1. Berlin 1902. S. 162–197 – J. B. Glass: Catálogo de la colección de códices. México 1964. S. 165, Taf. 119 – J. B. Glass/D. Robertson: A Census of Native Middle American Pictorial Manuscripts. In: Handbook of Middle American Indians, 14. Austin 1975. S. 93, 140

250 W. Krickeberg: Altmexikanische Kulturen. Berlin 1956. Abb. S. 114

251 Art of Oceania, Africa, and the Americas from the Museum of Primitive Art. New York 1969. Nr. 452 – H. B. Nicholson/E. Q. Keber: Art of Aztec Mexico. Washington 1983. S. 154

254 E. K. Easby/J. F. Scott: Before Cortés, Sculpture of Middle America. New York 1970. Nr. 300 – E. Pasztory: Aztec Art. New York 1983. S. 31, Farbtaf. 16.

255 E. Seler: L'orfévrerie des anciens Mexicains et leur art de travailler la pierre et de faire des ornements en plumes. In: Gesammelte Abhandlungen, 2. Berlin 1904. S. 637 – E. Seler: Einige Kapitel aus dem Geschichtswerk des Fray Bernardino de Sahagun. Stuttgart 1927 – P. Drucker/ R. F. Heizer/R. J. Squier: Excavations at La Venta, Tabasco, 1955. BAE Bull. 170. Washington 1959. S. 149, Taf. 28

257 Indigenous Art of the Americas, Collection of Robert Woods Bliss. Washington 1947. Nr. 41, Abb. S. 75 – S. K. Lothrop et al.: Pre-Columbian Art, Robert Woods Bliss Collection. London 1957. Nr. 42, Taf. 30

258 Art of Oceania, Africa, and the Americas from the Museum of Primitive Art. New York 1969. Nr. 452 – A. Caso: El tesoro de Monte Albán. México 1969 – I. v. Schuler-Schömig: Werke Indianischer Goldschmiedekunst. Berlin 1972. S. 41–42, Abb. 37–38

259/260 M. Porter Weaver: The Aztecs, Maya, and Their Predecessors. New York 1972. Abb. 14c – E. Pasztory: Aztec Art. New York 1983. Taf. 261

261 S. K. Lothrop et al.: Pre-Columbian Art, Robert Woods Bliss Collection. London 1957. Nr. 68, Taf. 50

262 Präkolumbische Kunst aus Mexiko und Mittelamerika. München 1958. Nr. 241. Farbtaf. S. 81 – Handbook of the Robert Woods Bliss Collection of Pre-Columbian Art. Washington 1963. Nr. 130 – H. B. Nicholson/E. Q. Keber: Art of Aztec Mexico. Washington 1983. S. 158

263 Handbook of the Robert Woods Bliss Collection of Pre-Columbian Art. Washington 1963. Nr. 128 – A. Caso: El tesoro de Monte Albán. México 1969. Taf. 51, 52, Fig. A–39 – H. B. Nicholson/E. Q. Keber: Art of Aztec Mexico. Washington 1983. S. 156–161

264 A. Emmerich: Sweat of the Sun and Tears of the Moon. Seattle 1965. Fig. 177 – La platería en México. Artes de México, Año 3, No. 10. S. 22

265 F. J. Dockstader: Indian Art in Middle America. Greenwich 1964. Abb. 55 – A. Emmerich: Sweat of the Sun and Tears of the Moon. Seattle 1965. Fig. 165

266 F. J. Dockstader: Indian Art in Middle America. Greenwich 1964. Abb. 56 – A. Emmerich: Sweat of the Sun and Tears of the Moon. Seattle 1965. Fig. 167 – M. Porter Weaver: The Aztecs, Maya, and Their Predecessors. New York 1972. Abb. 16d

267 M. H. Saville: The Goldsmith's Art in Ancient Mexico. New York 1920. Taf. 14 – A. Emmerich: Sweat of the Sun and Tears of the Moon. Seattle 1965. Fig. 182

273 E. Seler: Altmexikanische Wurfbretter. In: Gesammelte Abhandlungen, 2. Berlin 1904. S. 368–396 – M. H. Saville: The Wood-Carver's Art in Ancient Mexico. New York 1925 – W. Krickeberg: Altmexikanische Kulturen. Berlin 1956. S. 32, 37, 514

274 S. K. Lothrop et al.: Pre-Columbian Art, Robert Woods Bliss Collection. London 1957. Nr. 65, Fig. 15, Taf. 49 – Handbook of the Robert Woods Bliss Collection of Pre-Columbian Art. Washington 1963. Nr. 113 – E. Noguera: Tallas prehispánicas en madera. México 1958

275 H. B. Nicholson/E. Q. Keber: Art of Aztec Mexico. Washington 1983. S. 51

276 Mexique d'hier et d'aujourd'hui. Paris 1981. Nr. 4 – E. Matos Moctezuma: Una visita al Templo Mayor de Tenochtitlan. México 1981. Abb. S. (55–56) – B. Hasbach Lugo: Restauración de dos ollas. In: E. Matos Moctezuma et al., El Templo Mayor: excavaciones y estudios. México 1982. S. 369–376

278 R. Bonifaz Nuño/F. Robles: The Art in the Great Temple. México 1981. Abb. 75

279 D. Nagao: Mexica Buried Offerings. Oxford 1985. S. 71, 100 – U. Bankmann: Neue Funde in Mexiko und Skulpturen in Basel: Einige Vergleiche. In: G. Baer et al., Azteken und Maya. Basel 1985. S. 84–95

280 Mexique d'hier et d'aujourd'hui. Paris 1981. Nr. 82 – D. Nagao: Mexica Buried Offerings. Oxford 1985. Taf. 33a,c – Codex Magliabechiano. Graz 1970

281/282 A. García Cook/R. M. Arana A.: Rescate arqueológico del monolito Coyolxauhqui. México 1978. Fig. 39 – Mexique d'hier et d'aujourd'hui. Paris 1981. Nr. 84, 85 – E. Seler: Das Tonalamatl der Aubin'schen Sammlung. Berlin 1900 – Codex Borbonicus. Graz 1974

284 R. Bonifaz Nuño/F. Robles: The Art in the Great Temple. México 1981. Abb. 70 – D. Wagner: Reporte de las ofrendas excavadas 1978. In: E. Matos Moctezuma et al., El Templo Mayor: excavaciones y estudios. México 1982. Abb. S. 132 – U. Bankmann: Neue Funde in Mexiko und Skulpturen in Basel: Einige Vergleiche. In: G. Baer et al., Azteken und Maya. Basel 1985. Abb. 56, 58

285 C. Vega Sosa et al.: El recinto sagrado de Mexico-Tenochtitlan, excavaciones 1968–69 y 1975–76. México 1979. S. 60, 84, Foto 21 – P. Luna Erreguerena: El caracol marino de piedra rosa. In: E. Matos Moctezuma et al., El Templo Mayor: excavaciones y estudios. México 1982. S. 241–244 – H. B. Nicholson/E. Q. Keber: Art of Aztec Mexico. Washington 1983. S. 110–111

286 Mexique d'hier et d'aujourd'hui. Paris 1981. Nr. 42, 55 – R. Bonifaz Nuño/F. Robles: The Art in the Great Temple. México 1981. Abb. 65

287 N. Castillo Tejero/F. R. Solís Olguín: Ofrendas mexicas en el Museo Nacional de Antropología. México 1975. Taf. 2,9 – Mexique d'hier et d'aujourd'hui. Paris 1981. Nr. 91

288 J. Cooper Clark (Ed.): Codex Mendoza. London 1938

289 N. Castillo Tejero/F. R. Solís Olguín: Ofrendas mexicas en el Museo Nacional de Antropología. México 1975. Taf. 16,21 – D. Wagner: Reporte de las ofrendas excavadas 1978. In: E. Matos Moctezuma et al., El Templo Mayor: excavaciones y estudios. México 1982. S. 119–142

290/291/293/294/295 B. Hasbach Lugo: Restauración de 33 cuchillos ceremoniales policromadas. In: E. Matos Moctezuma et al., El Templo Mayor: excavaciones y estudios. México 1982. S. 357–368 – H. B. Nicholson/E. Q. Keber: Art of Aztec Mexico. Washington 1983. S. 40

296 R. Bonifaz Nuño/F. Robles: The Art in the Great Temple. México 1981. Abb. 50

297 E. Matos Moctezuma: Excavaciones, sección 1. In: E. Matos Moctezuma et al., El Templo Mayor: excavaciones y estudios. México 1982. S. 47 – E. Matos Moctezuma: Nota sobre algunas urnas funerarias del Templo Mayor. In: Jahrbuch für Geschichte von Staat, Wirtschaft und Gesellschaft Lateinamerikas, 20, Köln/Wien 1983. S. 18, Fig. 6, 7

298 R. Bonifaz Nuño/F. Robles: The Art in the Great Temple. México 1981. Abb. 29 – E. Matos Moctezuma: Una visita al Templo Mayor de Tenochtitlan. México 1981. Abb. S. (69) – Codex Borbonicus. Graz 1974. S. 10

299 A. García Cook/R. M. Arana A.: Rescate arqueológico del monolito Coyolxauhqui. México 1978. Fig. 38, 40 – Mexique d'hier et d'aujourd'hui. Paris 1981. Nr. 88, 89.

301 R. Bonifaz Nuño/F. Robles: The Art in the Great Temple. México 1981. Abb. 61, 73 – D. Wagner: Reporte de las ofrendas excavadas 1978. In: E. Matos Moctezuma et al., El Templo Mayor: excavaciones y estudios. México 1982. Abb. S. 127

302 E.C. Hernández Pons: Sobre un conjunto de esculturas asociadas a las escalinatas del Templo Mayor. In: E. Matos Moctezuma et al., El Templo Mayor: excavaciones y estudios. México 1982. S. 221–232

303 Mexique d'hier et d'aujourd'hui. Paris 1981. Nr. 32

304/305/306 E. Seler: Gesammelte Abhandlungen, 2. Berlin 1904. S. 467, 1055 – R. Bonifaz Nuño/F. Robles: The Art in the Great Temple. México 1981. Abb. 39 – D. Wagner: Reporte de las ofrendas excavadas 1978. In: E. Matos Moctezuma et al., El Templo Mayor: excavaciones y estudios. México 1982. Abb. S. 132

307 Mexique d'hier et d'aujourd'hui. Paris 1981. Nr. 80, Abb. S. 27, 92 – E. Matos Moctezuma: Una visita al Templo Mayor de Tenochtitlan. México 1981. Abb. S. (57) – E. Seler: Das Tonalamatl der Aubin'schen Sammlung. Berlin 1900

308 L. Suárez: Técnicas prehispánicas en los objetos de concha. México 1974

310 W. Krickeberg: Xochipilli und Chalchiuhtlicue. In: Baessler-Archiv, N.F., 8, Berlin 1960. S. 23–30 – Mexique d'hier et d'aujourd'hui. Paris 1981. Nr. 30, 31, Abb. S. 19, 72

311 E. Seler: Gesammelte Abhandlungen, 2. Berlin 1904. S. 436 – N. Castillo Tejero/F. R. Solís Olguín: Ofrendas mexicas en el Museo Nacional de Antropología. México 1975. Taf. 38A – Codex Magliabechiano. Graz 1970

312 E. Matos Moctezuma: Templo Mayor, Guía oficial. México 1984. Abb. S. (8), (44–45) – H. Beyer: El emblema de los músicos y danzantes aztecas. In: El México Antiguo, 11, México 1969. S. 529–535, 597–600 – E.-T. Hamy: Codex Telleriano-Remensis. Paris 1899

313 E. C. Hernández Pons: Sobre un conjunto de esculturas asociadas a las escalinatas del Templo Mayor. In: E. Matos Moctezuma et al., El Templo Mayor, excavaciones y estudios. México 1982. S. 221–232 – H. B. Nicholson/E. Q. Keber: Art of Aztec Mexico. Washington 1983. S. 90–91 – Codex Borgia. Graz 1976

314/315/316 H. B. Nicholson/E. Q. Keber: Art of Aztec Mexico. Washington 1983. S. 86–89 – D. Nagao: The Planting of Sustenance, Symbolism of the Two-Horned God in Offerings from the Templo Mayor. In: Res, 10, 1985. S. 5–27 – U. Bankmann: Neue Funde in Mexiko und Skulpturen in Basel: Einige Vergleiche. In: G. Baer et al., Azteken und Maya. Basel 1985. S. 84–95

319 R. Bonifaz Nuño/F. Robles: The Art in the Great Temple. México 1981. Abb. 80 – G. Ahuja O.: Excavación de la cámara II. In: E. Matos Moctezuma et al., El Templo Mayor: excavaciones y estudios. México 1982. S. 191–212

320 N. Castillo Tejero/F. R. Solís Olguín: Ofrendas mexicas en el Museo Nacional de Antropología. México 1975. Taf. 41 A – A. García Cook/R. M. Arana A.: Rescate arqueológico del monolito Coyolxauhqui. México 1978. Fig. 32 – D. Nagao: Mexica Buried Offerings. Oxford 1985. S. 75, Abb. 31

321 N. Castillo Tejero/F. R. Solís Olguín: Ofrendas mexicas en el Museo Nacional de Antropología. México 1975. Taf. 41 B – A. García Cook/R. M. Arana A.: Rescate arqueológico del monolito Coyolxauhqui. México 1978. Fig. 37

322 A. García Cook/R. M. Arana A.: Rescate arqueológico del monolito Coyolxauhqui. México 1978. Fig. 35–36 – Mexique d'hier et d'aujourd'hui. Paris 1981. Nr. 34

323 A. García Cook/R. M. Arana A.: Rescate arqueológico del monolito Coyolxauhqui. México 1978. Fig. 37 – D. Nagao: Mexica Buried Offerings. Oxford 1985. S. 76, Abb. 34c, d – Codex Borbonicus. Graz 1974. S. 28

324 R. Bonifaz Nuño/F. Robles: The Art in the Great Temple. México 1981. Abb. 25

328 A. García Cook/R. M. Arana A.: Rescate arqueológico del monolito Coyolxauhqui. México 1978. Fig. 21 – A. Seiler-Baldinger: Zur Metallurgie und Goldschmiedekunst Mexicos. In: G. Baer et al., Azteken und Maya. Basel 1985. S. 96–102

329 C. Lumholtz: Unknown Mexico, 2. New York 1902. S. 429–430 – E. Seler: Altmexikanische Knochenrasseln. In: Gesammelte Abhandlungen, 2. Berlin 1904. S. 672–694 – M. H. Saville: Turquois Mosaic Art in Ancient Mexico. New York 1922. S. 84–85, Taf. 40

330 N. Castillo Tejero/F. R. Solís Olguín: Ofrendas mexicas en el Museo Nacional de Antropología. México 1975. Taf. 15 – J. Kollmann: Flöten und Pfeifen aus Alt-Mexiko. In: Mitteilungen aus der ethnographischen Sammlung der Universität Basel, 1, Heft 2, Basel/Leipzig 1895. S. 45–81 – S. Martí: Alt-Amerika, Musik der Indianer in präkolumbischer Zeit. Leipzig 1970. S. 58–59

332/333 E. Seler: Einige Kapitel aus dem Geschichtswerk des Fray Bernardino de Sahagun. Stuttgart 1927. S. 91–100

335 N. Castillo Tejero/F. R. Solís Olguín: Ofrendas mexicas en el Museo Nacional de Antropología. México 1975. Taf. 34–39 – O. J. Polaco R.: Los invertebrados de la ofrenda 7 del Templo Mayor. In: E. Matos Moctezuma et al., El Templo Mayor: excavaciones y estudios. México 1982. S. 143–150

339 G. Ahuja O.: Excavación de la cámara II. In: E. Matos Moctezuma et al., El Templo Mayor: excavaciones y estudios. México 1982. S. 191–212

340 G. Ahuja O.: Excavación de la cámara II. In: E. Matos Moctezuma et al., El Templo Mayor: excavaciones y estudios. México 1982. Abb. S. 207

341 E. Seler: Die Ausgrabungen am Orte des Haupttempels in México. In: Gesammelte Abhandlungen, 2. Berlin 1904. S. 792, Abb. 6; S. 841, Abb. 35 – H. B. Nicholson: The Iconography of Aztec Period Representations of the Earth Monster: Tlaltecuhtli. In: Religión en Mesoamérica. México 1972. S. 225 – H. B. Nicholson/E. Q. Keber: Art of Aztec Mexico. Washington 1983. S. 56–61

346 W. Lehmann: Die altmexikanischen Mosaiken des ethnographischen Museums in Kopenhagen. In: Globus, 91, Nr. 21, Braunschweig 1907. S. 333–336 – M. H. Saville: Turquois Mosaic Art in Ancient Mexico. New York 1922 – L. Schultze Jena: Gliederung des alt-aztekischen Volks in Familie, Stand und Beruf. Stuttgart 1952

347 E. K. Easby/J. F. Scott: Before Cortés, Sculpture of Middle America. New York 1970. Nr. 293

348 M. H. Saville: The Wood-Carver's Art in Ancient Mexico. New York 1925. S. 50–51, Taf. 14

353 K. A. Nowotny: Mexikanische Kostbarkeiten aus Kunstkammern der Renaissance. Wien 1960. S. 69, Taf. 22 – H. Tait: »The Devil's Looking-Glass«: The Magical Speculum of Dr. John Dee. In: W. H. Smith (Ed.), Horace Walpole – Writer, Politician, and Connoisseur. New Haven/London 1967. S. 195–212, 337–338

357 M. Calberg: Le manteau de plumes dit de Montezuma. In: Bulletin de la Société des Américanistes de Belgique, No. 30, Bruxelles 1939. S. 103–133

III. Quellenwerke in aztekischer und spanischer Sprache

Alva Ixtilxóchitl, Fernando de
1975 Obras históricas, 2 vols., herausgegeben von O'Gorman, Edmundo, UNAM, Instituto de Investigaciones Históricas, Mexiko, D.F.
Anales de Cuauhtitlan
1938 in: Lehmann, Walter: Die Geschichte der Königreiche von Culhuacan und Mexico, Stuttgart (s.o. Lehmann, Walter)
Anales de Tlatelolco
1939–40 in: Baessler Archiv, t. XXII, Hefte 2 und 3. Aztekischer Text mit deutscher Übersetzung von Mengin, Ernst, Berlin
Cantares Mexicanos
1964 Ms. Romances de los Señores de la Nueva España, Colección Latinoamericana de la Biblioteca de la Universidad de Texas, in: Garibay, A.M. (Ed.), Poesía Náhuatl, Instituto de Investigaciones Históricas, Universidad Nacional, Mexiko, D.F.
Cantares Mexicanos
1957 in: Schultze-Jena, Leonhard (Ed. und Übersetz.), »Alt-Aztekische Gesänge«, Quellenwerke zur Alten Geschichte Amerikas, vol. 6, Berlin
Chimalpain Cuauhtlehuanitzin, Domingo
1950 Diferentes Historias originales de los reynos de Culhuacan y México, y de otras provincias. Übersetzt und erläutert von Ernst Mengin, Hamburg
1958 Das Memorial breve acerca de la fundación de la ciudad de Culhuacán, Aztekischer Text mit deutscher Übersetzung, in: Lehmann, Walter, und Kutscher, Gerdt, Quellenwerke zur Alten Geschichte Amerikas, vol. VII, Stuttgart
Códice, Aubin
1902 Reproduktion des Originals von 1576, (Nachdruck 1979) Editorial Inovación, Mexiko, D.F.
Florentine Codex
1950–63 Texte der Informanten des Sahagun: Bücher I–V, VII–XII, Anderson und Dibble (Eds.), Sante Fé, AZ
Códice matritense de la Real Academia de la Historia
1905–07 Aztekische Texte der Informanten des Sahagun, Faks.-Ausgabe von Del Paso y Troncoso, vol. VIII, Madrid
Códice matritense del real palacio
1906 Aztekische Texte der Informanten des Sahagun, Faks.-Ausgabe von Del Paso y Troncoso, vols. VI, 2. Teil, und VII, Madrid
Codex Mendoza
1938 The Mexican Manuscript Known as the Collection Mendoza Preserved in the Bodleian Library, Oxford, Edited and translated by James Cooper Clark, London
Códice Ramirez
1979 Relación del origen de los indios que habitan esta Nueva España, segun sus historias, Mexiko, D.F.
Durán, Fray Diego
1967 Historia de las Indias de Nueva España y Islas de Tierra Firme, 2 vols. und ein Atlas, Mexiko, D.F.
Historia tolteca-chichimeca
1976 Reyes, Luis García und Odena Güemes, Lina (Eds.), Instituto Nacional de Antropología e Historia, Mexiko, D.F.
Ross, Kurt
1978 Codex Mendoza, Aztekische Handschrift, Parkland – Fribourg
Sahagún, Bernardino de, MSS 16. Jh.
1956 Historia general de las cosas de Nueva España, 4 vols., Porrúa (Nachdruck 1975), Mexiko, D.F.
Tezozómoc, F. Alvarado
1944 Crónica mexicana, (Vigil, Ed.), Nachdruck Leyenda, Mexiko, D.F.
1949 Crónica mexicáyotl, León, Adrian (Übersetz.), Imprenta Universitaria (Nachdruck UNAM 1975), Mexiko, D.F.
Torquemada, Fray Juan de
1975 Monarquía Indiana, 7 vols., UNAM, Instituto de Investigaciones Históricas, Mexiko, D.F.

Die Ausstellungsleitung Haus der Kunst München e.V.

gibt zu jeder Ausstellung sorgfältig bearbeitete Kataloge heraus.
Ihr Wert liegt sowohl in dem biographischen Material über die einzelnen Künstler als auch in den zahlreichen Abbildungen.

Jährliche Große Kunstausstellung München von 1949 bis 1984
Die Kataloge sind vergriffen bis auf die Jahrgänge 1969, 1972, 1982, 1984 **DM 6,—**
1985, 1986 **DM 28,—**

Europäische Plastik, 1950
64 Seiten, 24 Abbildungen, vergriffen

Ernst Ludwig Kirchner, Herbst 1952
70 Seiten, 37 Abbildungen, vergriffen

Frank Lloyd Wright, 1953
71 Seiten, 36 Abbildungen, vergriffen

Adolf Hölzel, 1953
60 Seiten, 42 Abbildungen, vergriffen

Oskar Schlemmer, Herbst 1953
48 Seiten, 32 Abbildungen, vergriffen

Wassily Kandinsky, Frühjahr 1954
32 Seiten, 32 Abbildungen, vergriffen

Paul Klee, Frühjahr 1954
24 Seiten, 21 Abbildungen, vergriffen

Edvard Munch, Herbst 1954
136 Seiten, 74 Abbildungen, 2 Farbtafeln, vergriffen

Pablo Picasso, 1955/56
368 Seiten, 156 Abbildungen, 3 Farbtafeln, vergriffen

Paul Cézanne, Herbst 1956
140 Seiten, 83 Abbildungen, vergriffen

Vincent van Gogh, Herbst 1956
372 Seiten, 160 Abbildungen, 5 Farbtafeln, vergriffen

Fernand Léger, Frühjahr 1957
236 Seiten, 177 Abbildungen, 4 Farbtafeln, vergriffen

Emil Nolde, Herbst 1957
276 Seiten, 193 Abbildungen, 16 Farbtafeln, vergriffen

Le Corbusier, Herbst 1957
108 Seiten, 47 Abbildungen, vergriffen

Oskar Kokoschka, Frühjahr 1958
220 Seiten, 111 Abbildungen, vergriffen

Internationale Filmkunst-Ausstellung, Frühjahr 1958
124 Seiten, 7 Abbildungen, vergriffen

Präkolumbianische Kunst aus Mexiko und Mittelamerika, 1958
188 Seiten, 111 Abbildungen, 5 Farbtafeln, vergriffen

Marzotto-Preis-Ausstellung, 1958
90 Seiten, 35 Abbildungen, vergriffen

Sammlung Emil G. Bührle, 1958/59
90 Seiten, 24 Abbildungen, vergriffen

Marc Chagall, Frühjahr 1959
302 Seiten, 193 Abbildungen, 15 Farbtafeln, vergriffen

Moderne Kunst in Brasilien, Sommer 1959
122 Seiten, 65 Abbildungen, 4 Farbtafeln, vergriffen

Giacomo Manzù, Sommer 1959
104 Seiten, 64 Abbildungen, vergriffen

100 Jahre Belgische Kunst, Herbst 1959
96 Seiten, 61 Abbildungen, 2 Farbtafeln, vergriffen

1000 Jahre Chinesische Malerei und 300 Jahre Chinesische Prunkgewänder, Herbst 1959
354 Seiten, 174 Abbildungen, 2 Farbtafeln, vergriffen

Paul Gauguin, Frühjahr 1960
180 Seiten, 88 Abbildungen, 3 Farbtafeln, vergriffen

Maurice Utrillo — Suzanne Valadon, Sommer 1960
198 Seiten, 112 Abbildungen, 4 Farbtafeln, vergriffen

Henry Moore, Herbst 1960
136 Seiten, 80 Abbildungen, 2 Farbtafeln, vergriffen

Von Bonnard bis heute, Frühjahr 1961
120 Seiten, 64 Abbildungen, 3 Farbtafeln, vergriffen

Toulouse-Lautrec, Herbst 1961
240 Seiten, 126 Abbildungen, 10 Farbtafeln, vergriffen

Hans Purrmann, Frühjahr 1962
154 Seiten, 59 Abbildungen, 10 Farbtafeln, vergriffen

Aristide Maillol, Sommer 1962
118 Seiten, 75 Abbildungen, vergriffen

Entartete Kunst — Bildersturm vor 25 Jahren, Herbst 1962
460 Seiten, 160 Abbildungen, 9 Farbtafeln, vergriffen

Wilhelm Lehmbruck, Herbst 1962
68 Seiten, 44 Abbildungen, vergriffen

Französische Malerei der Gegenwart, Frühjahr 1963
148 Seiten, 62 Abbildungen, 8 Farbtafeln, vergriffen

Georges Braque, Herbst 1963
262 Seiten, 153 Abbildungen, 8 Farbtafeln, vergriffen

Secession — Europäische Kunst um die Jahrhundertwende, Frühjahr 1964
204 Seiten, 75 Abbildungen, 6 Farbtafeln, vergriffen

Französische Malerei des 19. Jahrhunderts, Herbst 1964
570 Seiten, 240 Abbildungen, 10 Farbtafeln, vergriffen

Fünf Jahrhunderte europäische Graphik, Herbst 1965
274 Seiten, 210 Abbildungen, 6 Farbtafeln, vergriffen

Fauves-Expressionisten, Frühjahr 1966
398 Seiten, 284 Abbildungen, 8 Farbtafeln, vergriffen

Gedächtnisausstellung — Edgar Ende — Wilhelm Heise — Hans Meyboden, Sommer 1986
32 Seiten, 26 Abbildungen, **DM 1,—** (erhältlich)

Wilhelm von Kobell, Sommer 1966
60 Seiten, 59 Abbildungen, 3 Farbtafeln, vergriffen

Pierre Bonnard, Herbst 1966
258 Seiten, 250 Abbildungen, 10 Farbtafeln, vergriffen

Graham Sutherland, Frühjahr 1967
211 Seiten, 147 Abbildungen, 11 Farbtafeln, **DM 6,—** (erhältlich)

Carl Spitzweg, Herbst 1967
240 Seiten, 126 Abbildungen, 24 Farbtafeln, vergriffen

Edouard Vuillard — Xavier Roussel, Frühjahr 1968
335 Seiten, 228 Abbildungen, 8 Farbtafeln, **DM 6,—** (erhältlich)

Max Beckmann, Herbst 1968
246 Seiten, 148 Abbildungen, 8 Farbtafeln, vergriffen

Joan Miró, Frühjahr 1969
192 Seiten, 238 Abbildungen, 6 Farbtafeln, vergriffen

Fresken aus Florenz, Sommer 1969
234 Seiten, 143 Abbildungen, 12 Farbtafeln, vergriffen

Jules Pascin, Sommer 1969
120 Seiten, 84 Abbildungen, 5 Farbtafeln, vergriffen

Ikonen-Ausstellung, Herbst 1969
217 Seiten, 144 Abbildungen, 13 Farbtafeln, **DM 6,—** (erhältlich)

Europäischer Expressionismus, Frühjahr 1970
316 Seiten, 234 Abbildungen, 11 Farbtafeln, vergriffen

Picasso-Graphik, Sommer 1970
186 Seiten, 250 Abbildungen, vergriffen

Paul Klee, Herbst 1970
282 Seiten, 213 Abbildungen, 11 Farbtafeln, vergriffen

Aktiva 71, Frühjahr 1971
170 Seiten, 136 Abbildungen, vergriffen

Oskar Kokoschka Bildnisse 1907-1970, Sommer 1971
158 Seiten, 105 Abbildungen, 5 Farbtafeln, vergriffen

Internationale Plakate, Herbst 1971
323 Seiten, 133 Abbildungen, 13 Farbtafeln, **DM 6,—** (erhältlich)

Der Surrealismus, Frühjahr 1972
250 Seiten, 500 Abbildungen, 10 Farbtafeln, vergriffen

Das Aquarell — 1400 bis 1950, Herbst 1972
324 Seiten, 146 Abbildungen, 65 Farbtafeln, vergriffen

Lyonel Feininger, Frühjahr 1973
250 Seiten, 152 Abbildungen, 18 Farbtafeln, vergriffen

Raoul Dufy, Sommer 1973
180 Seiten, 105 Abbildungen, 10 Farbtafeln, vergriffen

Edvard Munch, Herbst 1973
253 Seiten, 210 Abbildungen, 12 Farbtafeln, vergriffen

Georges Rouault, Frühjahr 1974
184 Seiten, 110 Abbildungen, 5 Farbtafeln, vergriffen

Spanische Kunst — heute, Sommer 1974
188 Seiten, 110 Abbildungen, 4 Farbtafeln, **DM 6,—** (erhältlich)

Die Kunst der Naiven, Herbst 1974
561 Seiten, 475 Abbildungen, 16 Farbtafeln, **DM 18,—** (erhältlich)

Hundertwasser, Frühjahr 1975
456 Seiten, 197 Farbabbildungen, vergriffen

Egon Schiele, Frühjahr 1975
268 Seiten, 276 Abbildungen, 12 Farbtafeln, vergriffen

Alexander Calder, Sommer 1975
140 Seiten, 54 Abbildungen, 10 Farbtafeln, **DM 6,—** (erhältlich)

Toskanische Impressionen, Herbst 1975
258 Seiten, 303 Abbildungen, 20 Farbtafeln, vergriffen

Nofretete - Echnaton, Frühjahr 1976
184 Seiten, 77 Abbildungen, 21 Farbtafeln, vergriffen

Oskar Kokoschka — Druckgraphik, Sommer 1976
216 Seiten, 125 Abbildungen, 20 Farbtafeln, vergriffen

Wassily Kandinsky, Herbst 1976 / Frühjahr 1977
280 Seiten, 252 Abbildungen, 16 Farbtafeln, vergriffen

Die dreißiger Jahre — Schauplatz Deutschland, Frühjahr 1977
253 Seiten, 278 Abbildungen, 19 Farbtafeln, vergriffen

Tibet — Kunst des Buddhismus, Sommer 1977
312 Seiten, 350 Abbildungen, 18 Farbtafeln, vergriffen

Simplicissimus — Eine satirische Zeitschrift München 1896-1944, Herbst 1977 / Frühjahr 1978
478 Seiten, 487 Abbildungen, 16 Farbtafeln, vergriffen

Marc Chagall — Ausgewählte Graphik, Sommer 1978
124 Seiten, 200 Abbildungen, 8 einzelne Farbreproduktionen, vergriffen

Götter - Pharaonen, Herbst 1978 / Frühjahr 1979
324 Seiten, 195 Abbildungen, 31 Farbtafeln, vergriffen

Julius Bissier, Herbst 1978 / Frühjahr 1979
93 Seiten, 32 Abbildungen, 12 Farbtafeln, vergriffen

Max Ernst, Frühjahr 1979
356 Seiten, 591 Abbildungen, 36 Farbtafeln, vergriffen

Die Münchner Schule, Sommer 1979
454 Seiten, 436 Abbildungen, 33 Farbtafeln, vergriffen

Max Liebermann in seiner Zeit, Herbst 1979 / Frühjahr 1980
680 Seiten, 336 Abbildungen, 180 Farbtafeln, vergriffen

Zwei Jahrhunderte Englische Malerei — Britische Kunst und Europa 1680 bis 1880, Herbst 1979/Frühjahr 1980
610 Seiten, 382 Abbildungen, 24 Farbtafeln, **DM 25,—** (erhältlich)

Ernst Ludwig Kirchner, Frühjahr 1980
318 Seiten, 330 Abbildungen, 175 Farbtafeln, **DM 48,—** nur im Versand über den Prestel-Verlag, München

E. W. Nay, Herbst 1980
274 Seiten, 100 Abbildungen, 16 Farbtafeln, **DM 34,—** nur im Versand über den Prestel-Verlag, München

Tutanchamun, Herbst 1980/Frühjahr 1981
168 Seiten, 95 Abbildungen, 86 Farbtafeln, **DM 20,—** nur im Versand über den Zabern-Verlag, Mainz

Pablo Picasso (Sammlung Marina Picasso), Frühjahr 1981
424 Seiten, 664 Abbildungen, 59 Farbtafeln, **DM 38,—** nur im Versand über den Prestel-Verlag, München

Giorgio Morandi, Sommer 1981
370 Seiten, 250 Abbildungen, 134 Farbtafeln, vergriffen

Amerikanische Malerei 1930-1980, Herbst 1981/Frühjahr 1982
304 Seiten, 362 Abbildungen, 101 Farbtafeln, **DM 48,—** nur im Versand über den Prestel-Verlag, München

Von Greco bis Goya, 4 Jahrhunderte Spanische Malerei, Frühjahr 1982
320 Seiten, 106 Abbildungen, 48 Farbtafeln, vergriffen

Panamarenko, Sommer 1982
180 Seiten, 86 Abbildungen, 12 Farbtafeln, **DM 25,—**

Giorgio de Chirico, Winter 1982/1983
300 Seiten, 306 Abbildungen, 51 Farbtafeln, vergriffen

Im Licht von Claude Lorrain Landschaftsmalerei aus 3 Jahrhunderten, Frühjahr 1983
272 Seiten, 160 Abbildungen, 40 Farbtafeln, vergriffen

Erich Heckel, 1883-1970 Gemälde, Aquarelle, Zeichnungen und Graphik, 1983/1984
237 Seiten, 313 Abbildungen, 87 Farbtafeln, **DM 48,—** nur im Versand über den Prestel-Verlag, München

Max Beckmann-Retrospektive, Frühjahr 1984
481 Seiten, 398 Abbildungen, 165 Farbtafeln, **DM 68,—** nur im Versand über den Prestel-Verlag, München

Nofret — Die Schöne Die Frau im Alten Ägypten, Winter 1984/1985
200 Seiten, 98 Farbtafeln, **DM 30,—** nur im Versand über den Zabern-Verlag, Mainz

Shogun — Kunstschätze und Lebensstil eines japanischen Fürsten der Shogun-Zeit, Winter 1984/1985
292 Seiten, 273 Farbtafeln, vergriffen

Expressionisten-Sammlung Buchheim, Frühjahr 1985
456 Seiten, 400 Abbildungen, 164 Farbtafeln, **DM 98,—** nur im Versand über den Buchheim Verlag, Feldafing

Carl Spitzweg, Winter 1985/86
512 Seiten, 884 Abbildungen, 228 Farbtafeln, **DM 78,—** nur im Versand über den Schuler Verlag, Herrsching

Meisterzeichnungen aus sechs Jahrhunderten (Die Sammlung Ian Woodner), Frühjahr 1986
312 Seiten, 144 Abbildungen, davon 139 in Farbe, **DM 78,—** im Versand nur über den Dumont-Verlag, Köln

Das Automobil in der Kunst, Sommer 1986
350 Seiten, 408 Abbildungen, 138 Farbtafeln, **DM 78,—** im Versand über den Prestel-Verlag, München

Bestellungen werden von uns an die Verlage weitergeleitet.